남명천화상송증도가사실
南明泉和尚頌證道歌事實

┋ 동국대학교 불교기록문화유산아카이브사업단(ABC)
┋ 본서는 문화체육관광부 지원으로 동국대학교 불교학술원에서 간행하였습니다.

한글본 한국불교전서 고려 10
남명천화상송증도가사실

2018년 1월 30일 초판 1쇄 인쇄
2018년 2월 10일 초판 1쇄 발행

지은이 □련
옮긴이 성재헌
펴낸이 한태식
펴낸곳 동국대학교출판부

주소 04620 서울시 중구 필동로 1길 30
전화 02-2260-3483~4
팩스 02-2268-7851
Homepage http://dgpress.dongguk.edu
E-mail book@dongguk.edu
출판등록 제2-163(1973. 6. 28)
편집디자인 꽃살무늬
인쇄처 보명C&I

© 2018, 동국대학교(불교학술원)

ISBN 978-89-7801-618-6 93220

값 23,000원

이 책의 무단 전재나 복제 행위는 저작권법 제98조에 따라 처벌받게 됩니다.

한글본 한국불교전서 고려 10

남명천화상송증도가사실
南明泉和尚頌證道歌事實

□련連

성재헌 옮김

동국대학교출판부

남명천화상송증도가사실南明泉和尚頌證道歌事實 해제

성재헌
한국불교전서 번역위원

1. 개요

이 책의 제목은 '남명천화상송증도가사실南明泉和尚頌證道歌事實'이다. 이를 줄여 '증도가사실證道歌事實'이라 칭한다. 『증도가證道歌』는 당唐의 영가현각永嘉玄覺(665~713) 대사가 육조 혜능六祖慧能 대사를 친견하고 깨달은 후에 지은 가송歌頌이다. 이 『증도가』를 송宋의 남명 법천南明法泉 화상이 한 구절씩 발췌해 총 320수로 다시 노래한 것이 『영가대사증도가남명천선사계송永嘉大師證道歌南明泉禪師繼頌』이다. 이를 '증도가남명계송證道歌南明繼頌'·'남명천계송南明泉繼頌'·'남명계송南明繼頌'·'남명천화상송증도가南明泉和尚頌證道歌'·'남명천송영가증도가南明泉頌永嘉證道謌'·'남명천송증도가南明泉頌證道歌'·'남명증도가南明證道歌' 또는 '남명집南明集'이라 칭한다.

『증도가사실』은 1247년 금성金城에 출진했던 전광재全光宰의 요청으로 서룡 연瑞龍連 선사가 해설한 책이다. 3권 1책으로 구성된 이 책은 고종 35년(1248) 9월 상순에 진안동도 안찰부사晋安東道按察副使 전광재가 대장도감大藏都監 남해분사南海分司에서 개판하였고, 현재 『고려대장경』 보유판

補遺版 정함庭㘉에 수장되어 있다.

서룡 연 선사는 이 책에서 범천 언기梵天彥琪의 『증도가주證道歌註』를 중심으로 기타 많은 경론, 어록, 사전史傳, 시문 등을 광범위하게 인용하여 『남명천화상송증도가』를 자구字句에서부터 문의文意에 이르기까지 치밀하게 전거를 밝히고 정밀히 해석하였다. 이는 선종禪宗이 '불립문자不立文字'와 '언어도단言語道斷'을 표방한다고 해서 이론의 토대마저 허약하진 않다는 점을 분명히 보여 주고 있다. 또한 치밀하게 전거를 밝힘으로써 자칫 선사들의 말씀을 과도한 상상력으로 허황되게 해석하는 오류를 미연에 방지하고 있다.

이 책은 선종에서 사용하는 주요 표현법들의 정확한 의미를 파악하는 데 매우 중요한 책이다. 또한 그 내용의 풍부함과 탁월한 식견을 통해 고려 선종의 활발했던 활동상을 확인케 하는 역작이다.

2. 저자

이 책의 저자는 서룡 연瑞龍連 선사이다. 하지만 이 책은 『남명천화상송증도가』의 해설서이므로 『증도가』의 저자인 영가 현각 대사와 『남명천화상송증도가』의 저자인 남명 법천 화상에 대해 먼저 간략히 언급하겠다.

영가 대사는 당나라 때 승려로 온주溫州 영가현永嘉縣 출신이며, 속성俗姓은 대戴씨, 자字는 명도明道, 법명은 현각玄覺, 호는 영가 대사永嘉大師 또는 진각 대사眞覺大師이다. 여덟 살에 출가하여 삼장을 널리 탐구하였는데 특히 천태지관天台止觀에 능통하였다. 이후 온주溫州 용흥사龍興寺 근처에 직접 암자를 짓고 홀로 경전을 연구하며 선관禪觀을 닦다가 동양 현책東陽玄策의 권유로 조계曹溪에 머물던 혜능 대사를 찾아갔다. 혜능 대사는 영가 대사와 몇 번의 문답을 주고받고는 곧바로 그를 인가하였다. 깨달음을 확인한 영가 대사가 곧장 돌아가려 하자, 혜능 대사가 하룻밤 묵고 가라며 붙잡아 다음 날 용흥사로 돌아갔기에 당시 사람들이 그를 '일숙각一宿覺'이라 불렀다. 『증도가』는 고향인 영가현으로 돌아가는 길에, 혹은 고향으로 돌아온 직후에 지은 것으로 추측된다. 이후 사방에서 그를 찾는 학자들이 폭주하였고, 영가 대사는 고향에서 교화를 펼치다 선천 2년(713) 10월 17일에 가부좌를 튼 채 49세의 나이로 입적하였다. 그의 저술로는 『증도가』 1수와 『선종오수원지禪宗悟修圓旨』 1권, 『영가집永嘉集』 10권이 있다. 그의 자세한 행적은 『송고승전宋高僧傳』 권8, 『불조통기佛祖統紀』 권10, 『경덕전등록景德傳燈錄』 권5, 『오등회원五燈會元』 권3 등에 수록되어 있다.

한편 남명 법천 화상은 수현隋縣 출신이며, 속성은 시時씨, 법명은 법천法泉 또는 불혜佛慧이다. 남명산南明山과 장산蔣山에 오래 주석하였기에 남명 법천南明法泉 또는 장산 불혜蔣山佛慧라 칭한다. 또한 다양한 책들을 편람하고 한번 본 것은 모조리 암송하였기에 아호雅號를 '천만권泉萬卷'이라 하였다. 어려서 유학을 공부하다가 장성하여 용거산龍居山 지문원智門院의 신기信記 선사에게 출가하였다. 그가 찾아오기 전날 신기 선사가 법당에서 샘물이 솟아오르는 꿈을 꾸었기에 그의 이름을 법천法泉이라 하였다. 경전을 두루 공부하고 제방을 편력하다가 운거 효순雲居曉舜 선사 법석에서 대오하였다. 이후 천경산千頃山·운거산雲居山·남명산南明山·장산蔣山 등지에서 교화를 펼쳤다. 그의 행적과 말씀은 『석씨계고략釋氏稽古略』 권3, 『속전등록續傳燈錄』 권11, 『오등회원五燈會元』 권16 등에 수록되어 있다.

『증도가사실』의 저자는 서룡 연瑞龍連 선사이다. 서룡 연 선사에 대해서는 이 책의 말미에 첨부된 전광재全光宰의 발문 외에 달리 행적을 추적할 만한 자료가 없다. 발문에 따르면, 평소 『남명천화상송증도가』를 애송하던 전광재가 1247년에 몽고의 침입을 물리치고자 금성金城에 출진했다가 신려禪侶를 모으고 시룡瑞龍의 선로禪老인 연 공連公에게 자세힌 강설을 부탁했다고 한다.

고익진 교수는 『한국불교학』 창간호에 수록된 「고려대장경 보유판소수補遺板所收 '증도가사실證道歌事實'의 저자에 대하여」라는 논문에서 '서룡瑞龍'을 사명寺名으로 보았다. 그리고 『신증동국여지승람新增東國輿地勝覽』 권 39에서 "강원도 인제현麟蹄縣 북쪽 50리에 소재한다."고 명기한 서룡암瑞龍庵일 것이라 추측하였다. 또한 '금성金城'을 권상로權相老 박사가 지은 『한국지명연혁고韓國地名沿革考』에 의거해 현재의 강원도 금화군金化郡 금성면金城面에 해당하는 지역일 것이라 추측하였다. '연連'은 법명의 뒷글자이다.

3. 서지 사항

대장도감大藏都監 남해분사南海分司에서 간행한 목판본으로 3권 1책으로 구성되어 있다. 크기는 41.0×29.6cm이다. 고종 35년(1248) 9월 상순에 진안동도 안찰부사晋安東道按察副使 전광재全光宰가 개판하였고, 목판이 현재 『고려대장경』 보유판補遺版 정함庭函에 수장되어 있다.

4. 내용과 성격

『증도가사실』은 『남명천화상송증도가』에 대한 해설과 고종 35년(1248)에 전광재가 쓴 발문으로 구성되어 있다. 『남명천화상송증도가』는 괄창括蒼의 오용 천용吳庸天用이 쓴 서문과 남명 법천南明法泉 화상의 계송繼頌 320수로 구성되었다. 하지만 『고려대장경』에 수록된 『증도가사실』에는 『남명천화상송증도가』의 전문이 게재되지 않고 해석할 구절과 단어들만 표제어로 제시되고 있어 문맥을 파악하는 데 어려움이 있다. 『한국불교전서』

에서는 이런 불편함을 감안하여 1963년 해인사 장경각에서 인경印經한 것을 저본으로 삼고, 성종 13년(1482)에 간행된 『남명집언해南明集諺解』에서 오용 천용의 서문과 남명 법천의 계송을 인용하여 삽입하였다.

제목에 '사실事實'이란 단어가 붙은 것에서 알 수 있듯이, 이 책은 『남명천화상송증도가』에 원용援用된 고사古事·염송拈頌·전거典據 등을 밝히는 데 중점을 두고 있다. 『증도가사실』의 해설은 크게 두 가지로 구분된다. 하나는 영가 대사의 『증도가』에 대한 해설이고, 하나는 남명 화상의 계송에 대한 해설이다. 서룡 연 선사는 먼저 송宋의 범천 언기梵天彦琪가 지은 『증도가주證道歌註』를 인용하여 『증도가』의 각 구절을 해설하였다. 그리고 이어서 여러 경론·어록·사전史傳·시문 등을 광범위하게 인용하여 남명 화상의 계송에서 사용되고 있는 자구字句들의 근거와 용례 및 정확한 뜻을 밝혔다.

예를 들면 다음과 같다.

남명 화상은 『증도가』의 '허깨비처럼 공한 몸이 곧 법신이니(幻化空身卽法身)'라는 구절을 인용하여 다시 다음과 같이 노래하였다.

허깨비처럼 공한 몸이 곧 법신이니	幻化空身卽法身
법신을 깨달으면 안과 밖이 없어라	若了法身無內外
옴 붙은 개 진흙탕 돼지는 오히려 다 알지만	疥狗泥豬却共知
삼세의 여래는 일찍이 안 적 없어라	三世如來曾不會

서룡 연 선사는 이에 대해 먼저 영가 대사의 『증도가』 구절을 범천 언기의 『증도가주』를 인용해 해설하였다.

原文 허깨비처럼 공한 몸이 곧 법신이니
事實 『기주』에서 말하였다.

"이미 무명이 곧 불성임을 알았다면, 허깨비 같은 몸이 바로 법신임을 알 것이다. 법신이란 것에 대해 교教에서는 오분법신五分法身을 말한다. 첫째는 계戒이고, 둘째는 정定이고, 셋째는 혜慧이고, 넷째는 해탈解脫이고, 다섯째는 해탈지견解脫知見이다.
'전傳'에서는 '지혜가 진여 경계와 명합冥合하면 모든 법이 몸(身)이 된다. 따라서 법신法身이라 한다. 궤칙軌則이 되어 일체법을 낼 수 있기 때문이고, 일체법을 두루 포섭할 수 있기 때문이다'라고 하였다.
법을 통달한 사람은 부모님을 인연하여 생긴 허깨비 같은 몸이 바로 금강金剛처럼 영원히 머물며 파괴되지 않는 몸임을 안다. 따라서 '허깨비처럼 공한 몸이 곧 법신이다'라고 한 것이다."

그리고 이어서 남명 화상이 지은 계송의 표현들이 어디에서 유래한 것인지를 밝히고 있다.

原文 '옴 붙은 개'부터 '다 알지만'까지
事實 대혜大慧 스님께서 말씀하셨다.

삼세 여래들께서도 있는 줄 모르는데
그렇게 나이 먹도록 밖으로만 달리는가
살쾡이 흰 암소나 도리어 있는 줄 알고
절뚝거리며 움켜쥐고서 지키려 들지

서룡 연 선사는 대혜 스님의 계송을 인용하여 중생들이 허깨비 같은 몸을 아끼고 보호하는 짓은 물론이고 청정한 법신을 추구하는 행위마저 축생들이나 하는 미련하고 못난 행태임을 설명하고 있다. 이 설명을 통해 '옴 붙은 개와 진흙탕 돼지'가 곧 비쩍 말라 털까지 빠진 몸으로 여기저기

기웃거리는 피부병 걸린 개처럼 초라하고 못난 중생, 앞뒤 가리지 않고 그저 먼저 먹어치우려고 달려들어 싸우는 돼지처럼 더럽고 탐욕스런 중생을 비유한 것임을 알 수 있다.

 서룡 연 선사의 설명은 위와 같이 문의文意를 명확히 밝히는 것에만 그치는 것은 아니다. 예를 들면 다음과 같다.

 남명 화상이 노래하였다.

법신을 깨치매 한 물건도 없으니	法身覺了無一物
맑기가 갠 허공에 노을 한 점 없는 듯	瑩若晴空絶點霞
이에 영산회상의 그날 일 생각나	因憶靈山當日事
대지팡이 짚고 봄 길에서 떨어진 꽃을 밟아 본다	携節春徑踏殘花

 서룡 연 선사는 이 게송에서 '대지팡이 짚고(携節)'라는 자구를 다음과 같이 해설하였다.

 原文 대지팡이 짚고
 事實 부처님께서 영취산에 계실 때, 어떤 노비구가 산을 오르내리다가 위아래 다리가 겹질려 땅에 넘어지는 일이 있었다. 그러자 부처님께서 "지팡이를 지니고 다니라."라고 말씀하셨다.

 이 설명은 지팡이 즉 석장錫杖을 휴대하는 승가의 풍습이 어디서 유래되었는지를 밝히는 것이다. 이는 사실 문장의 뜻을 밝히는 것과는 별로 상관없는 설명이다. 따라서 서룡 연 선사의 해설이 문의를 밝히는 것을 넘어 보다 광범위한 영역에서 시행되었음을 알 수 있다. 그 광범위함은 글자의 뜻과 음운音韻을 밝히는 것에까지 미친다.

 예를 들면, 오용 천용의 서문 중 "무無에 떨어지지 않고 유有에 달라붙지도 않고 말과 뜻을 둘 다 잊어야 (여래의) 마음과 법을 얻게 되리라.(不墮於無。不麗於有。言意兩忘。而心法得矣。)"에서 '달라붙지도 않고(不麗)'라는 자구를 다음과 같이 해설하였다.

> **原文** 달라붙지도 않고
> **事實** 『주역周易』 이괘離卦 주注에서 "이離는 달라붙다(麗)라는 뜻이다. 해와 달은 하늘에 매달려 있고 백곡百穀과 초목草木은 땅에 달라붙어 있다."라고 하였다.

이는 '불려어유不麗於有'에서 '려麗' 자의 뜻을 밝힌 것이다. 또한 남명 화상의 계송 중 "꽃망울 터지고 바람 훈훈해 자고새 지저귀네(拆花風暖鷓鴣啼)"에서 '자고새 지저귀네(鷓鴣啼)'라는 자구를 다음과 같이 해설하였다.

> **原文** 자고새 지저귀네
> **事實** 『조정사원』에서는 "자고鷓鴣에서 앞 글자는 지之와 야夜의 반절이고, 뒤 글자의 음은 고姑이다. 생김새가 꿩과 비슷한데 강남에 산다."라고 하였다.

이는 글자의 음운을 밝힌 것이다. 이처럼 서룡 연 선사는 수많은 전적을 참고해 『남명천화상송증도가』를 글자의 음운부터 문의까지 상세히 설명하였다.

5. 가치

언어는 뜻을 전달하는 수단이다. 화자話者의 뜻과 화자가 사용하는 언어의 경중을 따진다면 화자의 뜻이 화자의 언어에 선행하고 보다 본질적임에 틀림없다. 하지만 화자의 언어를 통하지 않고는 달리 화자의 뜻에 접근할 방법이 없다는 것 역시 틀림없는 사실이다. 따라서 화자의 주장과 사상을 정확히 파악하기 위해서는 화자가 사용하는 언어에 대한 면밀한 검토가 필수적임을 부정할 수 없다.

화자의 주장과 사상이 타인과 구별되는 특수한 영역을 확보하고 있다 하더라도 그가 사용하는 언어는 모두가 공유하는 보편적 특성을 가지고 있다. 즉 언어에는 그 언어를 사용하는 집단의 오랜 경험과 지식이 축적되어 있다. 따라서 화자가 사용하는 언어를 이해하기 위해서는 그 언어를 사용하는 집단의 축적된 경험과 지식에 대한 이해가 반드시 선행되어야 함이 또한 분명하다. 『증도가사실』은 이런 접근법에 충실한 해설서이다.

『증도가사실』은 수많은 전적과 고사들을 참고하여 『남명천화상송증도가』에서 사용되고 있는 언어의 출처와 뜻을 명확히 밝힘으로써 남명 법천 화상의 뜻과 영가 현각 대사의 뜻, 나아가 부처님과 조사의 뜻을 정확히 파악하도록 돕고 있다. 이를 위해 서룡 연 선사는 『화엄경』·『능엄경』·『원각경』·『열반경』·『유마경』 등의 경전, 『대지도론』·『신화엄경론』·『섭대승론』·『보장론』 등의 논서, 『영가집주』·『증도가주』 등의 주소, 『부법장전』·『보림전』·『경덕전등록』·『속등록』 등의 사서, 『굉지선사광록』·『대혜보각선사법어』 등의 어록, 사전인 『조정사원』 등 방대한 자료를 검토해 근거를 제시하였고, 내전은 물론 『주역』·『시경』·『장자』·『사기』 등의 외전까지 두루 참고하였다.

우리는 『증도가사실』의 풍부한 설명을 통해 선禪과 교敎를 아울렀던 서룡 연 선사의 탁월한 식견을 확인할 수 있다. 그의 논리적인 해설은 선종이 '불립문자不立文字'와 '언어도단言語道斷'을 표방한다고 해서 이론의 토대마저 허약한 것은 아니란 점을 보여 수고 있다. 또한 치밀하게 전거를 밝힘으로써 자칫 선사들의 말씀을 과도한 상상력으로 허황되게 해석하는 오류를 미연에 방지하고 있다.

또한 활발했던 고려 선종禪宗의 활약상을 확인할 수 있다. 『남명천화상송증도가』는 고려 고종 26년(1239)에 진양공晉陽公 최이崔怡에 의해 중조重雕된 일이 있고, 다시 조선 성종 13년(1482)에 언해諺解된 일이 있다. 이에 더해 고려 고종 35년(1248)에 『증도가사실』이라는 자세한 해설서까지 간행되었다는 사실은 고려 말 조선 초에 『남명천화상송증도가』가 크게 유행하였음을 증명한다.

아울러 많은 고사와 염송을 소개하고 있는 이 책은 『증도가』와 『남명천화상송증도가』뿐만 아니라 다양한 선종 서적의 표현과 의미를 이해하는 데에도 크게 기여할 것이라 생각한다.

6. 참고 문헌

고익진, 「고려대장경 보유판소수補遺板所收 '증도가사실證道歌事實'의 저자에 대하여」, 『한국불교학』 창간호, 한국불교학회, 1975. 12.

차례

남명천화상송증도가사실南明泉和尚頌證道歌事實 해제 / 5
일러두기 / 16

남명천화상송증도가사실 제1권 南明泉和尚頌證道歌事實 卷第一 / 17
　영가 대사 증도가 남명 천 선사 계송 서永嘉大師證道歌南明泉禪師繼頌序 19
　영가 대사 증도가 남명 천 선사 계송 23

남명천화상송증도가사실 제2권 南明泉和尚頌證道歌事實 卷第二 / 147

남명천화상송증도가사실 제3권 南明泉和尚頌證道歌事實 卷第三 / 281
　후서後序 306

　발문 405

찾아보기 / 407

일러두기

1 '한글본 한국불교전서'는 문화체육관광부의 지원을 받아 동국대학교 불교학술원에서 수행하고 있는 '불교기록문화유산아카이브(ABC)사업'의 결과물을 출간한 것이다.
2 이 책은 『한국불교전서』(동국대학교출판부 간행) 제6책에 수록된 『남명천화상송증도가사실南明泉和尙頌證道歌事實』을 번역하였다.
3 번역문에 이어 원문을 수록하고 고리점(。)을 찍었다.
4 원문은 『한국불교전서』를 기본으로 하되, 그 저본이 되는 목판본을 대교하여 제시하였다. 역자의 교감 내용에서 '저본'이라 함은 『한국불교전서』의 저본(목판본)을 말한다.
5 원문의 교감 사항은 번역문의 각주와 별도로 원문 아래 부분에 제시하였다.
   ㉠은 『한국불교전서』 편찬자가 교감한 내용이다.
   ㉡은 번역자가 교감한 내용이다.
6 약물은 다음과 같다.
   『 』: 서명
   「 」: 편명, 산문 작품
   〈 〉: 시 작품
   T : 『대정신수대장경』
   X : 『만속장경』
   H : 『한국불교전서』
   Ⓢ : 산스크리트어

남명천화상송증도가사실 제1권
| 南明泉和尚頌證道歌事實* 卷第一 |

서룡의 선로 □련
瑞龍禪老 □連**

---

* ㉠『고려대장경』제42권(보유판 정함庭顒)을 저본으로 하고,『서주범천기화상주증도가병서舒州梵天琪和尚註證道歌幷序』(『속장경』제2편 16투 3책)와 대조하였다. 이하『속장경』에 수록된『서주범천기화상주증도가병서』를 '갑甲본'이라 칭한다

** ㉠ 편찬자 이름이 저본에는 누락되었다.『한국불교전서』편집자가 전광재全光宰의 발문에 의거해 추정하여 삽입하였다.

영가 대사 증도가 남명 천 선사 계송 서

나는 여래께서 모든 보살을 잘 호념護念하시되 마음으로 하시며, 모든 보살에게 잘 부촉付囑하시되 법으로 하신다고 들었다. (그러나) 마음으로 보이신 것은 말로 갖추어 표현할 수 없는 것이며, 법으로 전하신 것은 뜻으로 다 헤아릴 수 없는 것이니, 말로 접근하고 뜻으로 접근함이 모두 다 망상이요, 말과 뜻을 여의는 것 또한 이와 같다. (따라서) 접근하지도 않고 여의지도 않아야 갖가지가 평등하며, 무無에 떨어지지 않고 유有에 달라붙지도 않고 말과 뜻을 둘 다 잊어야 (여래의) 마음과 법을 얻게 되리라.

법은 본래 작위가 없지만 경계를 대하여 성립하고, 마음은 모습이 있는 게 아니지만 사물을 따라서 나타난다. 따라서 과거에서 오지 않았고 미래로 가지 않으며, 그 현재에 있어서도 구르는 수레바퀴처럼 흐르는 물처럼 흐르지도 않고 구르지도 않으면서 또한 머물지도 않으니, 머물지 않으므로 실재하는 것이 없는 것이다. 실재하는 것이 없으면서 실재하지 않는 것도 없으니, 이것이 진실로 항상 머무는 것이다. 그러나 우매한 자들은 알지 못해 색으로써 여래를 보고 음성으로써 여래를 찾으니, 어찌 잘못이 아니겠는가.

영가 선사永嘉禪師의 『증도가證道歌』는 그 도道가 심오하다. 하지만 도란 행하는 바가 없이 증득하는 것이다. 그러니 영가 선사께서 여전히 시끄럽게 떠들며 세속과 함께 변론하셨으나, 그것이 어찌 말과 뜻에 얽매여 번거롭게 함이랴! 그렇지만 여래께서는 세간을 싫어하지 않으셨으나 열반에 드셨고, 문자를 제거하지 않으셨으나 해탈에 머무셨으며, 번뇌를 끊지 않고도 일체 진여와 보리를 쏟아 내셨다. 영가 대사께서는 이 모든 것을 다 얻으셨을 뿐이다.

(그리고) 남명 선사南明禪師 천 공泉公께서 예전에 천경산千頃山에 거주하면서『증도가』에 다시 송을 붙여 320편을 완성하셨다. 아! 여래의 거대한 지혜의 바다를 열어 사람들로 하여금 모두 다 그 물가를 바라보고, 그 물결을 거슬러 오르게 하심이여! 어떤 생각도 끊지 않고, 어떤 형상에도 집착하지 않고, 어떤 인연도 도외시하지 않으면서 널리 자신의 깨달음으로 중생의 마음을 기쁘게 하심이 어찌 그다지도 두터우신가. 그의 계송繼頌[1]을 보고 나는 두서없는 말이나마 아낄 수가 없었다. 그러므로 그를 위해 서문을 쓴다.

희령 10년 정사(1077) 7월에

괄창의 오용 천용吳庸天用이 서문을 쓰다.

永嘉大師證道歌南明泉禪師繼頌序[1)]

我聞。如來善護念諸菩薩以心。善付囑諸菩薩以法。心之所示。言所不能該。法之所傳。意所不能盡。卽言卽意。皆諸妄想。離言意者。亦復如是。不卽不離。種種平等。不墮於無。不麗於有。言意兩忘。而心法得矣。夫法本無爲。對境而立。心非有相。隨物而現。故前際不來。後際不去。其於今也。如轉輪。如流水。不流不轉。而亦不住。不住則無在也。無在而無不在。是眞常住者也。而昧者不知。乃以色見如來。以音聲求如來。豈不謬哉。永嘉

---

1 계송繼頌 : 게송이나 시에서 1구씩 차례로 차용하여 다시 읊은 것이다. 예를 들면, 4구로 이루어진 시이면 계송은 4수가 된다.

禪師證道歌。其深於道矣。然道無所事於證也。而永嘉方且曉曉。而與俗辯者。彼豈累於言意爲哉。惟如來不厭世間。而入涅槃。不去文字。而住解脫。不斷煩惱。而流出一切眞如菩提。永嘉盖得諸此而已。南明禪師泉公。昔居千頃。復頌證道歌。成三百二十篇。嗚呼。發如來大智慧海。使人皆得望其涯涘。而泝其流。不絶諸念。不著諸相。不外諸因緣。普以吾覺。悅可衆心。何其盛哉。觀其頌。而吾無能惜其狂言。故爲之序云。

時 熙寧十年丁巳七月

括蒼 吳庸天用 序

1) ㉑ 이 서문과 『證道歌南明泉繼頌』은 『韓國佛敎全書』 편집자가 성화成化 18년 임인년(1482, 성종 13)에 간행된 언해본之諺解本에서 인용하여 삽입하였다.

영가 대사 증도가 남명 천 선사 계송
永嘉大師證道歌南明泉禪師繼頌

증도가, 이 곡조를 노래함이여!   證道歌 歌此曲
열반회상에서 일찍이 친히 부촉하시고   涅槃會上曾親囑
금색 두타가 웃음을 그치지 않는데   金色頭陀笑不休
몇 자락 푸른 산만 일간모옥 마주 보네   數朶靑山對茅屋

그대는 보지 못하는가, 이 누구의 얼굴일까   君不見 是何顏
따지고 헤아리면 막히어 어지러운 산이라   擬議思量隔亂山
이 조계 문밖 구절을 좇아   從此曹溪門外句
이전처럼 흘러내려 인간세로 향한다네   依前流落向人間

배움이 끊어진 하릴없는 한가한 도인이여   絶學無爲閒道人
구름의 자취 학의 자태 어디에 의탁할까   雲蹤鶴態何依托
봄은 깊고 그윽한데, 새들은 돌아오지 않고   春深幽鳥不歸來
바위 아래 흐드러진 꽃들 제 맘대로 피고 지누나   巖畔羣花自開落

망상도 제거하지 않고 진실도 구하지 않나니   不除妄想不求眞
진실과 망상이 모두 다 거울 속 티끌이라   眞妄都如鏡裏塵
허공을 깨부수어 빛과 그림자 끊어지면   打破虛空光影斷
이때에야 비로소 본래인을 보리라   此時方見本來人

무명과 참된 성품 바로 불성이라   無明實性卽佛性
두 가지가 본래부터 억지로 붙인 이름   兩處由來强立名

사해가 편안하고 때맞은 비 흡족하니	四海晏淸時雨足
촌 늙은이야 태평 세상 축하 위해 애쓰지 않는다네	不勞野老賀昇平

허깨비처럼 공한 몸이 곧 법신이니	幻化空身卽法身
법신을 깨달으면 안과 밖이 없어라	若了法身無內外
옴 붙은 개 진흙탕 돼지는 오히려 다 알지만	疥狗泥猪却共知
삼세의 여래는 일찍이 안 적 없노라	三世如來曾不會

법신을 깨치매 한 물건도 없으니	法身覺了無一物
맑기가 갠 허공에 노을 한 점 없는 듯	瑩若晴空絶點霞
이에 영산회상의 그날 일 생각나	因憶靈山當日事
대지팡이 짚고 봄 길에 떨어진 꽃을 밟아 본다	携筇春徑踏殘花

본원 자성인 천진불이여!	本源自性天眞佛
푸른 연꽃 같은 눈매, 하얀 옥 같은 이	目若靑蓮齒似珂
자존을 알지 못하는 자 급히 가 봐야 하리니	未識慈尊須急去
고개 돌리매 새매가 신라를 지나가네	廻頭鷂子過新羅

오음의 뜬구름 부질없이 오고 가니	五陰浮雲空去來
선명하여 있는 듯도 하지만 도리어 실체가 아니네	英英似有還非實
서풍 한바탕 불어 쓸어버리니 종적조차 없어	西風一陣掃無蹤
만 리 펼쳐진 산과 강 모두 다 화창한 날	萬里山河共晴日

삼독의 물거품 헛되이 생겼다 사라지니	三毒水泡虛出沒
생기고 사라짐 자취 없어 찾을 수가 없어라	起滅無蹤不可窮
물과 거품의 이름과 모습 다르다 말을 말게	勿謂水泡名相異

천 물결 만 물결이 모두 다 바다로 흐르네 　　　　千波萬浪盡朝宗

실상을 증득함이여, 공과 유를 끊으니 　　　　證實相　絶離微
동쪽에도 있지 않고 서쪽에도 있지 않네 　　　　不在東邊不在西
가장 좋은 시절인 강남의 이삼월 　　　　最好江南三二月
꽃망울 터지고 바람 훈훈해 자고새 지저귀네 　　　　拆花風暖鷓鴣啼

인도 법도 없음이여, 오직 이 사람뿐이니 　　　　無人法　只此人
금년이 바로 가난이라고 하신 말씀을 보라 　　　　見說今年直是貧
눈을 들어도 이미 의지할 곳 없는데 　　　　擧目已無依倚處
금강문 밖에선 도리어 화를 머금네 　　　　金剛門外尙含瞋

찰나에 아비업을 소멸시키니 　　　　刹那滅却阿鼻業
선과 악은 같은 길 아니라 말하지 말게나 　　　　休言善惡不同途
죄의 성품 서리나 눈 같은 줄 알아야 할지니 　　　　須知罪性猶霜雪
지혜의 태양 솟자마자 한 점도 남아 있지 않네 　　　　慧日才昇一點無

만약 거짓말로 중생을 속인 것이라면 　　　　若將妄語誑衆生
내 몸은 무슨 인연으로 벗어날 수 있으리오 　　　　自己何緣能出離
이 마음은 날 저물도록 외로운 배처럼 　　　　此心終日類孤舟
그저 빠지고 떨어지는 함령들 구하고 싶을 뿐 　　　　只欲含靈免淪墜

스스로 진사겁토록 발설지옥에 들어간다 하셨으니 　　　　自招拔舌塵沙劫
그 크신 은혜를 어찌 쉬이 갚으리오 　　　　莫大之恩豈易酬
이를 대하자니 문득 멀리 유랑하는 아들 가련해라 　　　　對此翻憐遠遊子
세월이 다 가도록 머리 돌리지 않으니 　　　　光陰喪盡不廻頭

단박에 깨달아 마침이여, 곧 통발을 잊으니	頓覺了　即忘筌
예전부터 눈썹은 눈가에 달려 있었네	依舊眉毛在眼邊
향상의 기관을 어찌 딱히 말하랴	向上機關何足道
배고프면 밥 먹고 피곤하면 잠잘 뿐	飢來喫食困來眠

여래선이여, 은밀히 깨달아야만 하니	如來禪　須密悟
고요하고 작위 없어 사구를 뛰어넘네	寂靜無爲超四句
둥근 부채로 비록 달을 가늠하긴 하지만	團扇雖將擬月輪
날쌘 매는 울타리 가 토끼를 치지 않는다네	俊鷹不打籬邊兎

육도만행이 본체에 원만하니	六度萬行體中圓
진체에 수고롭게 같고 다름 가리랴	眞體無勞辨同別
물마다 비치는 달그림자 가고 머묾에 맡기리	萬水蟾光任去留
달빛 교교한 하늘엔 오직 하나의 달	皎皎天心唯一月

꿈속에선 분명하고 분명하게 육취가 있어서	夢裏明明有六趣
고와 낙이 교차하며 잠시도 멈추지 않는다	苦樂相交不暫停
윤회하는 생사의 바다 벗어나고 싶은가	欲出輪廻生死海
모름지기 북두를 좇아 남성을 바라보라	須從北斗望南星

깨치고 나니 텅 비어 대천세계 없어라	覺後空空無大千
이전엔 나 스스로 얽어 묶은 걸 비로소 믿겠네	始信從前自拘縛
이제 그대 본래 공인 줄 알고자 하는가	如今要識本來空
문밖 푸른 산은 허공에 기대 끝이 없네	門外靑山倚寥廓

죄도 복도 없음이여, 허망도 진실도 버렸으니	無罪福　妄眞捐

밝은 달 가을을 맞아 그 원만함 비유할 수 없어라	皎月當秋莫喩圓
칼 짚은 문수도 오히려 엿보지 못하는데	仗劒文殊猶不見
생사가 그곳에 다다르는 걸 어찌 용납하리오	豈容生死到伊邊

손해도 이익도 없음이여, 다시 어찌 의심하랴	無損益 更何疑
부처님도 조사도 여태껏 알지 못한 것이라	佛祖從來自不知
남과 북, 동과 서에 끊어진 적 없는데	南北東西無間斷
조과 스님 쓸데없이 보푸라기 집어 분다네	鳥窠空把布毛吹

적멸한 성품 가운데서 묻거나 찾지 말게나	寂滅性中莫問覓
일천 봉우리에 앉아 결단하니 통과하기 어려워라	坐斷千峯過者難
텅 빈 집 찾아오는 길손 없다 이상히 여기지 마라	莫訝空堂無客到
예로부터 바깥 사람에겐 엿보기를 허락 않는다네	從來不許外人看

여태껏 먼지 묻은 거울 닦은 적 없었으니	比來塵鏡未曾磨
마음의 때가 연이 되어 점점 어두워지네	心垢爲緣漸昏黑
신고를 한 점 찍자 온 집 안이 서늘하여	神膏點出一堂寒
신령한 광명은 밖에서 얻는 것 아님을 비로소 믿겠네	始信靈光非外得

오늘은 분명하게 쪼개야만 하리라	今日分明須剖析
어찌 구구하게 세간의 정 따르랴	爭肯區區徇世情
뜬구름 흩어 버리고 외로운 달 솟으니	決散浮雲孤月上
대천 항하사 세계가 일시에 광명천지	大千沙界一時明

누가 무념인가, 생각마다 모두 참되니	誰無念 念皆眞
진실을 진실이라 알면 티끌을 벗어나지 못하리	若了眞眞未出塵

물가에 다다라 배 버리는 것 당연한 일이거늘	到岸捨舟常式事
구태여 뱃사공에게 다시 물을 필요 있을까	何須更問渡頭人

누가 무생인가, 생김이 곧 허망한 것이라	誰無生 生是妄
허망하게 일어나 뿌리 없음이 바로 실상일세	妄起無根卽實相
하룻밤에 조계의 물 거꾸로 흐르더니	一夜曹溪水逆流
평범한 사람 끝도 없이 물결만 따른다네	平人無限隨波浪

만약 진실로 생이 없다면 생기지 않음도 없으니	若實無生無不生
생기고 또 생긴들 어찌 무생과 다르리	生生豈與無生異
생기지 않음조차 없을 때 한 물건도 없으니	無不生時一物無
무생을 알고 싶은가, 만법이 바로 그것	欲識無生萬法是

꼭두각시를 불러서 물어보라	喚取機關木人問
이 이치는 예로부터 앎에 속하지 않는다네	此理從來不屬知
만약 앎이 없음을 참된 도라 이른다면	若謂無知是眞道
가을바람 부는 누대 전각 기장만 무성하리	秋風臺殿黍離離

부처 구해 공들이면 어느 시절 이뤄질까	求佛施功早晚成
증득도 없고 닦음도 없어야 공 절로 오래가지	無證無修功自久
눈앞 가득 차 있는 허공을 보라	看取虛空滿目前
어찌 사람 손으로 잡아 묶어 놓을 수 있으리	豈容捉搦隨人手

지수화풍 사대를 놓아 버리니	放四大
홀로 앉고 거닒에 걸림이 없어라	獨坐獨行無罣礙
해진 돗자리 한가히 끌어다 햇볕 쬐며 조노라니	破席閑拖向日眠

무슨 마음을 다시 찾아 삼계를 초월하랴	何心更覓超三界

아서라! 붙잡지 마라	莫把捉
자잘하건 얼빠지건 큰 잘못 되나니	翦翦規規成大錯
심의식 지닌 채 수행을 배우려나	欲將心意學修行
큰 허공에 어찌 두각을 낼 수 있으리	大虛豈解生頭角

적멸한 성품 가운데 인연 따라 먹고 마시며	寂滅性中隨飮啄
사량 없고 분별없이 시류에 섞여 있네	無思無慮混時流
일찍이 어느 집안 쌀 한 톨을 먹었더니	曾餐一粒家田米
지금까지 부른 배가 꺼질 줄을 모르누나	直至如今飽未休

제행이 무상하여 일체가 공하나니	諸行無常一切空
연이 일건 연이 끝나건 성품은 본래 동일	緣起緣終性本同
인연으로 일어남 버리고 참된 뜻 구하려나	欲捨緣生求實義
북쪽을 묻고는 도리어 동쪽 향해 감이로세	猶如問北却行東

곧 이것이 여래의 대원각이니	即是如來大圓覺
다시 한 물건도 손댈 것이 없어라	更無一物可雌黃
처마에 기댄 산색 구름 이어 푸르고	倚簷山色連雲翠
울 넘은 꽃가지 이슬 머금어 향기롭네	出檻花枝帶露香

확실히 말하노니 의심치 마라	決定說　莫狐疑
바로 알아차린다 해도 이미 늦었느니라	直下承當已是遲
향엄 스님 그날에 무슨 일 이루었나	香嚴當日成何事
대나무 치며 공연히 상상기라 말했다네	擊竹徒言上上機

진승을 나타내니 거짓이 아니라네	表眞乘 不虛僞
진사겁의 무량한 뜻 거두어 다했으니	攝盡塵沙無量義
견고하고 밀밀해 백 번 단련한 쇠처럼 영원한데	堅密長如百鍊金
쇠망치 맹렬한 불길로 쓸데없이 시험하네	剛鎚猛燄徒相試
누군가 수긍치 않거든 뜻대로 따지도록 두게	有人不肯任情徵
의미와 구절 서로 전하니 천만 가지 모양새라	意句交馳千萬狀
동산의 꽃가지야 짧건 길건 내버려두나니	園裏花枝任短長
청제의 봄바람은 아직도 그 모습 그대로	靑帝春風還一樣
근원을 곧장 끊음 부처님이 인가한 것이니	直截根源佛所印
번쩍이는 번개 휘몰아치는 바람 잠깐 새일세	電轉風行頃刻間
화급히 돌아오되 뒤돌아보지 말지니	火急歸來莫廻顧
잠깐 사이 날 추워져 서산에 해 지네	須臾寒日下西山
잎사귀 따고 가지 찾는 일 나는 하지 않으니	摘葉尋枝我不能
뻔질나게 왔다갔다 무엇을 얻었나	數去翻來何所得
가련하다 떠도는 아들 꽃향기만 좇다가	可憐遊子逐芳菲
홍진에 좀먹은 얼굴 알아차리지 못하네	不覺紅塵蠹顏色
마니주여	摩尼珠
흠집 이지러짐 본래 없어 정교함 거침 끊어졌다	本無瑕纇絕精麤
달 밝고 바람 맑은 지난해 밤에	月白風淸去年夜
돛단배 타고 동정호를 날아서 건넜다네	一帆飛過洞庭湖
사람들은 알지 못한다네	人不識

한량없는 겁부터 오늘에 이르기까지	無量劫來至今日
가죽주머니 내려놓고 자세히 살펴야지	放下皮囊子細看
밖을 향해 부질없이 찾아 헤매선 안 되네	不須向外空尋覓
여래장 속에 몸소 간직한 것이여	如來藏裏親收得
그대 여래장을 알고자 하는가	要識如來藏也麼
쉰 술과 식은 차 네댓 잔 마시니	酸酒冷茶三五盞
장강에 바람 세차 꽃잎이 어지럽네	長江風急浪花多
여섯 가지 신통묘용 공하되 공하지 않으니	六般神用空不空
성인에 있건 범부에 있건 다른 얼굴 아니라네	在聖在凡無異質
불이문 열렸으니 마음대로 오고 가라	不二門開任往還
무엇하러 다시 유마힐에게 묻겠는가	何須更問維摩詰
한 알의 둥근 광명 색이면서 색 아니니	一顆圓光色非色
무엇이든 볼 수 있는 아나율도 쉽지 않네	那律能觀不易觀
바른 본체 지금까지 그 누가 볼 수 있었나	正體從來誰得見
하늘과 땅에 바람 높으니 눈과 서리 차갑구나	風高天地雪霜寒
오안을 청정히 하면 다름 또한 같은 것	淨五眼 異還同
천차와 만별이 마침내는 공이라	萬別千差畢竟空
누가 알리, 진겁토록 다함없는 일들이	誰知塵劫無窮事
손바닥 안 암마 열매 보듯 한다는 것을	如視菴摩在掌中
오력을 얻는 것 진실한 닦음이니	得五力 是眞修
가고 또 가 성인의 도류에 길이 의지하리	去去長依聖道流

보리로 곧장 나아가는 마음 돗자리에 있지 않느니	直趣菩提心匪席
어떤 마군 외도 있어 감히 머리 들고 나타나리	有何魔外敢擡頭

오직 증득해야 알 수 있지 헤아리긴 어려우니	唯證乃知難可測
한 점 외로운 밝음 태양과도 같아라	一點孤明若大陽
맹인은 그 광명 있는 곳을 알지 못해	盲者不知光所在
고개 떨군 채 쓸쓸히 앉아 남몰래 생각에 빠지네	低頭冷坐暗思量

거울 속 형상을 보는 것 어렵지 않으니	鏡裏看形見不難
모양 비록 닮았지만 실체가 아니라네	顏容雖似還非實
그해의 옛 주인을 알고자 하는가	欲識當年舊主人
눈썹을 깎아 버리게, 오늘에 있느니	剔起眉毛在今日

물속의 달 잡으니 어찌 집을 수 있으랴	水中捉月爭拈得
진짜 달 그 언제 물에 있은 적 있었나	眞月何嘗在水中
어리석은 원숭이 미친 알음알이 쉬기만 한다면	但得癡猿狂解息
강江 하河 회淮 제濟가 일시에 통하리	江河淮濟一時通

항상 홀로 다님이여	常獨行
동관潼關을 지났거든 길 묻는 일 그만두게	過得潼關罷問程
우거진 숲 오솔길엔 인적 끊긴 지 꽤 오래	一徑森森人不到
황금 전각 그 위엔 푸른 이끼만 자라나네	黃金殿上綠苔生

항상 홀로 거넒이여	常獨步
이전엔 또한 별다른 문호門戶 없었는데	從前更勿別門戶
무슨 일로 한산은 멀리 노니는 것 좋아하다	何事寒山愛遠遊

| 이제 올 때 그 길마저 잊었나 | 如今忘却來時路 |

통달한 사람들 열반 길에 함께 노니네	達者同遊涅槃路
보아하니 밝고 밝아 막는 경계 없구나	看來皎皎勿遮欄
예나 지금이나 그 언제 발길 끊어진 적 있었나	古今履踐何曾息
노니는 사람들아, 발 딛기 어렵단 말일랑 하지 마시게	遊子休言下脚難

격조가 예스럽고 정신 청아하며 도풍이 절로 높아	調古神淸風自高
실오라기조차 붙는 것 허용치 않네	若涉絲毫未相許
묘봉妙峰 정상에서 홀연히 만났을 때도	妙峯頂上忽逢時
백운과 더불어 벗 삼지 않았느니	不與白雲爲伴侶

모습 초췌해도 골격은 강인한데 사람들 돌아보지 않으니	貌顇骨剛人不顧
형상을 취하는 범부가 어찌 쉬이 헤아리리	取相凡夫豈易猜
자공子貢은 콩잎 맛을 알지도 못하면서	子貢不知藜藿味
쓸데없이 사마駟馬를 달려 입문하려 하는구나	空馳駟馬入門來

곤궁한 석가 제자 진풍眞風을 이었으니	窮釋子 續眞風
삼세의 여래와 격조格調가 한가지라	三世如來格調同
온몸에 가진 것 없다 놀라지 말게나	莫訝通身無所有
이 집안 살아날 계책 본래 공이로세	伊家活計本來空

입은 가난하다 칭하나 마음은 밝으니	口稱貧 心煥爾
마을에도 산림에도 머물 곳이 없어라	城市山林無所止
걸친 것이라곤 어머니가 만들어 주신 해진 베적삼	著箇孃生破布衫
겁화劫火를 몇 번이나 겪도록 언제나 이랬다네	幾經劫火長如此

실로 몸이 가난하지 도가 가난하진 않으니	實是身貧道不貧
주머니에 한 물건도 없이 푸르른 봄을 보낸다	囊無一物度靑春
그대에게 알린다. 세상 사람들이 형상을 취하지 않으니	報爾世人休取相
매번 들 때마다 그때마다 새로우리	一番拈起一番新

가난해서 몸엔 항상 누더기를 걸쳤으나	貧則身常披縷褐
만났을 때 해어졌다 비웃지는 마시게	相逢不用笑繿縿
때때로 털어서 한가로이 들고 다니니	有時抖擻閑提起
헛되이 걸치는 비단적삼보다 훨씬 낫다네	勝得空披錦繡衫

도는 마음에 값을 매길 수 없는 보배를 지님이니	道則心藏無價珍
세간과 출세간에서 비교하기 어려워라	世出世間難可比
오온五蘊의 산 앞에서 눈뜨고 살펴보니	五蘊山前著眼看
찍어 보였는데도 오지 않으니 길은 천만리	點著不來千萬里

값을 매길 수 없는 보배여, 보배 중 보배일세	無價珍 寶之寶
용궁을 다 뒤진들 얻을 곳 없으리	搜徧龍宮無處討
아무리 뱃사공이 배를 잘 몬다 해도	直饒舶主善機宜
입 열어 논의하면 반드시 서로 괴롭히는 것	開口論量定相惱

써도 다함이 없음이여, 어찌 이보다 나을까	用無盡 豈能過
예나 지금이나 끊임없어 흘러가는 저 물결 같아라	今古源源若逝波
비원悲願으로 훈습한바 비로소 여기 이르렀으니	悲願所薰方至此
비야리 성의 향반香飯도 많은 것이 아니라네	毗耶香飯未爲多

| 중생 이롭게 하고 근기에 응하며 끝내 아끼지 않으니 | 利物應形終不悋 |

용왕이 때맞춰 처음 비 내리는 것과 같아라	還似龍王降雨初
한 생각 일으키면 바람과 구름 천하에 가득하니	擧意風雲天下徧
어느 꽃과 나무인들 젖어 들지 않으랴	有何花本不沾濡

삼신과 사지四智가 체體 가운데 원만하니	三身四智體中圓
이 체는 예로부터 둘이 없었다네	此體從來無有二
만약 자성에서 추구하는 일 그치면	若於自性絶追求
만 가지 이름과 말 진실한 뜻 아니리라	萬種名言非實義

팔해탈 육신통 심지心地의 인印이여	八解六通心地印
진흙과 물과 허공 세 가지는 쓰임이 같지 않네	泥水空三用莫齊
오직 철로 된 소 있어 마지막 탈 곳이니	獨有鐵牛曾搭處
죽림竹林의 동쪽이요 석교의 서쪽	竹林東畔石橋西

상사는 단번에 결단하여 일체를 통달하나니	上士一決一切了
그 기세 산을 무너뜨리듯 조금도 머뭇거리지 않네	勢若崩山不小留
어찌 배에 표시하여 칼을 찾으려는 사람이	豈似刻舟求劒者
배가 옮겨 갔는데도 여전히 홀로 뱃머리 지킴과 같으랴	舟移猶自守船頭

중사 하사는 듣는 것 많을수록 더욱 믿지 않으니	中下多聞多不信
그저 집 떠난 지 세월만 길어지네	只爲離家歲月長
그대에게 권하노니 지금부턴 찾는 일 그만두게나	勸爾從今息求索
고향엔 원래 있던 보배와 재물로 가득 찼네	自有珍財滿故鄕

다만 자기의 품에서 때 묻은 옷만 벗을 것이니	但自懷中解垢衣
이 옷은 예전부터 또 값이 없던 것이라	此衣從來亦無價

이제 실이 뜯어져 온몸 모두 드러났으니	如今線綻體全彰
다시는 좀스럽게 꿰맨 틈을 찾지 마라	更莫區區尋縫罅

누가 밖을 향해 정진精進을 자랑하랴	誰能向外誇精進
취하고 버리는 맘 생기면 사람을 더럽히네	取捨心生染汙人
무릉도원 골짜기 속 꽃피는 그곳엔	桃源洞裏花開處
동풍을 기다리지 않고도 저절로 봄이라네	不待東風自有春

남들의 비방 따름이여, 마음은 편안하니	從他謗 意安寧
일체의 언어가 그저 바람소리일 뿐	一切言語但風聲
목인木人이 꽃과 새를 만난 적은 있지만	木人花鳥曾相遇
그는 뜻 없어 스스로 놀라지도 않네	彼若無情自不驚

남들의 비난에 맡겨 둠이여, 그릇됨 또한 옳음이니	任他非 非亦是
그름과 옳음으로 언제 요의를 통달한 적 있던가	非是何曾達了義
요의를 무엇으로 가르치고 펴야 할까	了義將何爲指陳
봄 깊어지니 이끼 낀 땅에 떨어지는 꽃잎들	春深花落莓苔地

횃불 들고 하늘 태우느라 한갓 자신만 피로하네	把火燒天徒自疲
창창한 저 하늘이 어찌 번뇌 일으키랴	蒼蒼豈解生煩惱
만약 자기를 가지고 허공에 합한다면	若將自己合虛空
이것이 바로 여래의 진실한 도니라	即是如來眞實道

내가 듣기에는 마치 감로를 마심과 같아서	我聞恰似飮甘露
한 방울로도 능히 만병을 없앤다네	一滴能令萬病消
산당山堂에 높이 누워 고요해 일 없으니	高臥山堂寂無事

오늘도 또 내일 아침도 그대에게 맡기리	任他今日又明朝

녹여서 단박에 부사의不思議로 들어가네	銷融頓入不思議
이제는 굳이 다시 녹일 필요 없으니	如今不必更消融
그 자리에서 분명하고 용감하게 잡아채라	直下分明猛提取
집 안의 두어 줄기 대나무엔 바람이 일어나네	數竿脩竹一堂風

모진 말을 관찰하라	觀惡言
말 없는 이치 깨달으면 치우치지 않으리니	若了無言理不偏
연일 강바람은 몇 번이나 불었던가	幾度江風連日起
고기잡이배 가라앉았단 말 아직 듣지 못했네	未聞沈却釣魚船

이것이 공덕이니	是功德
지혜의 검을 번뇌의 도적에게 직접 휘둘러라	慧劍親揮煩惱賊
연기와 먼지를 다 쓸어버리고 돌아오면	烟塵掃盡却歸來
한 빛깔 한 향기 그 어디든 정토	一色一香皆淨國

이는 곧 나의 선지식이 되니	此即成吾善知識
참는 마음 허깨비 같아 휘저어도 흔적 없네	忍心如幻攪無痕
제바달다에게 직접 영산 수기 주셨으니	達多親授靈山記
뼈에 새겨 이 은혜 갚아 나감이 어떠랴	銘骨如何報此恩

비방 따라 원수나 친구가 생기지 않으니	不因訕謗起怨親
조계의 길로 가는 사람 어찌 알아보랴	爭識曹溪路上人
일찍이 사막을 건너매 하늘은 밝기 전	曾渡流沙天未曉
오늘에 이르니 온 얼굴엔 때와 먼지	至今滿面是埃塵

무생의 자비와 인욕의 힘 어떻게 나타내나	何表無生慈忍力
무생을 스스로 증득하면 인욕 또한 잊으리	無生自證忍還忘
나이 들어 늙어지면 어느 곳으로 돌아갈까	年來老大歸何處
진진찰찰 모두가 고향 아닌 곳 없어라	刹刹塵塵是故鄕

종지 또한 통달하니 진실한 비결이라	宗亦通　眞秘訣
마갈타에서 그해 일찍 말씀하시길	摩竭當年曾爲說
문수가 노련한 유마를 후려쳐 쓰러뜨렸네	文殊撞倒老維摩
오늘에 이르러 이치야 있지만 설욕하기 어려워라	至今有理難分雪

설법 또한 통달하니 의리가 한량없네	說亦通　義無量
근기 따라 감응해 위하여 선양하니	應感隨機爲宣暢
만약 말을 인해 본래의 근원 통달하면	若得因言達本根
울음 그치게 하는 누런 잎 거짓인 줄 알리라	止啼黃葉知虛妄

선정과 지혜 원만히 밝아 공에 막히지 않으니	定慧圓明不滯空
아래로 위로 아득하여 찾을 곳이 없어라	上下悠悠無覓處
이따금 스스로 흰 구름과 함께 찾아오더니	有時自與白雲來
어젯밤엔 뜻밖에 밝은 달 따라갔다네	昨夜還隨明月去

지금 나만 홀로 깨달은 것 아니라 하셨으니	非但我今獨達了
아니, 언제 내가 지견知見에 떨어진 적 있었나	是我何嘗落見知
내가 있다고 한다면 도리어 통달하지 못한 것	有我直應還未達
내가 없다고 한다면 그건 더욱더 어리석은 것	若言無我更愚癡

항하사 같은 모든 부처님 체성은 다 같으니	恒沙諸佛體皆同

이 체성 예로부터 끊어진 적 없어라	此體從來無間斷
이 체성 알고자 하는가, 그대 위해 펼치리	欲知此體爲君宣
어부가 갈대꽃 만발한 언덕에서 미소 띠고 서 있네	漁人笑立蘆花岸

(이상 『증도가천송證道歌泉頌』의 원문은 『한국불교전서』 편집자가 보완하여 삽입하였다.)

(以上證道歌泉頌原文編者補入)

原文 천 화상泉和尙

事實 『속등록續燈錄』에서 말하였다.[2]

"장산蔣山 불혜 선사佛慧禪師의 휘諱는 법천法泉이고, 성은 시씨時氏이며, 수현隋縣 출신이다. 어려서 일찍이 유학을 공부하였는데, 재주와 기량이 명민하였다. 장성하여 용거산龍居山 지문원智門院의 신기信記 선사에 의지해 출가하였다. 신기 선사가 법당에서 샘물이 솟아오르는 꿈을 미리 꾼 다음 날 스님이 도착하였기에 이로 인해 그와 같이 이름을 짓게 된 것이다. 그 후 경전을 공부하였으며, 멀리 운거 순雲居瞬[3] 선사의 법석까지 찾아가게 되었다. 이조二祖가 예배한 인연[4]에 대한 수시垂示에 대답하려던 순간 순 선사가 그의 입을 틀어막았고, 이로 인해 돈오하였다. 처음에는 대명산大明山에 주석하였고, 차례로 천경산千頃山·운거산雲居山·남명산南明山·장산蔣山의 다섯 사찰에 주석하였다.[5]"

泉和尙

續燈錄云。蔣山佛慧禪師。諱法泉。姓時氏。隋縣人也。少嘗儒業。才器明

---

2 『속등록續燈錄』에서 말하였다 : 『續燈錄』은 『建中靖國續燈錄』을 지칭한다. 제11권(X78, 706a)에 대우 효순大愚曉舜 선사의 법사法嗣인 장산 불혜蔣山佛慧 선사의 전기와 법문이 수록되어 있다.

3 운거 순雲居瞬 : 송나라 운문종雲門宗 스님. 운거는 주석했던 산 이름이며, 법호는 효순曉舜. 서주瑞州 출신으로 동산 효총洞山曉聰에게 참학하고 법을 이었다. 이후 운거산에 주석하며 종풍을 선양하다가 치평治平 연간(1064~1067)에 입적하였다.

4 이조二祖가 예배한 인연 : 달마 대사가 어느 날 제자들에게 말씀하였다. "(내가 돌아갈) 시기가 다가왔다. 그대들은 제각기 얻은 바를 말해 보라." 이에 도부道副, 총지摠持 비구니, 도육道育 등이 차례로 깨달은 바를 말씀드리자 각기 피부와 살과 뼈를 얻었다며 칭찬하였다. 마지막으로 혜가는 말없이 절만 세 번 하고 제자리에 섰다. 그러자 조사께서 "그대가 나의 골수를 얻었다." 하며 가사와 법을 전했다. 『景德傳燈錄』권3 「제28조 보리달마」(T51, 219c).

5 처음에는 대명산大明山에~사찰에 주석하였다 : 『續燈錄』(X78, 706a)에서는 "처음 대명大明에 주석하였고, 천경千頃·영암靈巖·남명南明·장산蔣山의 다섯 사찰에 주석하였다.(初住大明。千頃靈巖南明蔣山五刹。)"라고 하였다.

敏。長依龍居山智門院信記禪師出家。記預夢法堂泉湧。翌日師至。因而名之。後習經業。遠造雲居瞬禪師法席。因示二祖禮拜因緣擬答次。瞬掩其口。從玆頓悟。初住大明。次住千頃雲居南明蔣山三[1]刹。

1) ㉠ '三'은 '五'의 오기인 듯하다.

原文 현각 대사玄覺大師
事實 『기화상주기화상주琪和尙註』의 서序[6]에서 말하였다.

"영가 진각永嘉眞覺 대사는 조사들 가운데서도 영웅이시다. 법휘法諱는 현각玄覺이며, 어려서 출가하였는데 총명하고 명민함이 아주 남달랐다. 처음에는 천태 지자天台智者의 교관敎觀을 학습하였으니, 곧 좌계左溪[7]와 같은 시기였다. 이 무렵 강사講肆를 편력하며 선지식을 참방하였는데, 어느 날 갑자기 『열반대경涅槃大經』[8]을 열람하다가 법지法旨를 훤히 깨달았다. (영가 대사는) 즉시 조계曹溪로 찾아갔고, 육조六祖께서 인가하셨다. 육조께서 그의 깊은 깨달음을 칭찬하시자 (영가 대사는) 곧바로 황급히

---

6 『기화상주기화상주琪和尙註』의 서序 : 『琪和尙註』는 『證道歌』에 대한 송나라 언기彦琪 선사의 주석으로 온전한 이름은 『舒州梵天琪和尙證道謌』(X63, 260b)이다. 『證道歌事實』에서 『琪注』로 표기하며 거의 전문을 인용하고 있는 점으로 미루어 보아 『證道歌』의 주석서들 중 특히 중요시한 것으로 추측된다. 서序는 언기 선사의 자서自序이다.
7 좌계左溪 : 천태종 제8조로 법명은 현랑玄朗. 한평생 청빈하게 살면서 철저한 계행과 수행으로 일관하였다. 그의 제자 형계 담연에 이르러 천태종이 크게 부흥하였다. 영가 대사와 좌계 현랑은 동문수학한 사이였다. 서로 주고받은 편지가 『禪宗永嘉集』(T48, 394a)과 『緇門』에 수록되어 있다.
8 『열반대경涅槃大經』 : 석존의 입멸入滅을 배경으로 한 경전을 흔히 『涅槃經』이라 칭한다. 여기에 해당하는 경전이 다수가 있어 이를 크게 소승과 대승으로 구분한다. 소승 『涅槃經』에는 『佛般泥洹經』 2권, 『大般涅槃經』 3권, 『般泥洹經』 2권, 『長阿含經』 제2분 「遊行經」 및 Mahāparinibbāna sutta(팔리경전) 등이 있다. 대승 『涅槃經』에는 『方等般泥洹經』 2권, 『大般泥洹經』 6권, 담무참曇無讖이 번역한 『大般涅槃經』 40권, 혜관慧觀과 혜엄慧嚴 등이 담무참 번역을 법현法顯 번역과 대조 수정한 『大般涅槃經』 36권 등이 있다. 이 책에서 『涅槃大經』이라 칭한 것은 대승 열반경이고, 담부잠이 번역한 40권본 『大般涅槃經』이거나 혜관과 혜엄이 수정한 36권본 『大般涅槃經』일 것으로 추측된다.

돌아가겠다고 말씀드렸다. (그때) 육조께서 하룻밤이라도 묵고 가라며 붙잡았기에 '일숙각一宿覺'이라 불리게 되었다.

(대사께서는) 곧 증득한 법문을 언어로 표현해 노래로 만들어서 아직 깨치지 못한 사람들을 경책하였고, 대사께서 다시 깊은 감응이 있을 것이라 예언하며 즉시 선정에 들어 관찰하자 글자 하나하나가 금색으로 변해 온 허공계를 가득 채웠으니, 이후로는 천하 총림에서 모르는 사람이 없게 되었다. 제방의 노숙들이 혹 주註를 달고 혹 송頌을 붙였으며, 범승梵僧[9]이 인도로 가지고 돌아가 번역하여 수지하기에까지 이르렀으니, 만일 부처님 마음에 깊이 계합한 것이 아니라면 그 누가 이와 같을 수 있었겠는가."

玄覺大師

琪和尙註序云。永嘉眞覺大師。[1] 乃祖席之英人也。法諱玄覺。少而落彩。聰敏頗異。始者習天台智者敎觀。卽左溪同時也。於是遍歷講肆。叅尋知識。忽一日因覽涅槃大經。洞明法旨。卽往曹溪。六祖印可。祖歎其深證。卽□[2]遽然告歸。祖小[3]留一宿故。号爲一宿覺焉。則以所證法門。發言爲歌。[4] 以警未悟。師復預期冥感。卽時定中觀見。字字化作金色。滿虛空界。自後天下叢林無不知也。諸方老人。或註或頌。以至梵僧傳歸印土翻譯受持。若非深契佛心。其孰能與於此哉。

1) ㉮ 갑본에는 '師' 다음에 '者'가 있다.   2) ㉮ □가 갑본에는 '時'로 되어 있다.   3) ㉮ '小'가 갑본에는 '少'로 되어 있다.   4) ㉮ '歌'가 갑본에는 '謌'로 되어 있다.

原文 병서并序[10]

---

9 범승梵僧 : 인도 출신의 승려를 뜻한다. 또한 '범'은 청정하다는 뜻으로 청정한 계행을 지니는 스님을 범승이라 칭하기도 한다.
10 병서并序 : 「영가대사증도가남명천선사계송서永嘉大師證道歌南明泉禪師繼頌序」를 지칭한다.

事實 『영가집주永嘉集注』¹¹에서 "서序는 실마리(緒)이다. 누에고치에서 실마리를 찾으면 그 실마리로 누에고치 전체의 실을 모두 뽑을 수 있는 것처럼, 이 문집의 서를 파악하면 그 서로 문집 전체의 내용을 모두 알 수 있다."라고 하였다.

『간정록刊正錄』에서는 "이른바 서라는 것은 대개 그 가운데서 이치(理)와 의리(義)를 밝혀 앞뒤가 그 차례를 잃어버리지 않게 하는 것이다."라고 하였다.

并序

永嘉集注云。序者。緒也。如璽¹⁾得緒。緒盡一璽□²⁾絲。玆集得序。序盡一集之事。刊正綠云。□³⁾所謂序者。蓋中明理義。前後使不失其次也。

1) ㉧ '璽'이 『永嘉集註』에는 '繭'으로 되어 있다. 다음도 이와 같다. 2) ㉧ □가 『永嘉集註』에는 '之'로 되어 있다. 3) ㉧ □는 '夫'인 듯하다.

原文 호념하고 부촉하며

事實 『금강경金剛經』에서 "여래께서는 모든 보살을 잘 호념하시고, 모든 보살에게 잘 부촉하신다."¹²라고 하였고, 그 주註¹³에서 "보살은 도심중

---

11 『영가집주永嘉集註』: 송나라 석벽사문石壁沙門 행정行靖의 주석을 말한다. 고려 함허 득통涵虛得通이 이를 해설한 『禪宗永嘉集科註說誼』가 『韓國佛教全書』 제7권(H7, 170a)에 수록되어 있다.
12 『金剛般若波羅蜜經』(T8, 748c).
13 어떤 주석을 지칭하는지 명확지 않다. 다만 인용한 것이 당나라 혜정慧淨의 주註인 『金剛經註疏』(X24, 449c)의 내용과 유사하다. 인용하면 다음과 같다. "菩薩者。此云道心衆生。護念約轉法輪時。化深行菩薩。付屬約般涅槃時。化淺行菩薩。護念者。護是防其自身與智慧力。令成就佛法。念卽緣其所化弟子與教化力。令成就衆生。化力有三。一神通輪。二記心輪。三正教輪神通轉變。故能使背邪以歸正。記心言實。故能使除疑以生信。正教示理。故能使捨惡以修善。付屬者。付是將淺以授深。屬卽教深以化淺。淺行菩薩於功德有二種。一已得。二未得。已得者欲令不捨。未得者欲使增修。故將淺以付深。屬深化令不退也。"

생도심중생道心衆生[14]이다. 세존께서 설법하여 모든 사람이 망상을 일으키지 않도록 잘 가르치셨으니 곧 호념護念이고, 생각 생각에 물러나지 않도록 하셨으니 곧 부촉付囑이다."라고 하였다.

護念付囑

金剛經。如來善護念諸菩薩。善付囑諸菩薩。注云。菩薩者。道心衆生也。世尊說法。善敎諸人。不起妄想。□[1)]是護念也。念念不令退失。卽是付囑。

---
1) ㉦ □가 『高麗大藏經』 영인본에는 '卽'으로 되어 있다.

[原文] 달라붙지도 않고
[事實] 『주역周易』 이괘離卦 주注[15]에 "이離는 붙다(麗)라는 뜻이다. 해와 달은 하늘에 매달려 있고 백곡百穀과 초목草木은 땅에 붙어 있다."라고 하였다.

不麗

易離卦注云。離者。麗也。日月麗乎天。百穀草木麗乎地。

[原文] 과거에서 오지 않았고
[事實] 『화엄경華嚴經』에서 "불자야, 진여眞如는 과거에서 생기지 않았고, 미래로 옮겨 가지도 않으며, 현재 일어나지도 않는다. 여래의 행行도 이와 같아 생기지 않았고, 옮겨 가지 않으며, 일어나지 않는다."[16]라고 하였다. 『정명경淨名經』에서는 "내가 여래를 관찰해 보니 과거에서 오지 않

---
14 도심중생道心衆生 : 보리살타菩提薩埵의 한역이다. 보리菩提를 도심道心으로 살타薩埵를 중생衆生으로 번역한 것이다.
15 주注 : 「象傳」을 말한다.
16 『大方廣佛華嚴經』 권52 「如來出現品」(T10, 274c).

았고, 미래로 가지도 않으며, 현재에 머묾도 없다."[17]라고 하였다.

前際不來

華嚴經云。佛子。眞如前際不生。後際不動。現在不起。如來行亦如是。不生不動不起。淨名云。我觀如來。前際不來。後際不去。今卽無[1]住。

1) ㉠ '卽無'가 『維摩詰所說經』에는 '則不'로 되어 있다.

原文 증도가證道歌
事實 『기주琪注』에서 말하였다.

"인연 따라 깨달아 들어가는 것을 '증득(證)'이라고 하고, 천 분의 성인께서 밟고 지나간 곳을 '길(道)'이라 하며, 그 길을 시가로 읊은 것을 '노래(歌)'라 한다. 따라서 증도가라 하였다. 간혹 이야기하는 닦음도 없고 증득함도 없는 분들이란 바로 여러 흩어져 있는 성인들이니, 부처님을 도와 교화를 드날리는 분들이다. (그들은) 이미 오랜 옛날에 도를 증득하였기에 다시 증득할 필요가 없으니, 비유하자면 광석에서 추출된 황금은 다시 광석이 되지 않는 것과 같다. 곧 보공寶公[18]·만회萬回[19]·한산寒山[20]·습득拾

---

17 『維摩詰所說經』 권하 「見阿閦佛品」(T14, 554c).
18 보공寶公 : 지공誌公·지공志公·보지寶志·보지保誌라고도 한다. 양 무제 때에 활동하였으며, 신비한 이적을 많이 보였다.
19 만회萬回 : 만회萬迴라고도 한다. 당나라 괵주虢州 문향閺鄕 출신으로 어려서 말을 못해 바보 취급을 당했다. 요좌遼左로 징병된 형이 오래도록 소식이 없어 어머니가 걱정하자 집을 나서 저녁 무렵에 형의 편지를 가지고 돌아왔는데, 집에서 요좌까지는 만 리였다고 한다. 이후에도 신비한 행적을 많이 보여 중종中宗이 그를 직접 접견하고 법운공法雲公이란 호를 내렸다. 『景德傳燈錄』 권27(T51, 433), 『祖庭事苑』 권6(X64, 397c) 등에 그의 행적이 기록되어 있으며, 『宗鏡錄』 권19(T48, 523b)에 그가 지은 게송 중 한 수가 인용되어 있다.
20 한산寒山 : 당나라 때 천태산 시풍현始豊縣 서쪽 70리에 있는 한암寒巖의 깊은 굴속에서 살았던 은자이다. 그는 늘 국청사로 습득拾得을 찾아가 어울려 놀면서 대중이 먹고 남긴 밥을 얻어먹었는데, 그 언행이 기괴하지만 이치에 맞아 스님들이 어쩌지 못했다고 한다. 태주자사台州刺史 여구윤閭丘胤이 각지에 산재한 그의 시들을 모아 『寒山詩』

得²¹·숭두타嵩頭陁²²·부 대사傅大士²³ 등이 여기에 해당한다.

일단 증득한 것이 있으면 반드시 스승의 인가印可를 얻어야만 비로소 증득했다고 할 수 있다. 위음왕불威音王佛²⁴ 이전이라면 (스승 없이 깨치는 것이) 가능하겠지만 위음왕불 이후에는 스승 없이 스스로 깨친 사람은 모조리 천연외도天然外道에 속한다. 이 때문에 25대사大士가 증득한 원통圓通을 부처님께 인증 받았고,²⁵ 선재善財는 53위의 선지식을 참례하고 선지식들로부터 인증 받았으며,²⁶ 내지 서천西天과 이 땅의 여러 조사들께서도 차례차례 서로를 인증했던 것이니, 이른바 '부처님이 부처님에게 손수 전하고 조사가 조사에게 서로 전한다'²⁷는 것이다.

를 편찬했다.
21 습득拾得 : 국청사의 스님 풍간豊干이 적성산赤城山을 지나다 주워 길렀다 하여 습득拾得이란 이름이 붙었다. 국청사 주방 일을 맡았으며, 한산寒山과 어울려 자유롭고 쇄탈한 언행을 보였던 것으로 유명하다.『寒山詩』에 습득의 게송이 첨부되어 있다.
22 숭두타嵩頭陁 : 부 대사의 스승. 외국 승려(胡僧)였다. 양 무제 보통 2년(521)에 고기잡이를 하던 부 대사를 보고 대뜸 말했다. "나는 옛날에 너와 비바시불 앞에서 중생을 제도하겠노라고 맹세했었다. 네가 쓰던 발우와 가사가 지금 도솔궁에 있다. 언제 돌아갈래." 부 대사가 멍한 눈길로 바라보자, 숭두타가 또 말하였다. "(내 말이 믿기지 않으면) 물가에 가서 네 그림자를 한번 봐라." 부 대사가 그의 말에 따라 물에 비친 그림자를 보았더니, (자신의 몸을) 둥근 광명이 에워싸고 보배 일산이 가리고 있었다. 이 일로 전생의 일을 깨닫고는 송산松山으로 가서 그루터기가 둘인 소나무 아래에 암자를 짓고 수행하면서 교화를 펼쳤다.『善慧大士錄』권1(X69, 104b).
23 부 대사傅大士 : 성은 부傅, 이름은 흡翕, 자는 현풍玄風(497~569). 숭두타를 만나 불도에 뜻을 두고, 송산의 쌍도수雙檮樹 아래 암자를 짓고는 스스로 '쌍수림하 당래해탈 선혜 대사雙樹林下當來解脫善慧大士'라 칭하였다. 세상에서는 그를 동양 대사東陽大士·쌍림 대사雙林大士·오상 대사烏傷大士라 불렀다.
24 위음왕불威音王佛 :『法華經』「常不輕菩薩品」에 등장하는 부처님으로 과거장엄겁過去莊嚴劫에 최초로 성불하신 부처님이다.
25 25대사大士가 증득한~인증 받았고 :『楞嚴經』권5에서, 원통을 얻어 삼매에 드는 방편을 묻는 부처님의 질문에 25제자가 각기 육진六塵·육근六根·육식六識·칠대七大를 통해 원통을 얻고 부처님으로부터 인가 받았음을 피력하였다.
26 선재善財는 53위의~인증 받았으며 : 선재 동자가 53선지식을 참례한 이야기가『華嚴經』「入法界品」에 나온다.
27 『大慧普覺禪師法語』권21(T47, 906b).

대사는 『열반대경』을 보다가 깨치고는 육조六祖의 인가를 받으러 조계曹溪로 찾아갔다. 대사가 도착한 날 마침 육조께서는 법상에 앉아 법문하고 계셨다. (대사는) 선상禪床을 세 바퀴 돌고는 석장을 한 번 내려치고 그 앞에 우뚝 섰다.

그러자 육조께서 말씀하셨다.

'무릇 사문이라면 삼천 가지 위의와 팔만 가지 세밀한 행을 구비해 행하는 일마다 이지러짐이 없어야 하는데, 대덕은 어느 곳에서 왔기에 크게 아만我慢을 부리는가?'

대사가 말하였다.

'태어나고 죽는 일이 중대하니, 무상無常은 신속한 것입니다.'[28]

육조께서 말씀하셨다.

'왜 몸소 무생無生을 취득해 신속함이 없음을 깨닫지 못하는가?'

대사가 대답했다.

'그 주체(體)가 곧 무생이고, 깨달음에 본래 신속이란 없습니다.'

육조께서 말씀하셨다.

'그렇지, 그렇지.'

곧바로 하직 인사를 드리자 육조께서 말씀하셨다.

'돌아가는 건 무지 신속하구나.'

대사가 대답했다.

'본래 스스로 움직이는 것이 아닌데, 어찌 신속이 있겠습니까?'

육조께서 물으셨다.

'움직이는 게 아니라는 건 누가 알지?'

대사가 말하였다.

---

28 무상無常은 신속한 것입니다 : 무상은 덧없음과 너불어 죽음을 뜻힌다. 죽음이 언제 들이닥칠지 모르니 예의범절 따위를 논할 겨를이 없다는 의미이다.

'스님께서 스스로 분별을 일으키시는군요.'

육조께서 말씀하셨다.

'그대가 무생의 의미를 깊이 체득했구나.'

대사가 대답했다.

'무생인데 어찌 의미가 있겠습니까?'

육조께서 말씀하셨다.

'의미가 없다면 누가 분별할 수 있겠는가?'

대사가 대답했다.

'분별하더라도 의미는 아닙니다.'

육조께서 칭찬하셨다.

'훌륭하구나, 훌륭해.'

인가를 받고 나서야 비로소 '증득'이라 할 수 있다. 이는 진실로 여러 계위의 소승小乘이나 천마天魔나 외도外道들이 얻지 못했으면서 얻었다 말하고 깨치지 못했으면서 깨쳤다고 말하는 그런 것이 아니다. 고덕古德께서는 '세간의 문자나 따지는 법사法師나 제 홀로 증득했다고 확신하는 선인禪人들은 불법의 큰 우환거리이니, 참으로 애달프다'[29]라고 하셨다. 지금(영가 대사가) 깨친 것은 그들과는 다르니, 곧 무생법인無生法忍이다. 이 대정大定은 온갖 법을 구족하고 있으니, 첫째는 바른 종지로서 이단이 아닌 증득(正宗非異證)이며, 둘째는 원만히 계합한 공허하지 않은 증득(圓契非空證)이며, 셋째는 구경과 다르지 않은 증득(究竟不異證)이며, 넷째는 이익을 시설해 하품을 제도하는 증득(設利下濟證)이며, 다섯째는 그 도가 법이 이러함을 인유로 한 증득(道由法爾證)이며, 여섯째는 요의로서 편향된 것이

---

29 누구의 말씀을 인용한 것인지 명확지 않다. 다만 내용이 송나라 가도可度가 지은 『十不二門指要鈔詳解』(X56, 433b)에 수록된 구절과 유사하다. 참고로 인용하면 다음과 같다. "革文字暗禪之蔽世間暗證禪人撥棄修行唯云心是佛不辨階位淺深多濫上聖爲救斯蔽故明六位文字法師封文滯意唯守名相推功上人自謂絶分爲此等故故明即字"

아닌 증득(了義非偏證)이다. 따라서 '증득'이라고 말할 수 있다.

비록 이와 같긴 하지만 이것도 오히려 의로義路의 분별을 거친 것이니, 비유하자면 어떤 사람이 허공을 꼬아 줄을 만들려는 것과 같아서 성취하고 싶어 하지만 그저 정신만 피폐하게 할 뿐이다. 만약 본분납승本分納僧이라면 뒤통수에 눈이 열려 당장 저절로 알 것이다."

證道歌

琪注云。從緣悟入之謂證。千聖履踐之謂道。吟詠其道之謂歌。故曰證道歌也。或[1]云無修無證者。乃諸散聖助佛揚化。已於往昔證道。不復更證。譬如出礦黃金。不[2]復爲礦。即寶公萬回寒山拾得嵩頭陁傅大士等是也。旣[3]有所證。須求師印可。方自得名爲證。自威音王佛已前即可。自威音王佛已後。無師自悟。盡屬天然外道。是故二十五大士。所證圓通從佛印證。善財叅五十三位知識從□[4]識印證。乃至西天此土。[5] 諸位祖師遞[6]相印證。所謂佛佛授手祖祖相傳也。大師因看涅槃[7]大經悟入。往曹溪六祖印可。師到日値祖坐次。□□[8]床三帀。振錫一下。卓然而立。祖曰。夫沙門者。具三千威儀八萬細行。行行無虧。大德從何方而[9]來。生大我慢。師曰。生死事大。無常迅速。□[10]曰。何不體取無生。了無速乎。師曰。體即無生了□[11]無速。祖曰。如是如是。須臾禮辭。祖曰。返大[12]速乎。師曰。本自[13]非動[14] 豈有速耶。祖曰。誰知非動。師曰。仁者自生分別。祖曰。汝甚得無生意□[15]師曰。無生豈有意。祖曰。若無意。誰生分別。師曰。分別亦非意。祖歎曰。善哉善哉。旣蒙印可。方得名爲證也。實非諸位小乘天魔外道。未得謂得。未證謂證。古德云。世間文字法師暗證禪人。爲佛法大患。誠可哀哉。今所證者。則異於是。即[16]無生法忍也。此之大定。具足衆法。一正宗非異證。二圓契非空證。三究竟不異證。四設利下濟證。五道由法爾證。六了義非偏證。故得名爲證也。然雖如是。猶涉義路分別。譬如有人撚空爲線。欲其成就。徒廢精神。若是本分衲僧。腦後眼開。當自知矣。

1) ㉎ 갑본에는 '或' 다음에 '人'이 있다. 2) ㉎ '不'이 갑본에는 '無'로 되어 있다. 3) ㉎ '旣'가 갑본에는 '即'으로 되어 있다. 4) ㉎ □가 갑본에는 '知'로 되어 있다. 5) ㉎ '土'가 갑본에는 '土'로 되어 있다. ㉡ 문맥으로 보아 '土'가 옳다. '土'로 수정하여 번역하였다. 6) ㉎ '遼'가 갑본에는 '遞'로 되어 있다. 7) ㉎ '槃'이 갑본에는 '梓'으로 되어 있다. 8) ㉎ □□가 갑본에는 '遠禪'으로 되어 있다. 9) ㉎ '而'가 갑본에는 없다. 10) ㉎ □가 갑본에는 '祖'로 되어 있다. 11) ㉎ □가 갑본에는 '本'으로 되어 있다. 12) ㉎ '大'가 갑본에는 '太'로 되어 있다. 13) ㉎ '自'가 갑본에는 없다. 14) ㉎ 갑본에는 '動' 다음에 '靜'이 있다. 15) ㉎ □가 갑본에는 '也'로 되어 있다. 16) ㉎ 갑본에는 '即' 앞에 '旣'가 있다.

原文 '열반(회상에서)'부터 '친히 부촉하시고' 까지

事實 『열반경』에서 "내가 지금 가지고 있는 위없는 바른 법을 모두 마하가섭에게 부촉하노라."[30]라고 하였다.

涅槃 至親囑

涅槃經云。我今所有無上正法。悉以付囑摩訶迦葉。

原文 금색 두타

事實 『부법장전付法藏傳』에서 말하였다.[31]

"일찍이 아주 오랜 겁 전에 비바시불毘婆尸佛께서 열반하신 후 사부대중이 탑을 세웠는데, 탑에 새긴 상호에 금색이 떨어져 나간 부분이 있었다.

---

30 『大般涅槃經』 권2 「壽命品」(T12, 377c).
31 『付法藏傳』은 원위元魏 시대에 서역의 삼장 길가야吉迦夜와 담요曇曜가 한역한 『付法藏因緣傳』을 말하는데, 실제 인용문이 정확히 일치하지는 않는다. 『付法藏因緣傳』(T50, 297a)에는 "過去久遠毘婆尸佛。化衆生已入般涅槃。四部弟子咸生悲戀。收取舍利起七寶塔。表刹莊嚴殊特妙好。時彼塔中有如來像。面上金色少處缺壞。時有貧女遊行乞匄。得一金珠內懷歡喜。意欲爲薄補像面上。迦葉爾時爲鍛金師。女即持往倩令修造。是時金師聞其爲福。歡喜治之瑩飾旣訖。用補像面因共願曰。願我二人常爲夫妻。身眞金色恒受勝樂。以是因緣。九十一劫身眞金色。"으로 되어 있다. 『證道歌事實』의 인용은 송나라의 승천 도원承天道源이 편찬한 『景德傳燈錄』 등 선종사서의 내용과 일치한다. 이로 보아 후대 선종사서에서 재인용한 것으로 추측된다.

그러자 한 가난한 여인이 금 구슬을 가지고 금 세공사를 찾아가 부처님 상호를 장식해 달라고 부탁하였다. 일이 끝나자 그들은 '원하옵건대 저희 두 사람이 혼인하지 않고 부부가 되게 해 주십시오'라며 함께 서원을 세웠다. 이 인연으로 91겁 동안 몸이 늘 금색이었다."

『조정사원祖庭事苑』[32]에는 "두타頭陁(⑤ dhūta)는 범어이다. 중국말로는 털어 내다(抖擻)이다. 번뇌를 털어 낸다는 뜻이다."[33]라고 하였다.

金色頭陁

付法藏傳云。甞於久遠劫中。毗婆尸佛涅槃後。四衆起塔。塔中像面上。金色有缺壞者。有貧女將金珠。往金師所。請餙佛面。旣而共發誓願。願我二人。爲無姻夫妻。由是因緣。九十一劫。身皆金色。祖庭云。頭陁梵語。此云抖擻。抖擻煩惱。

原文 그대는 보지 못하는가

事實 『기주』에서 말하였다.

"'군君'이라는 한 글자는 가리켜 결정하는 말(指決之辭)이다. 바로 여기에서 깨달으면 총지문摠持門이 열리고 조사의 본래면목本來面目을 친견하게 되리니, 백천 가지 삼매와 한량없는 오묘한 뜻이 모두 여기로 들어간다.

이 때문에 선재가 찾아뵈었을 때 중예 동자衆藝童子가 '나는 항상 이 자모字母를 노래하면서 반야바라밀의 문으로 들어갑니다.'[34]라고 말했던 것이다. 따라서 일자법문一字法門은 바닷물을 먹물 삼아 써도 다할 수 없는

---

32 『조정사원祖庭事苑』: 북송北宋의 목암 선경睦庵善卿이 원부元符(1098~1100) 연간에 편찬한 책. 8권으로 구성되어 있다. 『雲門錄』·『雪竇頌古』·『法眼錄』 등 선종의 주요 어록과 세전世典의 고사故事·향담鄕談·이어俚語·방어方語 등에서 2,400여 항목을 발췌하여 그 본거本據를 밝히고, 상세히 해설한 책이다. 선록禪錄 가운데 유일한 자전字典이다.
33 『祖庭事苑』 권6(X64, 405a).
34 『大方廣佛華嚴經』 권76 「入法界品」(T10, 418a).

것임을 알 수 있다. 여기에서 밝히지 못한다면 설사 언사가 구운 고기처럼 기름지고, 언변이 쏟아지는 폭포수 같다 해도 도리어 문자와 언어에 휩쓸려 깨달을 날이 없을 것이다. 해가 가고 달이 가면서 지은 문장이 구름처럼 일어나고, 장구한 세월이 흘러 편찬한 책이 산더미처럼 쌓일지라도 속마음을 뒤져 보면 늘 한탄하고 멍하고 또 답답해 길이 탄식하니, 심지법문心地法門과는 멀어지고 또 멀어질 뿐이다.

덕행 높은 옛 스님께서 말씀하셨다.[35]

> 도를 배우려면 먼저 깨달을 인유가 있어야 하는데
> 여전히 쏜살같은 용선이 선두를 다투듯 하네
> 비록 그렇더라도 오래된 누각에 묵혀 둔 밭이라서
> 한 차례 힘껏 밀어붙여야만 비로소 쉴 수 있다네[36]

이로써 미루어 보건대 반드시 밝혀서 깨달아 들어가야만 비로소 옳은 것이다. 따라서 '최초의 일구一句는 도가 같은 자라야 비로소 안다'고 한 것이다."

君不見

琪注。君之一字。指決之辭。於斯薦得。摠持門開。親見祖師本來面目。百千三昧。無量妙義。皆從此入。所以善財叅見衆藝童子言。我常唱此字母。入般若波羅蜜門。則知一字法門。海墨書而不盡也。於此不明。設使辭同炙輠。[1]辯瀉懸河。翻被文字語言流浪。無有了時。日來月往。翰墨雲興。

---

35 옛 스님께서 말씀하셨다 : 본문은 용아 거둔龍牙居遁(835~923) 선사의 〈居遁頌〉 중 일부이다. 용아 거둔 선사는 동산 양개洞山良价에게 참학하고 법을 이었다. 『祖堂集』・『傳燈錄』・『禪林僧寶傳』・『五燈會元』 등에 행장과 법문이 전한다.
36 『景德傳燈錄』 권29(T51, 452c).

歲久時長。編卷山積。究懷永歎。罔弗²⁾長嗟。心地法門。遠之遠矣。古德云。學道先須有悟由。還如曾鬪快龍舟。雖然舊閣閑田地。一度贏來方始休。以此而推。須有發明悟入。始得。故云最初一句。同道方知。

1) ㉮ '䒀'가 갑본에는 '煤'로 되어 있다.   2) ㉮ '罔弗'이 갑본에는 '悧怫'로 되어 있다.

原文 조계曹溪

事實 『보림전寶林傳』³⁷에서 "당나라 의봉儀鳳(676~678) 연간에 그곳에 사는 조숙량曹叔良이 땅을 보시해 육조 대사께서 그곳에 거주하셨다.³⁸ 그 땅에 쌍으로 된 봉우리와 큰 개울이 있었기에 조후曹侯의 성을 따라 조계曹溪라 하였다."라고 했다.³⁹

曹溪

寶林傳。唐儀鳳中居人。曹叔良施地。六祖大師居之。地有雙峰大溪。因曹候之姓曰曹溪。

原文 배움이 끊어진 하릴없는 한가한 도인이여

事實 『기주』에서 말하였다.

"'배움이 끊어진'이란 것은 세간의 학문을 끊고 무위無爲의 학문을 배우는 것이다. 세간의 학문은 생사를 벗어나는 것이 아니기 때문이다. 무위의 학문이란 소승의 유위有爲가 아니라 대승의 무위에 들어가는 것이다.

---

37 『보림전寶林傳』: 당나라 정원貞元 17년(801)에 지거智炬가 10권으로 편찬한 선종의 사서로서 『傳燈錄』의 시초가 된 책이다. 조계에서 승지勝持 삼장과 함께 보충 정정하였기에 『曹溪寶林傳』이라고도 한다. 칠불, 서천 이십팔조의 전기와 당나라 여러 종사들의 전법기연傳法機緣을 아울러 기록함으로써 육조가 선종의 정통임을 입증하려 하였다.
38 당나라 의봉儀鳳~그곳에 거주하셨다 : 『六祖大師法寶壇經』(T48, 362b)에 따르면 의봉 원년(676)에 구족계를 받고 다음 해(677) 봄에 보림寶林으로 가신 것으로 되어 있다.
39 "『보림전寶林傳』에서" 이하는 『祖庭事苑』 권1(X64, 314c)에서 인용하였다.

소승의 유위는 구경이 아니다.

　반야般若를 배우는 보살은 법에 깊이 계합하여 일체법에 응하지만 머묾이 없고 마음이 걸림 없어 대자재大自在를 얻기에 지어도 지음이 없고 행해도 행함이 없다. 따라서 '배움이 끊어진 무위'라고 하였다.

　'한가한 도인'이란 도와 서로 상응해 번뇌의 진로塵勞에 구속되거나 얽매임이 없기 때문에 '한가하다'고 하였다. 진실로 모든 중생은 시작 없는 때로부터 오늘에 이르기까지 깨달음을 등지고 번뇌와 합해서는 모든 목전의 경계에 대해 생각 생각에 모든 육진의 경계를 좇으면서 잠시도 버림이 없으니, 어떻게 벗어나겠는가. 도를 배우는 사람은 능히 만물을 굴리지 만물에 굴림을 당하지는 않는다. (따라서) 눈으로 천 가지 차별을 마주해도 마음은 한가로운 하나의 경계이기에 물가나 수풀에서 길이 성태聖胎를 기르면서 달빛을 바라보며 소요하고 샘물 소리를 들으며 자유롭게 노닌다. 따라서 '배움이 끊어진 하릴없는 한가한 도인'이라 한 것이다."

絶學無爲閑道人

琪注。絶學者。絶世間之學。學無爲之學也。世間之學。非出離故也。無爲學者。非小乘有爲。入大乘無爲也。小乘有爲。非究竟也。學般若菩薩。與法冥合。於一切法。應無所住。心無罣礙。得大自在。作而無作。爲而無爲。故云。絶學無爲也。閑道人者。與道相應。不爲[1]塵勞拘繫。故名爲閑。良由一切衆生。從無始來。已[2]至今日。背覺合塵。於諸前境。念念之中。隨逐諸塵。無有暫捨。何由出離。學道之人。能轉萬物。不爲萬物所轉。目對[3]千差。心閑一境。水邊林下。長養聖胎。看月色以逍遙。聽[4]泉聲而自在。故云。絶學無爲閑道人也。

---

1) ㉮ '爲'가 갑본에는 '與'로 되어 있다.　2) ㉮ '已'가 갑본에는 '以'로 되어 있다.
3) ㉮ '對'가 갑본에는 '前'으로 되어 있다.　4) ㉮ '聽'이 갑본에는 '听'으로 되어 있다.

原文 그윽한데, 새들은 돌아오지 않고

事實 어떤 스님이 남전南泉 스님에게 물었다.

"우두牛頭 스님이 사조四祖를 친견하기 전에는 무엇 때문에 새와 짐승이 꽃을 물고 와 공양하였습니까?"

남전 스님이 말했다.

"그저 걸음걸음 부처를 향해 사다리를 밟아 갔기 때문이지."

스님이 물었다.

"친견한 후에는 무엇 때문에 오지 않았습니까?"

남전 스님이 말했다.

"설령 오지 않았다 해도 오히려 이 왕 노사王老師⁴⁰의 한 가닥 도와 견줄 만하다네."⁴¹

幽鳥不歸來

僧問南泉。牛頭未見四祖時。爲什麽鳥獸含花來供養。泉云。只爲步步踏佛階梯。僧云。見後爲什麽不來。泉云。直饒不來。猶較王老師一線道。

原文 망상도 제거하지 않고 진실도 구하지 않나니

事實 『기주』에서 말하였다.

"'망상'이란 곧 허망한 상념이다. 진실로 모든 중생은 12시⁴² 중에 경계를 반연하는 마음이 끊어질 때가 없다. 마음은 물을 생각하는 거북이와 같고, 뜻은 바람을 쫓는 말과 같아 한 번도 멈추거나 쉰 적이 없다. 그래

---

40 왕 노사王老師 : 남전 보원南泉普願(748~834) 선사는 속성이 왕王씨이다. 그래서 자칭 왕 노사라 하였다.
41 우두 법융 선사가 사조 도신을 참례한 전후의 일은 선문禪門에서 애용되었던 질문 중 하나이다.
42 12시 : 하루 종일을 뜻한다. 예전에는 하루를 12시로 구분하였다. 주야6시晝夜六時라 칭하기도 한다.

서 범부라 한다.

'진실'이란 곧 하나의 참된 불성이다. 지금 이 도인은 법과 서로 상응하여 범부와 성인의 두 갈래 길에 떨어지지 않고, 또한 이승二乘과도 달리 구별된다. 소승인은 세간의 생사를 싫어해 떠나고 삼계를 벗어난 열반을 좋아해 찾지만, 반야를 배우는 보살은 만법을 모아 자기에게로 돌이킨다. 따라서 '망상도 제거하지 않고 진실도 구하지 않는다'고 하였다.

따라서 수 산주修山主[43]께서 말씀하셨다.

'범부법凡夫法을 구족하였으나 범부는 알지 못하고, 성인법聖人法을 구족하였으나 성인은 알아차리지 못한다. 성인이 만약 (성인법을 구족한 것을) 알아차린다면 곧 그가 범부이고, 범부가 만약 (범부법을 구족한 것을) 안다면 그가 곧 성인이다. 이 두 칙의 말은 이치는 하나지만 뜻은 두 가지이다.'

'전傳'에서 말하였다.[44]

'만약 분별할 수 있다면 불법에 어느 정도 깨달아 들어간 바가 있다고 해도 무방하리라. 만약 분별할 수 없다면 의심하지 않는다고 말하지 마라.'"

不除妄想不求眞

琪注。所言妄想者。卽虛妄想念也。良由一切衆生。十二時中攀緣之心。無有間斷。心如念水之龜。意似迎風之馬。未甞停息。故名凡夫也。所言眞者。

---

43 수 산주修山主 : 나한 계침羅漢桂琛 선사의 법을 이은 무주撫州 용제산주龍濟山主 소수紹修 선사를 말한다. 생몰연대는 알 수 없다. 행장과 법문이 『景德傳燈錄』 권24(51, 400c) 등에 수록되어 있다.

44 '전傳'에서 말하였다 : 본문의 인용 역시 수 산주의 법문이다. 『景德傳燈錄』 등을 참조하면 앞에서 인용한 말씀과 연결되어 있다. 특별히 '전傳에서 말하였다'고 밝힌 것으로 보아 언기彦琪 선사가 1차로 참조한 자료에서는 이 대목이 누락되었던 것으로 보인다. 이를 언기 선사가 선종의 사서를 참조해 보완한 것으로 추측된다.

即一眞佛性也。今此道人。與法相應。不落凡聖二途。亦乃簡異二乘也。小乘之人。厭離世間生死。樂求界外涅槃。¹⁾ 學般若菩薩。會萬法歸於自己。故云。不除妄想不求眞也。故脩山主云。具足凡夫法。凡夫不知。具足聖人法。聖人不會。聖人若會。即是凡夫。凡夫若知。即是聖人。此兩則語。是一理二義。傳云。若辨得。不妨於佛法中有箇²⁾ 入處。若辨不得。莫道不疑。

1) ㉯ '槃'이 갑본에는 '枠'으로 되어 있다. 2) ㉯ '筒'이 갑본에는 '笛'로 되어 있다. ㉰ 『景德傳燈錄』 권24(T51, 401a) 등 여러 선종사서에 '箇'로 되어 있고, 문맥으로 보아도 '箇'라야 옳다. 따라서 '箇'로 수정하여 번역하였다.

原文 '(허공을) 깨부수어'부터 '그림자 끊어지면'까지
事實 경청鏡淸⁴⁵ 스님이 영운靈雲⁴⁶ 스님에게 물었다.⁴⁷

"순수하고 청정해서 점 하나도 없을 때는 어떻습니까?"

(영운 스님이) 말했다.

"거울처럼 항상 밝지요."

(경청 스님이) 물었다.

"무엇이 거울처럼 밝은 것입니까?"

(영운 스님이) 말했다.

"그게 바로 진여가 상주하지만 끊임없이 흐른다는 것입니다."

---

45 경청鏡淸 : 법명은 도부道怤(864~937). 설봉 의존雪峰義存의 법을 이었고, 월주越州 경청사鏡淸寺에서 종풍을 선양하였다.
46 영운靈雲 : 법명은 지근志勤. 위산 영우潙山靈祐의 법을 이었다. 복주 대안福州大安·설봉 의존雪峰義存·현사 사비玄沙師備 등을 참례하였다. 그가 복숭아꽃 피는 것을 보고 깨달음을 얻은 일화가 유명하다.
47 본문에 인용된 문답이 『聯燈會要』·『正法眼藏』·『宗門拈古彙集』 등에는 장생長生과 영운靈雲의 문답으로 기록되어 있다. 또한 이에 앞서 오고 간 문답이 있고 중간에 생략된 부분이 있는데, 이를 『宏智禪師廣錄』 권3(T48, 30b)에서 인용하면 다음과 같다. "鏡淸問靈雲。混沌未分時如何。雲曰。露柱懷胎。淸云。分後如何。雲曰。如片雲點太淸。淸云。祇如太淸。還受點也無。雲不對。淸云。恁麼即含生不來也。雲亦不對。淸云。直得純淸。絶點時如何。雲曰。猶是眞常流注。淸云。如何是眞常流注。雲曰。似鏡常明。淸云。向上更有事否。雲曰。有。淸云。如何是向上事。雲曰。打破鏡來。與子相見。"

(경청 스님이) 물었다.

"그 위에 다시 할 일이 있습니까?"

"있지요."

"어떤 것이 그 위에서 할 일입니까?"

(영운 스님이) 말했다.

"거울을 깨부수고 오면 그대와 만나 주겠습니다."

어떤 스님이 남명南明 스님에게 물었다.

"선대의 스승께서 허공을 깨부순다고 말씀하셨는데, 이 뜻이 무엇입니까?"

남명이 손바닥으로 한 대 때리고 말했다.

"허공을 깨부수었는데 본래인本來人은 어느 곳에 있겠는가."

打破 至影斷

鏡淸問靈雲。純淸絶點時如何。云似鏡常明。問如何是似鏡常明。云猶是眞常流注。問向上還有事也無。云有。如何是向上事。云打破鏡來。與你相見。僧問南明。承師有言。打破虛空云云。此意如何。師與一掌云。打破虛空了也。本來人在甚麽處。

原文 본래인

事實 삼성三聖[48] 스님이 동사東寺[49] 스님에게 물었다.

"본래인도 다시 성불합니까?"

동사 스님이 말했다.

---

48 삼성三聖 : 법명은 혜연慧然. 임제 의현臨濟義玄의 법을 이어 진주鎭州 삼성원三聖院에서 종풍을 선양하였다.
49 동사東寺 : 법명은 여회如會(744~823)이다. 동사東寺에서 마조馬祖의 선풍을 떨쳤는데, 너무 많은 대중이 한꺼번에 찾아와 선상禪床의 다리가 부러졌다는 고사가 있다.

"그대가 말해 보라. 대당의 천자께서 밭 갈고 씨 뿌리더냐?"
(삼성 스님이) 물었다.
"(그렇다면) 성불하는 사람은 어떤 사람입니까?"
동사 스님이 말했다.
"바로 그대다."[50]
불안佛眼[51] 스님께서 말씀하셨다.

> 아들과 나란히 걷는 오늘 이 길이
> 여러분이 함께 본래인을 보는 것과 같나니
> 같은 이름 같은 성에다 같은 생김새
> 죽음도 없고 태어남도 없고 색진도 없다[52]

本來人

三聖問東寺。本來人還成佛也無。寺云。你道。大唐天子還耕田種植也無。問成佛底是甚麼人。寺云。是你。佛眼云。與子偕行今日路。如君共見本來人。同名同姓同形叚。[1)] 無死無生無色塵。

---

1) ㈜ '叚'가 『古尊宿語錄』에는 '段'으로 되어 있다. 문맥으로 보아 '段'이 옳다. '段'으로 수정하여 번역하였다.

---

50 이상을 삼성 스님과 동사 스님의 문답이라 하였지만, 『景德傳燈錄』을 비롯한 여러 선종의 사서에는 모두 장사 경잠長沙景岑 선사와 어떤 스님의 문답으로 기록하고 있다. 또한 『事實』에서 인용한 부분에 이어지는 문답이 있다. 참고로 소개하면 다음과 같다. "僧問。本來人還成佛也無。師云。汝見大唐天子還自種田割稻否。僧云。未審是何人成佛。師云。是汝佛。僧無語。師云。會麼。僧云。不會。師云。如人因地而倒依地而起。地道什麼。" 『景德傳燈錄』(T51, 275a).

51 불안佛眼 : 임제종 양기파 오조 법연五祖法演 선사의 법을 이은 용문 청원龍門淸遠(1067~1120) 선사를 지칭한다. 용문은 주석했던 사찰명이며, 불안은 황제가 하사한 호이다.

52 『古尊宿語錄』 권28 「舒州龍門佛眼和尚語錄」(X68, 180c).

原文 무명과 참된 성품 바로 불성이라

事實 『기주』에서 말하였다.

"무명이란 반야대지般若大智의 밝음이 없는 것이고, 불성이란 구경의 청정각성淸淨覺性이다. 시작 없는 때로부터 생사에 허망하게 유랑하면서 벗어나지 못하는 것이 모두 무명 때문에 유전流轉하는 것이다. 그러므로 무명이 바로 근본번뇌根本煩惱로서 팔만진로八萬塵勞의 뿌리가 되고, 십이인연十二因緣의 첫머리가 됨을 알아야 한다. 항하의 모래알처럼 수많은 번뇌가 이것을 말미암아 일어나고, 미진겁의 윤회가 이것 때문에 끊어지지 않는다. 비상정非想定에 든 후에도 도리어 살쾡이 몸을 받았으니,[53] 무명의 구덩이 속에서는 그것마저도 병이 되는 길이다.

고덕께서 말씀하셨다.[54]

---

[53] 비상정非想定에 든~몸을 받았으니 : 비상정비상정非想非非想處定의 줄임말. 비상정을 획득해 다섯 가지 신통을 갖춘 울두람불欝頭藍弗이란 외도가 있었다. 당시의 왕이 그를 존경해 궁전으로 자주 초대하였는데, 그럴 때마다 그는 항상 신통력을 이용해 오가고는 하였다. 한번은 왕이 외출하면서 공주에게 울두람불에게 공양하도록 시켰다. 울두람불이 궁에 도착하자, 공주는 지극한 존경의 표현으로 그의 발을 만지면서 예의를 표하였다. 이때 울두람불은 갑자기 욕망이 생겼고, 이로 인해 신통력을 잃어버렸다. 결국 밥을 먹고 걸어서 왕궁을 나와야 했다. 산으로 돌아온 울두람불은 참담한 심정으로 잃어버린 신통력을 되찾기 위해 다시 선정에 들었다. 하지만 산새들이 시끄럽게 울어 오래 선정에 머물 수가 없었다. 그래서 자리를 물가로 옮겨 선정에 들었다. 하지만 물고기들이 첨벙거리는 소리에 놀라 또 선정에서 깨고는 하였다. 이로 인해 진심瞋心이 생긴 울두람불은 이렇게 맹세하였다. "내 다음 생에는 날개 달린 수달이 되어 나무에 올라가 새를 잡아먹고 물에 들어가 물고기를 잡아먹으면서 원수를 갚으리라. 맹세코 용서하지 않겠다." 울두람불은 다른 곳으로 자리를 옮겨 선정에 매진하였고, 다시 비상삼매非想三昧를 얻게 되었다. 그는 죽은 후 비상천에 태어났지만 아득한 세월이 흐른 후에는 예전에 퍼부었던 악담의 과보로 수달水獺이 되었다고 하고, 또 날아다니는 살쾡이(飛狸)가 되었다고도 한다. 『宗鏡錄』권81(T48, 862c).

[54] 누구의 말씀인지 명확지 않다. 다만 『宗鏡錄』에 수록된 내용과 유사한 것으로 보아 영명 연수永明延壽 선사를 지칭한 것이 아닐까 추측된다. 참고로 인용하면 다음과 같다. "疾如掣電. 猛若狂風. 瞥起塵勞. 速甚瀑川之水. 欻生五欲. 急過旋火之輪. 是以結構四魔. 驅馳十使. 沈二死之河底. 投八苦之焰中. 醉迷衣裏之珠. 徒經艱險. 鬪沒額中之寶. 空自悲嗟. 皆因妄心. 迷此眞覺. 終無別失." 『宗鏡錄』권3(T48, 433c).

'빠르기는 번개 같고 사납기가 광풍狂風 같아 별안간 진로塵勞를 일으키고, 무섭게 흘러가는 물보다 빨라 치성하게 오욕五欲을 이루며, 돌아가는 바퀴보다도 급하다. 따라서 사마四魔[55]를 얽어매고 십사十使[56]를 몰아 달리는 것은 모두 무명이 그렇게 부리는 것이다.'

아직 깨닫지 못한 사람은 미혹하여 실재하는 일이라 여기겠지만, 지금 이 도인은 반야의 지혜로 무명을 끝까지 관조하여 그것에서 불성을 분명하게 본 것이다. 그러므로 (무명이) 바로 불성인 것이다."

無明實性即佛性

琪注。無明者。無般若大智之明也。佛性者。即究竟淸淨覺性也。從無始已來。虛生浪死。不能出離。皆因無明而流轉也。故知無明即根本煩惱[1]也。爲八萬[2]塵勞之根。[3] 作十二因緣之首。河沙煩惱。由此而生。塵劫輪迴。以之不絶。非想定後。還作狸身。無明坑中。猶爲病行。古德云。疾如掣電。猛似狂風。瞥起塵勞。速於瀑流之水。欻[4]成五欲。急過旋轉之輪。是以結搆四魔。駈馳十使。皆無明之使然也。末了之人。迷爲實事。今此道人。以般若智。照了無明。即明見佛性。故[5]即佛性也。

---

1) ㉑ '根本煩惱'가 갑본에는 '煩惱根本'으로 되어 있다. 2) ㉑ 갑본에는 '萬' 다음에 '四千'이 있다. 3) ㉑ '根'이 갑본에는 '果'로 되어 있다. 4) ㉑ '欻'이 갑본에는 '歘'로 되어 있다. 5) ㉑ 갑본에는 '故' 다음에 '曰無明實性'이 있다.

原文 태평 세상 축하

事實 천동天童[57] 스님께서 말씀하였다.

---

55 사마四魔 : 번뇌마煩惱魔 · 음마陰魔 · 사마死魔 · 천자마天子魔.
56 십사十使 : 신견사身見使 · 변견사邊見使 · 사견사邪見使 · 견취사見取使 · 계취사戒取使의 오리사五利使와 탐욕사貪欲使 · 진에사瞋恚使 · 무명사無明使 · 만사慢使 · 의사疑使의 오둔사五鈍使.
57 천동天童 : 굉지 정각宏智正覺(1091~1157) 선사를 지칭한다. 조동종 단하 자순丹霞子

태평 시대의 치업은 드러내는 상이 없고
시골 늙은이의 가풍은 순박하기 그지없네
그저 촌사람들과 어울려 춤이나 출 뿐
높고 어지신 순임금의 덕을 어찌 알리오[58]

고덕께서 말씀하셨다.

태평 시대는 생각으로 헤아릴 수 없나니
불법에는 미혹함도 없고 깨달음도 없다[59]

賀昇平
天童云。大[1)]平治業無像。野老家風至淳。只管村家社舞。那知舜德高仁。古德云。大平時代不思議。佛法無迷亦無悟。

---
1) ㉘ '大'는 '太'와 통용된다. 다음도 이와 같다.

原文 허깨비처럼 공한 몸이 곧 법신이니
事實 『기주』에서 말하였다.

"이미 무명이 곧 불성임을 알았다면 허깨비 같은 몸이 바로 법신임을 알 것이다. 법신이란 것에 대해 교教에서는 오분법신五分法身을 말한다. 첫째는 계戒이고, 둘째는 정定이고, 셋째는 혜慧이고, 넷째는 해탈解脫이고, 다섯째는 해탈지견解脫知見이다.

淳 선사의 법을 이었고, 천동산天童山에 30여 년간 주석하며 조동의 선풍을 크게 선양하였다. 당대에 대혜 종고大慧宗杲와 쌍벽을 이루었다.
58 『宏智禪師廣錄』권2(T48, 18c).
59 균주筠州 동산 효총洞山曉聰 선사의 〈閑坐頌〉의 일부이다. 전문은 다음과 같다. "太平時代不思議 佛法無悟亦無迷 困來打睡飯來喫 學禪學道大愚癡" 『天聖廣燈錄』권23(X78, 537b).

'전傳'에서는 '지혜가 진여 경계와 명합冥合하면 모든 법이 몸(身)이 된다. 따라서 법신法身이라 한다. 궤칙軌則이 되어 일체법을 낼 수 있기 때문이고, 일체법을 두루 포섭할 수 있기 때문이다'라고 하였다.

 법을 통달한 사람은 부모님을 인연하여 생긴 허깨비 같은 몸이 바로 금강金剛처럼 영원히 머물며 파괴되지 않는 몸임을 안다. 따라서 '허깨비처럼 공한 몸이 곧 법신'이라고 한 것이다."

幻化空身卽法身

琪注。旣了無明卽是佛性。當知幻身卽是法身也。所言法身者。敎有五分法身。一戒二定三慧四解脫五知[1]見也。傳曰。智冥眞境。盡法爲身。故曰法身。[2] 能軌生一切法故。能遍攝一切法故也。達法之人。了父母緣生虛幻之身。卽是金剛常住不壞之身。故曰。幻化空身卽法身也。

1) ㉠ '知'가 갑본에는 '智'로 되어 있다.   2) ㉠ 갑본에는 '身' 다음에 '法以軌持爲義 身以積聚爲義此之法身'이 있다.

[原文] '옴 붙은 개'부터 '다 알지만'까지

[事實] 대혜大慧[60] 스님께서 말씀하셨다.[61]

   삼세의 여래들께서도 있는 줄 모르는데

---

[60] 대혜大慧 : 법명은 종고宗杲(1089~1163), 호는 묘희妙喜 또는 운문雲門, 자는 담회曇晦, 시호는 보각선사普覺禪師. '대혜선사大慧禪師'는 효종이 하사한 호이다. 담당 무준湛堂無準 선사께 참학하고, 천녕사에 주석하던 원오 극근圓悟克勤 선사를 참예하여 대오하였다. 우승상右丞相 궁순도宮舜徒의 주청에 의해 고종으로부터 자의紫衣와 불일대사佛日大師라는 호를 하사 받았다.

[61] 대혜 스님의 말씀이라 하였지만 사실 앞의 두 구는 대혜 스님 송에서 인용된 것이고, 뒤의 두 구는 천동天童 스님 송에서 인용된 것이다. 남전 스님이 "삼세의 모든 부처님들께서는 있는 줄 모르시는데 살쾡이와 흰 암소는 도리어 있는 줄 안다."라고 말한 고사를 두고, 대혜 선사는 "三世諸佛不知有 老老大大外邊走 眼皮蓋盡五須彌 大洋海裏飜筋斗 狸奴白牯却知有 瀑布不溜靑山走 堪笑無端王老師 錯認簸箕作熨斗"라고 송頌

그렇게 나이 먹도록 밖으로만 달리는가
살쾡이와 흰 암소나 도리어 있는 줄 알고
절뚝거리며 움켜쥐고서 지키려 들지

疥狗 至共知

大慧云。三世如來不知有。老老大大外邊走。狸奴白牯却知有。跛跛挈挈能自守。

原文 '법신을 깨치매'부터 '천진불이여!'까지
事實 『기주』에서 말하였다.

"반야의 지혜로 오온五蘊을 관조하면 모두가 공이어서 한 물건도 없고 한계도 없으며 이름도 없는데 억지로 법신이라고 이름을 붙인 것이다.

옛날에 태원 부太原孚[62] 상좌가 좌주座主로 있을 때였다. 『유마경維摩經』을 강의하다가 법신의 뜻을 설명하기에 이르렀다. 이때 한 도자道者가 법좌 아래서 듣다가 좌주에게 질문하였다.

'조금 전 강의하신 것은 모든 부처님의 법신입니다. 어떤 것이 좌주의 법신입니까?'

좌주가 말했다.

'법신에 어찌 둘이 있겠습니까?'

도자가 말했다.

'사람이 음식에 대해 설명한다 해도 끝내 허기를 달래지는 못합니다. 마음의 근원을 깨치고 싶다면 깨달음(悟)으로 법칙을 삼아야 합니다.'

하였다. 『大慧普覺禪師語錄』 권10(T47, 855c). 천동 스님 역시 상당법어에서 남전 스님의 고사를 거론하고 "三世諸佛不知有 切切怛怛揚家醜 狸奴白牯却知有 跛跛挈挈能自守"라고 송하였다. 『宏智禪師廣錄』 권4(T48, 53b).

62 태원 부太原孚 : 설봉 의존雪峰義存 선사의 법을 이었다.

부 상좌가 말했다.

'제가 설명할 수 있는 법신의 뜻은 이럴 뿐입니다. 그러니 도자께서 설명해 주시기를 청합니다.'

도자가 말했다.

'우선 보름 동안 강의를 쉬면서 조용한 방 안에 정좌靜坐하고 몸소 법신을 취득하십시오.'

스님은 그의 말을 그대로 따랐다. 모든 반연을 쉬고 고요한 방에 단정하게 앉아 있다가 이른 새벽에 홀연히 들려오는 북과 나팔 소리에 별안간 크게 깨닫고 다음과 같이 말했다.

'본래 한 물건도 없음을 비로소 알겠다. 하마터면 일생을 헛되게 보낼 뻔했구나.'[63]

이 때문에 '법신을 깨치매 한 물건도 없다'고 한 것이다.

'본원 자성인 천진불이여'에 대해 말해 보자.

지금 만약 근본을 돌이켜 근원으로 돌아간다면, 닦고 증득할 필요도 없이 본래 완성된 부처였음을 비로소 알게 될 것이다. 그러면 가건 서건 앉건 눕건 눈길이 닿고 만나는 인연마다 낱낱이 가르침을 설하고 온갖 법이

---

[63] 이상은 태원 부 선사가 선문에 들어오게 된 기연을 밝히고 있는데, 선문의 여러 기록과는 사뭇 다르다. 언기 선사가 어떤 기록에 의거하였는지 자세하지 않다.『碧巖錄』·『正法眼藏』등 대부분의 기록에서는『涅槃經』을 강의하였다고 하였고, 그 기사 역시 상세하다. 본문의 고사를『禪宗頌古聯珠通集』에서 인용하면 다음과 같다. "孚上座初在揚州光孝寺講涅槃經. 有禪者阻雪. 因往聽講. 至三因佛性三德法身. 廣談法身妙理. 禪者失笑. 師講罷請禪者喫茶曰. 某甲素志狹劣. 依文解義. 適蒙見笑. 且望見敎. 禪者曰. 實笑座主不識法身. 師曰. 如此解說. 何處不是. 曰請座主更說一徧. 師曰. 法身之理猶若太虛. 堅窮三際橫亘十方. 彌綸八極包括二儀. 隨緣赴感靡不周徧. 曰不道座主說不是. 祇是說得法身量邊事. 實未識法身在. 師曰. 旣然如是當爲說. 曰座主還信否. 師曰. 焉敢不信. 曰若如是. 座主輟講句曰. 室內端然靜慮收心攝念. 善惡諸緣一時放却. 師依所敎. 從初夜至五更. 聞鼓角聲忽契悟. 扣禪者門. 曰阿誰. 師曰某甲. 禪者咄曰. 敎汝傳持大敎代佛說法. 夜來爲甚麽醉酒臥街. 師曰. 禪德自來講經. 將生身父母鼻孔捏. 從今已去更不敢如是. 曰且去來日相見. 師遂罷講徧歷諸方."『禪宗頌古聯珠通集』권32(X65, 677a).

일시에 드러나 불사佛事 아닌 것이 없을 것이다.

따라서 법등法燈[64] 스님께서 말씀하셨다.

    천진불이란 걸 누가 믿을까
    치미는 슬픔은 거의 만 갈래
    갈대꽃 피어나는 옛 언덕
    백로가 서 있는 강가 모래밭
    이슬 적신 뜰에는 사초가 자라고
    구름 걷힌 개울엔 달빛이 차가워
    낱낱 모두가 가르침을 주는 곳
    자세히 잘 관찰토록 하게나"[65]

法身覺了 至天眞佛

琪注。以般若智。照五蘊皆空。無有一物。無有邊表。無有名字。強名法身也。昔大[1)]原孚上座。爲座主時。因講維摩經。至法身義。時免[2)]道者。在座下聽。乃問座主云。適來講者。是諸佛法身。那箇是座主法身。座主云。法身豈有二耶。道者云。如人說食。終不濟飢。欲了心源。以悟爲則。師云。某甲說法身義。秖如此。却請道者爲說。道者云。且住[3)]講三五日。於空室內靜坐。體取法身。師一依所□□[4)]息諸緣。端居靜室。早辰[5)]忽聞皷角聲。豁然大悟云。始知本來無物。泊合空過一生。[6)]故云。法身覺了無一物也。本源自性天眞佛者。今若返本歸源。不假修證。始知本來成佛。行住坐臥。觸目遇緣。頭頭垂示。法法齊彰。無非佛事。故法燈云。誰信天眞佛。輿悲幾萬般。蘆[7)]花開古岸。白鷺立沙灘。露滴庭莎長。雲收溪月寒。頭頭垂示處。

---

64 법등法燈 : 법안 문익法眼文益 선사의 법을 이은 태흠泰欽 선사를 말한다. 『景德傳燈錄』 권25(T51, 414c)에 전기와 법문이 전한다.
65 『禪門諸祖師偈頌』(X66, 729b).

子細好生觀。

1) ㉑ '大'가 갑본에는 '太'로 되어 있다. ㉯ '大'는 '太'와 통용된다. 2) ㉑ 갑본 관주 冠註에서 "'免' 자는 다시 조사해 봐야 한다."라고 하였다. 3) ㉑ '住'가 갑본에는 '輟'로 되어 있다. 4) ㉑ □□가 갑본에는 '言屛'으로 되어 있다. 5) ㉑ '辰'이 갑본에는 '晨'으로 되어 있다. 6) ㉑ '空過一生'이 갑본에는 '一生空過'로 되어 있다. 7) ㉑ '蘆'가 갑본에는 '蔘'로 되어 있다.

原文 그날 일

事實 세존께서 영취산에서 설법하실 때 하늘에서 네 가지 꽃이 비처럼 흩날렸다. 세존께서 그 꽃을 집어 대중에게 보이시자 가섭이 빙긋이 미소를 지으니, 세존께서 말씀하셨다.

"나에게 정법안장正法眼藏이 있으니, 마하가섭에게 부촉하노라."[66]

當日事

世尊。在靈山說法。天雨四花。世尊遂拈花示衆。迦葉微笑。世尊云。吾有正法眼藏。付囑摩訶迦葉。

原文 대지팡이 짚고

事實 부처님께서 영취산에 계실 때, 어떤 노비구가 산을 오르내리다가 위아래 다리가 겹질려 땅에 넘어지는 일이 있었다. 그러자 부처님께서 "지팡이를 지니고 다녀라."라고 말씀하셨다.

携節

佛在靈鷲山。有老比丘登山。上下脚跌倒地。佛言應畜柱杖。

原文 '오음의 뜬구름'부터 '헛되이 생겼다 사라지니'까지

---

[66] 자세한 기사가 『大梵天王問佛決疑經』(X1, 441a)에 수록되어 있다.

事實 『기주』에서 말하였다.

"법을 배우는 사람은 오음에 실체가 없어서 마치 뜬구름과 같은 것임을 알고, 삼독은 허깨비여서 물거품과 같은 줄 안다. 오음五陰이란 첫째는 색色이고, 둘째는 수受이고, 셋째는 상想이고, 넷째는 행行이고, 다섯째는 식識이다. 색은 막혀서 장애하는 것으로 뜻을 삼고, 수는 받아들이는 것으로 뜻을 삼고, 상은 형상을 마음에 그리는 것으로 뜻을 삼고, 행은 옮겨서 흘러가는 것으로 뜻을 삼고, 식은 분별해서 아는 것으로 뜻을 삼는다. 오음을(오음이 뜬구름과 같은 줄을) 분명히 아는 것이 곧 인공人空이다.

삼독三毒이란 첫째는 탐貪이고, 둘째는 진嗔이고, 셋째는 치癡다. 순경順境에서는 탐심貪心을 일으키고, 역경逆境에서는 진심嗔心을 일으키며, 지혜가 없어 용납해 받아들이니 곧 치심癡心이다. 이 삼독을(삼독이 물거품 같은 줄을) 분명히 아는 것이 곧 법공法空이다. 오음은 큰 허공의 뜬구름이 부질없이 왔다 갔다 하는 것과 같고, 삼독은 물거품이 헛되이 생겼다 꺼졌다 하는 것과 같다.

낙포洛浦께서 말씀하셨다.[67]

물거품이 물에서 생기는 것만 알지
물 역시 물거품에서 생김을 어찌 알까
물과 물거품을 방편 삼아 나의 몸을 견줘 보면
오온을 헛되이 긁어모아 거짓으로 사람이라 한 것

---

[67] 낙포洛浦께서 말씀하셨다 : 이하를 낙포洛浦의 말씀이라 하였지만, 『景德傳燈錄』과 『禪門諸祖師偈頌』 등에는 모두 낙보 화상樂普和尙의 〈浮漚歌〉 중 일부로 기록되어 있다. 전문을 인용하면 다음과 같다. "雲天雨落庭中水 水上漂漂見漚起 前者已滅後者生 前後相續無窮已 本因雨滴水成漚 還緣風激漚歸水 不知漚水性無殊 隨他轉變將爲異 外明瑩內含虛 內外玲瓏若寶珠 正在澄波看似有 及乎動著又如無 有無動靜事難明 無相之中有相形 只知漚向水中出 豈知水亦從漚生 權將漚水類余身 五蘊虛攢假立人 解達蘊空漚不實 方能明見本來眞"『景德傳燈錄』 권30(T51, 462c).

오온이 공하고 물거품 실체 없음을 통달한다면
바야흐로 본래 진면목을 분명히 볼 수 있으리라

만약 이 의미를 통달하지 못하면, 생사의 바다에 헛되이 나타나고 사라질 것이다."

五陰浮雲 至虛出沒[1)]
琪注。學法之人。了五陰不實。猶如浮雲。知三毒虛幻。還同水泡。所言五陰者。一色二受三想四行五識也。色以窒礙爲義。受以領納[2)]爲義。想以想像爲義。行以遷流爲義。識以別識爲義。了五陰即人空也。所言三毒者。一貪二嗔三癡也。於順境即起貪心。於逆境即起嗔心。以無智故。容受則是癡也。了此則是法空也。五陰既如大[3)]虛浮雲空自去來。三毒還如水上之泡虛然出沒。洛浦云。祇知漚[4)]向水中出。豈知水亦從漚生。權將漚水類余身。五蘊虛攢假立人。[5)]達解蘊空漚不實。方能明見本來眞。若未達此。則生死海中虛出沒也。

---
1) ㉠ '虛出沒'이 『證道歌南明泉繼頌諺解』에는 '空去來'로 되어 있다. 2) ㉡ '領納'이 갑본에는 '納頌'으로 되어 있다. 또 갑본 관주에서 "'頌'은 '領'인 듯하다."라고 하였다. 3) ㉡ '大'가 갑본에는 '太'로 되어 있다. 4) ㉡ '漚'가 갑본에는 '泡'로 되어 있다. 5) ㉡ '人'이 갑본에는 '名'으로 되어 있다.

原文 서풍 한바탕 불어 쓸어버리니 종적조차 없어
事實 청량淸涼[68] 국사께서 말씀하셨다.

"혹惑의 근본은 자취가 없지만 진실을 미혹하면 홀연히 일어나고, 판단력을 잃어 돌아가지 못하면 무성하게 번져 끝이 없게 된다. 마치 엷은 구름이 허공에 드리울 때, 그것이 온 곳이 없지만 잠깐 사이에 온 하늘을 뒤

---
68 청량淸涼 : 청량산淸凉山 대화엄사大華嚴寺 징관澄觀 대사를 지칭한다.

덮어 온 천지가 캄캄해지는 것과 같다. (하지만) 긴 바람이 홀연히 불어 갑자기 구름이 걷히면, 천 리에 한 점도 남지 않고 만상萬像이 또렷이 드러나듯 방편의 바람이 일어나 미혹에 근본이 없음을 관조하면, 성품이 공한 이치가 환히 드러나고 온갖 덕이 본래 원만할 것이다. (이때에는) 팔만 가지 진로가 모두 바라밀의 문이고, 항하의 모래알 같은 혹장惑障이 모조리 진여다."⁶⁹

西風一陣掃無蹤
淸凉云。惑本無蹤。迷眞忽起。迷而不返。爛熳無涯。□□¹⁾雲覆空。其來無所。須臾彌滿。六合暗然。長風忽來。倏爾雲盡。千里無點。萬像歷然。方便風生。照惑無本。性空顯現。衆德本圓。八萬塵勞。皆波羅密門。恒沙惑障。盡是眞如。

---

1) ㉤ □□는 '若纖'인 듯하다. ㉴『大華嚴經略策』에 '若纖'으로 되어 있다.

原文 바다로 흐르네

事實『시경詩經』(「소아小雅」) 〈면수沔水〉에서 "넘실거리는 저 강물이여, 바다로 흘러드는구나.(朝宗于海)"라고 하였는데, 그 주에서 "제후諸侯가 봄철에 천자를 알현하는 것을 조朝라 하고, 여름철에 알현하는 것을 종宗이라 한다."라고 하였다.

『상서尙書』「우공禹貢」에서 "강수江水와 한수漢水가 바다로 흘러들어 간다.(朝宗于海)"라고 하였는데, 그 주에서 "두 강물이 바다로 흘러들어 가는 것이 흡사 제후가 천자를 조회하는 것(朝)과 같다. 모든 시내가 바다를 으뜸(宗)으로 삼는다. 으뜸이란 존귀하다(尊)는 뜻이다."라고 하였다.

69『大華嚴經略策』권1(T36, 704c).

朝宗

詩沔水曰。沔彼流本¹⁾朝宗于海。注云。諸侯春見天子曰朝。夏見曰宗。尙書 禹貢曰。江漢朝宗于海。注云。二水入海。有似於朝。百川以海爲宗。宗尊也。

1) ㉾ '本'은 '水'의 오자이다.

原文 '실상을 증득함이여'부터 '아비업을 소멸시키니'까지

事實 『기주』에서 말하였다.

"상相이 상 아닌 것이 없기 때문에 실상實相이라 한다. 이 실상을 증득하면, 곧 인人과 법法이 없어 두 가지가 공하므로 찰나라는 지극히 짧은 순간에 많은 겁에 지었던 중죄를 소멸시킬 수 있다. 이른바 '찰나刹那'란 비유하면 역사力士가 연뿌리의 얇은 실을 끊는 데 걸리는 시간과 같다. 방편은 취하지 않고 오직 끊는 시간만을 취해서 찰나라고 말한 것이다. 한 찰나에 900생멸生滅을 갖추고 있으며 지극히 빠른 순간이다.

'아비阿鼻(⒮ Avici)'는 범어이다. 중국말로는 무간無間이니, 곧 극중지옥極重地獄이다. 칠금산七金山 아래에 있다. 이른바 호호파唬唬婆와 확확파矐矐婆 등이니, 즉 팔한지옥八寒地獄과 팔열지옥八熱地獄이 이에 해당한다. 모든 지옥 가운데도 가장 극심하고 가장 괴로운데 그곳에서는 죗값을 받는 것이 쉴 새가 없다. 하지만 지금처럼 법과 상응하면, 선악의 모든 차별상이 자연히 사라진다.

고덕께서 말씀하셨다.

'아我도 오히려 얻을 수 없는데 비아非我를 어떻게 얻을 수 있겠는가.'[70]

그러므로 '찰나에 아비업을 소멸시킨다'고 말한 것이다."

---

[70] 고덕은 보수보살普守菩薩을 지칭한다. 인용문은 보살이 불이법문不二法門에 깨달아 들어가는 방법을 묻는 유마힐의 질문에 보수보살이 한 답변이다. 『維摩詰所說經』「入不二法門品」(T14, 551a).

證實相 至阿鼻業

琪注。無相不¹⁾相。故名實相。證此實相。即無人法二空也。以利那至速之²⁾頃。能滅多劫重罪也。所言利那者。比³⁾如力士斷藕絲頃。不取方便。唯取斷時。謂之利那。⁴⁾ 一利那中。具九百生滅。乃至速之頃也。所言阿鼻者。即梵語也。此云無間。即極重地獄也。在七金山下所謂唬唬婆⁵⁾囉囉⁶⁾婆等。即八寒八熱是也。於諸地獄極重極苦。其中受罪。無有間斷也。今與法相應。善惡諸相。自然寂滅。古德云。我尙不可得。非我何可得。故云。利那滅却阿鼻業也。

---

1) ㉘ '不'이 갑본에는 '之'로 되어 있다. 2) ㉘ '之'가 갑본에는 없다. 3) ㉘ '比'가 갑본에는 '譬'로 되어 있다. 4) ㉘ 갑본에는 '那' 다음에 '也'가 있다. 5) ㉘ 갑본에는 '婆'가 '婆'로 되어 있다. 다음도 이와 같다. 6) ㉘ '囉囉'이 갑본에는 '囉囉'로 되어 있다.

原文 공과 유를 끊으니

事實 『보장론寶藏論』「이미체정품離微體淨品」에서는 "육입六入에 자취가 없는 것을 이離라 하고, 온갖 작용에 아我가 없는 것을 미微라 한다."라고 하였으며, 또 "이는 공空을 말하고, 미는 유有를 말한다."[71]라고 하였다.

絶離微

寶藏論離微體淨品云。六入無跡謂之離。萬用無我謂之微。又云。離者空也。微者有也。

原文 자고새 지저귀네

事實 어떤 스님이 풍혈風穴[72] 스님에게 물었다.

---

71 『寶藏論』「離微體淨品」(T45, 145c).
72 풍혈風穴 : 법명은 연소延沼(896~973). 남원 혜옹南院慧顒의 법을 이어 풍혈사風穴寺에서 임제 의현의 종풍을 선양하였다.

"말하고 침묵함이 이미 離微에 걸립니다. 어떻게 통달해야 허물을 범하지 않겠습니까?"

풍혈 스님이 말했다.

"항상 강남의 삼월을 생각하나니, 자고새 지저귀는 곳에 백화가 향기로우니라."

『조정사원』에서는 "자고鷓鴣에서 앞 글자는 지之와 야夜의 반절이고, 뒤 글자의 음은 고姑이다. 생김새가 꿩과 비슷한데 강남에 산다."[73]라고 하였다.

鷓鴣啼

僧問風穴。語默涉離微。如何通不犯。穴云。常憶江南三月裏。鷓鴣啼處百花香。祖庭云。鷓鴣。上之夜切。下音姑。形似雉。生江南。

原文 바로 가난이라고

事實 향엄 지한香嚴智閑[74] 선사께서 말씀하셨다.

작년 가난은 가난도 아니고
금년이 비로소 가난일세
작년에는 송곳 꽂을 땅이 없더니
금년에는 송곳마저 없구나

---

73 『祖庭事苑』 권2(X64, 334b).
74 향엄 지한香嚴智閑 : 백장 회해百丈懷海 선사에게 출가하였고, 백장이 열반한 후 위산 영우 선사에게 참학하였다. 향엄산香嚴山에 주석하며 위산의 종풍을 선양하였다. 인용한 게송은 "사제는 요즘 견치기 어떠한가?"라는 앙산仰山의 물음에 답한 것이다. 향엄의 이 게송을 들은 앙산이 "그대는 여래선如來禪만 얻었을 뿐, 아직 조사선祖師禪은 얻지 못했다."라고 한 고사가 유명하다. 『景德傳燈錄』 권10(T51, 282a).

直是貧

香嚴智閑禪師云。去年貧未是貧。今年始是貧。去年無卓錐之地。今年錐也無。

原文 '금강'부터 '화를 머금네'까지
事實 『조정사원』에는 "금강은 누지불(樓至)[75]의 후신이며 호법신護法神이다."라고 하였다.

金剛 至含嗔

祖庭云。金剛是樓至後身也。乃護法神也。

原文 선과 악은 같은 길 아니라
事實 어떤 스님이 고덕에게 물었다.[76]
"어떤 사람이 선행善行을 닦는 사람입니까?"
"창 들고 갑옷 입은 사람이니라."
"어떤 사람이 크게 악업을 짓는 사람입니까?"
"좌선하여 정정定에 들어간 자이니라."
스님이 물었다.

---

75 누지불(樓至) : 현겁賢劫 천불 중 마지막 부처님으로서 노지불盧至佛·누유불樓由佛·노자불盧遮佛이라고도 하며, 애락불愛樂佛·제곡불啼哭佛로 의역하기도 한다.
76 어떤 스님이 고덕에게 물었다 : 이하의 문답이 『景德傳燈錄』에는 숭악 혜안嵩嶽慧安 국사의 법제자인 숭악 파조타嵩嶽破竈墮 화상의 말씀으로 기록되어 있다. 하지만 『御選歷代禪師語錄』·『五燈會元』·『指月錄』·『敎外別傳』에는 모두 파조타 화상의 법제자인 숭산 준극嵩山峻極 선사의 말씀으로 기록되어 있다. 내용 또한 본문의 인용과 약간 차이가 있다. 참고로 소개하면 다음과 같다. "僧問。如何是修善行人。師曰。捻槍帶甲。云如何是作惡行人。師曰。修禪入定。僧云。某甲淺機請師直指。師曰。汝問我惡惡不從善。汝問我善善不從惡。良久又曰。會麽。僧。云不會。師曰。惡人無善念。善人無惡心。所以道。善惡如浮雲。俱無起滅處。"『景德傳燈錄』권4(T51, 233a).

"모르겠습니다. 이게 무슨 뜻입니까?"
고덕께서 말씀하셨다.
"선인善人은 악념惡念이 없고 악인惡人은 선념善念이 없다. 선과 악이 뜬 구름과 같아서 모두 일어나고 소멸하는 곳이 없느니라."

善惡不同途

僧問古德。如何是修善行人。云捻槍帶甲。云如何是大作惡人。云坐禪入定。僧云未審此意如何。師云善人無惡念。惡人無善念。善惡如浮雲。俱無起滅處。

原文 서리나 눈 같은 줄
事實 '경'에서 말씀하셨다.
"만약 참회하고자 한다면 단정하게 앉아 실상을 염하라.
모든 죄는 서리나 눈과 같아 지혜의 태양으로 없앨 수 있느니라."[77]

猶霜雪

經云。若欲懺悔者。端坐念實相。衆罪如霜露。慧日能消除。

原文 '만약 거짓말로'부터 '진사겁토록(발설지옥에 들어간다)'까지
事實 『기주』에서 말하였다.
"이것은 영가 스님께서 대비의 원력으로 이와 같은 말씀을 하신 것이다. 그러므로 선성先聖의 은혜가 무거워 보답하기 어려움을 알아야 한다. (그가) 말세 중생의 신근信根이 천박하여 이 법문으로 향하는 도중에 도심道心을 잃어버리고 물러설까 봐 지극히 염려하셨던 것이다. (그래서) '만

---

[77] 『佛說觀普賢菩薩行法經』(T9, 393a).

약 내가 거짓말로 그대들을 속였다면, 지금 당장 내 스스로 니리지옥泥犁
地獄에 떨어져 혀를 뽑아 쟁기로 만들어 밭 갈면서 1겁뿐 아니라 진사겁
에 이르도록 극심한 고통을 받겠다'고 이렇게 거듭 맹세한 것이다.

'겁'劫은 범어이다. 갖추어 말하면, 겁파劫波(S kalpa)라고 해야 한다. 중
국말로는 시분時分으로 번역한다. 겁에도 이른바 개자겁芥子劫·진점겁塵
點劫·불석겁拂石劫 등 여러 가지가 있는데, 모두 경론經論에 실려 있는 것
과 같다. 지금 여기에서 그 이름을 말하지 않고 '진사塵沙'라고 한 것은 그
저 '많은 겁'이라는 것만 말한 것이다.

(영가) 대사께서 설하신 것은 직접 증득한 법문으로서 일체중생으로 하
여금 본성을 보아 성불하게 하려는 것인데, 어찌 거짓말이 있을 수 있겠
는가? 오히려 믿음이 부족할까 염려스러울 뿐이다."

若將妄語 至塵沙劫

琪注。此乃[1]永嘉大悲願力。發此言也。故知先聖恩重難報。[2] 切恐末世衆
生。信根淺薄。向此門中。退失道心。設此重誓也。若我妄語欺誑汝等。即
當自墮泥犁地獄。拔舌犁耕。受其極苦。非但一劫。乃至經塵沙劫也。所言
劫者梵語。具足應言劫波。此翻時分。劫亦多種。所謂芥子劫塵點劫拂石劫
等。具如經論所載。今不言名號而言塵沙者。但言其多劫。[3] 大師所說。親
證法門。欲令□[4]切衆生。見性成佛。豈有妄言。猶恐信之不及爾。

1) ㉓ '乃'가 갑본에는 '即'으로 되어 있다. 2) ㉓ 갑본에는 '報' 다음에 '則可知矣'가
있다. 3) ㉓ 갑본에는 '劫' 다음에 '也'가 있다. 4) ㉓ □가 갑본에는 '一'로 되어 있다.

原文 멀리 유랑하는 아들
事實 조계의 명明 화상께서 말씀하셨다.

붉은 먼지 날리는 거리에서

유랑하는 아들 어찌 돌아갈꼬
그저 온갖 심기 쉬기만 하면
고향 산천이 바로 코앞인데

遠遊子

曹溪明和尚云。紅塵路上。遊子何歸。但息□¹⁾機。家山咫尺。

1) ㉘『韓國佛教全書』편집자는 □를 '狂'이라 추측하였다. 번역자는 '萬'이라 추측하고 번역하였다.

原文 '단박에 깨달아 마침이여', '여래선이여'

事實 『기주』에서 말하였다.

"점차로 아는 것이 아니기 때문에 '단박에 깨달음이여(頓覺)'라고 한 것이다. 여래선如來禪은 네 가지 선나禪那와 구별되는 다른 것이다. (네 가지 선나는) 첫째는 보살의 유식선唯識禪이고, 둘째는 성문의 공에 치우친 선(偏空禪)이며, 셋째는 인천人天의 인과선因果禪이고, 넷째는 외도外道의 잘못 헤아리는 선(異計禪)이다.

지금 이 정문定門은 다음과 같은 것이다. 세존께서 영산회상靈山會上에서 푸른 연꽃을 들고 눈을 깜빡이며 바라보시자 가섭이 미소를 지었다. (그러자 세존께서) '나에게 정법안장正法眼藏이 있으니, 대가섭에게 나누어 부촉한다'고 하셨다. (이후) 가섭이 아난에게 부촉하고, 아난은 상나화수商那和修에게 부촉하였으며, 나아가 28조 보리달마菩提達摩에 이르러 서쪽에서 동토東土로 건너와 서로서로 부촉해 조계 육조曹溪六祖에 이르렀다. 그 후로도 등불이 등불로 이어져 불꽃을 피우고 조사와 조사가 연달아 꽃망울 터트려서 지금처럼 두 손으로 나누어 부촉하기에 이른 것이다.

말해 보라. 나누어 부촉함이 있느냐 없느냐?

만약 본분납승本分納僧이라면, 귀착점을 스스로 알 것이다."

頓覺了 如來禪

琪注。非漸次而知。故云頓覺也。如來禪者。簡異四種禪那。一菩薩唯識禪。二聲聞偏空禪。三人天因果禪。四外道異計禪。今此定門。即是世尊靈山會上。以青蓮目瞬口。1) 迦2)葉微笑。吾有正法眼藏。分付摩訶大迦葉。迦葉付阿難。阿難付商3)那和修。乃至二十八祖菩提達摩。4) 西來東土。展轉付5)至曹溪六祖。自後燈燈續燄。祖祖聯芳。以6)至如今兩手分付。且道。有分付無分付。若是本分衲僧。自知落處。

1) ㉠ '囗'가 갑본에는 '視'로 되어 있다. 2) ㉠ 갑본에는 '迦' 앞에 '迦葉'이 있다. 3) ㉠ '商'이 갑본에는 '啇'으로 되어 있다. ㉡ '商'이 옳다. '商'으로 수정하여 번역하였다. 4) ㉠ '摩'가 갑본에는 '磨'로 되어 있다. 5) ㉠ '付'가 갑본에는 없다. 6) ㉠ '以'가 갑본에는 '已'로 되어 있다.

原文 통발을 잊으니

事實 『장자莊子』에는 "고기를 잡으면 통발을 잊고, 토끼를 잡으면 올가미를 잊으며, 뜻을 얻으면 말을 잊는다."라고 하였다.

忘筌

莊子云。得魚忘筌。得免忘蹄。得意忘言。

原文 예전부터 눈섭은

事實 홍 각범洪覺範[78] 스님께서 말씀하셨다.

"십 년 동안 적취암 스님을 곁에서 모시고서야 눈은 옆으로 코는 아래로 달린 걸 배울 수 있었네."[79]

---

[78] 홍 각범洪覺範 : 임제종 황룡파 보봉 극문寶峰克文 선사의 법을 이은 혜홍 각범慧洪覺範(1071~1128) 선사를 지칭한다. 덕홍德洪이라고도 하며, 자는 각범覺範, 호는 적음 존자寂音尊者, 시호는 보각원명선사寶覺圓明禪師이다. 저서로 『林間錄』・『禪林僧寶傳』・『智證傳』 등이 있다.

依舊眉毛

洪覺範云。十年□□[1]侍立。學得眼橫鼻直。

1) ㉠『高麗大藏經』영인본에는 □□가 '積果'로 되어 있다. ㉡『林間錄後集』에는 '積翠'로 되어 있다. 각범의 스승은 늑담 극문泐潭克文이고, 극문은 황룡 혜남黃龍慧南 선사의 제자이다. 황룡 혜남 선사는 적취암積翠庵에 주석한 적이 있기에 '적취'라 칭하기도 한다. 각범이 찬문을 지었다면 원 선사源禪師는 종문의 주요한 선배 중 하나였을 것으로 짐작되며, 황룡 혜남의 법제자일 가능성이 있다. 따라서 결락된 글자를 『林間錄後集』에 따라 '積翠'로 보고 번역하였다.

原文 둥근 부채로 달을 가늠하지만

事實 『유각소惟殼疏』에서 말하였다.[80]

> 달이 겹겹으로 에워싼 봉우리에 숨은 것을
> 부채를 들어서 비유하고
> 바람이 태허에서 숨 쉬는 것을
> 나무를 흔들어서 가르친다

團扇擬月輪

惟殼疏云。月隱重峰。舉扇喻之。風息大虛。動樹訓之。

原文 날쌘 매

---

79 본문은 『林間錄後集』에 수록된 〈源禪師贊〉의 일부이다. 참고로 전문을 이용하면 다음과 같다. "十年積翠侍立。學得眼橫鼻直。平生氣壓叢林。問著左科背聽。一菴深藏霹靂舌。從敎萬像自分說。百非四句無處蹲。孤風照人衆星月。"『林間錄後集』(X87, 279c).

80 『유각소惟殼疏』에서 말하였다 : 『惟殼疏』가 어떤 전적인지는 알 수 없다. 본문의 인용은 『摩訶止觀』을 비롯한 천태종 전적과 여러 『法華經』 주석서에서 비유에 대한 설명으로 사용되었다. 『翻譯名義集』(T54, 1111c)에서 "阿波陀那。此云譬喻。止觀云。月隱重山舉扇喻之。風息太虛動樹訓之。"라고 하였다.

事實 고행을 하던 한 대백韓大伯[81]이 게송으로 말하였다.

> 토끼 한 마리가 옛길에 드러누우니
> 창공에 있던 매가 보자마자 낚아채네
> 뒤따라 온 사냥개 신령한 성품이 없어
> 공연히 메마른 참죽나무에서 머물던 자리만 더듬더듬

俊鷹

苦行韓大白[1]頌云。一兎橫身當古路。蒼鷹一見便生擒。後來獵犬無靈性。空向枯椿舊處尋。

1) ㉠ '白'은 '伯'의 오자인 듯하다. 『禪林僧寶傳』을 비롯해 여러 전적에서 '韓大伯'이라 칭하였다. '伯'으로 수정하여 번역하였다.

原文 육도만행이 본체에 원만하니
事實 『기주』에서 말하였다.

"총합해서는 육도六度라 하고, 분별해서는 만행萬行이라 한다. 이 행문行門이 모두 한 생각 가운데 본래 원만하다. 육도는 보시布施 · 지계持戒 · 인욕忍辱 · 정진精進 · 선정禪定 · 지혜智慧를 말한다. 이 모두를 '도度'라고 말한 것은 무엇 때문인가. 각각 대치對治하는 것이 있기 때문이다. 따라서 '건너다(度)'라고 말한 것이다. 보시는 간탐慳貪을 건너고, 지계는 훼범毀犯을 건너고, 인욕은 진에瞋恚를 건너고, 정진은 해태懈怠를 건너고, 선정은 혼침과 산란(昏散)을 건너고, 지혜는 우치愚癡를 건넌다. 따라서 '육도'라고 한 것이다.

여기에서 말하고 있는 도문度門은 이제 여러 소승들이 육도를 나누어

---

81 한 대백韓大伯 : 설두 중현雪竇重顯 선사와의 고사가 『禪林僧寶傳』 권11(X79, 514c) 등에 전한다.

닦거나 권위보살權位菩薩이 육도를 겸하여 닦는 것이 아니다. 바로 일념 가운데서 육도를 원만하게 닦는 것이다. 따라서 '본체 가운데 원만하다'고 말하였다."

六度萬行體中圓

琪注。摠謂之六度。別謂之萬行。此之行門。皆在一念之中。本來圓滿也。所言六度者。謂布施持戒忍辱精進禪定智慧也。皆言度者。何也。爲各有對治。故言度也。布施度慳貪。持戒度毁犯。忍辱度瞋恚。精進度懈怠。禪定度昏散。智慧度愚癡。故云六度也。此之度門。今非諸小乘。分修六度。權位菩薩。兼修六度。乃於一念之中。圓修六度。故云。體中圓也。

原文 오직 하나의 달

事實 소 국사韶國師께서 말씀하셨다.

"배가 동쪽으로 가면 하나의 달이 동으로 가고, 배가 남쪽으로 가면 하나의 달이 남으로 가며, 배가 서쪽으로 가면 하나의 달이 서로 가고, 배가 북쪽으로 가면 하나의 달이 북으로 가며, 배를 멈춘 사람은 움직이지 않는 달을 본다. 이처럼 사유四維와 시방十方에 이르기까지 모든 곳에서 일시에 나타난다. 그래서 천 개의 그릇에 담긴 천 개의 달이 같지 않지만 한 줄기 맑은 강에는 하나의 달그림자만 외롭다."

唯一月

韶國師云。舟從東去。一月往東。舟從南去。一月往南。舟從西去。一月往西。舟從北去。一月往北。停舟之者。見月不動。如是乃至四維十方。皆於一時並現。所以並安千器。千月不同。一道澄江。一月影孤。

原文 '꿈속에선 분명하고 분명하게'부터 '대천세계 없어라'까지

事實 『기주』에서 말하였다.

"미혹할 때는 삼계가 있지만 깨달으면 시방이 공하다. 따라서 '꿈속에서는 분명하고 분명하게 육취가 있어서', '깨치고 나니 텅 비어 대천세계 없어라'라고 말한 것이다.

육취란 첫째는 인人이고, 둘째는 천天이고, 셋째는 수라修羅이고, 넷째는 아귀餓鬼이고, 다섯째는 축생畜生이고, 여섯째는 지옥地獄이다. 이 모두를 '취趣'라고 한 까닭은 무엇인가. 일체중생이 일념을 미혹하고 업식業識이 망망해 자신의 업력을 따라 스스로 육도六道로 달려가는 것이지, 다른 사람이 그렇게 시키는 것이 아니다. 그래서 고덕께서 '탐貪·진嗔·애愛의 물이 고통의 싹을 흠뻑 적시니, 한결같이 육진六塵을 향하며 근본으로 돌아갈 줄 모른다'[82]고 말씀하신 것이다.

'텅 비어'라고 말한 것은 도무지 진실한 뜻이 없기 때문이다.

'대천세계가 없다'는 것은 장륙금신丈六金身이 교화하는 경계를 말한다. 지금 반야와 서로 상응한다면, 어찌 육취중생六趣衆生을 공하게 하는 데만 그치겠는가. 나아가 삼천대천세계에 이르기까지 교화하는 경계가 되며, 또한 진실한 뜻이 없으리라. 따라서 '깨치고 나니 텅 비어 대천세계 없어라'라고 말한 것이다."

夢裏明明 至無大千

琪注。迷時三界有。悟則十方空。故云。夢裏明明有六趣。覺後空空無大千也。云六趣者。一人二天三修羅四餓鬼五畜生六地獄也。皆言趣者。其故何也。爲一切衆生。一念迷妄。業識茫茫。隨其業力。自趣入於六道之中。非他人使然也。古德云。貪嗔愛水。滋潤苦芽。一向徇塵。不知返本也。所言空空者。謂都無實義故也。無大千者。即丈六金身。所化之境也。今與般若

---

[82] 영명 연수永明延壽(904~975) 선사의 말씀이다. 『宗鏡錄』「序」(T48, 415b).

相應。豈止能空六趣衆生。乃至三千大千世界。所化之境。亦無實義。故云覺後空空無大千也。

原文 남성을 바라보라

事實 설두雪竇 스님께서 말씀하셨다.

명경이 대에 걸리면 나열되는 모습 제각각이지만
낱낱이 남쪽을 마주하고 북두를 바라본다네[83]

또 말씀하셨다.

북두와 남성은 자리가 다르지 않나니
하늘에 넘치는 흰 물결이 평지에서 일어난다[84]

望南星

雪竇云。明鏡當臺列相殊。一一面南看北斗。又云。北斗南星位不殊。白浪滔天平地起。

原文 칼 짚은 문수

---

[83] 남전南泉 스님이 백장 열반百丈涅槃 화상을 참예하고 "윗대의 여러 성인들께서 사람들에게 설하지 않은 법이 있습니까?"라고 물었던 고칙古則에 대한 설두 중현雪竇重顯 선사 송頌의 일부이다. 전문을 인용하면 다음과 같다. "祖佛從來不爲人 衲僧今古競頭走 明鏡當臺列像殊 一一面南看北斗 斗柄垂 無處討 拈得鼻孔失却口"『碧巖錄』권3(T48, 168c).
[84] 어떤 스님이 "무엇이 진진삼매塵塵三昧입니까?"라고 묻자, 운문雲門 선사가 "발우에는 밥, 통에는 물"이라고 답했다. 이 고칙에 대한 설두 중현雪竇重顯 선사 송의 일부이다. 전문을 인용하면 다음과 같다. "鉢裏飯桶裏水 多口阿師難下嘴 北斗南星位不殊 白浪滔天平地起 擬不擬 止不止 箇箇無裩長者子"『碧巖錄』권5(T48, 185b).

事實 중권中卷(『남명천화상송증도가사실』 제2권)의 '날카로운 칼날을 만나더라도'에 대한 『기주』를 보라.

백장百丈 스님께서 "(문수는) 지해智解의 검으로 유견과 부처를 찾는 마음을 잘랐다."[85]라고 하셨다.

仗釼文殊
見中卷縱遇鋒刀。琪注。百丈云。以智解釼。[1] 害有見佛心。

1) ㉐ '釼'은 '劒'의 오자이다. 『古尊宿語錄』과 『天聖廣燈錄』에도 모두 '劒'으로 되어 있다. '劒'으로 수정하여 번역하였다.

原文 '죄와 복도 없음이여'부터 '묻거나 찾지 말게나'까지
事實 『기주』에서 말하였다.

"일념一念에 상응하면 죄와 복, 손해와 이익 등의 차별상이 없다. 고덕께서 '만약 누군가 발심하여 근원으로 돌아간다면, 시방세계가 모조리 사라지리라'[86]라고 하셨는데, 하물며 죄와 복이겠는가?

모든 법의 성품이 공하다는 것을 이미 통달했다면, 그 적멸한 성품 가운데는 아我・인人・중생衆生・수자壽者 등의 상相이 없으며, 반야의 무상법문無相法門과 상응했다면, 언어로 표현해 논변하고 묻고 따질 것이 없다. 그러므로 '죄와 복도 없고 손해와 이익도 없으니, 적멸한 성품 가운데서 묻거나 찾지 마라'라고 한 것이다."

---

85 백장 스님의 말씀으로 인용하였지만 『古尊宿語錄』과 『天聖廣燈錄』에는 모두 백장 회해百丈懷海 선사의 제자인 황벽 희운黃檗希運 선사의 말씀으로 기록되어 있다. 『古尊宿語錄』 권3 「黃檗斷際禪師宛陵錄」(X68, 19c).
86 『華嚴經』을 강의하던 대덕의 질문에 대한 장사長沙의 경잠 초현景岑招賢 대사의 대답 중 일부이다. 장사 스님 역시 『楞嚴經』 권9에서 부처님께서 아난에게 하신 말씀을 인용한 것이다. 『景德傳燈錄』 권10(T51, 275c).

無罪福 至莫問覓

琪注。若一念相應。則無罪福損益等相也。古德云。若人發心歸源。十方世界。皆悉消殞。况其罪福者乎。旣達諸法性空。寂滅性中。卽無我人衆。生壽者等相。與般若無相法門相應。則不在言語[1]詮辯[2]問難。故云。無罪福無損益。寂滅性中莫問覓也。

1) ㉮ '言語'가 갑본에는 '語言'으로 되어 있다. 2) ㉮ '辯'이 갑본에는 '辨'으로 되어 있다.

原文 보푸라기 분다네

事實 항주杭州 초현사超賢寺 회통會通 선사는 당나라 덕종德宗 때 육궁사六宮使로 있다가 여러 차례 스님이 되기를 간청했다고 한다. 황제가 그 소원을 허락해 조과 도림鳥窠道林 선사께 예를 올리고 삭발하였다.

하루는 회통 스님이 떠나려 하자, 도림 선사가 물었다.

"너는 이제 어디로 가려느냐?"

"회통이 불법을 위해 출가했는데, 화상께서는 자비로운 가르침을 내려 주시지 않으셨습니다. 이제 여러 곳으로 다니면서 불법을 배우겠습니다."

도림 선사가 말했다.

"그런 불법이라면 내가 있는 이곳에도 조금은 있지."

"어떤 것이 화상이 계신 이곳의 불법입니까?"

도림 선사가 몸에서 보푸라기를 집어 들더니 훅 하고 불자 회통 스님이 드디어 현묘한 뜻을 깨달았다. 그래서 당시에 그를 포모시자布毛侍者라 불렀다.[87]

---

87 본문의 고사가 『景德傳燈錄』 등 여러 전적에 전하는데, 인용한 문장은 『祖庭事苑』과 가장 유사하다. 『祖庭事苑』 권2(X64, 329c).

布毛吹

杭州超賢寺會通禪師。唐德宗時。爲六宮使。屢乞爲僧云云。帝從其願。禮鳥窠道林禪師落髮。通一日欲辭去。師曰。汝今何徃。曰會通爲佛法出家。以和尚不垂慈誨。今徃諸方。學佛法去。師曰。若是佛法。吾此間亦有小許。曰如何是和尚此間佛法。師於身上拈起布毛吹之。會通遂領悟玄旨。時謂之布毛侍者。

原文 예로부터 바깥 사람에겐 엿보기를 허락 않는다네
事實 고덕께서 말씀하셨다.

오래된 궁전엔 이끼 끼고 신하들 서 있지 않으니
예로부터 바깥 사람에겐 엿보기를 허락지 않았다네

從來不許外人看

古德云。古殿苔生臣不立。從來不許外人看。

原文 '여태껏 먼지 묻은 거울'부터 '쪼개야만 하리라'까지
事實 『기주』에서 말하였다.

"한 점의 신령스러운 광명은 본래 시방의 모든 부처님과 둘도 아니고 다른 것도 아니다. 그러나 진실로 모든 중생은 무량겁 이래로 선지식을 만나 밝음을 드러내고 성품을 본 적이 없었으니, 비유하면 흙먼지가 묻은 거울이 오랫동안 혼미한 어둠에 가려 사물을 비추지 못하는 것과 같다. 오늘에야 선지식을 만나서 밝음을 드러내고 이미 (성품을) 보아 먼지와 때를 털어 내니, 본래의 광채가 쏜살같이 번뇌를 꿰뚫어서 하늘을 비추고 땅을 비춘다.

그 때문에 선덕先德께서 말씀하셨다.[88]

마음의 광명 솟구쳐 빛나
육근 육진을 아득히 벗어나니
드러난 본체 참되고 영원하여
문자에 구애되지 않으리
마음의 성품은 물듦이 없어
본래 스스로 원만하게 완성되었으니
그저 허망한 반연만 여의면
그대로 여여한 부처라네"

比來塵鏡 至須剖柝

琪注。一點靈光。本來與十方諸佛。無二無別。良由一切衆生。從無量劫來。未嘗遭遇知識。發明見性。譬若塵土之鏡。久翳昏暗。不能照物。今日旣遇知識。發明已見。拂去塵垢。本來光□。□¹⁾然透漏。照天照地。所以先德云。心光騰耀。²⁾ 迥脫根塵。體露眞常。不拘文字。心性無染。本自圓成。但離妄緣。卽如如佛。

---
1) ㉯ □□가 갑본에는 '彩鶩'으로 되어 있다.　2) ㉯ '耀'가 갑본에는 '輝'로 되어 있다. ㉓ '心光騰耀'가 『景德傳燈錄』·『碧巖錄』·『從容錄』 등 주요 선서에는 모두 '靈光獨耀'로 되어 있다.

[原文] 마음의 때가 연이 되어
[事實] 『기신론起信論』에서 말하였다.

---
88 선덕先德께서 말씀하셨다 : 이하는 백장百丈 선사의 게송으로 전한다. 복주福州의 고령 신찬古靈神贊 선사가 백장 선사에게 참학한 뒤 이전에 수학하던 대중사大中寺로 돌아가 스승을 깨우치고는 이 게송으로 백장의 문풍을 드날렸던 것으로 유명하다.

"중생심衆生心은 마치 거울과 같다. 거울에 때가 끼면 사물의 모습이 나타날 수 없다. 이와 마찬가지로 마음에 때가 끼면 법신法身이 나타나지 않는다."[89]

心垢爲緣
起信論云。衆生心者。猶如於鏡。鏡若有垢。色像不能現。如是衆生心若有垢。法身不現。

[原文] 세간의 정 따르랴
[事實] 고덕께서 말씀하셨다.[90]

소반과 책상 닦고 억지로 손님 맞으니
총림의 본분납자께는 그저 부끄럽기만
출세간 도심은 나날이 줄어만 가는데
정 따라 인간사는 해마다 늘어만 가네

徇世情
古德云。摩盤拭案强逢迎。慚愧叢林本分僧。出世道心隨日減。徇情人事逐年增。

[原文] '누가 무념인가'부터 '생기지 않음도 없으니'까지
[事實] 『기주』에서 말하였다.
"앞 구절에서는 정情을 집어냈고, 뒤 구절에서는 법法을 나타냈다. '누

---

[89] 『大乘起信論』(T32, 581c).
[90] 본문은 장로 종색長蘆宗賾 선사의 게송이다. 『緇門警訓』 권8 「賾禪師誡洗麵文」(T48, 1083a).

가 무념이고, 누가 무생인가'라는 것은 '어떤 사람이 무념無念이고, 어떤 사람이 무생無生인가'라는 말이다. 사람의 심념心念은 간격이나 끊어짐이 없이 생멸하는데, 생멸하는 것이 마치 낙차落車[91]의 무더기와 같아서 이루 다 헤아릴 수도 없다. 생각과 생각 사이에 멈춤도 쉼도 없는 것이 마치 등불이 타오르고 물이 흐르는 것과 같다. (따라서) 길을 걸으면 마음은 시방을 끌어오고, 앉아 있으면 의식이 삼세三世를 반연한다. 따라서 '누가 무념이고, 누가 무생인가'라고 말한 것이다.

'만약 진실로 생이 없다면 생기지 않음도 없다'는 것을 말해 보자. 만약 진실로 무생無生의 이치를 훤히 깨닫는다면, 일체 모든 법의 생상生相을 파괴하지 않는다. 즉 만법이 생겨도 무방하다. 따라서 수 산주修山主께서는 '만법에 생상이 없지만, 일 년에 봄은 한 번이다'라고 하셨다. 그 때문에 '만약 진실로 생이 없다면 생기지 않음도 없다'고 말한 것이다."

誰無念 至無不生

琪注。上句拈情。下句現[1]法。誰無念誰無生者。則是誰人無念。誰人無生也。人之心念生滅。無有間斷。其生滅[2]如落車[3]聚。不可勝數。念念之間。無有停息。如燈燄燄。似水涓涓。行則心搆[4]十方。坐則意攀三世。故云。誰無念誰無生也。若實無生無不生者。若實曉得無生之理。即不壞[5]一切諸法生相。則[6]無妨萬法之生也。故[7]修山主云。萬法無生相。一年一度春。故云。若實無生無不生也。

---

1) ㉯ '現'이 갑본에는 '顯'으로 되어 있다. 2) ㉯ 갑본에는 '滅' 다음에 '心'이 있다.
3) ㉯ 갑본 관주에서 "'落車'는 '惡叉'인 듯하다."라고 하였다. ㉯ 악차惡叉([S] akṣa)는 전마과田麻科에 속하는 나무 이름. 『成唯識論』・『瑜伽師地論』 등에서 한 무더기에 여러 가지가 있는 것을 설명할 때에 이것으로 비유한다. 4) ㉯ '搆'가 갑본에는 '稱'으로 되어 있다. 5) ㉯ '壞'가 갑본에는 '染'으로 되어 있다. 6) ㉯ 갑본에는 '則'이 없

---

91 낙차落車 : [S] lakṣa. 낙차洛叉 또는 낙사洛沙라고도 한다. 수량의 단위로 10만 또는 억을 의미한다.

다. 7) ㉯ 갑본에는 '故'가 없다.

原文 진신을 진실이라 알면 티끌을 벗어나지 못하리
事實 법천法泉 선사께서 상당하여 말씀하셨다.
"진실을 알고 싶다면 티끌을 제거하지 마라."
주장자를 집어 세우고는 말하였다.
"주장자가 바로 티끌이다. 어느 것이 진실인가? 만약 '그대로가 진실'이라고 말한다면 티끌과 어떻게 구별하겠느냐? 알고 싶은가?

집이야 황제의 성이지만 비바람 몰아치는 밤이라
한 몸으로 두 가지 수심을 달리 일으키네"

眞眞未出塵
法泉禪師上堂云。欲識眞。莫去塵。乃拈起柱杖云。柱杖是塵。那个是眞。
若謂即眞。與塵何別。要會麽。家在帝城風雨夜。一身分作兩般愁。

原文 '꼭두각시를 불러서'부터 '어느 시절 이뤄질까'까지
事實 『기주』에서 말하였다.
"거듭 비유로 표현해 쉽게 깨닫게 하였다. 앞에서 '깨치고 나니 텅 비어 대천세계 없어라', '죄와 복도 없음이여', '손해와 이익도 없음이여', '적멸한 성품 가운데서 묻거나 찾지 말게나'라고 말했는데, 영가 대사는 후인들이 말만 따라 이해하여 단멸斷滅이라는 견해를 일으킬까 봐 지극히 염려스러웠다. 따라서 여기서 특별히 지적해 바로잡은 것이다.
반야를 배우는 보살은 반드시 선지식을 만나 밝음을 드러내 성품을 보고 나서는 사념 가운데서 무념을 통달하고, 생멸 가운데서 생멸이 없음을 깨달아야 한다. 만약 생각이 없고 생겨남이 없는 것을 무생법인無生法忍이

라 여긴다면, 비유컨대 꼭두각시 역시 심의식의 사념이 없는 것과 같다. (그렇게 해서는) 성불을 기약하고 싶어도 있을 수 없는 일이다. 그 때문에 '어느 시절(早晚) 이뤄질까'라고 한 것이다.

'조만早晚'은 강절江浙의 방언으로 '어느 시절에나 이룰 수 있겠는가'라는 말과 같다."

喚取機關 至早晚成

琪注。重爲喩[1]出令其易曉也。上來因說覺後空空無大千。無罪福。無損益。寂滅性中莫問覓。永嘉切恐後人隨語生解。作斷滅之見。故特此點竄也。學般若菩薩。須遇知識。發明已見。於有念中。達其無念。於生滅中。悟無生滅也。若謂[2]無念無生。爲無生法忍。譬如機關木人。亦無心念。欲期成佛。無有是處。故云。早晚成。[3] 早晚者。即江浙[4]方言。猶何時可成也。

1) ㉮ '喩'가 갑본에는 '譬'로 되어 있다. 2) ㉮ 갑본에는 '謂' 다음에 '一向'이 있다.
3) ㉮ 갑본에는 '成' 다음에 '也'가 있다. 4) ㉮ '浙'이 갑본에는 '淅'으로 되어 있다.

原文 가을바람 부는 누대 전각 기장만 무성하리

事實 『시경詩經』「국풍國風」〈서리장黍離章〉은 주나라 종실을 연민히 여긴 노래이다. 주나라 대부가 부역을 나갔다가 종실宗室에 이르러 예전의 종묘와 궁실을 지나가는데 온통 벼와 기장으로 뒤덮여 있었다. 주나라 왕실이 전복된 것을 슬퍼하면서 이리저리 방황하다가 차마 떠나지 못하고 다음과 같은 시를 지었다.

　　저 주렁주렁 달려 있는 메기장
　　저 삐죽삐죽 돋아난 차기장의 싹
　　쓰러질듯 힘 빠진 발걸음
　　흔들흔들 출렁이는 속마음

나를 아는 사람들
내게 말하네. '그대 근심 있나?'
나를 모르는 사람들
내게 말하네. '그대 무얼 찾나?'
아득하고 아득한 푸른 하늘이여
이 사람은 어떤 사람?

秋風臺殿黍離離
詩。黍離。憫宗周也。周大夫行役。至于宗室。過故宗廟宮室。盡爲禾黍。憫周室之顚覆。彷徨不忍去。而作是詩也。彼黍離離。彼稷之苗。行邁靡靡。中心搖搖。知我者。謂我心憂。不知我者。謂我何求。悠悠蒼天。此何人哉。

原文 사람 손으로

事實 『불정경佛頂經』에는 "마치 손바닥으로 허공을 붙잡으려는 것과 같아 자신의 수고로움만 더할 뿐이다. 허공을 그대가 어떻게 잡을 수 있겠는가?"라고 하였다.[92]

隨人手
佛頂經云。如以手掌。撮摩虛空。只益自勞。虛空云何。隨汝執捉。

原文 '사대를 놓아 버리니'부터 '인연 따라 먹고 마시며'까지

事實 『기주』에서 말하였다.

"사대는 지대地大·수대水大·화대火大·풍대風大를 말한다. 시작 없는 때로부터 몸을 버리고 몸을 받으면서 항상 사대에 얽매여 자유롭지 못했는

---

[92] 『首楞嚴經』 권2(T19, 112c).

데, 지금 사대의 본성이 공함을 깨달아 법에 자재하게 되어 물에 있으면 전체가 물이 되고, 불에 있으면 전체가 불이 되며, 땅에 있으면 전체가 땅이 되고, 바람에 있으면 전체가 바람이 된다.
따라서 수 산주께서 말씀하셨다.

> 지대는 수·화·풍을 수용하지 않나니
> 한 가지 대가 그렇듯 모든 대도 마찬가지
> 사대가 두루 미치지 않은 적 없지만
> 두루 미친다고 언제 뒤섞인 적 있었나
> 천 개의 등불을 한 방에 켜 놓은 것과 같고
> 또 만상이 하나의 거울에 비치는 것 같아라
> 사대 이름 각기 달라도 네 가지 성품 없으니
> 계界·처處·근根·진塵·식識이 통하지 않네

이와 같은 뜻을 깨달았기 때문에 '사대를 놓아 버리라'고 말한 것이다.
'붙잡지 마라'라고 한 것을 말해 보자. 이미 사대의 성품이 공함을 깨쳤다면 또 어느 곳을 붙잡겠는가. 따라서 '붙잡지 마라'라고 한 것이다.
'적멸한 성품 가운데 인연 따라 먹고 마시며'라고 한 것을 말해 보자. 만약 사대가 본래 공하고 오음이 실제로 있는 것이 아님을 깨달았다면 도리어 마음 가는 대로 부침하면서 인연 따라 먹고 마시는 것이 좋다. 따라서 도오道吾 스님께서 말씀하셨다.

> 거칠어도 먹고 부드러워도 먹나니
> 범부의 차별상 향해 보지 마라
> 거칠 것도 없고 부드러운 것도 없나니
> 상방의 향적세계에는 뿌리도 꼭지도 없다네[93]

따라서 '적멸한 성품 가운데 인연 따라 먹고 마시며'라고 한 것이다."

放四大 至隨飮啄

琪注。四大者謂地水火風也。從無始來。捨身受身。常爲四大拘繫。不得自在。今了四大性空。於法自在。在水全水。在火全火。在地全地。在風全風。[1] 故修山主云。地大不容水火風。一大旣爾諸[2]大同。四大未嘗不周遍。周遍何曾有混融。狀若千燈同一室。又如萬像一鏡中。四大異名無四性。界處根塵識不通。若曉此旨。故云放四大也。所言莫把捉者。旣了四大性空。又向何處把捉。故云。莫把捉也。寂滅性中隨飮啄者。若了四大本空。五陰非有。却好任意浮沉。隨緣飮啄。故道吾[3]云。麤也飡[4]細也飡。莫向凡夫相上看。也無麤 也無細。上方香積無根蔕。故云。寂滅性中隨飮啄也。

---

1) ㉢ 갑본에는 '在風全風'이 없다. 2) ㉢ '諸'가 갑본에는 '四'로 되어 있다. 3) ㉢ '道吾'가 갑본에는 '盃渡'로 되어 있다. 4) ㉢ '飡'이 갑본에는 '飧'으로 되어 있다. 다음도 이와 같다.

[原文] 자잘하건 얼빠지건

[事實] 『장자』에서 "자잘한 사람에게 어떻게 지극한 도의 전체를 말할 수 있겠는가?"[94]라고 하였다. 풀이해서 말하기를 "자잘하게 나누는 무리들에게는 대도의 전체를 말할 수 없다."라고 하였다.

또 "우물 안의 개구리가 동해의 광대함에 대해 듣고는 넋을 잃으며 놀라 얼이 빠져서 망연자실하였다."[95]라고 하였다. 풀이해서 말하기를 "얼이 빠진 채 구해서 살펴보고 찾아서 분별하는 이들은 대롱으로 하늘을 엿보고 송곳으로 땅을 가리키는 부류들이다."라고 하였다.

---

93 도오 화상道吾和尙의 〈一鉢歌〉 중 일부이다. 『景德傳燈錄』 권30(T51, 462a).
94 『莊子』 「在宥」.
95 『莊子』 「秋水」.

翦翦規規

莊子云。翦翦者。奚足與語至道之全也。解云翦翦破碎之徒。不可與言大道之全也。又云井蛙聞東海之大。適適然驚。規規然自失也。解云規規然而。求之以察。索之以辨。則用管窺天。用錐指地之類也。

[原文] 한 톨
[事實] 위산潙山[96] 스님께서 말씀하셨다.
"이 한 톨을 소홀히 여기지 마라. 백천의 낱알이 이 한 톨로부터 생기느니라."[97]

一粒

潙山云。莫欺這一粒。百千粒從這一粒生。

[原文] '제행이 무상하여'부터 '대원각이니'까지
[事實] 『기주』에서 말하였다.

"사대의 모습만 본래 공한 것이 아니라, 만들어진 모든 행行이 모조리 다 공적하다. '제행諸行'이라 한 것은 하나의 행에 그치는 것이 아니라 갖가지 만행萬行에 이르기까지 모두 본래 공적하다는 것이다. 따라서 『원각경圓覺經』에서 말씀하셨다.

'나의 지금 이 몸은 사대가 화합한 것이다. 소위 머리카락·털·손톱·치아·피부·살·근육·뼈·골수·뇌·때 등의 색色은 모두 지대地大로 돌아가

---

96 위산潙山 : 법명은 영우靈祐(771~853). 백장 회해百丈懷海 선사의 법을 이어 위산에서 크게 교화를 펼쳤다. 제자인 앙산 혜적仰山慧寂과 함께 위앙종潙仰宗이라는 일가를 이루었다.
97 위산 스님이 쌀을 씻다 흘린 석상 경저石霜慶諸에게 하신 말씀이다. 『景德傳燈錄』 권15(T51, 320c).

고, 침·눈물·고름·피·진액·연말·담루·정기와 대소변은 모두 수대水大로 돌아가며, 따뜻한 기운은 화대火大로 돌아가고, 움직이고 구르는 것은 풍대風大로 돌아간다. 사대가 각각 분리되면 지금의 허망한 몸은 장차 어디에 있겠는가?'[98]

따라서 '제행이 무상하여 일체가 공하다'고 한 것이다.

'곧 이것이 여래의 대원각이다'라고 한 것에 대해 말해 보자. 모든 법이 본래 공적함을 깨달으면 곧 대원각大圓覺의 성품과 상응하게 된다. 다만 모든 중생은 날마다 쓰면서도 알지 못할 뿐이다. 따라서 배휴裴 재상[99]이 말하였다.

'종일 원각圓覺이면서도 원각이었던 적이 없는 자가 범부이고, 원각을 증득하려 하면서 원각의 극치에 아직 이르지 못한 자가 보살이며, 원각을 구족하여 원각에 머무는 자가 여래이다.'[100]

따라서 '곧 이것이 여래의 대원각이다'라고 한 것이다."

諸行無常 至大圓覺

琪注。非唯四大之相本空。亦乃所作諸行。盡皆空寂也。言諸行者。非止一行。乃至種種萬行。皆悉本來空寂。故經云。我今此身。四大和合。所謂髮毛爪齒皮肉筋骨髓腦[1]垢色。皆歸於地。唾涕膿血津液涎沫淡淚精氣大小便利。皆歸於水。暖氣歸火。動轉歸風。四大各離。今者妄身。當在何處。故云。諸行無常一切空也。即是如來大圓覺者。既了諸法本來空寂。即與大圓覺性相應也。但猶一切眾生。日用而不知。故裴相云。終日圓覺而未曾[2]圓

---

98 『圓覺經』(T17, 914b).
99 배휴 재상 : 당나라 재상을 지낸 배휴裴休를 말한다. 황벽 희운黃蘗希運 선사의 법제자로서 황벽과의 문답을 기록한 『傳心法要』를 편찬하였다. 또한 당대 명승들의 저서에 다수의 서문을 남겼다. 본문의 인용글 역시 그가 규봉 종밀圭峰宗密의 『大方廣圓覺經疏』에 쓴 서문이다.
100 『大方廣圓覺經疏』序(X9, 323a).

覺者。凡夫也。欲證圓覺而未極圓覺者。菩薩也。具足圓覺而住持圓覺者。
如來也。故云。即是如來大圓覺。³⁾

1) ㉔ '腦'가 갑본에는 '生'으로 되어 있다.　2) ㉔ '曾'이 갑본에는 '甞'으로 되어 있다.
3) ㉔ 갑본에는 '覺' 다음에 '也'가 있다.

原文 손댈

事實 『사기』에서 "천하의 문장을 극진히 하지 않으면 고금의 사실을 교정할 수 없다."라고 하였다.

可雌黃
史記云。未盡天下文章。不得雌黃古今。

原文 '확실히 말하노니'부터 '뜻대로 따지도록 두게'까지
事實 『기주』에서 말하였다.

"안으로 성태聖胎를 간직하고 있으면, 내뱉는 말이 매우 특이하고 과감하며 표현에 머뭇거림이 없다. 그 때문에 '확실히 말한다'고 하였다. 반야를 배우는 사람은 식심識心의 근본을 통달하고 온갖 사려를 모두 잊고서 우뚝하고도 당당하게 삼계를 홀로 거닐면서 법문의 우두머리가 되고 인간과 하늘의 길잡이가 된다. 따라서 '진승을 나타낸다(表眞乘)'고 한 것이다.

'누군가 수긍치 않거든 뜻대로 따지도록 두라'고 한 것을 말해 보자. 혹시 내가 여태 한 무상묘법無上妙法을 수긍하지 않고 갖가지 세간의 지혜로 나에게 따져 묻는 사람이 있다면, 나는 그가 맘대로 따지고 힐난하도록 일임하겠다는 것이다.

고덕께서 말씀하셨다.

'설령 온 시방세계가 모두 한 가지씩 질문한 것을 그대가 모조리 나에

게 묻는다 해도 노승이 손가락을 한번 튕겨서 높고 낮은 근기가 두루 응하여 전후가 차별이 없는 것을 녹이지는 못할 것이다. 그저 (그대들의) 믿음이 부족할까 염려스러울 뿐이다.'¹⁰¹"

決定說 至任情徵

琪注。內懷聖胎。發言殊異果敢。無猶豫之辭。故云。決定說也。學般若之人。識心達本。萬慮都忘。巍巍堂堂。三界獨步。爲法門之領袖。作人天之導師。故云。表眞乘¹⁾也。有人不肯任情徵者。設或有人不肯我之所蘊無上妙法。以種種世智。難問於我。我即一任他人徵難也。古德云。直饒汝盡十方世界都作一箇問訊頭問我。不消老僧彈指一下。並乃高低普應。前後無差。祇恐信之不及也。

1) ㉮ '乘'이 갑본에는 '僧'으로 되어 있다.

原文 상상기

事實 향엄香嚴 화상은 기와 조각이 대나무에 부딪쳐 난 소리로 인해 홀연히 도를 깨닫고 마침내 게송으로 말하였다.

> 부딪치는 한 소리에 알던 것 잊었으니
> 다시는 닦고 다스릴 필요가 없네
> 움직이는 모양새에 옛길을 드날리며
> 초췌한 꼴엔 떨어지지 않으리라
> 곳곳에 자취 끊어져 없으니

---

101 설두 중현雪竇重顯 선사의 개당開堂 법문에서 인용하였는데, 문장이 정확히 일치하지는 않는다. 『明覺禪師語錄』에는 "直饒乾坤大地草木叢林。盡爲衲僧。異口同聲各置百千問難。也不消長老。彈指一下。並乃高低普應前後無差。"라고 하였다. 『明覺禪師語錄』(T47, 669a).

빛깔과 소리를 벗어난 위의라

제방의 도를 깨친 이들은

한 목소리로 상상기라 말하네

上上機

香嚴和尙。因擊竹作聲。忽然悟道。遂偈曰。一擊忘所知。更不假修治。動容揚古路。不墮悄然機。處處無蹤跡。聲色外威儀。諸方達道者。咸言上上機。

原文 '근원을 곧장 끊음'부터 '나는 하지 않으니'까지
事實 『기주』에서 말하였다.

"곧장 부처님의 지견知見으로 단번에 깨우쳐 들어가지, 차례를 따라 교상敎相을 섭렵하지는 않는다. 따라서 '곧장 끊는다'고 하였다.

선덕[102]께서 말씀하셨다.

'이 일이 만약 언어에 있다면 삼승三乘 십이분교十二分敎에 어찌 언어가 없다 하겠으며, 뭐 하러 교외별전敎外別傳이라 했겠는가.'[103]

오직 이 하나의 법은 곧장 마음을 밝히는 것이니, 근본을 구할 뿐 그 지말支末을 따르지 않는다. 따라서 '곧장 근원을 끊는다'고 하였다.

'부처님이 인가한 것'을 말해 보자. 모든 부처님의 법문은 서로 전하여 인가한 것이다. 한번 도장을 찍어 확정 지을 때 도장을 드는 것과 찍는 것이 동시여서 여기에는 선후가 없다. 그러므로 '인印'이라고 한 것이다.

'잎사귀 따고 가지 찾는 일 나는 하지 않으니'라고 한 것을 말해 보자. 명상名相의 학문은 잎사귀를 따는 것과 같다. 그 법문의 수를 헤아려 보면

---

102 운문 문언雲門文偃 선사를 지칭한다.
103 『雲門匡眞禪師廣錄』 권상(T47, 545b).

끝이 없어 스스로를 피곤하게 할 뿐 끝내 이로운 것이 없다. 따라서 '나는 하지 않는다'고 한 것이다."

直截根源 至我不能

琪注。直下頓入佛之知見。不隨漸次教相涉歷。故云。直截也。先德云。祇此箇事。若在語言上。三乘十二分教。豈是[1]無言說。因什麽道。教外別傳。唯此一法。直下明心。但求其本。不徇其末。故云。直截根源也。佛所印者。諸佛法門。遞相印可。一印印定。起畢同時。更無先[2]後。故名曰印也。摘葉尋枝我不能者。名相之學。猶如摘葉。頭數法門。無有窮盡。徒自困疲。終無所益。故曰。我不能也。

---
1) ㉔ 갑본에는 '是' 앞에 '不'이 있다. 2) ㉔ '先'이 갑본에는 '前'으로 되어 있다.

原文 '마니주여'부터 '몸소 간직한 것이여'까지
事實 『기주』에서 말하였다.

"범어 마니摩尼(Ⓢ maṇi)는 중국말로 여의보如意寶이다. 체성體性이 가볍고 부드러우며 정결한 것이 법이 모든 공덕을 갖추고 있는 것과 같다. 오직 이 한 가지 보배만이 불성을 비유할 수 있다. 사람마다 이 보배를 가지고 있으면서도 수용하지 못하는 것은 무엇 때문인가. 무명의 티끌과 때에 덮여 있기에 자기 스스로 볼 수 없는 것이다. 따라서 '사람들이 알지 못한다'고 하였다.

'여래장 속에 몸소 간직한 것이여'라고 한 것을 말해 보자. 이 마니보는 세간에 있는 것이 아니므로 여래의 비밀장秘密藏에서 직접 이 보배를 얻어야 한다. 여래장에는 재전여래장在纏如來藏과 출전여래장出纏如來藏이 있다. 중생은 늘 삼독과 오음의 번뇌에 덮여 있어서 비록 이 보배를 가지고 있긴 하지만 수용하질 못한다. 이것을 재전여래장이라 한다. 그러나 모든 부처님의 경우 세 가지 덕이 정밀하게 밝고 고요해 법계의 갖가지 공덕을

원만하게 포용한다. 이것을 출전여래장이라 한다.

그럼 여래장은 그만두고라도 어떤 것이 마니주인가?

어떤 스님[104]이 남전南泉 스님에게 물었던 일을 왜 알지 못하는가.

(사조師祖 스님이 물었다.)

'마니주를 사람들이 알지 못한다네, 여래장 속에 몸소 간직한 것이여라고 하셨는데, 어떤 것이 여래장입니까?'

남전 스님이 말했다.

'왕 노사王老師가 그대와 주고받는 이것이 여래장이다.'

사조 스님이 물었다.

'무엇이 마니주입니까?'

남전 스님이 그를 불렀다.

'사조師祖야.'

사조 스님이 '예' 하고 대답하자 남전 스님이 말했다.

'가라. 너는 내 말을 이해하지 못하는구나.'[105]

이 스님이 깨닫지 못했다고 말하지 마라. 설사 알아차렸다 해도 나는 그대들이 더듬거리면서 아직 (마니주를) 잡지 못했다는 것을 안다."

摩尼珠 至親收得

琪注。梵語摩尼。此言[1)]如意寶[2)]也。體性輕軟絜[3)]淨。如法具諸功德。唯此一寶。可喩佛性。人人皆有此寶。而不得受用者何爲。無明塵垢所覆。不能自見。[4)] 故云。人不識也。如來藏裏親收得者。此摩尼寶。非世所有。乃於如來秘密藏中。親獲此寶。所言如來藏者。有在纏如來藏。有出纏如來藏。衆生常爲三毒五陰煩惱所覆。雖有寶藏。不得受用。謂之在纏如來藏也。若乃

---

104 종남산終南山 운제 사조雲際師祖 선사를 지칭한다.
105 『景德傳燈錄』 권10(T51, 276b).

諸佛三德。精明湛然。圓滿包容法界種種功德。謂之出纏如來藏。[5] 藏即且致。阿那箇是珠。豈不見僧問南泉。摩尼珠人不識。如來藏裏親收得。[6] 如何是藏。師云。王老師與你往來者是藏。僧云如何是珠。師乃召[7]云。[8] 師祖。僧應喏。[9] 師云。去你不會我語。[10] 莫道這僧不薦。設使薦得。我也知你摸揉[11]未著在。

1) ㉻ '言'이 갑본에는 '云'으로 되어 있다. 2) ㉻ '實'가 갑본에는 '珠'로 되어 있다. 다음도 이와 같다. 3) ㉻ '繋'이 갑본에는 '潔'로 되어 있다. ㉱ 문맥으로 보아 '潔'이라야 옳다. '潔'로 수정하여 번역하였다. 4) ㉻ '見'이 갑본에는 '現'으로 되어 있다. 5) ㉻ 갑본에는 '藏' 다음에 '也'가 있다. 6) ㉻ 갑본에는 '得' 다음에 '者'가 있다. 7) ㉻ 갑본에는 '召' 다음에 '僧'이 있다. 8) ㉻ 갑본에는 '云' 다음에 '師祖'가 있다. 9) ㉻ '喏'이 갑본에는 '諾'으로 되어 있다. 10) ㉻ '語'가 갑본에는 '意去'로 되어 있다. 11) ㉻ '揉'이 갑본에는 '索'으로 되어 있다.

原文 부질없이 찾아 헤매선
事實 『한산시寒山詩』[106]에서 노래하였다.

잘 헤아릴 줄은 모르고
부처 구하기 어렵다고만 하네.
고개 돌리면 바로 부처니
밖에서 보려 들지 말게나

空尋覓
寒山詩云。不解善思量。只道求佛難。迴頭即是佛。莫向外頭看。

原文 '여섯 가지 신통묘용'부터 '색이면서 색 아니니'까지

---

106 『한산시寒山詩』: 당나라 때 천태산 시풍현始豊縣의 한암寒巖에 은거했던 한산寒山의 시를 태주자사台州刺史 여구윤閭丘胤이 수집하여 편찬한 시집이다.

事實 『기주』에서 말하였다.

"마니주라는 이 구슬에 여섯 구멍이 있으니 육근六根을 비유한다. 육적六賊에게 미혹되어 자기 스스로 가보家寶를 빼앗기고, 소유하고 있는 한량없는 공덕과 법재法財를 모조리 육적에게 도둑맞고 있는 것이다. 만일 이것을 깨치게 된다면 그걸 '여섯 가지 신통묘용'이라고 하니, 눈에 있으면 보고 귀에 있으면 듣고 입에 있으면 말하고 발에 있으면 달려서 그 쓰임새가 다함이 없다.

'공하되 공하지 않으니'라고 한 것을 말해 보자. 이 오묘한 작용은 있다거나 없다고 볼 수 있는 것이 아니다. 이 때문에 '있다고 말하자니 모양도 없고 형체도 없으며, 없다고 말하자니 성인께서 이것으로 인해 신령스럽다'고 말한 것이다. 따라서 '공하되 공하지 않다'고 하였다.

'한 알의 둥근 광명, 색이면서 색이 아니다'라고 한 것을 말해 보자. 이 보배 구슬은 불꽃처럼 빛나고 신령스럽게 밝아서 시방세계를 비춘다. 그러므로 진색眞色은 형체가 없지만 대천세계에 빽빽이 펼쳐져 있음을 알 수 있다.

고덕[107]께서 말씀하셨다.

> 푸르고 푸른 비췻빛 대나무
> 모두 다 진여이고
> 울창하게 흐드러진 노란 국화
> 반야 아님 없어라[108]

따라서 '한 알의 둥근 광명 색이면서 색이 아니다'라고 한 것이다."

---

107 도생 법사道生法師를 지칭한다.
108 『祖庭事苑』 권5(X64, 387b).

六般神用 至色非色

琪注。此摩尼珠。珠有六竅。喩六根也。迷爲六賊。自刼家寶。所有無量功德法財。盡爲六財所盜。[1] 若乃悟之。謂之六般神用也。在眼曰見。在耳曰聞。在口談說。在足運奔。用無盡也。空不空者。此之妙用。非其有無可見。所以道。若言其有。無狀無形。若言其無。聖以[2]之靈。故云。空不空也。一顆圓光色非色者。此之寶珠。[3] 炟[4]赫靈明。照十方界。故知眞色無形而森羅大千。古德云。靑靑翠竹。盡是眞如。欝欝黃花。無非般若。故云。一顆圓光色非色。

---

1) ㉓ 갑본에는 '盜' 다음에 '也'가 있다. 2) ㉓ '以'가 갑본에는 '有'로 되어 있다. 3) ㉓ 갑본에는 '珠' 다음에 '從無始來'가 있다. 4) ㉓ 갑본에는 '炟' 다음에 "(□과) 달達의 반절이다. 일어난다는 뜻이다(達反起也)."라는 할주割註가 있고, 관주冠註에서 "'達' 등의 네 글자는 '火遠反歟'이 아닐까 한다. 다시 조사해 보라."라고 하였다. ㉴ 갑본의 할주 '達反起也'에서 '達' 앞에 한 글자가 결락된 것으로 추측된다. 관주에서 '達等四字'라고 지목한 것으로 보아 할주와 관주는 작성자가 다른 것으로 추측된다. 관주의 '火遠反歟'는 번역하면 "화火와 원遠의 반절이다."가 된다. 즉 갑본의 관주 작성자는 '炟'을 '煊'의 오자로 본 것이다.

原文 불이문

事實 『유마경』에서 서른두 보살이 각각 불이법문不二法門에 대해 말하고 나서 문수가 되물었다.

"우리들은 각자 이미 말하였습니다. 그대가 무엇이 보살의 불이법문인지 말씀하셔야 합니다."

유마가 침묵하자, 문수가 찬탄하며 말하였다.

"언어문자가 없는 데 이르렀으니, 이것이 보살의 불이법문입니다."[109]

不二門

維摩經云。三十二菩薩。各說不二法門已。文殊却問。我等各自說已。仁者。

---

[109] 『維摩詰所說經』「入不二法門品」(T14, 551c).

當說何等是菩薩不二法門。維摩默然。文殊讚云。乃至無有語言文字。是菩薩不二法門。

原文 무엇이든 볼 수 있는 아나율도

事實 『능엄경』에서 말하였다.

"아나율타阿那律陀가 곧장 자리에서 일어나 부처님의 발에 이마를 대어 예배드리고 부처님께 말씀드렸다.

'저는 처음 출가했을 때 항상 잠자기를 좋아했고, 부처님께서는 그런 저를 축생의 부류라 꾸짖으셨습니다. 저는 부처님의 꾸중을 듣고 눈물을 흘리면서 7일 동안 자책하며 잠을 자지 않아 두 눈을 잃었습니다. 세존께서는 그런 저에게 낙견조명금강삼매樂見照明金剛三昧를 보여 주셨고, 저는 눈 없이도 시방을 보는 것이 정밀하고 또렷해 마치 손바닥의 과일을 보는 것처럼 되었습니다.'"[110]

풀이하자면, 아나율阿那律(Ⓢ Aniruddha)은 중국말로 무탐無貪이다. 바로 백반왕白飯王의 아들로서 천안天眼을 증득하였다. '낙견조명금강삼매'는 천안정天眼定이다.

那律能觀

楞嚴經云。阿那律陀。即從座起。頂禮佛足。而白佛言。我初出家。常樂睡眠。如來訶我。爲畜生類。我聞佛訶。啼泣自責。七日不眠。失其雙目。世尊示我。樂見照明金剛三昧。我不因眼。觀見十方。精眞洞然。如觀掌果。解云阿那律。此云無貪。乃白飯王子。證得天眼。樂見照明。即天眼定也。

原文 '오안을 청정히 하면'부터 '헤아리기 어려우니'까지

---

110 『首楞嚴經』 권5(T19, 216a).

事實 『기주』에서 말하였다.

"모든 경에서는 오근五根과 오력五力을 말하고 있다. 지금 여기서 말하고 있는 오안五眼과 오력을 이제 모든 경론에서 조사해 보니, 오직 『정명경淨名經』[111]에만 나오는 것이었다. 우선 문장에 의거해서 이를 풀이해 보자. 이른바 오안이란 첫째는 천안天眼이고, 둘째는 육안肉眼이며, 셋째는 법안法眼이고, 넷째는 혜안慧眼이며, 다섯째는 불안佛眼이다. 오안을 빠짐없이 갖추면 여래가 되고 곧 오력이 현전하게 된다. 오력이란 첫째는 신력信力이고, 둘째는 진력進力이며, 셋째는 염력念力이고, 넷째는 정력定力이며, 다섯째는 혜력慧力이다. 따라서 '오안을 청정하게 하여 오력을 얻는다'고 말하였다.

'오직 증득해야 알 수 있지 헤아리긴 어렵다'고 한 것을 말해 보자. 이 심지법문心地法門은 모름지기 직접 증득해야만 알 수 있는 것이다. 마치 사람이 물을 마시면 차고 더움을 저절로 알게 되는 것과 같은 것이니, 정식情識의 사량으로 헤아릴 수 있는 것이 아니다. '경'에서는 '만약 사유심思惟心으로 여래원각如來圓覺의 경계를 헤아린다면, 마치 반딧불을 가지고 수미산을 태우려 하는 것과 같아서 미진겁微塵劫이 지나더라도 끝내 태울 수 없다'[112]고 하였다. 따라서 '오직 증득해야 알 수 있지 헤아리긴 어렵다'고 하였다."

淨五眼 至難可測

琪注。諸經皆云。五根五力。今言五眼五力者。今撿[1)]諸經論。唯淨名經所出。且依文解之。所謂五眼者。一天眼二肉眼三法[2)]眼四慧[3)]眼五佛眼也。

---

111 『정명경淨名經』: 『維摩經』의 이명이다.
112 인용한 문장이 정확히 일치하진 않는다. 경문은 다음과 같다. "何況能以有思惟心測度如來圓覺境界。如取螢火燒須彌山。終不能著。" 『大方廣圓覺修多羅了義經』(T17, 915c).

具足五眼爲如來。卽得五力現前。一信力二進力三念力四定力五慧力。故曰。⁴⁾ 淨五眼得五力也。唯證乃知難可測者。此之心地法門。直須親證。乃可得知也。如人飮水。冷煖自知。則不可以情量測度也。⁵⁾ 經云⁶⁾若以思惟心。測度如來圓覺境界。如取螢火燒須彌山。縱經塵劫。終不能著。故云。唯證乃知難可測也。

1) ㉧ '撿'이 갑본에는 '按'으로 되어 있다.   2) ㉧ '法'이 갑본에는 '慧'로 되어 있다.
3) ㉧ '慧'가 갑본에는 '法'으로 되어 있다.   4) ㉧ '曰'이 갑본에는 '云'으로 되어 있다.
5) ㉧ '也'가 갑본에는 없다.   6) ㉧ '云'이 갑본에는 '曰'로 되어 있다.

原文 암마庵摩 열매 보듯

事實 『능엄경』에서는 암마륵과庵摩勒果라고 하였는데, 중국말로는 '난분별難分別'이라고 한다. 복숭아와 비슷하지만 복숭아가 아니고, 능금과 비슷하지만 능금도 아니다.

如視庵摩

楞嚴經云。庵摩勒果也。此云難分別。似桃非桃。似柰非柰也。

原文 보리로 곧장 나아가는

事實 이문화李文和 도위都尉가 석문石門 자조 총慈照聰[113] 선사를 참방하고는 임제의 종지를 깨닫고 게송 한 수를 지었다.[114]

도를 배우려면 모름지기 쇳덩이 같은 자라야 하니
손을 쓰려고 마음먹었을 때 바로 결판내라

---

113 자조 총慈照聰 : 임제종 수산 성념首山省念의 법을 이은 곡은 온총谷隱蘊聰(965~1032) 선사를 말한다. 곡은谷隱과 석문石門은 주석하셨던 산 이름이며, 시호는 자조 慈照이다. 『續傳燈錄』 권1(T51, 471c)에 간략한 전기와 법어가 수록되어 있다.
114 『圓悟佛果禪師語錄』 권13(T47, 773c)에 기연이 소개되어 있다.

곧장 무상보리無上菩提로 나아가지
일체의 시비에 간여하지 마라

直趣菩提
李文和都尉。叅石門慈照聰禪師悟臨濟宗旨。有一偈曰。學道須是鐵漢。著
手心頭便判。直取¹⁾無上菩提。一切是非莫管。

1) ㉠ '取'는 〈南明泉頌〉에 '趣'로 되어 있다.

[原文] 마음 돌이 아니다
[事實] 『시경詩經』에서 말하였다.

내 마음 돗자리 아니라
말 수 없고
내 마음 돌 아니라
굴릴 수 없네¹¹⁵

心匪石¹⁾
詩云。我心匪席。不可卷也。我心匪石。不可轉也。

1) ㉠ '石'은 『續藏經』에 수록된 『南明泉頌永嘉證道謌』에 '席'으로 되어 있다.(X65, 440c)

[原文] '거울 속 형상을 보는 것'부터 '어찌 잡을 수 있으랴'까지
[事實] 『기주』에서 말하였다.

"거울 속의 형상은 볼 수 있지만, 물속의 달그림자는 붙잡을 수 없다. 진실로 세상 사람들은 이 깨달음의 성품(覺性)을 등지고 비친 그림자를 오

---

115 『詩經』「國風」〈邶風〉.

인하는 까닭에 생사의 바다에 유랑하면서 머리를 내밀고 머리가 잠기며 목전의 경계에 깊이 탐착해 벗어나질 못하는 것이다. 따라서 『현우경賢愚經』에서는 말하였다.

'비유하면 마치 밝은 달밤에 여러 원숭이들이 나무 옆에 있던 우물에서 홀연히 달그림자를 보고는 곧 서로 번갈아 가며 우물 속으로 내려가 달을 집어 자기가 가지려 했으나 끝내 그럴 수 없었던 것과 같다.'

진실로 일체중생이 바깥의 연緣을 좇으며 근본으로 돌아가길 바라는 것도 이와 마찬가지다. 따라서 '물속의 달 잡으니 어찌 집을 수 있으랴'라고 한 것이다."

鏡裏看形 至爭拈得

琪注。雖鏡裏之形可見。且水中之月不可取也。良由世人。背此覺性認其影像。流浪生死。頭出頭沒。深著前境。不能出離。故賢愚經云。譬如晴夜有衆獼猴。於樹井傍。忽見月影。即便遞相。下井捉月。欲其所得。終不可也。良由一切衆生。隨逐外緣。欲其返本。亦復如是。故云。水中捉月爭拈得也。

原文 옛 주인
事實 고덕古德이 말하였다.[116]

오온산五蘊山 앞 한 조각 공空
같은 문으로 출입해도 서로 만나지 못하네
무량겁토록 집을 빌려 머물지만

---

116 『續刊古尊宿語要』에 따르면 신정 홍인神鼎洪諲 선사의 시중법문이다.(X68, 520c) 그러나 『正法眼藏』을 비롯한 많은 선적에서는 천의 회天衣懷 선사가 시중법문에서 옛 분의 말씀을 인용한 것이라고만 하고 이름은 밝히지 않았다.

지금까지 주인공을 알지 못하누나[117]

舊主人
古德云。五蘊山前一段空。同門出入不相逢。無量劫來賃屋住。至今不識主人公。

原文　어리석은 원숭이 미친 알음알이
事實　『승기율僧祇律』에서 말하였다.

"부처님께서 모든 비구에게 말씀하셨다. 과거 언젠가 가시伽尸라는 나라에 바라나波羅奈라는 성이 있었는데, 그곳 한적한 공터엔 500마리의 원숭이가 살고 있었다. 원숭이들은 숲에서 노닐다가 한 그루 니구율수尼俱律樹 밑에 당도하게 되었는데, 그 나무 아래엔 우물이 있고 우물 속에 달그림자가 비치고 있었다. 이때 우두머리 원숭이가 이 달그림자를 보고 무리의 원숭이들에게 말했다.

'달이 오늘 죽어서 우물 속에 떨어졌으니, 우리 함께 꺼내어 온 세상이 밤에도 어둡지 않게 하자.'

그리곤 어떻게 하면 꺼낼 수 있을지 함께 논의하였다.

이때 우두머리 원숭이가 또 말했다.

'내가 꺼내는 법을 안다. 나는 나뭇가지를 붙잡을 테니 너는 내 꼬리를 잡아라. 이렇게 차례차례 꼬리를 잡아 서로를 이으면 꺼낼 수 있다.'

이때 모든 원숭이들은 우두머리의 말대로 서로 꼬리를 붙잡고 내려갔다. 물까지 얼마 남지 않았을 때, 줄줄이 매달린 원숭이들의 무게를 견디기엔 나무가 약해 가지가 그만 부러지고 말았다. 그 바람에 모든 원숭이

---

[117] 『事實』에 수록된 게송은 『正法眼藏』・『續刊古尊宿語要』・『五燈會元』 등 대부분의 선적에 수록된 게송과 정확히 일치하지는 않는다. 여러 선적에서는 "五蘊山頭一段空 同門出入不相逢 無量劫來賃屋住 到頭不識主人翁"이라고 하였다.

들은 우물 속으로 떨어졌다.……"¹¹⁸

獼猿狂解

僧祇律云。佛告諸比丘。過去世時。有城名波羅奈。國名伽尸。於空閒處。有五百獼猴。遊行林中到一尼俱律樹下。樹下有井。井中有月影現。時獼猴主。見是月影。語□□¹⁾言。月今日死。落在井中。當共出之。莫令世間。長夜暗冥。共作議言。云何能出。時獼猴主言。我知出法。我捉樹枝。汝捉我尾。展轉相連。乃可出之。時諸獼猴。即如主語。展轉相捉小未至水。連獼猴重。樹弱枝折。一切獼猴。墮井水中云云。

1) ㉑ □□가 『五燈會元』 영인본에는 '諸伴'으로 되어 있다.

[原文] 항상 홀로 다니고 항상 홀로 걸으니

[事實] 『기주』에서 말하였다.

"법을 통달한 사람은 만법萬法으로 반려를 삼지 않고 삼계를 높이 초월해 온 시방을 홀로 활보한다. 이 때문에 '항상 홀로 다니고 항상 홀로 걷는다'고 한 것이다.

깨닫지 못한 사람은 무량겁 전부터 항상 모든 객진客塵과 상대가 되어 깨달음의 성품을 미혹했기에 객진의 외연에 깊이 부합해 생각 생각마다 여기에서 벗어나질 못한다. 따라서 '안근眼根으로 빛깔을 받아들이고, 이근耳根으로 소리를 분별하며, 비근鼻根으로 모든 향기를 맡고, 설근舌根으로 온갖 맛을 보며, 신근身根으로 탐욕스럽게 모든 감촉을 받아들이고, 의근意根으로 일체 모든 법을 분별한다'¹¹⁹고 말한 것이다. 어떻게 전제前際와 후제後際를 단절하고 홀로 다니면서 홀로 걸을 수 있겠는가."

---

118 "『승기율僧祇律』에서 말하였다."에서 여기까지는 『僧祇律』에서 직접 인용한 것이 아니라 『法苑珠林』 권53에 수록된 내용을 재인용한 것이다.(T53, 687a)
119 『金光明經』 「空品」(T16, 339a).

常獨行常獨步

琪注。達法之人。不以萬法爲侶高超三界。獨步大方。故曰。常獨行[1]常獨步也。未了之人。無量劫來常與諸塵作對。旣迷覺性。深附塵緣。念念之間。不能捨離。故[2]云眼根受色。耳分別聲。鼻嗅諸香。舌嗜[3]於味。所有身根。貪受諸觸。意根分別一切諸法。豈能絶前後際而獨行獨步耶。

1) ㉯ '常獨行'이 갑본에는 없다. 2) ㉯ 갑본에는 '故' 다음에 '經'이 있다. 3) ㉯ '嗜'가 갑본에는 '舐'로 되어 있다.

原文 올 때 그 길마저 잊었나

事實 『한산시寒山詩』에서 노래하였다.

안신처安身處를 알고 싶은가
한산寒山이라면 길이 보전하네
은은한 바람 그윽한 솔밭에 부니
가까이 듣는 소리 더더욱 좋아라
그 아래 머리카락 희끗희끗한 사람 있어
황로黃老를 낭랑하게 읊조리누나
십 년을 돌아갈 생각 않더니
올 때 그 길마저 잊어버렸네

忘却來時路

寒山詩云。欲識安身處。寒山可長保。微風吹幽松。近聽聲愈好。下有班白人。喃喃讀黃老。十年歸不得。忘却來時路。

原文 통달한 사람들 열반 길에 함께 노니네

事實 『기주』에서 말하였다.

"'통달한 사람'이란 곧 법을 통달한 사람이며, 열반涅槃은 곧 불생불멸不生不滅이다. 열涅은 불생이고 반槃은 불멸이니, 곧 남이 없는 길이다. 시방의 박가범薄伽梵(세존)께서 이 한 길 열반문涅槃門에서 노니시니, 이 한 길은 마음을 밝히고 근본을 통달해 대승종성大乘種性을 갖춘 자라야만 걸음걸음 부처님의 사다리를 밟고 올라가서 함께 노닐 수 있다.

삼계가 넓고 넓으며 육도六道는 아득하고 망망한데, 모두들 길을 잃은 자들뿐이기에 모든 성인께서 출현하시어 일대사인연一大事因緣을 위해 그대들 모든 사람에게 이 길에서 함께 노닐기를 권한 것임을 반드시 알아야 한다. 이런데도 불구하고 모든 사람들이 발을 내디디려고 하지 않는다. 고덕古德이 '천당으로 가는 길엔 가시가 돋아나고 지옥문 앞은 미끄럽기가 이끼와 같다'고 하였으니, 이 길을 밟는 사람들이 적다고 할 만하다."

達者同遊涅槃路

琪注。達者。即[1]達法之人也。涅槃者。即不生不滅也。涅者[2]不生。槃者不滅。即無生路也。[3] 十方薄伽梵。一路涅槃門。此之一路。唯明心達本。具大乘種性者。方能步步踏[4]佛階梯而同遊也。須知三界[5]浩浩。六道茫茫。盡是失路頭人。是以千聖□[6]輿。爲一大事因緣。勸汝等諸人。同行此路自是諸人不肯下脚。[7] 古德云。天堂路上生荊棘。地獄門前滑似苔。可謂小[8]人踏著。[9]

1) 환 '即'이 갑본에는 없다. 2) 환 '者'가 갑본에는 '而'로 되어 있다. 다음도 이와 같다. 3) 환 갑본에는 '也' 다음에 '經云'이 있다. 4) 환 '踏'이 갑본에는 '踏'로 되어 있다. 다음도 이와 같다. 5) 환 '界'가 갑본에는 '果'로 되어 있다. 6) 환 □가 갑본에는 '出'로 되어 있다. 7) 환 '下脚'이 갑본에는 없다. 8) 환 '小'가 갑본에는 '少'로 되어 있다. 9) 환 갑본에는 '著' 다음에 '也'가 있다.

原文 '격조가 예스럽고 정신 청아하며'부터 '사람들 돌아보지 않으니'까지

事實 『기주』에서 말하였다.

"깨닫지 못한 사람은 세간의 인연에 깊이 탐착하여 맛에 취착하고 농염한 것에 들떠서 정신이 혼란하여 안으로 지켜야 할 것을 잃어버린다. 그렇다면 이것은 도인道人의 동정動靜이 아니다. 도를 간직한 선비는 세상의 인연에 물들지 않아 격조가 예스럽고 담박하며, 정신이 청아하고 맑아 도인의 풍격風格이 높고 아득하다. 따라서 '격조가 예스럽고 정신이 청아하며 도인의 풍격이 절로 높다'고 한 것이다.

'모습 초췌해도 골격은 강인한데 사람들 돌아보지 않으니'라고 한 것을 말해 보자. 대수행인大修行人은 비록 형상은 앙상하고 초췌하지만, 마음에는 탐욕이 없고 안에 있는 주재자主宰者는 강인하여 마치 금석과도 같은데 아는 이가 드물다.

염부제閻浮提에 사는 사람들은 빛깔과 형상에 깊이 탐착하여 생사에 유전하면서 벗어날 기약이 없는데도 살펴서 깨닫지를 못한다. 이 때문에 성인께서 가난한 선비와 같은 형상을 하고 세간에 숨어 지내는데 헤아려 알 길이 없다. 그러므로 본분도인本分道人은 안으로 반야를 간직하고 있으면서 화려한 장식을 일삼지 않아 풍모가 청아하고 예스러워 아는 이가 드물다는 것을 알 수 있다. 따라서 '모습은 초췌해도 골격은 강인한데 사람들 돌아보지 않는다'고 한 것이다."

調古神淸 至人不顧

琪注。未了之人。深著世緣。趣味浮艶。精神昏亂。內失所守。則非道人動靜也。有道之士。不染世緣調格古淡。精神淸爽。道風高邈[1] 故云。調古神淸風自高也。貌悴骨剛人不顧者。大修行人。雖形狀枯悴[2] 且心無貪欲。內有所主。剛如金石。人罕識之。閻浮提人。深著色相。流轉生死。無有出期。而不省悟。是以聖人。狀同貧士。隨在世間。則不可測。故知本分道人。內蘊般若。不事華飾。風貌淸古。人罕識之。故云。貌悴骨剛人不顧也。

1) ㉯ '邈'가 갑본에는 '貌'로 되어 있다. 2) ㉯ '悴'가 갑본에는 '領'로 되어 있다. 다음도 이와 같다.

原文 묘봉妙峰 정상에서

事實 『화엄경』에서 말하였다.

"선재 동자가 승락국勝樂國을 향해 점차로 남행하다가 묘봉산에 올라 그 산에서 동·남·서·북과 상하를 관찰하며 덕운德雲 비구 뵙기를 간절히 바랐다. 찾은 지 7일이 지난 뒤에야 그 비구가 다른 산에서 서서히 보행하는 모습을 보고는 찾아가서 그 발에 이마를 대고 예배 드렸다."[120]

옛 주석에서 "묘봉妙峰은 수미지須彌地 꼭대기이니, 상相과 명名이 다해서 없어진 곳을 나타낸다. 덕운 비구는 초주初住인 발심주發心住의 선지식이니, 이로써 무상정無相定으로 법신을 증득함을 밝혔다."라고 하였다.

청량淸凉[121] 스님은 따로 봉峰의 의미를 풀이해서 말하기를 "머물고 있는 지위를 잊어야만 이 종지를 얻을 수 있다."[122]라고 하였다.

妙峰頂

華嚴經云。善財童子。漸次南行向勝樂國。登妙峯山。於其山東南西北。上下觀察。求覓渴仰。欲見德雲比丘。經于七日。見彼比丘在別山上。徐步而行。見已往詣。頂禮其足。古釋云。妙峰即須彌地頂。表相盡名亡處也。以德雲比丘。是初發心住善知識。明以無相定。證得法身也。淸凉釋別峰義云。忘所住位。方能得旨。

---

120 『大方廣佛華嚴經』권62(T10, 334a).
121 청량淸凉 : 화엄종 제4조 징관澄觀(738~839) 대사를 말한다. 헌종이 화엄법계의 뜻을 물어 활연히 깨닫고 대통청량국사大統淸凉國師라는 호를 하사하였다.
122 『大方廣佛華嚴經疏』권56(T35, 922c).

原文 콩잎 맛
事實 장자莊子는 말하였다.

"원헌原憲은 가난한 집에 거처했으니, 생풀로 지붕을 이고 쑥대로 만든 사립문도 온전치 못했다. 자공子貢이 안쪽은 감색이고 바깥쪽은 흰색인 네 마리 말이 끌고 그 차양이 골목길에 들어가지 않는 마차를 타고 원헌을 찾아갔다. 원헌은 화관樺冠을 쓰고, 짚신을 신고, 명아주 지팡이를 짚고서 맞이하였다. 자공이 '선생께선 어디 병이라도 있으신 겁니까?'라고 묻자 원헌이 말하였다. '내 듣자하니 재산이 없는 것을 가난이라 하고, 배우고서 실행하지 않는 것은 병이라고 하였소. 지금 나는 가난할지언정 병이 든 것은 아니오'라고 하였다."[123]

여곽藜藿은 콩잎(豆葉)이다.

藜藿味

莊子云。原憲居環堵之室。茨以生草。蓬戶不完。子貢乘駟馬。中紺外素。車蓋不容巷。往見原憲。樺冠而徒履。杖藜而應門。子貢曰先生何病。憲曰余聞之無財謂之貧。學而不行謂之病。今憲貧也。非是病也。藜藿。豆葉也。

原文 '곤궁한 석가 제자'부터 '도가 가난하진 않으니'까지
事實 『기주』에서 말하였다.

"도를 간직한 사람은 밖으로 치장하는 것을 빌리지 않는다. 따라서 '곤궁하다'고 말한 것이다. 고덕古德[124]이 '도를 배우면서 몸을 장엄함에 항상 세 가지가 부족하다'[125]라고 하였으니, 이것을 두고 한 말일 것이다.

---

123 『莊子』「讓王篇」.
124 위산 영우 선사를 말한다.
125 「潙山大圓禪師警策」에서 인용하였는데, 문장이 정확히 일치하진 않는다. 『緇門警訓』·『潙山警策註』 등 모든 전적에는 '進道嚴身。三常不足。'으로 되어 있다. 『禪門諸祖

'석자釋子'란 부처님으로부터 구족계를 받은 사람을 지칭한다. 갖추어 말하면 석가씨釋迦氏라고 해야 하는데, 곧 다섯 가지 성(五姓) 가운데 하나이다. 우리 부처님께서 수행 인지因地에서 태자이셨을 때의 일이다. 왕에게 네 아들이 있었는데 모두 왕에게 쫓겨났고, 이 네 아들은 덕으로 사람들을 귀의시켜 강한 나라를 만들었다. 부모는 후회하고 그리워하여 사신을 보내 네 아들을 돌아오라 하였으나 네 아들은 사양하고 돌아가지 않았다. 그때 부왕이 '우리 아들은 석가釋迦다'라며 탄식했다고 하니, 중화中華 말로 하면 능인能仁이다.[126] 지금 여기에서 '가迦' 자는 말하지 않고 '석釋'이라고만 한 것은 간략함을 따른 것이다. '자子'는 남자의 통칭이다. 그 때문에 '석자釋子'라고 한 것이다. '입은 가난하다 칭한다'란 입으로는 비록 가난하다고 칭하지만 안으로는 성인의 법(聖法)이 간직되어 있으니 실제로는 가난이 아니라는 것이다.

'실로'란 진실을 살피는 말(諦實之言)이다.

'몸이 가난하다'란 세상의 재물과 칠보 등이 없다는 것이다.

'도가 가난하진 않으니'라는 것을 말해 보자. 그 도를 논한다면, 항하사 같은 공덕과 한량없는 법재法財가 아무리 써도 다함이 없으니 송곳 꽂을 땅도 없다지만, 실제로는 그 가치가 곧 사바娑婆와 같다. 따라서 '실로 몸이 가난하지 도가 가난하진 않으니'라고 하였는데, 다음 문장에 분명하게 나온다."

窮釋子 至道不貧

琪注. 有道之[1]人. 不假外飾. 故曰貧也. 古德云. 學道嚴[2]身. 三常不足. 則斯之謂[3]歟. 釋子者. 從佛受稱. 具足應云. 釋迦氏. 即五姓之一也. 我佛因中爲大[4]子時. 王有四子. 俱爲王貶. 此四[5]子以德歸人. 即爲强國. 父母[6]

師偈頌』(X66, 733c).
126 석가씨의 유래에 대해 『翻譯名義集』 등에서 『長阿含經』에 수록된 기사를 정리하여 위와 같은 내용으로 기재하고 있다.(T54, 1059a)

悔憶。遣使徃詔。四子辭過不歸。父王歎曰。我子釋迦。即華言能仁也。今不言迦而言釋者。從其簡也。子者。男子之通稱。故曰釋子也。口稱貧者。口雖稱貧。內蘊聖法。實非貧也。實是者。乃諦實之言也。身貧者。爲闕世財七寶等也。道不貧者。若論其道。則河沙功德無量法財。用無窮盡。雖無卓錐之地。實是價直娑婆。故曰。實是身貧道不貧也。下文明出。[7]

1) ㉑ '之'가 갑본에는 없다. 2) ㉑ '嚴'이 갑본에는 '儼'으로 되어 있다. 3) ㉑ '之謂'가 갑본에는 '謂之'로 되어 있다. 4) ㉑ '大'가 갑본에는 '太'로 되어 있다. 5) ㉑ 갑본에는 '四' 다음에 '太'가 있다. 6) ㉑ '母'가 갑본에는 '王'으로 되어 있다. 7) ㉑ 갑본에는 '出' 다음에 '也'가 있다.

原文 어머니가 만들어 주신 해진 베적삼

事實 운거산雲居山 아래 한 도자道者가 암자를 짓고 살고 있었다. 운거雲居 스님[127]이 하루는 시자를 시켜 바지 한 벌을 가지고 가서 그에게 주도록 하였다. 그러자 도자가 말하였다.

"나에게는 어머니가 만들어 주신 바지가 있습니다."[128]

나찬懶瓚[129] 스님은 말하였다.

마음은 일 없는 마음이고
얼굴은 어머니가 주신 얼굴이니
겁석劫石은 옮길 수 있지만
이들은 바뀜이 없네

---

127 운거雲居 : 동산 양개洞山良价 선사의 법을 이은 홍주洪州 운거 도응雲居道膺(?~902) 선사를 말한다.
128 이 고사는 『五燈會元』 권13(X80, 18) 등에 수록되어 있다.
129 나찬懶瓚 : 대통 신수大通神秀 문하 제3세인 명찬明瓚 선사를 말한다. 남악南嶽에 들어가 일생을 초암에서 지냈다고 전한다. 〈南嶽懶瓚和尚歌〉가 『宋高僧傳』과 『傳燈錄』 등에 전하는데, 『祖堂集』에서는 〈樂道歌〉라 하였다. 본문은 그 일부이다. 『景德傳燈錄』 권30(T51, 461b).

孃生破布衫

雲居山下。有一道者。卓庵而住。雲居一日令侍者。持袴一䙔。徃彼與之。道者云。我自有孃生袴云云。懶瓚云。心是無事心。面是孃生面。劫石可移動。筒中無改變。

[原文] '가난해서 몸엔 항상'부터 '값을 매길 수 없는 보배'까지
[事實] 『기주』에서 말하였다.

"가난해서 몸에 장식이 없는 것을 두고 '몸의 가난(身貧)'이라 하였다. 그러나 그 도道는 존중할 만하고 귀하게 여길 만하니 실제로는 가난한 것이 아니다.

고덕[130]이 '가사袈裟가 떨어진 후에는 거듭거듭 깁고 양식이 없을 때는 이집 저집 탁발한다'고 하였다. 이 때문에 가섭迦葉이 분소의糞掃衣를 입자 부처님께서 상행上行의 옷이라고 찬탄하셨으니, 음식을 절약하고 옷을 검소하게 입어 만족한 줄 알았기 때문이다.

'도는 마음에 값을 매길 수 없는 보배를 지님이니'라고 한 것을 말해 보자. 세간의 일곱 가지 보배는 금金·은銀·유리瑠璃·산호珊瑚·차거車磲·진주眞珠·마노碼碯 등의 보배인데 이것들은 모두 값을 매길 수 있다. 그러나 도는 마음의 보배인 까닭에 값을 매길 수 없는 것이다.

달마達摩께서 말씀하셨다.

모든 법 가운데서

---

130 운암 담성雲巖曇晟 선사의 법을 이은 동산 양개洞山良价(807~869) 선사를 말한다. 광동의 신풍산新豐山과 동산洞山 보리원普利院에 주석하며 선풍을 널리 고취하고 일가를 이루었다. 시호는 오본悟本이다. 후대 그와 그의 제자 조산 본적曹山本寂 선사의 종풍을 일컬어 조동종曹洞宗이라 하였다. 본문은 〈洞山息世譏〉 또는 〈洞山和尚自誡〉로 일컬어지는 게송의 일부이다. 『禪門諸祖師偈頌』(X66, 756a).

심법心法이 최상이고
모든 보배 가운데서
마음의 보배가 최고라네
이 보배는 형상 없으니
도안道眼을 갖추지 않으면
끝내 보기 어렵다네

이 때문에 '마음에 값을 매길 수 없는 보배를 지닌다'고 하였다."

貧即身常 至無價珍
琪注。貧則身乏嚴飾。謂之身貧也。其道可尊可貴。實非貧也。古德云。袈裟破後重重補。糧食無時旋旋營。是以迦葉着[1]糞掃衣。佛贊爲上行之衣。節食儉衣爲知足故也。道則心藏無價珍者。世間七珍。金銀瑠璃珊瑚車磲[2]眞珠碼碯等寶。皆有價直。唯有心寶。故無價也。達摩[3]云。於諸法中。心法爲上。於諸寶中。心寶爲上。此寶無形。非具道眼。卒難可見。故曰。心[4]藏無價珍也。

---
1) ㉮ '着'이 갑본에는 '著'으로 되어 있다. 2) ㉮ '磲'가 갑본에는 '渠'로 되어 있다.
3) ㉮ '摩'가 갑본에는 '磨'로 되어 있다. 4) ㉮ '心'이 갑본에는 없다.

原文 '값을 매길 수 없는 보배'부터 '끝내 아끼지 않으니'까지
事實 『기주』에서 말하였다.

"거듭해서 '값을 매길 수 없는 보배'라고 말한 것은 이 보배가 실로 세간의 보배가 아님을 밝힌 것이다.

'써도 다함이 없다'고 한 것을 말해 보자. 세간의 보배는 모두 한량이 있어서 쓰면 다 없어진다. 설사 팽조彭祖[131]와 같은 수명과 석숭石崇[132]과 같은 부를 누릴지라도 이것은 한 세대의 영화일 뿐이다. 오직 이 마음의 보

배만은 아무리 써도 다함이 없으니 위로는 시방제불十方諸佛에 이르기까지 무량겁이 지나도록 수용해도 다함이 없고, 서천西天 28조가 써도 다함이 없고, 당토唐土 6조가 써도 다함이 없고, 천하 노화상老和尙들이 써도 다함이 없고, 지금 이 산승山僧이 써도 다함이 없다.

'중생을 이롭게 하고 근기에 응하며 끝내 아끼지 않는다'고 한 것을 말해 보자. 사거리 큰길에서 당당하게 분부하였으니 어찌 아끼고 애석해하겠는가? 다만 사람들이 수긍하고 받아들이지 않을 뿐이다. 그 때문에 고덕이 '여주驪珠를 여룡驪龍이 아껴서가 아니라 요즘 사람들이 구할 줄 모르기 때문이다'133라고 한 것이다."

無價珍 至終不悋

琪注。再言無價珍者。明此寶實非世間之寶也。用無盡者。世間之寶皆有限量。用皆有盡。設使壽同彭祖。[1] 富似石崇。[2] 乃一世之榮也。唯此心寶用無盡也。上至十方諸佛。經無量劫。受用不盡。西天二十八祖用不盡。唐土六祖用不盡。天下老和尙用不盡。卽今山僧用不盡也。利物應機[3]終不悋者。十字街頭。堂堂分付。何曾悋惜。自是時人。不肯承當。故[4]古德云。驪珠不是驪龍惜。自是時人不解求。

1) ㉮ 갑본에는 '祖' 다음에 '割註曰保八百年人也'가 있다. 2) ㉮ 갑본에는 '崇' 다음에 '割註曰富無雙貴人也'가 있다. 3) ㉮ '機'가 갑본에는 '緣'으로 되어 있다. 〈證道歌〉에는 '形'으로 되어 있다. 4) ㉮ '故'가 갑본에는 없다.

---

131 팽조彭祖 : 『莊子』「逍遙遊篇」에 등장하는 인물이다. 장수의 상징적 인물로서 800년 혹은 700년을 살았다고 전해진다.
132 석숭石崇 : 진晉나라 남피南皮 사람으로 자는 계륜季倫이다. 형주자사荊州刺史를 거쳐 위위衛尉로 있을 때 해상무역을 장악해 거대한 부를 축적했는데 그 호화로움이 비길 데 없었다고 전한다.
133 동산 양개 선사의 법을 이은 용아 거둔 선사의 게송 일부이다. 이해를 돕기 위해 앞 구절을 인용하면 다음과 같다. "何事朝愁與暮愁 少年不學老還羞 驪珠不是驪龍惜 自是時人不解求"『禪門諸祖師偈頌』(X66, 725a).

原文 기의機宜

事實 『현의玄義』에서 말하였다.

"기機에는 세 가지 의미가 있다.

첫째, 기는 조짐의 의미(微義)이다. 그러므로 『역易』에서는 '기란 움직임의 미미한 조짐이니, 길한 것이 먼저 나타난다'고 하였다. 또 『아함경阿含經』에서는 '중생에게 선법善法의 기機가 있으면 성인께서 찾아와 감응하신다'고 하였다. 중생에게 장차 일어날 선법이 있을 경우 그 선법은 미미하니 장차 움직여야 기機가 될 수 있다. 만일 '장차 일어날 선법'을 '기'라고 한다면 이 말은 촉급한 것이다. 지금 여기에서 밝힌 것처럼 '일어날 수 있는 선법'이라고 한다면 이 말은 느슨한 것이다. 쇠뇌(弩)에 발사할 수 있는 장치가 있기 때문에 쏘는 사람이 발사하는 것과 같은데, 발사하면 화살이 움직이고 발사하지 않으면 움직이지 않는다. 마찬가지로 중생에게 '일어날 수 있는 선법'이 있기 때문에 성인이 감응하면 선법이 일어나고 감응하지 않으면 일어나지 않는 것이다. 그 때문에 기를 조짐이라 한 것이다.

(둘째) 『능가경楞伽經』 고주古注에서는 '기는 연다는 의미(開義)'라고 하였다. 무엇을 말하는가? 중생에게 선善도 있고 악惡도 있는데, 성인의 자비慈悲를 연다. 따라서 기는 연다는 의미이다.

셋째, 기는 마땅히 해야 한다는 의미(宜義)이다. 가령 무명의 고통을 뿌리 뽑으려면 마땅히 비悲를 행해야 하고, 법성法性의 즐거움을 주려면 마땅히 자慈를 행해야 한다. 따라서 기는 마땅히 해야 한다는 의미이다."[134]

機宜

玄義云。機有三義。一者機是微義。故易曰機者。動之微吉之先現。又阿含經云。衆生有善法之機。聖人來應也。衆生有將生之善。此善微微。將動而

---
[134] 『妙法蓮華經玄義』 권6(T33, 746c).

得爲機. 若將生善爲機. 此語爲促. 今明可生之善. 此語則寬如弩有可發之機. 故射者發之. 發之則箭動. 不發則不動. 衆生有可生之善. 故聖應則善生. 不應則不生. 故言機者微也. 古注楞伽云. 機是開¹⁾義. 何者. 衆生有善有惡開聖慈悲. 故機是開義也. 三者機是宜義. 如欲拔無明之苦. 正宜於悲. 如欲與法性之樂. 正宜於慈. 故機是宜義也.

---

1) ㉮ '開'는 '關'의 오자인 듯하다. '개의開義'가 『妙法蓮華經玄義』에는 '관의關義'로 되어 있다. 『妙法蓮華經玄義』에 기機의 뜻을 거론한 부분이 여러 차례 나오는데, 모두 미의微義·관의關義·의의宜義라고 하였다.

[原文] 비원悲願으로 훈습한바
[事實] 규봉圭峯[135] 스님이 말하였다.
"동체대비同體大悲는 본성에 걸맞은 큰 원이어서 본성에 본래 있는 것이지 달리 새로 얻는 것이 아니다."[136]

悲願所熏

圭峯云. 同體大悲. 稱性大願. 性本有之. 非別新得也.

[原文] 향반香飯
[事實] 『정명경淨名經』에서 말하였다.
"비야리성毗耶離城의 유마힐維摩詰이 자리에 모인 대중들 앞에서 보살을 화작化作하여 상방 세계上方世界인 중향세계衆香世界에 있는 향적香積여래의 처소로 보내어, 한 발우의 밥을 빌려 와서 모든 사람들에게 수미산

---

135 규봉圭峯 : 화엄종 제5조인 종밀宗密(780~841) 대사를 말한다. 수주 도원遂州道圓 선사에게 출가하여 선을 익혔으나 『華嚴經疏釋』을 보고는 징관澄觀 대사를 찾아가 『華嚴經』을 연구하였다. 선과 교의 일치를 주창하며 많은 저서를 남겼으며, 시호는 정혜선사定慧禪師이다.
136 『大方廣圓覺修多羅了義經略疏注』(T39, 553b).

만큼의 밥을 먹였는데, 그 자리에 모인 대중이 포식하고도 오히려 다하지 않았으며 발우에 있던 밥은 처음 그대로였다."[137]

香飯

淨名經云。毗耶離城維摩詰。居衆會前。化作菩薩。往上方界衆香世界香積如來所。借一鉢飯。使一切人。食揣如須彌悉飽衆會。猶不能盡。鉢飯如古。

原文 처음 비 내리는 것과
事實 장로長蘆 스님이 말하였다.

"비유하면 마치 사갈라 용왕沙竭羅龍王이 대해大海를 벗어나지 않고, 또 깊은 궁전을 떠나지도 않고 오직 한 생각 자비의 마음으로 번개를 치고 우레를 진동시켜 감응에 따라서 비를 내리는 것과 같다. 위없는 법왕도 이와 같아 법계를 떠나지 않고 심정心情을 움직이지도 않고 오직 한 생각 무공無功의 마음으로 시방 세계에 자비의 구름을 일으키고 덮어 널리 감로수를 뿌려 준다."

降雨初

長蘆云。譬如沙竭羅龍王。不出大海。不離深宮。唯以一念慈悲之心。掣電振雷。隨應降雨。無上法王。亦復如是。不離法界。不動心情唯以一念無功之心。於十方世界興布慈雲。普洒甘露。

原文 '삼신과 사지四智'부터 '심지心地의 인印이여'까지
事實 『기주』에서 말하였다.

---

[137] 경문을 그대로 인용하지 않고 그 내용을 요약 정리한 것이다. 『維摩詰所說經』「香積佛品」(T14, 552a).

"삼신三身·사지四智·팔해八解·육통六通은 각성覺性의 공용功用으로 이름 붙인 것이다. 지地는 능생能生의 의미이고, 인印은 호령號令의 의미이다.

삼신이란 법신·보신·화신이다.

사지란 대원경지大圓鏡智·평등성지平等性智·묘관찰지妙觀察智·성소작지成所作智이다.

팔해탈八解脫이란 첫째는 안으로 색을 관하는 해탈(內觀色解脫)이고, 둘째는 밖으로 색을 관하는 해탈(外觀色解脫)이고, 셋째는 정처淨處해탈이고, 넷째는 무변처無邊處해탈이고, 다섯째는 식무변처識無邊處해탈이고, 여섯째는 무소유처無所有處해탈이고, 일곱째는 비상처非想處해탈이고, 여덟째는 구경멸처究竟滅處해탈이다. 이 팔처해탈은 곧 팔식해탈八識解脫이다.

팔식八識은 안식眼識·이식耳識·비식鼻識·설식舌識·신식身識·의식意識의 육식과 일곱 번째 전송식傳送識과 여덟 번째 아뢰야식阿賴耶識, 즉 함장식含藏識이다. 이 때문에 팔식을 전변시키면 사지가 되고, 사지를 묶으면 삼신이 된다.

지금 여기에서 팔식을 전변시키면 사지가 된다고 한 것을 말해 보자. 안·이·비·설·신의 오식五識을 전변시키면 성소작지가 되고, 여섯 번째 의식意識을 전변시키면 묘관찰지가 되고, 일곱 번째 전송식 즉 말나식末那識을 전변시키면 평등성지가 되고, 여덟 번째 함장식 즉 아뢰야식을 전변시키면 대원경지大圓鏡智가 된다.

사지를 묶으면 삼신이 된다고 한 것을 말해 보자. 성소작지와 묘관찰지를 묶으면 화신이 되고, 평등성지는 보신이 되며, 대원경지는 법신이 되는데, 이 삼신은 다만 일신一身일 뿐이다. 일신을 알고자 하느냐?

　　머리는 둥글어 하늘을 본뜬 형상
　　발은 모가 나서 땅과 같아라
　　예스러운 풍모 깡말라 맑으나

장부의 의기가 그대로 충만"

三身四智 至心地印

琪注。三身四智八解六通者。乃覺性功用得名也。地以能生爲義。印以號令爲義也。所言三身者。法身報身化身也。四智者。大圓鏡智平等性智。妙觀察智。成所作智也 八解者。一內觀色解脫。二外觀色解脫。三淨處解脫。四無邊處解脫。五識無邊處解脫。六無所有處解脫。七非想處解脫。八究竟滅處解脫。此八處解脫。卽八識解脫。所言八識者。卽眼耳鼻舌身意爲六識。七傳送識。八阿賴耶卽含藏識也。所以轉八識爲四智。束四智爲三身也。今言轉八識爲四智者。轉眼耳鼻舌身[1]五[2]識。爲成所[3]作智。轉第六意識。爲妙觀察智。轉七傳送識末[4]那。爲[5]平等性智。轉八含藏識。阿賴耶識爲大圓鏡智。束四智爲三身者。以成所作智妙觀察智爲化身。平等性智爲報身。大圓鏡智爲法身。此之三身祇一身也。要識一身麽。頭圓象天。足方似地。古貌稜層丈夫意氣。

---

1) ㉠ 갑본에는 '身' 다음에 '意'가 있다. 2) ㉠ '五'가 갑본에는 '六'으로 되어 있다.
3) ㉠ '成所~識爲' 10자가 갑본에는 없다. 4) ㉠ '末'가 갑본에는 '未'로 되어 있다.
5) ㉠ 갑본에는 '爲' 앞에 '舍'이 있고 또 관주에 "'舍' 자는 '剩'인 듯하다."라고 하였다.

原文 진흙과 물과 허공 세 가지

事實 장로長蘆 스님이 말하였다.

"조사의 문하에서는 어떤 때는 반구半句를 묶어 삼구三句를 타파하며 어떤 때는 반구를 찢어 삼구를 분석한다. 삼구 밖에서 알아차리면 조사와 부처의 스승이 되고, 삼구 안에서 알아차리면 사람과 하늘의 스승이 되며, 삼구를 밝히지 못하면 끝내 자기도 구제하지 못한다. '하늘과 땅을 뒤덮는다'는 것은 마치 도장을 진흙에 찍는 것과 같아 문채文彩가 분명하고, '모든 흐름을 끊는다'는 것은 마치 도장을 허공에 찍는 것과 같아 끝내 조짐이나 흔적이 없으며, '파도를 따르고 물결을 쫓는다'는 것은 마치 도장을 물에 찍는 것과 같아 생각 생각에 머물지 않고 흐른다. 또 하나의 도장이 있으니 말해 보라. 어느 곳에 찍겠느냐?"

잠시 침묵하고 말하였다.

"섬부陝府에 있는 쇠로 된 소(鐵牛)의 머리통이고, 가주嘉州에 있는 큰 코끼리(大象)의 밥통이로다."

泥水空三

長蘆云。祖師門下。有時紐半破三。有時裂半析三。三句外會得。與祖佛爲師。三句內會得。與人天爲師。三句不明。自救不了。函盖乾坤者。如印印泥。文彩分明。截斷衆流者。如印印空。了無眹跡。隨波逐浪者。如印印水。念念不停流。更有一印。且道。向甚麼處搭。良久云。陝府鐵牛頭。嘉州大像肚。

[原文] 석교의 서쪽
[事實] 안탕鴈蕩이 집제集題한 『증도각證道閣』에서 말하였다.

마음으로 도를 구하면 도는 궁구하기 어렵고
무념으로 공空을 관하면 곧 공에 막히나니
조사가 진정으로 머무는 곳을 알고자 하는가?
죽림竹林의 서쪽이요 석교石橋의 동쪽이네

石橋西

鴈蕩集題證道閣云。將心求道道難窮。無念觀空卽滯空。欲識祖師眞住處。竹林西畔石橋東。

原文 '상사는 단번에 결단하여'부터 '더욱 믿지 않으니'까지

事實 『기주』에서 말하였다.

"위없는 묘법妙法은 오직 뛰어난 사람만이 듣고서 진리를 깨달을 수 있다. 따라서 '상사上士는 단번에 결단하여 일체를 통달한다'고 하였다. 이 때문에 상사는 서로 만나 눈길이 부딪치면 도가 간직되고(目擊道存), 중사와 하사는 많이 듣는 것을 이익으로 여길 뿐이다. 그래서 '말이 많아지면 도와는 점점 멀어진다'고 한 것이다. 따라서 '중사와 하사는 많이 들을수록 더욱 믿지 않는다'고 하였다.

그렇다면 삼교三教에서 언어로 표현하고 있는 것이 모두 이러하다. 대승보살大乘菩薩은 한 가지를 듣고 천 가지를 깨달아 대총지大總持를 얻지만, 모든 소승인小乘人은 이 법을 감당하지 못한다. 노자老子는 말하였다.

'상사는 도를 들으면 부지런히 실천에 옮기고, 중사는 도를 들으면 혹은 간직하기도 하고 혹은 잊어버리기도 하며, 하사는 도를 들으면 크게 비웃는다. (하사가) 비웃지 않으면 도라 하기에는 부족하다.'

'전傳'[138]에서는 말하였다.

'더불어 말할 만하면 말을 해 주고, 더불어 말할 만하지 않으면 말해 주지 않는다. 더불어 말할 만한데도 말해 주지 않으면 그것은 사람을 잃는 것(失人)이라 하고, 더불어 말할 만하지 않은데도 말을 하면 그것은 말을 잃는 것(失言)이라 한다.'

따라서 『한산시寒山詩』에서 노래하였다.

상인上人은 마음이 맹렬하고 날카로워
한번 들으면 묘법을 바로 알고
중류中流는 마음이 청정하여

---

[138] 『論語』「衛靈公」.

깊이 생각하고서 매우 요긴하다 말하네

하사下士는 우둔하고 어리석어
고집스런 그 가죽 찢기 가장 어려우니
머리에서 피가 줄줄 흘러야만
스스로 꺾고 없앨 줄 비로소 아네

눈을 떠서 저 도적을 보라
시끄러운 저잣거리 사람들 모여 싸우네
죽은 시체로 버려져 먼지처럼 되면
이때엔 어느 누구에게 하소연할까

사내대장부여
한 칼에 두 동강을 내어
사람의 얼굴 짐승의 마음 끊을지니
저지르는 짓거리 언제나 쉴까

선대 성인들의 격려가 이와 같으니, 선근善根을 갖춘 사람이 들으면 반드시 느끼는 바가 있으리라."

上士一決 至多不信

琪注。無上妙法。唯上人所聞。即能諦了。故云。上士一決[1]切了也。是以上士相見目擊道存。中下之人。祇益多聞。所以云。言多則去道轉遠。故曰。中下多聞多不信也。然則三敎所有。言詮則皆然也。大乘菩薩。一聞千悟得人摠持。諸小乘人不任此法也。老子云。上士聞道。勤[2]而行之。中士聞道。若存若忘。[3] 下士聞道。而大笑之。不笑不足爲道也。傳曰[4]可與言而與言。不可與5)而不與言。可與言而不與言。謂之失人。不可與言而與言。謂之失言也。故寒山詩云。上人心猛利。一聞便知妙。中流心淸淨。審思云甚要。下士鈍暗癡。頑皮最難裂。直待血淋頭。始知自摧滅。看取開眼賊。鬧市集人決。死屍棄如塵。此時向誰說。男兒大丈夫。一刀兩斷。截人面禽獸心。造作何時歇。先聖激勵如此。其有善根者聞之。必有感焉。

1) 원 □가 갑본에는 '一'로 되어 있다. 2) 원 '勤'이 갑본에는 '懃'으로 되어 있다. 3) 원 '忘'이 갑본에는 '亡'으로 되어 있다. 4) 원 '曰'이 갑본에는 '云'으로 되어 있다. 5) 원 갑본에는 '與' 다음에 '言'이 있다.

原文 기세 산을 무너뜨리듯

事實 각범覺範 스님은 "분노한 사자는 바위를 깨뜨리고 목마른 천리마는 강을 달린다."라고 하였다.

또 고덕은 말하였다.

"한계를 뛰어넘는 사람은 깨칠 때에 마치 천 길 낭떠러지에서 굴러 떨어지는 것처럼 하여 다시는 의심하거나 막히지 않는다."

勢若崩山

覺範云。怒猊裂石。渴驥奔川。又古云。過量之人。了悟之時。如轉千仞之涯。更無疑滯也。

原文 배에 표시하여

事實 『여씨춘추呂氏春秋』에서 말하였다.

"초나라 사람이 배를 타고 강을 건너다 배에서 칼을 떨어뜨리자 별안간 떨어뜨린 자리를 배에 새기고는 '내가 여기에서 칼을 떨어뜨렸으니 찾으면 반드시 얻을 수 있다'고 하였다."

그 미혹됨이 이와 같은 사람들이 있다.

刻舟

呂氏春秋曰。楚人有涉江行舟。自舟遺劍。遽刻其舟曰。吾於此墜劍求必得之。其迷有如此者。

原文 '다만 자기의 품에서'부터 '정진精進을 자랑하랴'까지

事實 『기주』에서 말하였다.

"'때 묻은 옷(垢衣)'은 곧 무명번뇌無明煩惱이다. '옷(衣)'은 덮어 가리다(盖覆)라는 의미이다. '때(垢)'는 진구塵垢이니, 진塵은 염오染汚로서 그 의미를 지닌다. 이 무명은 청정한 법체法體를 덮고 가릴 수 있고, 미묘한 각성을 오염시킬 수 있기 때문에 옷으로 비유한 것이다. '다만 자기의 품에서 때 묻은 옷을 벗는다'고 한 것은 이미 자신의 일로서 다른 사람이 할 수 있는 일이 아니기 때문이다.

등각等覺 이전의 모든 성인도 오히려 모두 때 묻은 옷을 입은 보살들(大士)이다. 견성한 사람은 감춰진 비밀한 작용으로 진로塵勞와 무명에 덮이지 않는다. 따라서 '때 묻은 옷을 벗는다'고 한 것이다.

고덕[139]이 말하였다.

'기름기 배인 모자를 벗고 냄새나는 포삼을 벗어 버리고 손을 휘저으며 가시나무 숲을 벗어나 대자재를 얻는다.'[140]

소승인小乘人은 전적으로 사상事相[141]에서 구하므로 비록 몸을 법좌法座

---

[139] 운문 문언雲門文偃 선사의 법을 이은 양주襄州 동산洞山의 수초 숭혜守初崇慧(910~990) 선사를 말한다.

[140] 운문 선사를 참예하고 대오한 뒤 스스로 한 말의 일부인데 여러 전적의 기록과 약간 차이가 있다. 『雲門匡眞禪師廣錄』의 기록을 인용하면 다음과 같다. "某甲自今已後。向無人煙處。卓箇草菴。不畜一粒米。不種一莖菜。接待十方往來知識。與他出却釘去却楔。除却膩脂帽子。脫却鶻臭布衫。敎伊灑灑地作箇衲僧。豈不俊哉。" 『雲門匡眞禪師廣錄』 권5(T47, 567b).

[141] 사상事相 : 본체인 진여에 상대되는 말로서 현상계 낱낱의 차별된 모양을 말한다.

로 둘러싼다 해도 마음은 법진法塵에 둘러싸인다. 이것은 정진을 밖으로 자랑하는 것이다.

보 공寶公[142]이 '사람이 안정을 취하는 해시亥時에 용맹정진하면 게으름이 된다.'[143]라고 하였으니, 바로 이것을 두고 한 말이다."

但自懷中 至誇精進

琪注。垢衣者。即無明煩惱也。衣者。以盖覆爲義。垢[1)]即塵垢也。塵以染汚爲義。此之無明。能盖覆清淨法體。能染汚微妙覺性。故喩[2)]衣也。但自懷中解垢衣者。況此己事非他人可爲故也。從等覺已還。皆是垢衣大士也。見性之人。潛藏密用。不爲塵勞無明盖覆。故云。解垢衣也。古德云。卸却臟[3)]脂帽子。脫却氀[4)]臭布衫擺手出荊棘林。得大自在也。小乘之人。專求事相。雖身圍法座。心繞[5)]法塵。是外誇精進也。寶公云[6)]人定亥勇猛精進成懈怠。即其謂也。

1) ㉭ 갑본에는 '垢' 다음에 '者'가 있다. 2) ㉭ 갑본에는 '喩' 다음에 '垢'가 있다. 3) ㉭ '臟'이 갑본에는 '膩'로 되어 있다. 4) ㉭ '氀'이 갑본에는 '骨'로 되어 있다. 5) ㉭ '繞'가 갑본에는 '遶'로 되어 있다. 6) ㉭ '云'이 갑본에는 없다.

原文 정진을 자랑하랴
事實 『무행경無行經』에서 말하였다.[144]

---

142 보 공寶公 : 보지 화상寶誌和尙을 말한다. 보지寶志라고도 한다. 승검僧儉을 섬겨 선을 배우고 기이한 행적을 많이 보였다고 전한다. 또 『梁僧傳』에서는 보지保誌라고 하였다.
143 〈寶誌和尙十二時頌〉의 일부이다. 『景德傳燈錄』 권29(T51, 450b).
144 『諸法無行經』을 흔히 『無行經』이라 하는데 본문의 인용문을 찾을 수 없다. 『景德傳燈錄』·『華嚴懸談會玄記』·『林泉老人評唱投子青和尙頌古空谷集』·『正法眼藏』 등 대부분의 전적에서 본문의 인용문을 『法句經』의 말씀으로 기록하고 있다. 『法句經』 즉 『佛說法句經』에서는 증상만을 가진 자를 위해 정진을 말씀하신 것일 뿐 증상만이 없는 자에게는 선법善法도 정진업精進業도 없음을 말씀하시며 "若起精進心. 是妄非精進. 若能心不妄. 精進無有虛."라고 하였다. 이를 번역하면 "만약 정진하려는 마음을 일으

"만약 정진하려는 마음을 일으킨다면, 이것은 허망한 것일 뿐 정진은 아니다. 그저 마음이 허망하지 않을 수만 있다면 정진이 끝이 없으리라."

謗精進
無行經云。若起精進心。是妄非精進。但能心不妄。精進無有涯。

原文 '남들의 비방 따름이여'부터 '한갖 자신만 피로하네'까지
事實 『기주』에서 말하였다.

"말로 훼방하고 모욕하는 것을 방謗이라 하고, 옳은 것을 옳지 않다고 하는 것을 비非라 한다. 견성한 사람은 12시時 중 겪는 순역順逆의 경계에 대해 마음이 편안하여 모든 경계에 굴림을 당하지 않는다. 나에 대한 온갖 훼방을 그들에게 일임하고, 악언으로 비방하고 더럽히는 것을 내가 이미 받아들이지 않으므로 반대로 그들 자신에게 돌아갈 뿐이다. 이것이 이른바 자신이 짓고 자신이 받는다는 것이다.

비유하면 마치 어떤 사람이 손에 횃불을 들고 하늘을 태우려는 것과 같아 부질없이 자신만 피곤하게 할 뿐, 끝내 하늘을 태울 수는 없는 것이다. 이 때문에 '횃불 들고 하늘 태우느라 한갖 자신만 피로하네'라고 한 것이다."

從他謗 至徒自疲
琪注。以言毀辱謂之謗。以是爲不是謂之非也。見性之人。十二時中所遇順逆之境。心則安然。不爲萬境所轉也。一任毀謗於我。我旣不受。惡言謗讟。[1] 返自歸己。所謂自作自受也。譬若有人。手執火燧。擬欲燒天。徒自困

킨다면 이것은 허망한 것이지 정진이 아니다. 만약 마음이 허망하지 않다면 정진은 허망함이 없다."가 된다. 『佛說法句經』(T85, 1435a).

疲。終不可得。故云。把火燒天徒自疲也。

1) ㉮ '䕃'이 갑본에는 '瀆'으로 되어 있다.

原文 목인木人이 꽃과 새를
事實 방 거사龐居士[145]가 게송으로 말하였다.

스스로 만물萬物에 무심하다면
만물이 항상 둘러싼들 장애될 것 무엇이랴
철우鐵牛는 사자후를 두려워하지 않으니
흡사 목인木人이 꽃과 새 보는 것 같아라

목인은 본체가 저절로 그러하고
꽃과 새도 무정無情하여 놀라지 않네
마음과 경계 그대로라 그저 이럴 뿐
보리도菩提道 이루지 못할까 어찌 걱정하리[146]

木人花鳥

龐居士頌云。但自無心於萬物。何妨萬物常圍繞。鐵牛不怕師子吼。恰似木人見花鳥。木人本體自如然。花鳥無情亦不驚。心境如如只這是。何慮菩提道不成。

原文 창창한 하늘
事實 『조정사원』에서 말하였다.

---

145 방 거사龐居士 : 당나라 형주 형양현 사람으로 이름은 온蘊이다. 거사의 신분으로 석두石頭 스님을 참예하였고 후에 마조馬祖 선사에게서 대오하였다.
146 『龐居士語錄』(X69).

"창창하게 푸르고 푸른 하늘의 색, 활처럼 둥글게 휘어진 높은 하늘 형상, 천지天地의 대덕大德으로 덮으니, 사사로움 없는 대도大道에 비유한 것"[147]

蒼蒼
祖庭云。蒼蒼青青天之色。穹穹窿窿天之形。蓋以天地之大德。以比無私之大道也。

原文 '내가 듣기에는 마치'부터 '부사의不思議로'까지
事實 『기주』에서 말하였다.

"나는 훼방하는 말을 들으면 마치 감로수라도 마신 것처럼 마음이 저절로 청량해지고 뜨거운 번뇌가 일어나지 않는데, 통달하지 못한 사람은 훼방하고 시비하는 말을 들으면 마음에 번뇌를 일으킨다. 이것이 이른바 '곧장 한 곳에 불을 붙이면 세 곳에서 일시에 불이 일어나 끌 수 없다'는 것이다. 고덕[148]이 '깨달음의 꽃(覺花)은 종자 있건만 심는 사람 없고, 마음의 불길은 연기도 없이 나날이 타오르네'[149]라고 하였다.

오직 견성한 사람만이 순경계와 역경계의 말을 듣고도 마음이 자재하여 부사의해탈묘문不思議解脫妙門에 들어간다. 따라서 '모든 번뇌를 녹여 단박에 부사의해탈로 들어간다'고 한 것이다."

我聞恰似 至不思議
琪注。我聞毀謗之言。恰似飲其[1]甘露。心自清涼。不生熱惱。未了之人。聞毀謗是非之言。心生煩惱。所謂驀然一處撥著。三處一時火起。不可止也。

---
147 『祖庭事苑』권3(X64, 358c).
148 운문종 장로 숭신長蘆崇信 선사에게 참학하고 법을 이은 혜림 회심慧林懷深(1077~1132) 선사를 말한다. 혜림은 주석하신 사찰명이다. 자수慈受 선사라고도 한다.
149 『慈受深和尚語錄』(X73, 118c).

古德云. 覺花²⁾有種無人種. 心火無煙³⁾日日燒. 唯見性之人. 所聞順逆⁴⁾之言. 心得自在. 即入不思議解脫妙門. 故云. 銷融頓入不思議也.

1) ㉠ '其'가 갑본에는 없다. 2) ㉠ '花'가 갑본에는 '華'로 되어 있다. 3) ㉠ '煙'이 갑본에는 '烟'으로 되어 있다. 4) ㉠ '順逆'이 갑본에는 '逆順'으로 되어 있다.

原文 '모진 말을 관찰'부터 '선지식이'까지
事實 『기주』에서 말하였다.

"귀로 악언을 듣고도 진심嗔心을 일으키지 않으면 곧바로 정定과 혜慧의 힘을 성취하여 육적六賊에게 가보를 도둑맞지 않고 공덕과 법재法財가 이를 따라 증장된다. 그렇다면 저 훼방하는 사람이 도리어 나에게 선지식이 됨을 알 수 있다.

'모진 말을 듣는다(聞惡言)'고 하지 않고 '모진 말을 관찰한다(觀惡言)'고 말한 것은 육근六根을 자유롭게 바꿔서 사용하는 것이다.

우리 부처님 세존께서 성도하시던 날 많은 무리의 마군이 다투어 일어났는데, 여래께서는 이 무리를 불쌍하고 가엾게 여겨 자심삼매慈心三昧에 들어가셨다. 이때 마군의 무리는 끝내 부처님을 해치지 못하였으니, 이것이 바로 만덕萬德으로 장엄한 정혜定慧의 공덕을 성취한 것이다."

觀惡言 至善知識
琪注. 耳聞惡言. 不起嗔心. 即能成就定慧之力也. 不爲六賊盜竊家寶. 功德法財. 從此增長. 則知彼毁謗之人. 返乃爲我善知識也. 不言聞惡言而言觀者. 即六根互用也. 我佛世尊. 成道之日. 群魔競作. 如來哀愍此輩. 即入慈心三昧. 是時魔衆終不能害. 此乃成就. 萬德莊嚴定慧功德也.

原文 참는 마음 허깨비 같아
事實 부 대사傅大士가 게송을 읊었다.

참는 마음 허깨비나 꿈 같고
욕된 경계 거북이 털 같아라
항상 이 도를 닦을 수 있다면
액난을 만나도 더욱 견고하리[150]

忍心如幻
傅大士偈云。忍心如幻夢。辱境若龜毛。常能修此道。逢難轉堅牢。

原文 제바달다에게 직접 주셨으니
事實 『법화경法華經』「제바달다품提婆達多品」에서 말하였다.

"'제바달다 선지식 때문에 내가 육바라밀·자비희사·삼십이상三十二相·팔십종호八十種好·자마금색紫磨金色·십력十力·사무소외四無所畏·사섭법四攝法·십팔불공법十八不共法·신통과 도력을 빠짐없이 갖추고 등정각等正覺을 이루어 널리 중생을 제도하게 되었으니, 이것은 모두 제바달다 선지식 덕분이다.'

부처님께서는 모든 사부대중에게 말씀하셨다.

'제바달다는 이후 무량겁을 지나 성불하고 명호를 천왕여래天王如來라 할 것이다.……'"[151]

達多親授
法華提婆達多品云。由提婆達多善知識。故令我具足六波羅密。慈悲喜捨。三十二相八十種好紫磨金色。十力。四無所畏。四攝法。十八不共。神通道

---

150 〈羼提波羅蜜頌〉의 일부이다. 전문을 인용하면 다음과 같다. "忍心如幻夢 辱境若龜毛 常能修此觀 逢難轉堅牢 無非亦無是 無下亦無高 欲滅貪瞋賊 須行智慧刀"『梁朝傅大士頌金剛經』(T85, 2a).
151 『妙法蓮華經』「提婆達多品」(T9, 34c).

力。成等正覺。廣度衆生。皆因提婆達多善知識。故告諸四衆。提婆達多。却後過無。量劫。當得成佛。號曰天王如來云云。

原文 '비방 따라 ~않으니'부터 '자비와 인욕의 힘'까지
事實 『기주』에서 말하였다.

"앞에서처럼 헐뜯고 모독하며 훼방하는 말들이 나에게 미치지 않으면 곧 선과 악의 소리가 모두 있을 수 없음을 깨달으니, 비유하면 마치 나무 꼭대기를 스치는 바람과 같아 그저 그 소리만 들을 뿐 선과 악의 소리라는 분별을 일으키지 않는다. 그리하여 곧 원수와 친구에게 평등한 마음을 일으켜 자慈·비悲·희喜·사捨의 사무량심四無量心을 성취하고, 곧 12시 가운데 겪게 되는 순경계와 역경계에 평등한 마음으로 편안하고 자재하여 어떤 걸림도 없다. 만약 이와 같지 못하다면, 나의 이 무생자인無生慈忍의 도력을 어떻게 나타내겠는가?"

不因訓謗 至慈忍力
琪注。若不因上來訓毒毀謗之言加及於我。即[1]了善惡之聲。皆不可得。比[2]若風過樹頭。祗聞其聲不生分別善惡之音。即起冤[3]親平等之心。以能成就慈悲喜捨四無量心。即於時中。所遇逆順之境以平等心。坦然自在。無有罣礙。若不如此。則何以表我無生慈忍道力耶。

----
1) ㉾ 갑본에는 '即' 앞에 '我'가 있다. 2) ㉾ '比'가 갑본에는 '譬'로 되어 있다. 3) ㉾ '冤'이 갑본에는 '怨'으로 되어 있다.

原文 일찍이 사막을 건너매
事實 어떤 스님이 법천法泉 스님에게 "무엇이 조사가 서쪽에서 온 뜻입니까?"라고 묻자 스님은 "구름을 뚫고 조도鳥道에 오르며 지팡이 짚고 사막을 지나는 것이다."라고 답하였다.

曾渡流沙

僧問法泉。如何是祖師西來意。師云穿雲登鳥道。携杖過流沙。

原文 무생을 스스로 증득하면
事實 『오문선경五門禪經』[152]에서 말하였다.
"모든 중생에 대해 인욕하여 진심을 일으키지 않으면 이것을 중생인衆生忍이라 하며, 중생인을 얻은 사람은 쉽게 법인法忍을 얻는다. 법인을 얻은 사람이란 이른바 모든 법이 생하지도 않고 멸하지도 않아 필경공畢竟空의 모습을 말하는 것이니, 이 법인을 믿고 받아들일 수 있는 사람을 무생인이라고 지칭한다."[153]

無生自證

五門禪經云。於一切衆生。忍辱不嗔。是名衆生忍。得衆生忍者。易得法忍。得法忍者。所謂諸法。不生不滅畢竟空相。能信受是法忍者。是名無生忍。

原文 종지 또한 통달하고 설법 또한 통달하니
事實 『기주』에서 말하였다.
"종통宗通은 곧 법통法通이다. 법은 언설言說이 아니고, 언설은 법이 아니다.
운문雲門 스님은 '동해의 잉어를 한 방망이 후려치니 물동이를 뒤엎은 듯 비가 쏟아진다'[154]고 하였고, 천의天衣[155] 스님은 '산승은 불전을 뒤엎

---

152 『오문선경五門禪經』: 『五門禪經要用法』・『五門禪要法』・『禪經要用法』이라고도 한다. 좌선을 하는 데 중요한 다섯 가지를 설명한 경이다.
153 『五門禪經要用法』(T15, 332b).
154 『雲門匡眞禪師廣錄』(T47, 555a).
155 천의天衣 : 운문종 섭현 귀성葉縣歸省 선사에게 참학하고, 설두 중현雪寶重顯 선사의 법을 이은 의회義懷(993~1064) 선사를 말한다.

을 것이니, 여러분은 짚신을 신고 돌아가라'[156]고 하였다. 또 청평靑平 스님[157]은 흙을 나르게 했고, 귀종歸宗[158] 스님은 연자방아 끄는 일을 물었으며,[159] 덕산德山[160] 스님은 학인이 문에 들어오면 곧바로 몽둥이질을 했고, 임제臨濟[161] 스님은 학인이 문에 들어오면 곧바로 고함을 질렀다.

위에서와 같이 자비를 드리우셨는데, 만약 깨달은 마음이 없다면 어떻게 밝힐 수 있겠는가? 모름지기 종지를 환하게 밝히고 본원本源을 깊이 통달하여 그 자리에서 종지를 밝혀야 하니, 원교圓敎나 점교漸敎와는 같지 않다. 따라서 '종지를 통달한다(宗通)'고 하였다.

설통說通은 곧 의통義通이다. 십이부경十二部經을 훌륭하게 강설할 수 있고, 명상名相과 법수法數를 하나하나 분명히 알아 의심이나 오류가 없다. 따라서 '설법을 통달한다'고 하였다.

지금 여기에서 '종지 또한 통달하고 설법 또한 통달했다'고 말한 것은 법과 의리를 쌍으로 통달했다는 것이니, 이것을 모두 갖춘 그런 사람을 얻기는 지극히 어렵다. 그런데도 법문의 후진後進들은 그 뜻은 깨닫지 못

---

156 상당법어의 일부이다. 『五家正宗贊』 권4(X78, 613b).
157 『碧巖錄』에서는 목평木平 스님의 고사라 했고, 『宏智禪師廣錄』에서는 설거雲居 스님의 고사라 하였다. 또 『韓國佛敎全書』 주석에서는 "관주冠註에서 청靑은 청淸 자로 써야 마땅하다고 했다."라고 하였다. 『祖庭事苑』에 따르면 원주袁州 선도 목평善道木平 화상은 새로 찾아오는 이가 있으면 참례를 허락지 않고, 먼저 흙을 세 짐 나르게 했다고 한다. 『祖庭事苑』 권2(X64, 337c).
158 귀종歸宗 : 마조 도일馬祖道一 선사의 법을 이은 지상智常 선사를 말한다. 귀종은 주석한 사찰명이며, 시호는 지진至眞 선사이다.
159 대중울력으로 연자방아를 돌리는 날 귀종 스님이 유나維那에게 어디 가느냐고 물었다. 유나가 연자방아를 끌러 간다고 하자, 귀종 스님은 "연자방아야 자네 마음대로 돌리지만 중심에 꽂힌 나무는 흔들지 말게."라고 말했다고 한다. 『碧巖錄』 권5(T48, 181b).
160 덕산德山 : 용담 숭신龍潭崇信 선사의 법을 이은 선감宣鑑(782~865) 선사를 말한다. 무릉武陵 태수太守 설연망薛延望의 청으로 덕산정사德山精舍에 들어가 종풍을 크게 떨쳤으며, 시호는 견성대사見聖大師이다.
161 임제臨濟 : 황벽 희운黃蘗希運 선사의 법을 이은 의현義玄(?~867) 선사를 말한다. 임제원臨濟院에 머물며 종풍을 크게 선양하였으며, 시호는 혜조선사慧照禪師이다.

하고 서로 시비만 일삼는다. '전傳'에서 '서천西天에서는 하천을 나누어 물을 마셨고 이곳에서는 선사와 강사가 서로를 비난하였다'[162]고 하였으니, 모두 법과 의리의 두 가지 문門을 밝히지 못한 까닭이다.

규봉圭峯 스님은 '경經은 먹줄(繩墨)과 같아서 삿되고 바른 것을 판정한다. 승묵은 목수가 아니지만 목수는 반드시 승묵을 의지해야만 한다. 경과 논이 선禪은 아니지만 참선하는 사람은 반드시 경론을 기준 삼아야 한다'[163]고 하였다.

고덕이 말하였다.

요즘 사람들 옛날의 가르침 보며
마음속 시끄러움 면하지 못하네
만약 마음속 시끄러움 면하려면
반드시 옛날의 가르침 보아야 하네[164]

'전傳'에서는 '경經은 부처님의 말씀이고 선禪은 부처님의 마음이다. 모든 부처님의 마음과 말씀은 반드시 서로 어긋나지 않는다'[165]고 하였다.

영가永嘉 대사는 처음에는 천태 지자天台智者 대사의 교관教觀을 모아서

---

162 어디에서 인용한 것인지 정확하지 않다. 『金剛經纂要刊定記』 등에 같은 내용이 있으나 문장은 일치하지 않는다. "하천을 나누어 물을 마셨다."는 것은 부처님의 가르침이 대승·소승으로 갈리고, 소승 또한 여러 부파로 나뉜 것을 말한다. 『金剛經纂要刊定記』 권4(T33).
163 『禪源諸詮集都序』 권상(T48, 399a).
164 누구의 게송인지 알 수 없다. 『景德傳燈錄』 권29(T51, 454b)에서는 대법안 문익大法眼文益 선사의 게송이라 하였는데, 문익 선사보다 시대가 앞서는 복주福州 장경원長慶院 혜릉慧稜 선사의 제자 항주杭州 보자원報慈院 종괴從瓌 선사도 고인께서 하신 말씀이라고만 거론한 것으로 보아 문익 선사의 게송이라 한 것은 잘못이다. 『景德傳燈錄』 권21(T51, 377a).
165 『禪源諸詮集都序』 권상(T48, 399a).

들었고, 후에 지견知見을 밝게 드러내고는 조계 육조曹溪六祖 대사에게 찾아가 인가를 받았기 때문에 이 종지를 깊이 밝혔다. 따라서 '종지 또한 통달하고 설법 또한 통달했다'고 말한 것이다."

宗亦通說亦通

琪注。宗通者。卽法通也。法非言說。言說非法。雲門云。東海鯉魚打一棒。雨似盆傾。天衣云。山僧倒騎佛殿。諸人返著草鞋。乃至靑¹⁾平般土。歸宗拽石。德山入門便棒臨際²⁾入門便喝。如上垂慈。若無悟心。如何明得耶。直須洞明宗旨深達本源。直下明宗。不同圓漸。故曰宗通也。說通者卽義通也。善能講說十二部經。名相法數³⁾一一了知。無有疑誤。故曰說通。⁴⁾ 今言宗亦通說亦通者。則是法義雙通也。⁵⁾ 能具此者。極難得其人法門後進。不曉其旨。互相是非。傳曰西天則分河飮水。此土乃禪講⁶⁾相非。皆不明法義□⁷⁾門也。圭峯云。經如繩墨。揩定邪正。繩墨非巧。巧者。必以繩墨爲憑。經論非禪。叅禪者。必以經論爲準。古德云。今人看古敎。未免心中鬧。若⁸⁾免心中鬧。應須看古敎。傳⁹⁾經是佛語。禪是佛心。諸佛心口。必不相違也。大師始者聽集¹⁰⁾天台智者敎觀。後有發明知見。往曹溪六祖印可故。深明此旨。故曰。宗亦通說亦通也。

1) ㉔ 갑본에는 관주冠註에 "'靑'은 마땅히 '淸'으로 되어야 한다."고 되어 있다. 2) ㉔ '際'가 갑본에는 '濟'로 되어 있다. 3) ㉔ '名相法數'가 갑본에는 '明法相數'로 되어 있다. 4) ㉔ 갑본에는 '通' 다음에 '也'가 있다. 5) ㉔ '也'가 갑본에는 없다. 6) ㉔ '講'이 갑본에는 '律'로 되어 있다. 7) ㉔ □가 갑본에는 '二'로 되어 있다. 8) ㉔ '若'이 갑본에는 '欲'으로 되어 있다. 9) ㉔ '曰'이 갑본에는 '云'으로 되어 있다. 10) ㉔ '集'이 갑본에는 '習'으로 되어 있다.

原文 마갈타에서 그해

事實 『서역기西域記』¹⁶⁶에서 "옛날 여래께서 마갈타국摩竭陀國에서 처음

---

166 『서역기西域記』: 온전한 이름은 『大唐西域記』이다. 당나라 현장玄奘 법사가 629년 장

정각正覺을 이루셨을 때 범왕梵王은 칠보당七寶堂을 건립하고 제석은 칠보좌七寶座를 건립하였다. 부처님께서는 그 위에 앉아 7일 동안 이 일을 사유하셨다."라고 하였는데, 그 의미가 엄실揜室과 마찬가지다. 마갈타는 중국말로 문명국(文物國)이라고 한다.[167]

摩竭當年
西域記云。昔如來。於摩竭陀國。初成正覺。梵王建七寶堂。帝釋建七寶座。佛坐其上。於七日中。思惟是事。義同揜室也。摩竭陀。此云文物國。

[原文] 문수가 노련한 유마를 후려쳐 쓰러뜨렸네
[事實] 설두雪竇 스님이 게송으로 말하였다.

쯧쯧, 늙은 유마여
자비로 부질없이 오뇌를 일으켰구나
칠불七佛의 조사祖師[168]께서 찾아오시자
그때 곧 거꾸러져 버렸네
거꾸러지지 않았다면
황금빛 사자[169]라도 꾸짖을 곳 없으리[170]

안을 출발해 645년에 돌아오기까지 서역과 인도 등 각지에서 보고 들은 것을 기록한 여행기이다. 아기니국阿耆尼國에서 구살단나국瞿薩旦那國에 이르는 138개국의 풍속·문화·국정 등이 기록되어 있다.
167 "『서역기西域記』에서"부터 여기까지는 『西域記』에서 직접 인용한 것이 아니라, 『祖庭事苑』의 항목 〈摩竭揜室〉에 대한 설명에서 재인용한 것이다(X64, 314b).
168 칠불七佛의 조사祖師 : 문수보살을 지칭한다.
169 황금빛 사자(金毛師子) : 문수보살이 타고 다닌다는 사자로서 곧 문수보살을 지칭하는 말이다.
170 게송의 일부가 누락되어 있다. 『禪宗頌古聯珠通集』 권4(X65, 494b)에서는 "咄這維摩老 悲生空懊惱 臥病毗耶城 全身太枯槁 七佛祖師來 一字俱屛掃 請問不二門 當時便靠倒 不靠倒 金毛師子無處討"라 하였고, 『碧巖錄』 권9(T48, 209c)에서는 "咄這維摩

文殊撞倒老維摩

雪竇頌云。咄哉維摩老。悲生空懊惱。七佛祖師來。當時便靠倒不靠倒。金毛師子無處討。

原文 울음 그치게 하는 누런 잎

事實 비유하면 마치 어린아이가 울 때 부모가 곧 버드나무의 노란 잎을 따 주며 "울지 마라, 울지 마. 내가 너에게 금을 주겠다."라고 하면 어린아이가 나뭇잎을 보고 진짜 금이라는 생각을 일으켜서 곧바로 울음을 그치는 것과 같다. 그러나 이 버드나무 잎사귀는 실제로 금이 아니다. 이 고사는 『열반경』에 나온다.[171]

止啼黃葉

譬如嬰兒啼哭之時。父母即以楊樹黃葉而語之。言莫啼莫啼。我與汝金。嬰兒見已。生眞金想。便止不啼。然此楊葉實非金也。見涅槃經。

原文 선정과 지혜 원만히 밝아 공에 막히지 않으니

事實 『기주』에서 말하였다.

"인지因地에서는 지관止觀이라 하고 과지果地에서는 정혜定慧라 하며, 이것이 둘이 아님(不二)을 원명圓明이라 한다. 완전하게 밝은 성품은 소승인小乘人이 단정할 수 있는 것이 아니다. 따라서 '공에 막히지 않는다'고 하였다.

실로 모든 중생이 무량겁 이래로부터 무명 번뇌에 취해 생사를 벗어나지 못하는 것은 바로 무명으로 인해서 혼침과 산란에 빠지는 병이 있기 때문이다. 이 때문에 성인께서 지관의 두 가지 법을 세워 치료하신 것

老 悲生空懊惱 臥疾毘耶離 全身太枯槁 七佛祖師來 一室且頻掃 請問不二門 當時便靠倒 不靠倒 金毛獅子無處討"라고 하였다.
[171] 『大般涅槃經』 권20 「嬰兒行品」(T12, 485b).

이다. 즉 지止로써 산란을 그치게 하면 산란함이 고요하게 되고 관觀으로써 혼침을 관하면 혼침이 밝게 된다. 그러면 혼침과 산란이 전환되어 선정(定)과 지혜(慧)의 두 가지 법이 된다.

  선정과 지혜가 둘이 아닌 것을 원명圓明이라 하는데 이 원명은 한 가지 법(一法)이다. 이 한 가지 법은 모든 부처님의 공덕인 한량없는 법재法財로서 미묘한 작용이 끝이 없는데, 이것은 모두 원명한 화장해華藏海 가운데서 수용하는 것이다."

定慧圓明不滯空

琪注。因中謂之止觀。果上謂之定慧。不[1])二謂之圓明。此圓明之性。非小乘斷定。故曰。不滯空也。良由一切衆生。從無量劫來。爲無明煩惱所醉。不能出離生死者。唯無明昏散所病也。是以聖人立止觀二法治之。卽以止止散。卽散而寂。以觀觀昏。卽昏而朗。則轉成定慧二法。定慧不二謂之圓明。圓明一法也。此之一法。諸佛功德。無量法財。妙用無盡。皆在圓明華藏海中受用也。

---

1) ㉠ 갑본에는 '不' 앞에 '定慧'가 있다.

原文 '지금 나만 아니라'부터 '체성은 다 같으니'까지
事實 『기주』에서 말하였다.

  "영가 진각永嘉眞覺 스님 스스로 '앞에서 말한 것과 같은 완전하고 밝은 법성法性을 지금 나 혼자만 깨달은 것이 아니다. 항하사 같은 모든 부처님에 이르기까지 완전하고 밝은 각의 체성覺體은 모두 같다'고 말씀하신 것이다. 따라서 '경'에서는 '내가 이 상相을 아는 것처럼 시방의 모든 부처님도 그러하다'[172]고 하였다.

---

172 『妙法蓮華經』 권1 「方便品」(T9, 6a).

'항하 모래알(恒沙)'이란 비유에서 생긴 이름이다. 서천축에 강이 있는데 이름이 항하恒河이다. 이 강은 무려 40리에 이르고 거기에 있는 모래는 밀가루처럼 곱다. 세존께서는 설법하실 때, 자주 이 강의 모래로 그 수량을 비교하셨다. 지금 영가 스님도 경에 의거해서 말한 것이다."

非但我今 至體皆同

琪注。眞覺自云。非獨我今達了如上圓明法性。乃至恒沙諸佛圓明覺體盡皆同也。故經云。¹⁾ 唯我知是相。十方佛亦然。所言恒沙者。從喩得名。²⁾ 西笁有河。名曰恒河。此河方四十里。其中有沙。沙細如麵。³⁾ 世尊說法。多以此河中沙。比其數量。今永嘉依經而言也。

---

1) ㉇ 갑본에는 '云' 다음에 '不'이 있다. 2) ㉇ 갑본에는 '名' 다음에 '也'가 있다. 3) ㉇ '麵'이 갑본에는 '麨'으로 되어 있다.

남명천화상송증도가사실 제1권
南明泉和尙頌證道歌事實卷第一

남명천화상송증도가사실 제2권
| 南明泉和尚頌證道歌事實卷第二 |

서룡의 선로 □련
瑞龍禪老 □連*

---

* ㉘ 『韓國佛敎全書』 편집자가 전광재全光宰의 발문에 의거해 추정하여 삽입하였다.

사자의 포효여, 그 소리 원만하니	師子吼　響而圓
깊고 미미한 곳까지 진동시키며 힘 절로 완전하네	振徹幽微力自全
유정들의 어두움 그 힘을 입어 깨달음을 여니	有情昏暗蒙開曉
하늘 한가운데 울리는 봄날 우레 같아라	長似春雷發半天

두려움 없는 설법이여, 왜곡되거나 어긋나지 않으니	無畏說　不迂斜
범부와 성인 모두 병든 눈의 허공 꽃 같아라	凡聖都如病眼花
가시덤불 숲 가운데 다닐 길을 여시니	荊棘林中啓行路
서로 어울려 다 함께 법왕의 집에 이르네	相將共到法王家

온갖 짐승 그 소리 듣고 모두 뇌가 파열되니	百獸聞之皆腦裂
온갖 마군 진리의 말씀을 들음과 과연 같다네	還如魔衆聞眞說
걱정과 두려움에 잠겨 돌아가며 옛 모습 잃었으니	愁怖歸來失舊容
본래 생멸 없음을 알지 못한 까닭일세	不知本自無生滅

향상香象은 분주히 달아나며 위엄을 잃으니	香象奔波失却威
이승二乘이 성품을 증득함 또한 이와 같다네	二乘證性還如此
번뇌가 곧 보리인 줄 알지 못하고	不知煩惱即菩提
스스로 열반을 취하고 생사를 싫어하네	自取泥洹厭生死

하늘과 용이 고요히 듣고 기쁜 맘 일으키니	天龍寂聽生欣悅
생명 있는 모든 것 다 따라 귀의하네	含生從此盡依歸
깊은 바위 고요한 곳엔 머리 돌리지 않더니	幽巖寂寂不廻首
도리어 인간세상 향해 해진 옷을 입누나	却向人閒著弊衣

강과 바다로 떠돌며	游江海

연원을 끝까지 찾았으나 흥은 오히려 남아 있네	窮極淵源興猶在
제게 있는 금병金瓶이 보배 구슬보다 좋은데	自有金瓶勝寶珠
용왕은 쓰지도 않으면서 공연히 근심하고 의심하네	龍王不用空憂怪

산과 내를 건너며	涉山川
다듬지 않은 지팡이로 들길의 연기 헤쳤었네	柳標曾分野路烟
오늘날에 누가 그날 일을 알겠는가	今日誰知當日事
이따금 한가하면 초당草堂 앞에 기대어 본다	有時閑倚草堂前

스승 찾아 도 물음은 참선하기 위함이네	尋師訪道爲參禪
무슨 일로 현사玄沙는 고갯마루를 넘지 않았을까	何事玄沙不出嶺
슬프다, 요즘 사람들 괴롭게도 스스로를 속여	嗟爾今人苦自欺
들이받아 이마가 터져도 아직 정신 못차리네	撞破額頭猶未省

조계의 길 알고부터	自從認得曹溪路
발우 주머니 침통을 날마다 편다네	鉢袋針筒日日開
만약 그해에 분주히 쫓는 사람 보거든	若見當年奔逐者
전하게나, 노盧씨 늙은이가 그대 오길 기다린다고	爲傳盧老待君來

삶과 죽음이 서로 간섭하지 않음을 깨달아 앎이여	了知生死不相干
만약 생사가 가고 머묾 없는 줄을 분명히 알면	若了死生無去住
발제跋提에서 그날에 남긴 유풍	跋提當日有遺風
금빛 두 발 들어 올려 학수鶴樹 향했다네	雙擧金趺向鶴樹

걷는 것도 선禪이라	行亦禪
중간에도 양변에도 떨어지지 않는다	不落中閒與二邊

웅이산 노사께서 일찍이 누설터니	熊耳老師曾漏洩
홀로 신 한 짝 들고 서천으로 가셨다네	獨携隻履到西天

앉는 것도 선이니	坐亦禪
도거도 아니고 혼침도 아닌 채 어찌 움직이지 않나	非擧非沈豈兀然
유랑하는 아들은 봄 벌써 지난 줄 몰라	遊子不知春已去
꾀꼬리 소리 잘못 듣고 두견새라 여기네	誤聽黃鸝作杜鵑

말하건 침묵하건 움직이건 고요하건 체가 편안하니	語默動靜體安然
온갖 경계 침해해도 꼼짝하지 않네	萬境來侵渾不動
그해에 떨어진 짚신을 신었더니	著却當年破草鞋
호신부자護身符子도 전혀 쓸 곳 없구나	護身符子全無用

날카로운 칼날 만나더라도 항상 태연하니	縱遇鋒刀當坦坦
오온의 공함 이미 증득해 곧 몸을 잊었네	蘊空已證即亡身
어려움을 만나 두려움 없음을 의심하지 마라	臨危莫訝無憂怖
조부가 함께한 집은 이 사람이라네	祖父同家是此人

가령 독약이라 해도 한가롭고 한가롭나니	假饒毒藥也閑閑
일찍이 금인金人으로부터 살아갈 비결 얻었어라	曾得金人議生訣
꽁꽁 언 강물이 봄바람 무서워한단 소린 들었지만	只聞凍水怯春風
더러운 흙이 밝은 달을 더럽히는 건 본 적이 없네	未見濁泥汚明月

우리 스승께서는 연등불然燈佛을 친견하고	我師得見然燈佛
진흙길에 머리카락 깔며 뜻 바꾸지 않으셨네	布髮泥塗志不移
오늘날에 여래가 또 출현하셨으니	今日如來還出現

그때만 못하다고 말하지들 말게나	休言無復似當時

여러 겁 동안 일찍이 인욕선인 되셨으니	多劫曾爲忍辱仙
성품이 허공 같아 진심瞋心을 여의셨네	性等虛空離瞋意
보배 칼엔 날 없거늘 헛되이 가지고 오니	寶刀無刃謾持來
몇 번이나 가리왕歌利王을 위해 슬퍼해 마지않았나	幾爲歌王悲不已

몇 번이나 태어났던가	幾廻生
긴긴 밤 캄캄한데 발길 따라 가는구나	長夜冥冥信脚行
머리 고치고 얼굴 바꿈이 다할 날 없었으니	改頭換面無窮日
그해의 옛 이름은 잊어버리고 말았네	忘却當年舊姓名

몇 번이나 죽었던가	幾廻死
뼈를 쌓으면 산 같은데 아직도 끝나지 않았네	積骨如山猶未已
산 아래 시골 늙은이 만약 서로 만난다면	山前野老若相逢
반걸음도 옮기지 않고 옛 마을로 돌아가리	跬步不移歸故里

나고 죽음 끝이 없어 멈춤이 없고	生死悠悠無定止
탐욕과 우치 술과 같아 취했다 깨기 어려워라	貪癡如酒醉難醒
집으로 돌아가는 길 까마득해 생각나지 않으니	冥然不記還家路
바람에 밀려갔다 물결에 밀려오는 부평초 같아라	飄去沈來似水萍

단박에 깨달아 무생無生을 알고부터는	自從頓悟了無生
불성 종자 훈습해 이뤄 미움과 사랑 끊었네	性種熏成斷憎愛
이런 이름 이런 모습이란 털끝만큼도 없으니	是名是相絶纖毫
바다 넓고 산 높아 사람들 알지 못한다네	海闊山高人不會

온갖 영욕에 어찌 근심하고 기뻐하리   於諸榮辱何憂喜
돌이 봄 만난 듯 봄 바꾸지 않네   如石逢春不變春
뜰 앞의 복숭아나무 배나무에게 물어보게   試問庭前桃李樹
꽃 피고 꽃 떨어짐 누구 위한 것이냐고   花開花落爲誰人

깊은 산에 들어가   入深山
아침저녁 병든 얼굴 봉양함을 스스로 즐기네   自樂朝昏養病顏
요즘 사람들 바위 가운데의 뜻 알고 싶다면   時人欲識巖中意
깊이 숨은 새 때때로 조각구름과 함께 돌아오네   幽禽時與斷雲還

난야蘭若에 머무름이여   住蘭若
세속의 시끄러움 멀리 벗어나 진실로 고요한 사람일세   遠離塵囂眞靜者
청하노니 하루 종일 방종한 마음의 원숭이를 보게나   請看終日縱心猿
어찌 깊은 곳에 살며 의식의 망아지 길들이는 것만   何似深居調意馬
하겠나

험준한 봉우리 깊은 골짜기 큰 소나무 아래라   岑崟幽邃長松下
한 생각 엉키니 만 가지 사려 재가 되네   一念凝然萬慮灰
홍진 가운데 한 길 산꼭대기로 이어졌으니   塵中一徑連峯頂
누가 한가로움 훔칠 줄 알아 이곳 향해 올까   誰解偸閑向此來

편안하게 노닐고 고요히 좌선하는 시골 중의 집   優遊靜坐野僧家
고단하면 한가로이 졸고 목마르면 차 마시네   困卽閑眠渴卽茶
더위 가고 추위 옴에 가진 것 무엇인가   暑往寒來何所有
한 벌 구름 같은 누더기 나의 생애 다일세   一條雲衲是生涯

고요하고 편안한 거처 진실로 소쇄하구나　　　　　聞寂安居實蕭洒
밀밀히 실행하고 감추어 자취를 드러내지 않네　　　密密行藏不露蹤
천 개의 눈을 단박에 떠도 찾을 곳 없지만　　　　　千眼頓開無覓處
마음에 두지 않으니 문 아래서 도리어 서로 만나네　等閑門下却相逢

깨치면 그만이니　　　　　　　　　　　　　　　　覺即了
정오가 삼경이요 한밤이 새벽이네　　　　　　　　日午三更半夜曉
복숭아꽃 지자마자 살구꽃 피어나니　　　　　　　桃花才謝杏花開
예로부터 부족함 없음을 비로소 믿겠네　　　　　　始信從來無欠少

공들이지 않음이여　　　　　　　　　　　　　　　不施功
공용 없음을 알고 싶은가, 흡사 바람 같으니　　　　欲識無功恰似風
성냄도 없고 기쁨도 없고 마음과 뜻도 없지만　　　無瞋無喜無心意
모래 날리고 안개 두드려 맑은 허공 가득 채우네　　吹砂鼓霧滿晴空

일체의 유위법이 같지 않으니　　　　　　　　　　一切有爲法不同
마음의 근원 잘 씻어서 벗어나기를 구하라　　　　　好滌心源求出離
이슬방울 물거품 순식간에 사라지니　　　　　　　露滿漚沈瞬息閒
헛되이 살아가는 만물이 다 이와 같아라　　　　　　浮生萬物皆如是

상相에 머무는 보시는 하늘에 태어날 복　　　　　住相布施生天福
옥으로 만든 궁궐 연화대에 마음대로 가리　　　　　玉殿花臺任意過
불석拂石은 견고해 오래갈 것이라 마시게　　　　　休言拂石能堅久
무생과 비교하면 찰나일 뿐이니　　　　　　　　　若比無生是刹那

화살을 위로 허공에 쏘는 것과 같아서　　　　　　猶如仰箭射虛空

그 화살 허공에 머무를 까닭 없어라	是箭無由空裏奠
반드시 실상을 구해 보리로 나아가야만	須求實相趣菩提
삼도三途에서 머리 얼굴 바꾸는 것 면하리	免向三途換頭面

세력이 다함이여, 점점 기울어지니	勢力盡 漸傾欹
하늘 사람에게 다섯 가지 쇠퇴함 나타남과 같아라	猶若天人見五衰
초췌해지고서야 비로소 영벽囹辟의 고통 걱정하니	憔悴始憂囹辟苦
환락의 동산에서 즐겁게 놀던 때와는 같지 않으리라	不似歡園正樂時

화살이 도로 떨어짐이여, 지극하면 반드시 그치니	箭還隆 極方休
표표히 떠도는 식의 물결 흩어지는 물거품 같아라	識浪飄飄若散漚
다시 익힌 업 무거운 것 따라 거듭 끌려가리니	還隨習業重牽去
여기에 이르러 어떻게 자유로울 수 있으리	到此何甞得自由

내생을 초래함이 뜻과 같지 않으니	招得來生不如意
인因이 바르지 않으니 과果 또한 그러하네	爲因不正果還頗
보시를 행하되 모름지기 삼륜을 깨끗이 하면	行檀須使三輪淨
죄와 복이 비록 신령하다 한들 그대를 어찌하리	罪福雖靈奈爾何

어찌 무위의 실상문만 하겠는가	爭似無爲實相門
실상을 알고 싶은가, 진실로 상이 없네	欲知實相實無相
봄이 되니 깊이 숨은 새 온종일 울어대고	春至幽禽盡日啼
달 솟으니 고기잡이 배 밤새도록 다니네	月出漁舟連夜放

한번에 뛰어넘어 곧장 여래지로 들어가니	一超直入如來地
단박에 증득하는데 어찌 보름달 같은 용모 구하리	頓證何須滿月容

용문龍門에서 고기가 변화하는 날과 꼭 같으니	還似龍門魚化日
한 소리 우레 뒤엔 찾아도 종적조차 없어라	一聲雷後覓無蹤

근본만 얻을 뿐이니	但得本
아침이 다하도록 다시 입술을 수고롭게 말라	終朝更不勞脣吻
한번 먹어 배부름에 만사를 그치니	一飽膨脖萬事休
남들 비웃음일랑 버려두고 괘념치 않네	任他人笑無思忖

지말은 걱정하지 마라	莫愁末
세계가 끝없지만 모두 단번에 걷어잡으며	世界無窮都一撮
다리 부러진 큰 솥 남에게 빌리지 않았으니	折脚鐺兒不借人
죽 끓이고 차 달이며 스스로를 붙잡네	羹粥煎茶自提掇

청청한 유리가 보배 달을 머금은 듯	如淨琉璃含寶月
체와 용이 서로 섞여 맑고도 또 밝아라	體用相交璨爾明
눈으로 보아 비슷함을 엿볼 수가 없지만	有眼不能窺髣髴
무심하면 본래 원만히 이루어짐 비로소 보리	無心方見本圓成

내 이제 이 여의주를 이해하니	我今解此如意珠
솟아나는 서늘한 광명 천만 길이나 되는구나	迸出寒光千萬仞
사생과 육류六類여, 마음대로 구하라	四生六類恣須求
세계는 다함이 있지만 이것은 다함이 없네	世界有窮此無盡

자리와 이타 끝내 다함이 없으니	自利利他終不竭
자비의 물에 마음 꽃이 한밤중에 피어나네	悲水心花半夜開
금전옥당에 머물러 있지 아니하고	金殿玉堂留不住

털 뒤집어쓰고 뿔 단 채 또다시 오는구나	披毛戴角又重來

강물엔 달 비치니	江月照
납자의 가풍이 가장 요긴하다	衲子家風最爲要
밤 고요한데 누구와 이 마음 이야기할까	夜靜同誰話此心
난산에 때때로 외로운 원숭이 울어대네	亂山時有孤猿叫

솔바람 불어오니	松風吹
얼굴을 스치며 소소하여 다할 때 없어라	拂面蕭蕭無盡時
뿌리 아래 복령은 신령하여 묘한 경지 들었으나	根下茯苓神入妙
오고 가는 나무꾼 몇 사람이나 알까	往來樵子幾人知

긴긴 밤 맑은 하늘에 그 무엇 할까	永夜淸霄何所爲
다닐 때는 다니고 앉을 때는 앉는다네	行時行行坐時坐
말에 두 뿔 나고 항아리에 뿌리 돋아도	馬生雙角瓮生根
끝끝내 그대 위해 가볍게 말하지 않으리	終不爲君輕說破

불성과 계주戒珠는 마음 땅의 인印이니	佛性戒殊心地印
하늘을 덮고 에워싼 땅에 빈자리 없어라	普天匝地勿遺餘
끝없는 온갖 벌레들까지 다 가지고 있는데	茫茫蠢蠢皆同有
푸른 눈 오랑캐에게 전했다고 누가 말하는가	誰道唯傳碧眼胡

안개와 이슬 구름과 노을은 몸에 걸친 옷이니	霧露雲霞體上衣
옷과 몸은 예전부터 다른 이름 없다네	衣體從來無別號
한 물건도 가져오지 않았다 말하지들 말게	休言一物不持來
산하와 대지가 다 내가 지은 것	大地山河皆我造

용을 항복 받은 발우, 그 체가 견고하니	降龍鉢 體堅牢
신령한 신통 아무리 펴도 도망가지 못하리	展盡靈通莫可逃
대천사계도 일찍이 담아 간 적 있었으니	大千沙界曾盛去
만 장 높이 구름 잡는 일 두려울 것 없어라	不怕拏雲萬丈高

호랑이 타이른 석장이여, 그 소리 허공에 아득하니	解虎錫 響遙空
싸움 말리자 일찍이 어지러이 솟은 봉우리로 날아드네	分鬪曾飛入亂峯
원수와 친구 한 몸인 줄 알지 못하는 이들	不識怨親同一體
왕옥산에 남긴 자취 있다 쓸데없이 자랑하네	謾誇王屋有遺蹤

두 개의 고鈷에 쇠고리 울림 역력하니	兩鈷金鐶鳴歷歷
다만 이는 원통을 지남指南으로 삼음이라	只此圓通爲指南
만약 관음의 진짜 머무는 곳 본다면	若見觀音眞住處
보타암에 있지 않음 비로소 알 것이네	方知不在寶陀巖

형세를 드러내려 헛된 일 지님 아니라	不是標形虛事持
이 소리 듣고 스스로 회향케 하려는 것	欲使因聞自廻向
홀연히 들리는 곳에 자취 찾아도 없거든	忽於聽處覓無蹤
다시 보게나, 가섭의 옛 시절 그 모습	更看迦葉古時樣

여래의 보장寶杖 몸소 보이신 자취	如來寶杖親蹤跡
능히 생령들의 그물을 끊어 주네	能與生靈斷網羅
양쪽 고鈷 여섯 고리 비록 좋은 표지標識이나	兩鈷六鐶雖善表
온전히 제시함 많지 않은 줄 알지 못하네	不識全提未足多

| 진실을 구하지 않나니 | 不求眞 |

진실을 구하면 곧 친하고 성김 있는 것	求眞便是有疎親
시험 삼아 금가루 가져다 두 눈에 넣어 보라	試將金屑安雙眼
비록 귀하나 어찌 사람을 장애하지 않으랴	雖貴如何不礙人

허망도 끊지 않으니	不斷妄
허망과 진실의 근원은 똑같은 모습이라	妄與眞源同一相
강에서 조수를 희롱하는 사람 본 적 있으나	曾看江上弄潮人
물 좋으나 파도 싫다는 말 듣지 못했네	未聞愛水嫌波浪

두 가지 법 공하여 상相 없는 줄 분명히 알고	了知二法空無相
진실과 허망 잊으면 허망이 바로 진실이라	眞妄忘來妄是眞
만약 진실이라 말하면 도리어 허망이요	若謂是眞還是妄
만약 진실과 허망 잊으면 다시 사람을 걱정하네	若忘眞妄更愁人

상도 없고 공도 없으며 공하지 않음도 없으니	無相無空無不空
감도 없고 옴도 없고 머물 곳도 없다네	無去無來無所止
솔 아래 맑은 바람 이끼를 쓸어 없애니	松下淸風掃盡苔
초가 암자는 예전처럼 흰 구름 속이로다	茅菴依舊白雲裏

곧 이것이 여래의 진실한 모습이니	卽是如來眞實相
밝은 달 갈대꽃은 색이 같지 않다네	明月蘆花色莫齊
보안보살이 당시에 찾을 수 없던 곳	普眼當時無覓處
밤 오니 비와 함께 찬 냇가에서 자노라	夜來和雨宿寒溪

마음 거울 밝아 멀건 가깝건 다 비추니	心鏡明 耀遐邇
맑은 해 허공에 떠올라도 비교하기 어렵네	杲日昇空難可比

한 조각 싸늘한 빛 맑아 머물지 않으니 　　一片寒光湛不流
삼천대천 항하사 세계가 이로부터 일어나네 　　大千沙界從玆起

거울이 장애 없어 털끝조차 끊어지니 　　鑑無礙　絶毫釐
만 가지 형상 천 가지 모습 다 알지 못하네 　　萬狀千形共不知
고요하고 고요한 빛 속에 사람 떠난 뒤 　　寂寂光中人去後
코가 눈썹 같은 사람은 누구? 　　鼻似眉毛是阿誰

훤히 맑게 사무쳐 항하사 세계에 두루하니 　　廓然瑩徹周沙界
서로 만남에 전혀 옛날 얼굴 아니어라 　　相見全非舊日顔
예로부터 찾을 곳 없다 말하지 말게나 　　莫謂從來無覓處
이따금 꼬리 흔들며 남산을 오른다네 　　有時擺尾上南山

삼라만상이 그림자 나타나는 가운데 　　萬像森羅影現中
법마다 허망함 아니요 실체 또한 아니라네 　　法法非虛亦非實
이름과 모습이 본래 남이 없으니 　　是名是相本無生
털 많은 사자는 털 하나면 끝나네 　　衆毛師子一毛畢

한 알의 둥근 광명 안팎이 아니니 　　一顆圓光非內外
가까이 가면 형상 없고 멀리 가면 끝이 없다 　　近無形狀遠無垠
아이들 알지 못하고서 헛되이 이름을 짓고는 　　兒童不識空名邈
둥글둥글한 것이 마치 달 같다고 말하네 　　却道團團似月輪

탁 트인 허공은 마군이 유인하는 바 　　豁達空　魔所誘
그저 만물이 전혀 없다고만 말하네 　　只言萬物都無有
가야 할 길 아직 먼데 기운 해는 벌써 서산 　　去路猶賖日已西

불쌍하기가 오직 상갓집 개 같아라   可憐獨似喪家狗

인과를 없애버리니 더욱 쓰라리네   撥因果　更堪傷
마음 미혹해 떳떳한 길 잃으니 어둡고 어리석네   迷失夷途暗且狂
쓰라린 고통 다른 날에 직접 받는 곳에서   苦楚他時親受處
비로소 알리, 선악의 업 잊기가 어려운 줄   始知善惡業難忘

망망하고 탕탕하게 재앙과 허물을 초래하니   漭漭蕩蕩招殃禍
악은 고치지 않고 선 또한 닦지 않네   惡不加悛善不修
깨달음도 없고 미혹함도 없다 말하는 것 바로 그것   無悟無迷開口是
지옥에 이르지 않으면 끝내 그치기 어려운 것   泥犁未到卒難休

유를 버리고 공에 집착해도 병이기는 마찬가지   棄有著空病亦然
공을 버리고 유를 취함도 또한 이와 같아라   背空取有還如是
발우 걸망 지니고 와 밤은 끝나지 않았는데   鉢袋持來夜未央
늙은 노 행자는 송곳 끝 날카로움만 봤을 뿐   老盧只見錐頭利

물에 빠지는 것 피하고자 불구덩이에 뛰어듦과 같으니   猶如避溺而投火
물과 불이 비록 다르나 해악 어찌 다르랴   水火雖殊害豈差
만약 거친 밭에 들어가 손 닿는 대로 얻으면   若入荒田隨手得
수고롭게 걸음 옮기지 않고 바로 집에 돌아오리   不勞移步便還家

허망한 마음 버림에   捨妄心
마음 가지고 허망 제거하면 허망 되레 깊어지네   將心除妄妄還深
허망이 곧 진실임을 깨달으면 진실 또한 있지 않아   了妄卽眞眞不有
한 가닥 삼실에 두 개의 바늘이라   一條麻線兩條針

진리를 취하나니	取眞理
편갑과 섬린은 아름답지 못하네	片甲纖鱗未爲美
목녀는 구름 뚫고 웃음 그치지 않으니	本女穿雲笑不休
대양 바다 밑에선 붉은 먼지 일어나네	大洋海底紅塵起
취하고 버리는 마음 교묘한 거짓 이루니	取捨之心成巧僞
진실과 허망이 성품은 다르지 않은 줄 알아야 하리	眞妄須知性不殊
반은 멸하고 반은 생하며 지극한 도를 닦으니	半滅半生修至道
나무에 올라가 연꽃을 찾는 것과 또한 같으리	還如登木望芙蕖
배우는 사람이 알지 못하고 수행하니	學人不了用修行
알고서 수행하면 어찌 허망하리	了得修行豈虛妄
만약 항아리 소리를 종소리라 여긴다면	若將瓮響作鐘聲
실체가 없을 뿐만 아니라 자신도 속이는 것	不獨無實兼自誑
깊이 도둑을 오인해 아들을 삼는 것 되니	深成認賊將爲子
허망을 사랑해 마음을 얽고도 스스로 알지 못하네	愛妄纏心不自知
세월 다할 때까지 기다렸다 그대 스스로 보라	待到年窮君自看
황량한 가업이 다시 누구 때문인지	荒涼家業更由誰
법재를 덜고 공功 스스로 버렸으니	損法財 功自棄
삼도를 오가며 어느 곳에 의지할까	往返三途何所恃
정신 차려 깨닫는 일 원래 찰나에 있으니	省覺由來在刹那
괴롭게 애쓸 필요 없이 앉아서 이익 얻네	不必辛勤坐獲利
공덕 소멸시킴을 다시 어찌 의심하랴	滅功德 更何猜

다섯은 문호 되고 하나는 매개 되네	五爲門戶一爲媒
예로부터 보배 있는 곳 자물쇠 잠그지 않았으나	從前寶所無關鑰
이로부터 당시 사람들 가까이 오려 하지 않는다네	自是時人不肯來

이 심의식 말미암지 않는 것 없으니	莫不由斯心意識
예로부터 함께 지내나 원수와 같아라	從來共住若寃讐
이제 이미 더불어 가업을 함께하니	如今已與同家業
끝없는 진귀한 재물 다시 훔치지 않노라	無限珍財更不偸

이런 까닭에 선문에서는 마음을 완전히 깨달아	是以禪門了却心
우두커니 일없이 아침저녁 지내야 할 것이니	兀兀騰騰度朝夕
불조佛祖들이 서로 살피는 빠른 길은 똑같아	佛祖相看驀路同
한더위엔 바람 쐬기, 추위엔 해맞이	大暑迎凉寒向日

무생지견無生知見의 힘에 단박 들어감이여	頓入無生知見力
무생지견을 어떻게 논하리	無生知見若爲論
이따금씩 달 바라보며 깊은 밤을 지내고	有時望月過深夜
몇 번이나 재계 위해 먼 마을로 갔었나	幾爲求齋到遠村

대장부여, 위엄 있고 자애로우니	大丈夫 威且愛
풀 쓰러진 데 바람 가듯 막힘이 없네	草偃風行無窒礙
영리하건 어리석건 우의羽儀가 되고	不止賢愚作羽儀
험난한 악도에서 사람들 의지처가 되리	險惡途中人所賴

지혜의 검을 잡으니 눈서리처럼 싸늘하다	秉慧劍 雪霜寒
하늘 아래 어떤 사람 감히 바로 쳐다볼까	寰海何人敢正看

눈썹을 치켜 올리고 곧바로 돌아나가니	剔起眉毛便歸去
촉루봉 뒤에는 잡초가 넘쳐 나네	髑髏峯後草漫漫

반야의 칼날, 금강의 불꽃	般若鋒兮金剛燄
견고하고 매서워 어지러운 상의 숲 태워 버리네	堅猛能燒亂相林
단번에 쓸어 버려 다시 머리카락만큼도 없어도	一掃更無毫髮許
곁에 있는 사람 오히려 노파심을 비웃네	傍人猶笑老婆心

능히 외도의 마음 꺾을 뿐만 아니라	非但能摧外道心
동이 이고 철판을 배에 두른 자 어찌 수를 헤아릴까	戴盆鍱腹何窮數
영취산에 묵묵히 앉아 채찍 약간 흔들었더니	靈山據坐略搖鞭
좋은 말은 바람을 좇아 스스로 돌아갔다네	良馬追風自廻去

일찍이 천마의 간담을 떨어트렸으니	早曾落却天魔膽
삿됨과 바름이 맞붙으매 세력 알 수 있으리	邪正相交勢可知
이게 다 그대들의 미움과 사랑이 무거운 탓	自是汝曹憎愛重
불자佛子가 자비롭지 못한 탓은 아니라네	非干佛子不慈悲

법의 우레 진동함이여	震法雷
한번 내려침에 우렁찬 소리 구해에 가득하다	一擊轟然徧九垓
예로부터 그림자 형상 없었다고 말하지 마라	莫謂從來無影像
함령이 일찍이 눈 가지런히 떴나니	含靈曾爲眼齊開

법의 북을 두드림이여	擊法鼓
서천과 이곳에서 직접 분부하신 법도라	西天此土親規矩
어리석은 사람 잠 깊어 스스로 듣지 못함이지	癡人睡重自無聞

관음보살 마음이 넓지 않아서가 아니라네	不是觀音心未普

자비의 구름 널리 폄이여, 감로를 뿌리시니	布慈雲兮灑甘露
인간과 천상에는 미세한 티끌도 끊어졌네	人間天上絶纖塵
촉촉이 내리는 비 한 맛이라 차별 없어	濛濛一味無差別
깨끗이 씻어 싹 틔우니 만 가지가 새로워라	洗出萌芽萬種新

용상이 차고 밟으매 윤택함이 끝없으니	龍象蹴踏潤無邊
종횡으로 자재하며 얽매이지 않는구나	自在縱橫勿羈絆
중생이 남김없이 보리를 증득하기 전에는	衆生未盡證菩提
끝내 번뇌의 언덕을 가볍게 떠나지 못하리라	終不輕離煩惱岸

삼승과 오성五性이 모두 깨어나니	三乘五性皆醒悟
펼치면 차이 나고 거두면 같아지네	舒卽參差卷卽同
제비와 참새 난새와 봉이 나는 것 제각각이나	鷰雀鸞鳳飛各異
도달하는 그곳이야 끝내 허공 떠나지 못하네	到頭終不離虛空

설산의 비니肥膩는 다시 뒤섞인 것 없으니	雪山肥膩更無雜
때맞은 비와 바람 뿌리 드러나지 않는구나	時雨時風不露根
면면하여 한 가지도 일 없었다 말을 말게	莫謂緜緜無一事
일찍이 소식 전해 왕손에게 이르렀느니	曾傳消息到王孫

순수한 제호만 나와 내가 항상 받으니	純出醍醐我常納
보배 그릇 아니면 담아 두기 어려워라	若非寶器貯應難
온 세상에 어느 누가 이 맛을 알까	擧世何人知此味
한산寒山이 손뼉 치며 풍간을 비웃네	寒山撫掌笑豊干

한 성품이 일체의 성품에 원만하게 통함이여	一性圓通一切性
이 성품은 유유해 하나가 곧 여럿이라	是性悠悠一即多
만약 하나와 여럿이 같고 다름 아님 깨달으면	若了一多非一異
하나도 다름도 본래 없음을 알까	一異無來會得麼

한 법이 일체법을 두루 포함하니	一法徧含一切法
하나의 법이 주인 되고 여럿이 손님 되네	一法爲主衆爲賓
주인 없고 손님 없는 곳에서 곧 손님과 주인 되니	無主無賓即賓主
겨자에 수미산 들어감에 사람들 막힘 없네	芥納須彌不礙人

하나의 달이 모든 물에 두루 나타나니	一月普現一切水
가깝지도 않고 멀지도 않아 체 스스로 영원하다	非邇非遐體自常
남북동서에 그림자 나눠 가지만	南北東西分影去
높이 솟은 하늘 밖에 남은 빛이 있다네	亭亭天外有餘光

모든 물의 달을 하나의 달이 포섭하니	一切水月一月攝
달은 모습을 나누지 않고 물은 외롭지 않네	月不分形水不孤
요즘 사람들 맑은 물결의 길 꿰뚫지 못하여	時人未透淸波路
그저 싸늘한 빛이 태허에 가득하다고만 하네	只道寒光滿大虛

모든 부처님의 법신이 나의 성품에 들어 있으니	諸佛法身入我性
나도 없고 남도 없는데 성인과 범부라 속이네	無我無人謾聖凡
깊은 오솔길에 떨어진 꽃 붉기가 불꽃 같고	幽徑落花紅似火
문을 휘돌아 흐르는 물 푸르기가 쪽빛 같네	繞門流水碧如藍

나의 성품이 다시 여래와 합하니	我性還共如來合

합한 곳은 남 아니고 자기도 아니라네　　　合處非他非自己
수미산 꼭대기에 철선이 잠기니　　　　　　須彌頂上鐵船沈
귀 뚫은 호승은 몰래 손가락 튕기네　　　　穿耳胡僧暗彈指

하나의 지위에 모든 지위를 갖추었으니　　一地具足一切地
행위 다르나 오직 이 몸일 뿐　　　　　　　行位差別只此身
아승기 세 번의 대겁 다 보내고 나니　　　　歷盡僧祇三大劫
올해도 여전히 지난해처럼 가난하네　　　　今年還似去年貧

색도 아니고 심도 아니며 행업도 아니니　　非色非心非行業
희론하는 언사들 그 무엇과도 맞지 않아　　戲論言辭摠不如
오직 화산의 반 처사가 있어서　　　　　　　唯有華山潘處士
길 가며 읊조리고 바라보다 나귀에서 떨어지네　途中吟望倒騎驢

손가락 튕기는 사이에 팔만법문 원만히 성취하니　彈指圓成八萬門
팔만 가지 법문이 오직 한 곳이라　　　　　八萬法門唯一處
만약 한 곳을 모르면 공연히 치달리며 구하고　若迷一處謾馳求
한 곳을 밝혀도 본래 의거할 곳 없으리　　　一處若明無本據

찰나에 삼아승기겁 없어지게 하나니　　　　刹那滅却三祇劫
일념은 무생이요 하나 또한 아니네　　　　　一念無生一亦非
온 대지가 다 같은 은색계이니　　　　　　　大地盡同銀色界
어떤 갈림길이 한 곳으로 돌아가지 않으리　有何歧路不同歸

일체의 수구와 비수구어　　　　　　　　　　一切數句非數句
성품과 모습 어지러워 만 가지 이름일세　　性相紛拏萬種名

문 닫고서 그저 날 새지 않는단 소리만	閉戶只言天未曉
문밖에 해 돋은 줄 알지 못하네	不知門外日頭生

나의 신령스런 깨달음과 어찌 서로 교섭하리	與吾靈覺何交涉
천성의 참된 기틀 친하기 쉽지 않고	千聖眞機不易親
명주의 포대 화상 매우 미치고 괴이하여	明州布袋多狂怪
시끄러운 곳에서 항상 잡아 길 가는 이들에게 보였다	鬧中常把示行人

비방할 수 없음이여	不可毁
천병과 마후 헛되이 위세와 교태 부리더니	天兵魔后徒威美
자비로운 빛 비추는 곳에서 제각기 귀의하고	慈光照處各歸投
맑은 거울 들여다보며 스스로 부끄러워하네	淸鏡觀來自慚恥

칭찬할 수도 없음이여	不可讚
허공은 예전의 이간질조차 알지 못하고	虛空未省曾離閒
선길의 바위에는 풀이 나지 않는데	善吉巖中草不生
교시가 쓸데없이 하늘 꽃을 흩뿌리네	憍尸謾把天花散

체가 허공과 같아 한정이 없으니	體若虛空勿涯岸
비밀히 간직한 미묘한 말씀 표현할 수 없어라	秘藏微言莫可詮
십성과 삼현이 알지 못하는 곳	十聖三賢不知處
때때로 절 문 앞에 한가롭게 걸려 있네	有時閑掛寺門前

바로 이곳을 떠나지 않고 항상 맑으니	不離當處常湛然
이는 중생도 아니요 부처도 아니네	非是衆生非是佛
곧장 수미산을 후려쳐서 쓰러뜨려야	驀然撞倒須彌山

| 예로부터 한 물건도 없었음을 비로소 믿으리 | 始信從來無一物 |

찾으면 곧 그대가 보지 못한다는 걸 아나니	覓即知君不可見
보지 못한 사람 반드시 이 길 따라 돌아가라	不見須從此路歸
병든 새는 그저 갈댓잎 아래로 숨어드나	病鳥只拪蘆葉下
날쌘 매는 들자마자 하늘 박차고 날아오르네	俊鷹才擧搏天飛

취할 수 없음이여	取不得
구름 일고 번개 치니 온 하늘이 캄캄하네	雲生電轉寰區黑
임제 스님 도중에 빈손으로 돌아왔는데	臨濟途中空手廻
억울하게도 사람에게서 백주의 날강도란 소리 들었네	被人剛喚白拈賊

버릴 수 없음이여	捨不得
사방과 상하에 모두 충만하다	四方上下皆充塞
추자가 어찌 알고 떼어 버리려 하였으나	鶖子何知欲棄捐
공연히 하늘 꽃만 옷자락 가득 붙었네	空惹天花徧衣襋

얻을 수 없는 가운데에서 이렇게 얻었으니	不可得中只麼得
잎 없고 뿌리 없되 가는 곳곳 태어나네	無葉無根到處生
어제는 발을 걷자 비 따라서 지나더니	昨日開簾隨雨過
오늘 아침 길 나서니 사람 가는 걸 가로막네	今朝當路礙人行

침묵할 때 설법함이여, 어둠 속 밝음이니	默時說　暗中明
밝음과 어두움 잊으면 숫돌처럼 평평하리	明暗忘來若砥平
불이법문을 마침내 펼치신 곳	不二法門終演處
비야리 성안 우레 소리 같아라	毗耶城內似雷聲

설법할 때 침묵함은 얽매임을 끊은 것　　　　　說時默　絶黉緣
혀끝을 말아 버려야 비로소 펼치는 것　　　　　縮却舌頭始解宣
사십구 년 하신 말씀 한 글자도 없으니　　　　　四十九年無一字
용궁의 해장은 어찌 전했으리　　　　　　　　　龍宮海藏若爲傳

큰 베풂의 문을 여니 옹색함이 없어라　　　　　大施門開無擁塞
흐르는 샘 싫어하지 않고 산도 좋아하지 않네　　不厭流泉不愛山
먼지 낀 얼굴 재 덮인 머리는 눈 같아라　　　　 面帶塵灰頭似雪
걸어가며 말을 타고 동관潼關을 지나네　　　　　步行騎馬過潼關

어떤 종宗을 알았냐고 누가 내게 물으면　　　　 有人問我解何宗
눈썹을 아끼지 않고 쉽게 통하게 해 주리라　　　不惜眉毛略爲通
동쪽 고개에 구름 이니 서쪽 산마루 하얗고　　　東嶺雲生西嶺白
앞산에 꽃 피니 뒷산이 붉은빛　　　　　　　　　前山花發後山紅

마하반야의 힘이라 대답하리　　　　　　　　　　報道摩訶般若力
옛 부처 오늘 부처의 진실한 비밀일세　　　　　 古佛今佛眞秘密
사삼謝三은 본래 고기 잡는 어부　　　　　　　　謝三本是釣魚人
시내를 지나가도 발 젖지 않는다네　　　　　　　過得溪來脚不濕

혹은 옳다 혹은 그르다 해 사람들 알지 못하니　 或是或非人不識
알 수 없는 저 사람 도대체 그 누구　　　　　　 不識伊家更是誰
얼굴 바꾸고 머리 고침 허깨비 같으니　　　　　 換面改頭如幻化
어린아이가 어찌 쉽게 알 수 있으리　　　　　　 兒童爭鮮等閑知

역행도 하고 순행도 해 하늘도 측량 못하며　　　逆行順行天莫測

또한 규범으로 삼는 의범도 없어라	更無儀範作規箴
대지(黃興)의 그 끝 어찌 다 알 수 있으리	黃興豈可窮邊際
공연히 부러진 송곳 들고 얕고 깊음 재누나	徒把折錐候淺深

(이상 『증도가천송證道歌泉頌』의 원문은 『한국불교전서』 편집자가 보완하여 삽입하였다.)

(以上證道歌泉頌原文編者補入)

原文 '사자의 포효여'부터 '모두 뇌가 파열되니'까지

事實 『기주』에서 말하였다.

"사자는 짐승 중 왕이다. 한번 포효하면 여우의 무리가 종적을 감추고 모든 짐승이 뇌가 찢어져 두려워하면서 달아난다. 이것으로써 대승보살이 설하는 원돈圓頓의 법음法音이 마군의 궁전을 진동시킨다는 것과, 모든 소승의 근기는 대승법을 감당하지 못해 제각기 의혹을 일으켜 깨닫고 이해하지 못한다는 것을 비유하였다.

이 때문에 화엄회상에서 귀머거리와 같고 벙어리와 같아서 믿고 받아들이지 못한 것이다.[1] 덕산德山 스님이 문에 들어오면 바로 몽둥이로 때리고 임제臨濟 스님이 문에 들어오면 곧바로 고함을 친 경우와 꼭 같으니, 누가 이를 받아들이고 감당할 수 있겠는가."

師子吼 至皆腦裂

琪注。師子爲獸中之王。若哮吼一聲。群狐倂。[1] 百獸悉皆腦裂。恐怖而走。以喩大乘菩薩所說圓頓法音。魔宮振動。諸小根[2]器。不任大法。各生疑惑而不悟解。所以華嚴會上。如聾若[3]瘂。不能信受。祇如德山入門便棒。臨濟入門便喝。能有幾箇承當。

1) ㉯ '倂'이 갑본에는 '屛跡'으로 되어 있다. 2) ㉯ '根'이 갑본에는 '乘'으로 되어 있다. 3) ㉯ '若'이 갑본에는 '如'로 되어 있다.

原文 가시덤불 숲

事實 고덕古德이 말하였다.

"한 생각 망심妄心이 요동하자마자 곧바로 세간의 모든 고통이 갖추어진다. 마치 사람이 가시덤불 숲에 있을 때 움직이지 않으면 가시에 찔리

---

1 『法華經』에서 사리불이 부처님께 술회한 내용이다.

지 않는 것처럼 망심이 일어나지 않으면 항상 적멸의 즐거움에 머물지만, 한 생각 망심이 움직이기만 하면 모든 가시에 찔리게 된다."

따라서 '경經'에서 "마음이 있으면 모두 고통이니 마음이 없어야 즐거움이다."라고 하신 것이다.[2]

荊棘林

古德云。一念妄心纔動。卽具世間諸苦。如人在荊棘林。不動則刺不傷。妄心不起。恒處寂滅之樂。一念妄心纔動。卽被諸有刺傷。故經云。有心皆苦。無心乃樂。

原文 옛 모습 잃었으니

事實 『성도기成道記』[3]에서 말하였다.

"마군에게 네 딸이 있는데 단정하기가 비길 데 없었다. 함께 보살 앞에 와서 온갖 자태를 뽐내며 범행梵行을 파괴하려 할 때, 보살이 자심정慈心定의 힘으로 네 딸을 모두 변화시켜 늙고 추하고 병약한 모습으로 만들자 서로 돌아보면서 부끄러워하며 물러났다."[4]

失舊容

成道記云。魔有四女。端正無倫。共來菩薩前。呈諸姿態。欲壞梵行時。菩薩以慈心定力。四女皆變。爲老醜羸弱之狀。相顧羞愧而退。

---

2 "고덕古德이 말하였다"부터 여기까지는 『宗鏡錄』에서 인용한 것이다. 『宗鏡錄』 권 45(T48, 681a).
3 『성도기成道記』: 당唐 태원太原 왕발王勃이 찬撰한 『釋迦如來成道記』를 말한다. 『禪門諸祖師偈頌』에 수록되어 있다.
4 『成道記』에서 인용한 것이 아니라 전당錢唐 혜오 도성慧悟道誠 스님의 주註에서 인용하였다. 『釋迦如來成道記註』 권1(X75, 6a).

原文 '향상香象은 분주히 달아나며'부터 '기쁜 맘 일으키니'까지

事實 『기주』에서 말하였다.

"향상은 소승인 성문(聲聞定性)과 연각(緣覺定性)인 자들을 비유한 것이다. 이들은 마음을 돌이켜 대승으로 향하지 못하고 원돈의 대승법을 듣고도 진실로 믿지 못한다. 이 때문에 『법화경法華經』에서 5천 명이 법석에서 물러나 부처님께 예를 올리고 떠나간 것이다.[5]

비유하면 마치 코끼리왕(象王)이 비록 위엄과 덕이 있지만 사자의 포효를 들었을 땐 곧 위엄을 잃고 달아나는 것과 같다. 따라서 '향상은 분주히 달아나며 위엄을 잃는다'고 한 것이다.

'하늘과 용이 고요히 듣고 기쁜 맘 일으키니'는 모든 하늘과 용왕은 사자후를 들었을 때 마음이 곧 즐거워져 희열을 일으킨다는 것이다. 이것은 대승보살인 사람이 부처님께서 설하는 대법大法을 듣고 마음에 환희가 일어나 한량없이 춤추듯이 뛰는 것을 비유하였다. 마치 수보리須菩提가 반야회상般若會上에서 부처님께서 설하시는 반야般若를 듣고 희열이 극에 달하여 슬퍼한 것과 같다.

따라서 『금강경金剛經』에서 '이때 수보리가 눈물 콧물을 흘리며 슬피 울면서 부처님께 말씀드리기를 〈희유하십니다. 세존이시여, 제가 옛날부터 혜안慧眼을 얻기는 했으나 이와 같은 경經은 아직까지 듣지 못하였습니다〉라고 하였다'라고 하였으니, 바로 이와 같은 의미이다."

香象奔波 至生欣悅

琪注。香象喩小乘聲聞緣覺。定性之人。不能迴心向大所聞圓頓大乘。不能諦信。是以法華。五千退席。禮佛而去。譬如[1)]象王。雖有威德。若聞師子吼時。即失威奔走。故曰。香象奔波失却威也。天龍寂聽生欣悅者。諸天龍王

---

5 『妙法蓮華經』 권1「方便品」(T9, 7a).

聞師子吼時。心即欣然而悅也。以喻大乘菩薩之人。聞佛所說大法。心生歡
喜踊躍無量也。如須菩提在般若會中。聞佛所說般若。喜極成悲。故金剛經
云。爾時須菩提涕淚[2]悲泣。而白佛言。希有世尊。我從昔來。所得慧眼。未
曾得聞如是之經。即其義也。

1) ㉿ '如'가 갑본에는 '若'으로 되어 있다.　2) ㉿ '淚'가 갑본에는 '泪'로 되어 있다.

原文 니원泥洹

事實 범어梵語이다. 중국말로는 불생불멸不生不滅이라 하고, 열반涅槃
이라고도 한다.

泥洹
梵語。此云不生不滅。亦云涅槃也。

原文 해진 옷을 입누나

事實 『사교의四敎儀』에서 "사나舍那[6]로 만든 진귀한 임금의 옷을 벗고
1장 6척의 해지고 더러운 옷을 입었다."[7]라고 하였다.

著弊衣
四敎儀云。脫舍那珍御之服。着丈六弊垢之衣。

原文 '강과 바다로 떠돌며'부터 '참선하기 위함이네'까지

事實 『기주』에서 말하였다.
"강과 바다를 떠돌고 산천과 도로를 건너고 지나며 피로하게 남북으로

---

6 사나舍那 : 사нॆ奢那·설락가設諾迦·사닉가奢搦迦로 음역하기도 한다. 삼(麻)과 비슷한
  풀로서 껍질은 옷감을 만드는 재료로 사용한다.
7 『天台四敎儀』(T46, 774c).

분주하게 치달리는 것은 다른 일을 위해서가 아니다. 선지식을 참방하여 생사문제를 결택決擇하기 위해서이니, 이른바 무상하고 신속한 생사의 일이 중대한 것이다. 투자投子 스님은 '모든 세간 사람들이 긴급한 곳에서는 도리어 한가롭고 태만하며 한가롭고 태만해도 될 곳에서는 오히려 긴급하게 군다'고 하였다.

만약 생사를 벗어나고자 한다면, 모름지기 선지식을 만나 증상연增上緣으로 삼고 자기의 일을 밝혀야 하는 것이니, 이것은 실로 소소한 인연이 아니다. 이른바 '청산靑山은 늘 있지만 선지식은 만나기 어렵다'는 것이 이에 해당한다. 이 때문에 '스승 찾아 도 물음은 참선하기 위함이다'라고 하였다."

游江海 至爲叅禪

琪注。所遊江海。涉歷山川途路。疲勞奔馳南北。非爲別事。乃爲叅尋知識。決澤死生。所謂無常迅速。生死事大。投¹⁾了²⁾云。一切世人。向緊急處却閒慢。閒慢處却緊急。若欲出離生死。須遇善知識。爲增上緣。發明己事。實非小緣也。所謂靑山長在。知識難逢。故曰。尋師訪道爲叅禪也。

---
1) ㉗ 갑본에는 '投' 앞에 '古'가 있다. 2) ㉗ '了'가 갑본에는 '子'로 되어 있다.

原文 금병金甁

事實 '경'에서 말하였다.

"전륜성왕轉輪聖王에게서 태어난 태자가 왕이 사해의 바닷물을 금병에 담아 직접 그 병을 들고 태자의 정수리에 부어 주면 그때 곧 왕위를 받은 것이 되는 것과 같다."⁸

---
8 『華嚴經』에 있는 내용을 인용하였으나, 중간에 생략된 부분이 있다. 인용하면 다음과 같다. "如轉輪聖王所生太子。母是正后。身相具足。其轉輪王令此太子坐白象寶妙金之座。張大網幔。建大幢幡。然香散花。奏諸音樂。取四大海水置金甁內。王執此甁灌太子頂。是

金甁

經云。如轉輪聖王所生大子。其王取四海水。置金甁中。王執此甁灌大子頂。是時即受王位。

原文 '보배 구슬'부터 '근심하고 두려워하네'까지

事實 『경률이상經律異相』에서 말하였다.

"옛날에 보살이 사성四姓에서 태어났을 때, 땅에 발을 딛자마자 말하였다.

'중생의 온갖 재앙을 내가 제도하리라.'

부모는 '어린아이가 건곤乾坤을 윤택하게 하려는 뜻을 가지고 있다니, 아마 범부가 아닐 것이다' 하고 보시普施라고 이름을 지었다. 나이 열 살이 되었을 때 부모와 작별하고는 중생을 제도하며 가난하고 궁핍한 이들에게 보시하려고 하자, 부모가 그 청을 들어주었다.

곧 바다를 건너 산에 들어가 아무도 없는 곳에 당도해 멀리 은성銀城을 바라보니 궁宮을 독사가 일곱 겹으로 에워싸고 있었는데, 몸의 크기가 100아름이나 되었다. 머리를 쳐들고 서로를 바라보는데 보시普施가 '이 독사가 해치려는 마음이 있으니 내가 마땅히 자비로운 마음을 일으켜야겠다'라고 생각하자, 뱀은 독이 즉시 없어지고 머리를 숙인 채 잠들었다. 그 뱀의 머리를 밟고 올라가 성으로 들어가자, 성에 있던 천신天神이 그 광경을 보고 기쁘게 맞이하며 말했다.

'오랫동안 성덕聖德의 가피를 입어 지금 이처럼 날아오시는군요. 30일 동안 머물러 주시길 원합니다.'

기약한 공양의 시일이 끝나자 달처럼 밝은 진주眞珠 하나를 주며 전송하였는데, 그 구슬은 40리를 밝혔고 소원만 하면 온갖 보배가 가득했다.

時卽名。受王職位。"『大方廣佛華嚴經』권39「十地品」(T10, 206a).

또 앞으로 나아가다가 황금성黃金城을 바라보니 독사가 성을 에워싸고 있었는데 몸의 크기가 앞의 독사보다 배는 되었다. 보시가 다시 자비의 선정(慈定)에 들어가자 독사는 즉시 머리를 숙였다. 그 머리를 밟고 올라가 성에 들어가자 천인天人들이 서로 보고 기뻐하며 말하였다.

'오랫동안 신령스러운 광채의 가피를 입어 이처럼 나시니, 참으로 훌륭하십니다.'

그들 역시 신비한 구슬 하나를 주며 전송하였다.

또 앞으로 나아가다가 유리성瑠璃城을 바라보니 또 독사가 있었는데, 몸으로 성을 스물한 겹으로 에워싸고 머리를 쳐들어 성난 눈으로 바라보았다. 다시 자비의 선정에 들어가자 독기가 없어지고 머리를 숙였다. 그 머리를 밟고 성으로 들어가자 천인들이 앞에서와 같이 즐거워하고 기뻐하면서 머물러 주기를 청하였고, 또 신비한 구슬을 주며 전송하였다.

보시가 구슬을 얻어 옛날에 거처하던 곳으로 돌아오자, 바다의 신들이 모두 모여 의논하였다.

'우리 큰 바다에 이 세 구슬만 있다면 우리는 영화로울 것이다. 지금 도사道士가 이 구슬을 모두 얻었으니, 우리는 차라리 모든 보배를 잃을지언정 이 구슬을 잃어서는 안 된다.'

바다신은 보통 사람으로 변화해 보시 앞에 당도하여 말하였다.

'제가 들으니, 인자仁者께서 세상의 보배를 얻었다고 하던데 볼 수 있겠습니까?'

그 즉시 구슬을 보여 주자 바다신은 재빨리 손을 뻗어 빼앗아 버렸다.

보시가 말하였다.

'내가 험준한 산을 넘고 바다를 건너 이 보배를 얻은 것은 가난하고 궁핍한 사람을 제도하기 위해서이다. 너는 내 구슬을 돌려주어라. 그렇지 않으면 내가 너희들의 바다를 말려 버리겠다.'

신은 말하였다.

'거대한 바다는 깊고 넓은데 누가 모두 마르게 할 수 있겠는가?'

보시가 말하였다.

'나는 정광불錠光佛께 모든 바다를 뒤엎고 손가락으로 수미산을 뽑아 버리며 천지를 진동시키고 모든 불찰을 옮길 수 있는 도력을 얻게 해 달라고 서원하였는데, 부처님께서 나의 뜻을 따라 주시어 지금 그것을 얻었다. 이제 너희 귀물鬼物들의 터럭만한 힘으로 어떻게 나의 올바르고 참된 힘을 막을 수 있겠는가?'

보시는 즉시 두 발로 바닷물을 쳐서 철위산鐵圍山 밖으로 넘겨 버렸다.

변정천遍淨天도 '나는 옛날 정광불 앞에 있을 때, 그가 뜻을 세워 서원을 일으키는 것을 들었다. 반드시 세존께서 우리 중생을 제도해 주실 것이다' 하고는 내려와서 물을 빼내는 것을 돕자 10분의 8이 없어졌다.

바다신은 두려워하며 '이 바닷물이 다 말라 버리면 우리가 사는 곳이 파괴된다'라고 하고 즉시 구슬을 돌려주었다. 이렇게 길을 찾아다니며 보시하니 지나가는 나라마다 다시는 가난한 사람이 없게 되었다.

이 이야기는 『현우경賢愚經』에 나온다."[9]

寶珠 至憂怖[1)]

經律異相云。昔者菩薩。□[2)]四姓生。墮地即曰。衆生萬禍。吾當濟之親曰兒有乾坤弘潤之志。將非凡夫乎。名曰普施。年至十歲。辭親濟衆。布施□[3)]乏。父母聽之。即渡海入山。到無人處。遙覩銀城。宮有毒蚖。遶城七匝。體大百圍。擧首相看。普施念曰。斯有害心。吾當興慈。蚖毒即滅。垂首而眠。登首入城。城中天神覩之。欣豫曰。久服聖德。今來翔玆。願留三旬。時供養畢。以明月眞珠一枚送之。珠明四十里。志願若發。衆寶滿足。又復前行。

---

9 『經律異相』에서 그대로 인용하지 않고 내용을 정리하여 인용하였다. 『經律異相』 권9 「普施求珠降伏海神以濟窮乏」(T53, 47b).

覩黃金城。毒虺圍城。巨軀倍前。普施復入慈定。虺即垂首。登之入城。有
天人相見歡喜曰。久服靈耀。翔玆甚善。復以神珠一枚送之。即復前進。覩
瑠璃城。又有毒虺軀。以遶城二十一匝。仰首瞋目。復生慈定。毒歇垂首。
登之入城。天人欣喜。如前請留。又送神珠。普施得珠。返其舊居。海神僉
會議曰。吾等巨海。唯斯三珠爲吾榮華。道士悉得。吾等寧當都亡諸寶。不
失斯珠。海神化爲凡人。當普施前曰。吾聞仁者。獲世上寶。可得觀乎。即
以示之。海神搏手奪取。普施曰。吾歷嶮跨海。乃獲斯寶。欲濟貧乏。尓還
吾珠。不者吾竭尓。海神曰。巨海深廣孰能盡之。普施曰。吾於錠光佛前願
得道力。反覆衆海。指擁須彌。震天地移諸刹。佛從吾志。今得之矣。今尓
鬼物絲髮之力。焉能遏吾正眞之勢。即併兩足。標渫海水。投鐵圍外。遍淨
天曰。吾昔於錠光佛前。聞其志願。必爲世尊。度吾等衆生。即下助其渫水。
十分去八。海神怖曰。斯水盡矣。吾居壞也。即還其珠。尋路布施。所過之
國。無復貧民。出賢愚經。

1) ㉔ '怖'가『續藏經』에 수록된『南明泉頌永嘉證道謌』에는 '怪'로 되어 있다.(X65, 441c) 2) ㉕ □가『高麗大藏經』영인본에는 '從'으로 되어 있다. 3) ㉖ □가『高麗大藏經』영인본에는 '貪'으로 되어 있다. '貧'인 듯하다.

原文 다듬지 않은 지팡이로
事實 고덕古德[10]이 말하였다.

한 자루 다듬지 않은 지팡이로 푸른 하늘 의지해
삼승의 가르침 밖에 전한 뜻 찾아 달리 향했더니
눈도 감기 전에 팔백 방을 맞고
입을 열려는 순간 삼천 방을 때리네[11]

---

10 무진 거사無盡居士 장상영張商英을 말한다.
11 덕산德山 스님이 찾아오는 스님을 보자마자 몽둥이로 때렸던 고사를 두고 송한 것이

柳標

古德云。一條柳倚靑天。別向三乘敎外傳。未眨眼時遭八百。擬開口處打三千。

原文 현사玄沙는 고갯마루를 넘지

事實 현사 사비玄沙師備[12] 선사는 처음 설봉雪峰[13] 스님에게 참학하였는데, 마음속 의심을 결택하지 못하였다. 이에 '내가 고갯마루를 넘어 여러 곳을 두루 참방하는 것만 못하겠다' 하고는 드디어 바랑을 짊어지고 고갯마루를 넘게 되었다. 험준한 곳에 당도했을 때 지팡이로 짚다가 그만 발가락을 찍어 피가 나오고 고통이 극심하였다.

스님은 탄식하며 말하였다.

"이 몸뚱이가 실제로 있는 것이 아니라면 이 고통은 어디에서 온 것일까? 이 몸뚱이도 이 고통도 끝끝내 생긴 적이 없는 것이구나. 그만두자, 그만두자. 달마達摩께서는 동토東土로 오지 않았고 이조二祖께서는 서천西天으로 가지 않았다."

여기에서 발길을 돌렸다.

다.『禪宗頌古聯珠通集』권23(X65, 681b).
[12] 현사 사비玄沙師備 : 황제로부터 종일선사宗一禪師(835~908)라는 호를 하사받았으며, 속성 사謝씨를 따라 자칭 사삼랑謝三郎이라 하였다. 현사원玄沙院에 오래 주석하였다. 부용 영훈芙蓉靈訓에게 출가하였고 동학 선배인 설봉 의존雪峰義存 선사에게 참학하여 법을 이었다.
[13] 설봉雪峰 : 법명은 의존義存(822~908)이며 칙호는 진각선사眞覺禪師이다. 염관 제안·동산 양개·덕산 선감 선사 등 당대의 선장禪匠들을 두루 참예하였고, 사형 암두 전활 선사로 인해 대오하였다. 상골산象骨山에 주석하며 크게 종풍을 선양하였는데, 이 산은 민월閩越(福建省)의 승지勝地로서 겨울엔 눈이 제일 먼저 내리므로 설봉雪峰이라 하였다.

玄沙出嶺

玄沙師備禪師。初叅雪峰。心疑未決。乃云我不如出嶺。遍叅諸方遂携囊出嶺。到嶮峻處。築著足指出血痛楚。嘆曰是身非有。痛從何來。是身是苦。畢竟無生。休休。達摩下[1]來東土。二祖不往西天。從此迴節。

1) ㉠ '下'는 '不'의 오기인 듯하다. 『宋高僧傳』・『景德傳燈錄』・『從容錄』 등 모든 선적에 이 부분이 '達摩不來東土'로 되어 있다. 『萬松老人評唱天童覺和尚頌古從容庵錄』 권5(T48, 279b).

[原文] '알고부터'부터 '서로 관계하지 않음을'까지
[事實] 『기주』에서 말하였다.

"조계 육조曹溪六祖 스님을 찾아가 심지법문心地法門을 깨쳐서 증득한 뒤부터 일체 모든 법이 생겨남도 없고(無生) 소멸함도 없으며(無滅) 가는 일도 없고(無去) 오는 일도 없음(無來)을 분명히 알게 되었다. 만약 이 법문을 깨달으면 생과 사가 본래 서로 간섭하지 않는다는 것을 분명히 깨치게 된다. 따라서 '삶과 죽음이 서로 관계하지 않음을 깨달아 알았다'고 하였다.

이와 같이 체득한다면 묘용妙用이 끝이 없고 몸 전체로 중생에게 감응하게 되니, 걷건 서건 앉건 눕건 말하건 침묵하건 애써서 하건 거동하건 베풀건 결단하건 맴돌건 굽어보건 올려다보건 모두 대적정大寂靜 가운데 있으면서 분명하고 분명하게 수용하는 것 아님이 없게 된다. 다음 글에서 알 수 있다."

自從認得 至不相關[1]

琪注。自從往曹溪六祖。印證心地法門。了知一切諸法。無生無滅無去無來。若悟此箇法門。則了悟本來生死。不相干涉。故云。了生死不相關也。若得如此也。妙用無窮。通身應物。行住坐臥語默作做。擧動施爲。折旋俯仰。無非皆在大寂定中明明受用。下文可見。[2]

1) ㉥ '關'이 『續藏經』에 수록된 『南明泉頌永嘉證道謌』에는 '干'으로 되어 있다(X65, 442a). 2) ㉮ 갑본에는 '見' 다음에 '也'가 있다.

原文 분주히 쫓는 사람

事實 몽산 도명蒙山道明 선사가 노 행자盧行者[14]를 뒤쫓아 대유령大庾嶺에 이르렀다. 행자는 도명 선사가 오는 것을 보고 곧바로 의발衣鉢을 바위에 던져 놓고 말하였다.

"이 의발은 믿음을 표현하는 것인데 힘으로 다퉈서야 되겠는가? 그대에게 일임하니 가져가려면 가져가라."

도명 선사가 마침내 들고자 하였으나, 마치 태산처럼 움직이지 않았다.

奔逐者

蒙山道明禪師。因趁盧行者。至大庾嶺。行者見師至。即擲衣鉢於石上云。此衣表信。可力爭耶。任君將去。師遂擧之。如山不動。

原文 '발제跋提에서'부터 '학수鶴樹'까지

事實 『조정사원』에서 말하였다.

"발제跋提는 강 이름이다. 세존께서 니련하尼蓮河[15]에 있는 쌍수雙樹 아래에서 입멸하신 후 7일이 지나 가섭이 도착하여 예배하고 애절하게 청하자, 세존께서 두 발을 관 밖으로 내보이셨다. 또 세존께서 열반에 들려

---

14 노 행자盧行者 : 육조 혜능 대사를 지칭한다. 속성이 노盧씨이고, 당시 구족계를 받지 않은 신분이었기 때문에 노 행자라 하였다.
15 니련하尼蓮河 : 니련선하尼蓮禪河·유금하有金河·불락착하不樂着河라고도 하는데 중인도 마갈타국 가야성의 동쪽에 있는 강이다. 석존께서 성도하시기 직전 이 강에서 목욕하고 강을 건너 보리수 아래에서 정각을 이루셨다고 한다. 열반처인 구시나가라에 있던 발제하跋提河는 희련하熙連河 또는 희련선하熙連禪河라고도 음역한다. 『祖庭事苑』 권6(X64, 408a)에서도 부처님의 열반처를 희련하熙連河로 표기한 것으로 보아 『事實』 저자의 오류이거나 혹은 판각 과정의 오류로 추측된다.

하자, 사라쌍수沙羅雙樹가 백학白鶴처럼 새하얗게 변했다."[16]

跋提 至鶴樹

祖庭云。跋提河名。世尊於尼蓮河雙樹下入滅。後經七日。迦葉至。禮拜哀請。世尊槨示雙趺。又世尊欲入涅槃。沙羅雙樹盡白。猶如白鶴。

原文 신 한 짝

事實 『통록通錄』[17]에서 말하였다.

"달마達磨 대사께서 단정하게 앉아 서거하자, 웅이산熊耳山에 장사지냈다. 그 후 송운宋雲이 서역에 사신으로 갔다가 돌아오는 길에 대사를 총령葱嶺에서 만났다. 대사께서 짚신 한 짝을 손에 들고 여유롭게 홀로 가시는 것을 보고 송운이 물었다.

'대사께서는 어디로 가십니까?'

대사께서는 '서천西天으로 돌아간다'고 하고, 또 송운에게 말하였다.

'그대의 군주는 이미 붕어崩御했다.'

사명使命을 마쳤음을 보고하려고 보니, 과연 문제文帝[18]가 이미 세상을 떠나고 새 임금이 즉위해 있었다. 송운宋雲이 그 일을 아뢰자, 임금이 무덤을 열어 보게 했는데 빈 관과 가죽신 한 짝만 남아 있었다."

隻履

通錄云。達磨大師。端居而逝。葬熊耳山。後宋雲奉使西域。迴遇師于葱嶺。

---

16 『祖庭事苑』에는 해당하는 인용문이 없다. 『祖庭事苑』 내 여러 항목의 내용을 『事實』의 저자가 정리한 것이다.
17 『통록通錄』: 무엇을 지칭하는지는 정확하지 않다. 24권으로 된 『祖源通錄』일 가능성이 크다. 본문의 기사는 『景德傳燈錄』의 문장과 가장 유사하나 정확히 일치하지는 않는다. 『景德傳燈錄』 권3(T51, 220a).
18 『景德傳燈錄』에서는 명제明帝라 하였다.

見手携隻履。翩翩獨逝。雲問大師何往。師曰歸西天去。又謂雲曰。汝主已崩。暨復命。即文帝已登。遲迨新帝即位雲奏其事。帝令啓壙。惟空棺一隻革屨存焉。

原文 '걷는 것도 선禪이라'부터 '체가 편안하니'까지
事實 『기주』에서 말하였다.
"조종祖宗의 문하에서는 하나하나가 수시垂示하고 낱낱이 제창齊彰한다. '전傳'에서 말하였다.

'생각 생각에 석가가 세간에 출현하고 걸음걸음에 미륵이 하생한다. 분별은 문수의 마음이 나타나는 것이고 움직임은 보현의 행이 운용運用하는 것이다. 문마다 모두 감로甘露가 솟고 맛마다 다 제호醍醐이니, 보리菩提의 숲을 벗어나지 않고 화장華藏세계의 바다에 길이 거처한다. 빛나고 빛나 꿰뚫지 못하는 경계가 없고 밝고 밝아 눈에 가득 휘황하니, 수고롭게 미묘한 논변으로 선양할 것 뭐 있으며 신통을 빌려 나타내 보일 것 뭐 있겠는가.'[19]

만약 이와 같다면 걷건 서건 앉건 눕건 눈에 부딪히고 만나는 인연마다 응용應用이 천차만별로 차이 나더라도 진여의 본성은 고요하여 요동하지 않는다. 따라서 '걷는 것도 선이고 앉는 것도 선이며, 말하건 침묵하건 움직이건 고요하건 체體가 편안하다'고 하였다."

行亦禪 至體安然

琪注。祖宗門下。頭頭垂示。物物[1]齊彰。傳曰念念釋迦出世。步步彌勒下生。分別現文殊之心。動用運普賢之行。門門而皆出甘露。味味而盡是醍醐。不出菩提之林。長處華藏之海。晃晃而無塵不透。明明[2]而溢目騰輝。

---

[19] 문장이 정확히 일치하지는 않는다. 『永明智覺禪師唯心訣』(T48, 994b).

豈勞妙辯³⁾以宣揚。何假神通而顯示。若如此也。行住坐臥。觸目遇緣。雖應用千差。且眞如之性。湛然不動。故云。行亦禪坐亦禪。語默動靜體安然也。

1) ㉚ '物物'이 갑본에는 '拍拍'으로 되어 있다. 2) ㉚ '明明'이 갑본에는 '朝朝'로 되어 있다. 3) ㉚ '辯'이 갑본에는 '辨'으로 되어 있다.

[原文] 호신부자護身符子
[事實] 충 국사忠國師[20]에게 탐원耽源[21] 스님이 이별의 인사를 드리며 물었다.
"제가 남방에 갔을 때 홀연히 어떤 사람이 극칙의 일(極則事)을 물으면 어떻게 대답해야겠습니까?"
충 국사가 말하였다.
"참으로 가련한 자로다. 그런 호신부자는 얻어 뭐하려고?"

護身符子
忠國師因耽源辭曰。某甲往南方忽有人問極則事。如何祇對。師云幸自可憐生。須要箇護身符子作麼。

[原文] '날카로운 칼날을 만나더라도'부터 '한가롭고 한가롭나니'까지
[事實] 『기주』에서 말하였다.
"12시時 중의 움직임과 고요함이 모두 불사佛事이다. 가령 어떤 사람이

---

20 충 국사忠國師 : 육조 혜능六祖慧能의 법을 이은 남양 혜충南陽慧忠(?~775) 선사를 말한다. 당자곡에 들어가 40여 년을 은거했으며 후에 출세하여 현종·숙종·대종의 3대 임금으로부터의 두터운 신망을 받았다. 시호는 대증선사大證禪師이다.
21 탐원耽源 : 남양 혜충 국사의 법을 이은 탐원 응진耽源應眞 선사를 말한다.

날카로운 칼과 독약으로 나를 해치려 한다 해도 나는 태연하고 한가로워서 두려울 것이 없다.

따라서 다음과 같이 말한 것이다.

'영산회상에서 500비구가 사선정四禪定을 얻고 오신통五神通을 갖추게 되었는데, 숙명지宿命智로 각기 과거에 아버지를 죽이고 어머니를 해치며 온갖 중죄를 저지른 것을 보고는 자신의 마음 가운데에서 저마다 의심을 품으며 두려워했다.

그러자 문수文殊가 칼을 들고 여래를 위협하였고, 세존께서는 문수에게 말씀하셨다.

〈멈추어라, 멈추어라. 오역죄五逆罪를 지어서는 안 된다. 나를 해치지 마라. 내가 피해를 입으면 반드시 선善이 피해를 입는다. 문수사리야, 그대는 과거부터 아我·인人이 없었다. 단지 내심內心으로 아·인을 보는 것일 뿐이다. 내심이 일어날 때 나는 반드시 피해를 입을 것이니 이것을 해害라고 하느니라.〉

500비구가 스스로 본래 마음(本心)은 꿈과 같고 허깨비와 같으며, 꿈과 허깨비 가운데에는 아도 없고 인도 없으며, 나아가 능생能生·소생所生·부모도 없음을 깨달았다.

이에 500비구가 한 목소리로 찬탄하여 말하였다.

    문수사리 대지사大智士께서
    법의 근원을 깊이 통달하여
    손으로 날카로운 칼을 들고
    여래의 몸을 위협하였네

    칼처럼 부처님도 그러하여
    일상一相이요 다름이 없으니

상相도 없고 소생所生도 없거늘
이 가운데 무엇을 살해하리오'²²

천의天衣 스님이 여기에 대해 한마디 하였다.
'칼처럼 부처님도 그러하다고 한 것을 어떻게 설명해야 할까?'
만약 이 인연을 밝힌다면 비록 칼을 만나더라도 항상 태연하니, 가령 독약을 먹더라도 한가롭고 한가로울 수 있다."

縱遇鋒ㄋ¹⁾至也閑閑

琪注。十二時中旣動靜。皆爲佛事。假饒有人。以利ㄋ²⁾毒藥。加及於³⁾我。我則坦然閑暇無所畏也。故靈山會上。有五百比丘。得四禪定具五神通。以宿命智。各見⁴⁾過去殺父害⁵⁾母及諸重罪。於自心中。各懷疑怖。於是文殊仗釖⁶⁾持逼如來。世尊謂文殊曰住住。不應作逆。勿得害吾吾⁷⁾必被害。爲善被害。文殊師利。爾⁸⁾從本已來。無有我人。但以內心。見有我人。內心起時。吾⁹⁾必被害。則名爲害。五百比丘。自悟本心如夢如幻。於夢幻中。無有我人乃至能生所生父母。於是五百比丘。同聲讚¹⁰⁾言。文殊¹¹⁾大智士。深達法源底。自手握利劍。持逼如來身。如劍佛亦爾。一相無有二。無相無所生。是中云何殺。天衣徵云。作麼生說箇如劍佛亦爾。若明此箇因緣。故能縱遇鋒ㄋ常坦坦。假饒毒藥也閑閑。¹²⁾

1) ㉠ 'ㄋ'는 '刀'의 오자이다. 2) ㉮ 'ㄋ'가 갑본에는 '刀'로 되어 있다. 다음도 이와 같다. 3) ㉮ '於'가 갑본에는 없다. 4) ㉮ '見'이 갑본에는 '現'으로 되어 있다. 주해에서 "'現'은 '觀'인 듯하다."라고 하였다. 5) ㉮ '害'가 갑본에는 '殺'로 되어 있다. 6) ㉮ '釖'이 갑본에는 '劍'으로 되어 있다. 7) ㉮ '吾吾'가 갑본에는 '我我'로 되어 있다. 8) ㉮ '爾'가 갑본에는 없다. 9) ㉮ '吾'가 갑본에는 '我'로 되어 있다. 10) ㉮ '讚'이 갑본에는 '賛'으로 되어 있다. 11) ㉮ 갑본에는 '殊' 다음에 '師利'가 있다. 12) ㉮ 갑본에

---

22 "영산회상에서"부터 여기까지는 『聯燈會要』(X79, 13b)에서 인용하였다. 『聯燈會要』에 수록된 내용은 『大寶積經』 권105(T11, 590b)에서 부분적으로 발췌하고 요약 정리한 것이다.

는 '閑' 다음에 '也'가 있다.

原文 '오온의 공함'부터 '몸을 잃었네'까지
事實 사자師子 존자에게 계빈국罽賓國의 왕이 칼을 잡고 물었다.
"스님께선 오온이 공함을 체득하셨습니까?"
스님이 답하였다.
"이미 체득했습니다."
왕이 말하였다.
"오온이 공함을 체득해서 생사를 떠났습니까?"
스님이 답하였다.
"이미 떠났습니다."
왕이 말하였다.
"스님의 머리를 얻고 싶은데 그럴 수 있겠습니까?"
스님이 답하였다.
"몸뚱이도 나의 것이 아닌데 하물며 머리가 어떻게 나의 것이겠습니까?"
왕이 곧바로 머리를 베었는데 흰 젖이 한 길 남짓이나 솟아올랐고, 왕의 팔이 저절로 떨어졌다.

蘊空 至亡身
師子尊者。因罽賓國王。仗劍問曰。師得蘊空否。對曰已得。王曰旣得蘊空離生死否。對曰已離。王曰就師乞頭得否。對曰身非我有。豈況頭耶。王便斬之。白乳高丈餘。王臂自落。

原文 진흙길에 머리카락 깔며
事實 『인과경因果經』에서 말하였다.

"이때 보광여래普光如來께서 수기授記하시고 나서 선혜善慧가 선인의 머리 모양(仙人髻)을 하고 사슴 가죽으로 만든 옷을 입고 있는 것을 보았다. 여래께서는 그 옷과 머리 모양을 버리게 하려고 곧 땅을 진흙으로 변화시켰다.

선혜는 부처님께서 그 길을 따라가야만 하는데 땅이 더럽고 습한 것을 보고는 마음속으로 생각하였다.

'어떻게 부처님의 발(千輻輪足)이 여기를 밟고 지나가게 하겠는가?'

선혜는 곧 옷을 벗어 땅에 폈고, 진흙을 가리기에 부족하자, 다시 머리카락까지 풀어 땅에 깔았다.

여래께서는 즉시 그것을 밟고 지나가셨고, 이에 수기授記를 하며 '그대는 후에 부처가 되어 오탁악세五濁惡世에서 모든 인천人天을 제도하는 것을 어렵게 여기지 않는 것이 나와 같으리라'고 말씀하셨다."[23]

布髮泥途
因果經云。爾時普光如來。旣授記已。猶見善慧。作仙人髻。披鹿皮衣。如來欲令捨此服儀。即便化地以爲淤泥。善慧見佛。應從此行而地濁濕。心自念言。云何乃令千輻輪足。蹈此而過。即脫皮衣。以用布地。不足掩泥。仍又解髮亦以覆之。如來即便踐之而度。因記之曰。汝後得佛。當於五濁惡世。度諸人天。不以爲難亦如我也。

原文 보배 칼

事實 『열반경涅槃經』에 왕자의 보배 칼이 나온다.

---

23 『過去現在因果經』 권1(T3, 622b).

寶刁

涅槃經中。有王子寶刁。

原文 '우리 스승께서는 친견하고'부터 '인욕선인'까지

事實 『기주』에서 말하였다.

"지금 나 혼자만 이 인욕忍辱을 닦는 것이 아니다. 시방의 모든 부처님과 석가여래에 이르기까지 모두 이 인욕고행을 닦았다.

'연등불燃燈佛'에 대해 말해 보자. 세존께서 수행 인지因地에서 설산동자雪山童子로 있었을 때 일이다. 연등여래께서 세간에 출현하시는 때를 만나자, 500금金의 돈으로 직접 연꽃을 사서 연등여래께 찾아가 바치며 '저도 등정각等正覺을 이루기를 원합니다' 하고 서원을 세우자 연등여래께서 그에게 수기하며 말씀하셨다.

'너는 내세에 부처가 되어 명호를 석가모니라 할 것이며, 법을 설하여 사람들을 제도하는 것이 나와 다름없으리라.'

이 때문에 '우리 스승께서는 연등불을 친견하고'라고 한 것이다.

'인욕선인忍辱仙人'에 대해 말해 보자. 세존께서는 수행 인지에서 인욕선인이 되어 산중에서 온갖 고행을 닦고 있었는데, 가리왕歌利王이 모든 궁인宮人과 함께 그 산에 들어가 사냥을 하며 놀게 되었다. 왕이 낮잠이 들었을 때, 모든 궁인들이 각기 산으로 유람을 갔다가 홀연히 암자에 한 선인仙人이 엄연히 홀로 앉아 있는 것을 보았다. 이에 모든 궁인들은 함께 찾아가 우러러보았다.

왕이 근신近臣들에게 '궁인들이 어디에 있는가?' 하고 묻자 좌우의 신하들이 아뢰었다.

'선인의 암자가 있는 곳으로 갔습니다.'

왕은 노하여 직접 칼을 잡고 그 선인을 베었다. 손과 발 마디마디가 갈가리 찢기는데도 그 선인의 마음과 얼굴빛이 동요하지 않자 왕이 괴이하

게 여겨 물었다.

'내가 지금 너를 죽이려 하는데 너는 진심嗔心이 일어나지 않느냐?'

선인이 답하였다.

'일어나지 않습니다.'

왕이 말하였다.

'네가 비록 말은 하지 않지만 반드시 진심과 노여움을 품었으리라.'

선인이 답하였다.

'내 마음이 만약 진심을 일으켰다면 평소대로 회복되지 못할 것이고, 내 마음이 진심을 일으키지 않았다면 나의 이 몸뚱이가 예전처럼 회복될 것입니다.'

말을 마치자 그 즉시 선인의 몸은 예전처럼 회복되었다.

너무도 기이한 이 광경을 본 왕은 놀랍고 두려워 달아났는데, 도중에 하늘에서 비바람이 몰아치고 벽력이 치며 짙은 안개가 끼어 길을 잃어버리고 끝내 갈 수가 없었다. 왕은 산중으로 다시 돌아와 선인의 처소에 이르러 참회하고 용서해 주기를 구하였다고 한다.

또 몸을 버려 굶주린 호랑이에게 먹이고 살을 잘라 굶주린 매를 구제하는 등 갖가지 고행을 일 겁 동안만 한 것이 아니다. 따라서 '여러 겁 동안 일찍이 인욕선인이 되었다'고 한 것이다."

我師得見 至忍辱仙

琪注。非獨我今修此忍辱。乃至十方諸佛釋迦如來。盡皆修此忍辱苦行也。所言然燈佛者。世尊因地爲雪山童子。時値然燈如來出世。將五百金錢。親買蓮花[1] 往[2]彼獻佛。願我成等正覺。然燈如來。爲其授記。汝於來世。當得作佛。號釋迦牟尼。說法度人。與我無異。故云。我師得見然燈佛也。忍辱仙者。世尊因地爲忍辱仙人。在於山中。修諸苦行。値歌利王。與諸宮人。入山遊獵。王晝寢時。時[3]諸宮人。各去遊山。忽見庵[4]中有一仙人。儼然獨坐。是諸宮人。俱往⁵⁾瞻仰。王⁶⁾問諸近臣。宮人何在。左右奏曰。往彼仙人庵所也。王怒躬自仗⁷⁾劒。殺彼仙人。於其手足節節肢⁸⁾解時。彼仙人神色不動。王惟而問曰。我今殺汝。汝還嗔否。答曰否。王曰汝雖不言。必⁹⁾懷嗔怒。答曰我心若嗔。不得平復。我心不嗔。使我此身。平復如故。言訖。即時仙人。平復如故。王見甚異。驚怖而走。至於中路。天降風雨。霹靂雲霧。迷失道徑。終不能去。迴入山中。至仙人所。求乞懺悔也。乃至捨身飼餓虎。割肉濟飢鷹。¹⁰⁾已¹¹⁾至種種苦行。非止一劫。故云。多劫曾爲忍辱仙也。

1) ㉘ '花'가 갑본에는 '華'로 되어 있다. 2) ㉘ '往'이 갑본에는 '住'로 되어 있다. 3) ㉘ '時'가 갑본에는 없다. 4) ㉘ '庵'이 갑본에는 '菴'으로 되어 있다. 다음도 이와 같다. 5) ㉘ '往'이 갑본에는 '來'로 되어 있다. 6) ㉘ 갑본에는 '王' 다음에 '起'가 있다. 7) ㉘ '仗'이 갑본에는 '拔'로 되어 있다. 8) ㉘ '肢'가 갑본에는 '支'로 되어 있다. 9) ㉘ 갑본에는 '必' 앞에 '嗔'이 있다. 10) ㉘ '飢鷹'이 갑본에는 '鷹飢'로 되어 있다. 11) ㉘ 갑본 주해에는 "'已'는 '以'와 통한다."라고 하였다.

原文 '몇 번이나 태어났던가'부터 '멈춤이 없고'까지

事實 『기주』에서 말하였다.

"이것은 영가 진각 스님이 깊이 한탄한 말이다. 보리심을 발하기 이전에는 무량겁을 거치면서 한량없는 몸을 받아 생사의 바다에 유랑하고 스스로 출몰하면서 끝마칠 날이 없다. 변화하지 않는 경계에서 공연히 윤회를 받고, 벗어날 것 없는 법에서 허망하게 얽매임과 속박을 일으키니, 마치 봄 누에가 고치를 짓는 것과 같고 가을 나방이 등불에 달려드는 것과 같다. 두 가지 견해(二見)의 실로 무명無明의 바탕을 얽매고, 무명과 탐애貪愛의 날개로 생사의 화륜火輪²⁴에 달려들며 태어나서 죽을 때까지 쉴 때가 없으니, 끈으로 묶어 놓았던 새가 풀어 주어도 다시 돌아오는 것과 같다. 따라서 '몇 번을 태어나고 몇 번을 죽었던가. 나고 죽음 끝이 없어 멈춤이

---

24 화륜火輪 : 횃불을 돌렸을 때 나타나는 수레바퀴처럼 둥근 모양을 말한다. 중생의 미혹을 비유한다.

없고'라고 한 것이다."

幾迴生 至無定止

琪注。此乃眞覺傷嘆[1]之辭也。未發菩提心已前。經無量劫。受無量身。生死海中。浪自出沒。無有了時。於不遷境上。空受輪迴。向無脫法中。妄生纏縛。如春蠶之作繭。似秋蛾之赴燈。以二見之絲。纏無明之質。以無明貪愛之翅[2] 撲生死之火輪。從生至死。無有休息。如繩繫飛鳥放去又還來。故云。幾迴[3]生幾迴死。生死悠悠無定止也。

1) ㉤ '嘆'이 갑본에는 '歎'으로 되어 있다.　2) ㉤ '翅'가 갑본에는 '翄'로 되어 있다.
3) ㉤ '迴'가 갑본에는 '回'로 되어 있다. 다음도 이와 같다.

原文 기나긴 밤 캄캄한데
事實 삼조 대사三祖大師[25]가 말하였다.

"오랫동안 캄캄한 방에서 지내며 자비의 광명을 보지 못했거늘, 큰 어둠 속에서 늘 지내면서 왜 새벽을 생각하지 않는가. 반드시 몸을 잊고 도를 위하기를 머리에 붙은 불을 끄듯 해야만 할 것이다. 물거품과 허깨비는 기약하기 어려우니 촌음을 아껴야만 한다. 방촌方寸 안에 법신정토法身淨土의 항하사 같은 공덕과 끝없는 광명이 있는데 차별상을 취하고 미혹에 장애되어 얼굴을 마주하고도 보지 못하는구나."

長夜冥冥

三祖大師云。久居暗室。未覩慈光大夜長居。豈不思曉。必須忘身爲道。如救頭然。泡幻難期。寸陰可惜。方寸之內。自有法身淨土。恒沙功德。無極光明。取相障惑。對面不見。

25　삼조 대사三祖大師 : 선종 제2조 혜가慧可 선사의 법을 이은 승찬僧璨(?~606) 선사를 말한다. 저서로 『信心銘』이 전한다.

原文 발길 따라 가는구나
事實 『한산시寒山詩』에서 노래하였다.

천 번 태어나고 만 번 죽으며 몇 생을 살았던가
생사에 오고 가며 더욱 미혹해지고 눈멀었어라
마음속 값을 매길 수 없는 보배는 알지 못하고
눈 먼 나귀처럼 발길 따라 가는구나

信脚行
寒山詩曰。千生萬死凡幾生。生死去來轉迷盲。不識心中無價寶。猶如盲驢信脚行。

原文 뼈를 쌓으면 산 같은데
事實 『처태경處胎經』[26]에서 말하였다.

나는 무량겁 이전부터
생사의 길 드나들며
새하얀 털빛 개가 되었으니
그 뼈를 쌓으면 억 개의 수미산
하물며 다른 빛깔의 개일까
그 수 헤아릴 수가 없어라
나는 짐짓 마음을 거두어
탐욕으로 집착하지 않고 방일하지 않았다[27]

---

26 『처태경處胎經』: 온전한 이름은 『菩薩從兜術大降神母胎說廣普經』이며 흔히 『菩薩處胎經』이라 한다.
27 문장이 정확히 일치하진 않는다. 참고로 『處胎經』의 문장을 인용하면 다음과 같다. "吾

積骨如山

處胎經云。吾從無量劫。出入生死路。純作白狗身。積骨億須彌。況乃雜色狗。其數不可量。吾故攝其心。不貪著放逸。

原文 '단박에 깨달아'부터 '어찌 근심하고 기뻐하리'까지
事實 『기주』에서 말하였다.

"돈오頓悟한 이후로는 일체법一切法이 모두 무생無生임을 깨닫는다. 그렇다면 온갖 영욕榮辱의 경계에 무슨 근심과 기쁨이 있겠는가. 진실로 이런 까닭에 지인至人은 생사의 세계 안에서도 자재함을 얻는 것이다.

따라서 『한산시寒山詩』에서 노래하였다.

> 장생莊生은 죽어서 송별할 때
> 천지를 관곽棺槨으로 삼으라 했네
> 내 여기 돌아갈 때엔
> 거적때기 하나만 필요할 뿐
> 죽어서는 쇠파리(靑蠅)의 밥이 되어
> 조상弔喪하는 백학白鶴들 수고 덜어 주리
> 굶주려도 수양산에 들어가면
> 살아서는 청렴하고 죽어서는 즐겁다네

만약 이 종지를 얻는다면, 무생無生의 이치를 단박 깨달아서 알 것이다. '온갖 영욕에 어찌 근심하고 기뻐하리'라고 한 것을 말해 보자. 이미 무생의 이치를 돈오했다면 생사에 자재함을 얻은 것이다. 그렇다면 영욕의

從無數劫 往來生死道 捨身復受身 不離胞胎生 計我所經歷 記一不說餘 純作白狗形 積骨億須彌 以針刺地種 無不值我體 何況餘色狗 其數不可量 吾故攝其心 不令道放逸"
『菩薩從兜術天降神母胎說廣普經』 권3(T12, 1030b).

경계를 벗어남을 알 수 있다. 영욕을 이미 잊었는데, 근심하고 기뻐하는 마음이 어떻게 있을 수 있겠는가."

自從頓悟 至何憂喜

琪注。自從頓悟了一切法。皆悉無生。則於諸榮辱之境。有何憂喜良由至人。於生死界內。得其自在。故寒山詩云。莊¹⁾生說送終。天地爲棺槨。吾歸此有時。唯須一番箔。²⁾ 死作餧³⁾青蠅。吊不勞白鶴。餓著首陽山。生廉死亦樂。若得其旨。即頓悟了無生也。於諸榮辱何憂喜者。既能頓悟無生。生死尙得自在。即知榮辱之境。則可外矣。榮辱既忘。憂喜之心。從何而有。⁴⁾

1) ㉮ '狂'이 갑본에는 '莊'으로 되어 있다.   2) ㉮ '箔'이 갑본에는 '泊'으로 되어 있다.
3) ㉮ '餧'가 갑본에는 '餒'로 되어 있다.   4) ㉮ 갑본에는 '有' 다음에 '也'가 있다.

[原文] 훈습해 이뤄

[事實] 『양섭론梁攝論』[28]에서 말하였다.

"들어서 훈습하는 것이 아뢰야식阿賴耶識에 있는 해성解性과 화합하니, 모든 성인이 이것으로써 인因을 삼는다."[29]

熏成

梁攝論云。聞熏習與賴耶識中解性和合。一切聖人。以此爲因。

[原文] '깊은 산에 들어가'부터 '큰 소나무 아래'까지

---

28 『양섭론梁攝論』: 무착보살의 지은 『攝大乘論』과 이에 대한 세친보살의 주석서인 『攝大乘論釋』에는 여러 이역본이 있다. 그중 양나라 때 진제眞諦의 번역본을 흔히 『梁攝論』이라 지칭한다.
29 『攝大乘論』에서 직접 인용한 것이 아니라 『華嚴經探玄記』에서 재차 인용한 것이다. 이를 인용하면 다음과 같다. "如梁攝論云。多聞熏習與阿梨耶識中解性和合 一切聖人以此爲因。" 『華嚴經探玄記』 권4(T35, 184c).

事實 『기주』에서 말하였다.

"'깊은 산에 들어간다'는 것은 시끄럽고 요란하지 않은 곳에 거처한다는 것이다.

'난야에 머문다'는 것을 말해 보자. 난야는 갖추어서 말하면 아란야阿蘭若이니, 즉 승려들의 거처이다.

'험준한 봉우리'란 산이 높은 모양이다.

'큰 소나무 아래'란 만물 밖으로 벗어나 소요하는 경지이다.

견성見性한 사람은 인연 따라 나날을 보내면서 성품에 맡겨 두고 소요한다. 혹은 깊은 산에 들어가고 혹은 바위 계곡에 살면서 거처하는 곳에 따라 주체主體를 건립하여 만물에 감응하는 것이 일정한 방법도 없고, 해서는 안 될 것도 없다. 흰 구름과 푸른 산봉우리, 소나무 그늘과 물가가 모두 도인道人이 노니는 경계다."

入深山 至長松下
琪注。入深山者。[1] 非憒[2]鬧之處也。住蘭若者。具足應云阿蘭若。即僧舍也。岑崟者。即[3]山之高皃也。長松下者。即物外優遊之地。[4] 見性之人。隨緣度日。任性逍遙。或入深山。或居巖[5]谷。隨處建立。應物無方。無不可也。白雲靑嶂。松下水邊。皆道人之境界也。

1) ㉮ 갑본에는 '者' 다음에 '則'이 있다. 2) ㉮ '憒'가 갑본에는 '閙'로 되어 있다. 3) ㉮ '即'이 갑본에는 없다. 4) ㉮ 갑본에는 '地' 다음에 '也'가 있다. 5) ㉮ '巖'이 갑본에는 '岩'으로 되어 있다.

原文 병든 얼굴 봉양함을
事實 『한산시』에서 노래하였다.

산굽이 바위에 산다고 사람들 비웃어도

나는 홀로 게으름만 키우니
도토리와 밤 때때로 줍고
삼베옷 해진 곳이나 꿰맨다
대숲 깊어 연무가 장막을 드리우고
골짜기 그득한 물 잔잔히 흐르는데
이러한 이치를 누가 묻고 찾을까
외로운 구름만이 섬돌을 밟는구나

養病顔

寒山詩云。隈巖人笑我。我自養踈慵。橡栗隨時拾。麻衣破處縫。竹深煙羃羃。澗闊水溶溶。此理誰相訪。孤雲到砌重。

原文 조각구름과 함께 돌아오네
事實 도잠陶潛이 "구름은 무심하게 산굴(岫)에서 나오고 새는 나는 것이 시들해지면 돌아올 줄 안다."[30]라고 하였다.

斷雲還

陶潛云。雲無心而出岫。鳥倦飛而知還。

原文 '마음의 원숭이'부터 '의식의 망아지 길들이는 것만'까지
事實 『식심명息心銘』[31]에서는 "의식이라는 망아지는 달아나기 쉽고 마음이라는 원숭이는 제어하기 어렵다."[32]라고 하였다.

---

30 〈歸去來辭〉의 일부이다.
31 『식심명息心銘』: 『식심찬息心贊』이라고도 한다. 저자의 이름은 확실하지 않다. 『續高僧傳』에 전기가 수록되어 있다. 『續高僧傳』 권7 「周渭濱沙門釋亡名傳」(T50, 482a).

교教에서는 "마음은 원숭이처럼 사납고 의식意識은 재갈을 벗은 말처럼 치달리며 흩어진다. 말이 조련사로 인해 저절로 조복되듯, 분별하는 의식은 정혜定慧의 힘으로 인해 저절로 고요해진다."라고 하였다.

心猿 至調意馬

息心銘云。識馬易奔。心猿難制。教云心猛如猿。意識馳散。如馬脫勒。如馬因調師而自調伏。分別意識。因定慧力而自寂靜。

原文 '편안하게 노닐고 고요히 좌선하는'부터 '소쇄하구나'까지
事實 『기주』에서 말하였다.

"'편안하게 노닌다'는 것은 구속되거나 얽매이지 않는 모습이다. 출가한 사람은 마음을 알고 근본을 통달하여 삼계三界에서 편안히 노닐고, 사생四生을 말끔히 벗어나 진로塵勞의 얽매임을 당하지 않고 소요자재하며 고요히 좌선하고 편안히 거처한다.

따라서 설두雪竇 스님은 말하였다.

'출가한 이들이여, 이렇게 존귀할 수 있고 이렇게 고상할 수 있는가. 만승萬乘의 지위 높아도 읍揖하지 않고 오후五侯[33]의 문門 뛰어나도 달려가지 않는구나. 눈으로는 천 산千山을 마주하면서도 마음은 한가하여 경계와 하나이다. 겹겹의 바위와 나무는 선길善吉의 문門에 그늘을 드리우고 첩첩한 시냇물과 구름은 유마의 방에 광채를 드리운다. 이 가운데서 서로 만나니 어찌 통쾌하지 않으랴.'"

---

32 『息心銘』에서 발췌하여 인용하였다. 전문은 『續高僧傳』・『景德傳燈錄』・『禪門諸祖師偈頌』・『法苑珠林』・『緇門警訓』 등에 수록되어 있다.
33 오후五侯 : 오패五霸라고도 한다. 춘추시대 제후의 맹주였던 다섯 사람, 즉 제환공齊桓公・진문공晉文公・진목공秦穆公・송양공宋襄公・초장왕楚莊王을 말한다.

優遊靜坐 至蕭灑

琪注。優游者。不拘繫之皃也。出家之士。識心達本。優遊二¹⁾界。脫洒四生。不爲塵勞縈絆。逍遙自在靜坐安居。故雪竇²⁾云。出家兒得與麽尊貴。得與麽高尙。³⁾ 萬乘位高而不挹。⁴⁾ 五候⁵⁾門峧⁶⁾而不趨。目對千山。心閑一境重重嵓樹。垂陰善吉之門。疊疊溪雲。布彩維摩之室。此中相見。豈不快哉。⁷⁾

1) ㉾ '二'가 갑본에는 '三'으로 되어 있다. 2) ㉾ '竇'가 갑본에는 '豆'로 되어 있다. 또 주해에는 "'豆'는 '竇'의 약자이다."라고 하였다. 3) ㉾ '尙'이 갑본에는 '上'으로 되어 있다. 4) ㉾ 갑본 주해에는 "'挹'은 '揖'과 통한다."라고 하였다. 5) ㉡ '候'는 '侯'의 오기이다. 6) ㉾ '峧'가 갑본에는 '峻'으로 되어 있다. 7) ㉾ 갑본에는 '哉' 다음에 '也'가 있다.

原文 실행하고 감추어

事實 『논어論語』에서 "쓰면 실행하고 버리면 간직한다."³⁴라고 하였다.

行藏

語云。用之則行。捨之則藏。

原文 '깨치면 그만이니'부터 '유위법이 같지 않으니'까지

事實 『기주』에서 말하였다.

"일체 모든 법을 깨달아 알면, 유위有爲의 공행功行을 행하지 않는다. 유위의 공행은 구경究竟이 아니기 때문이다.

따라서 『한산시』에서 노래하였다.

　　내 전륜성왕을 보니
　　천 아들이 항상 에워싸고

---

34 『論語』「述而」.

열 가지 선善으로 사천하를 교화하며
일곱 가지 보배로 장엄하였네
일곱 가지 보배가 늘 그 몸을 따르고
그 장엄함 매우 묘하고 훌륭하지만
하루아침에 복덕의 과보 다하네
갈대밭으로 깃드는 새처럼
다시 소가 되어 벌레들이나 호령하고
육취六趣의 업도業道를 받는데
하물며 모든 범부들일까
무상한 몸을 어찌 길이 보존하랴

이것으로써 공용功用이 있는 그런 공功은 모두 무상하고 공용이 없는 그런 공은 헛되이 버려지지 않음을 알 수 있다. 따라서 '일체의 유위법이 같지 않다'고 말한 것이다."

覺卽了 至法不同
琪注。覺了一切諸法。卽不施有爲功行也。有爲功行非究竟也。故寒山詩[1] 云。我見轉輪王。千子常圍繞。[2] 十善化四天。莊嚴多七寶。七寶鎭隨身。莊嚴甚妙好。一朝福報盡。猶若棲[3] 蘆鳥。還作牛領蟲。六趣受業道。況復諸凡夫。無常豈長保。以此而知。有功之功。功皆無常。無功之功。功不虛弃。故云。一切有爲法不同也。

1) ㉮ '詩'가 갑본에는 없다. 2) ㉮ '繞'가 갑본에는 '遶'로 되어 있다. 3) ㉮ '棲'가 갑본에는 '栖'로 되어 있다.

原文 한밤이 새벽이네
事實 달관達觀[35] 선사가 명안明安[36] 스님에게 물었다.

"동산洞山 스님께서 시설하신 오위군신五位君臣은 어느 쪽 일을 밝힌 것입니까?"

동산 스님이 말하였다.

"부모가 낳지 않았을 때의 소식을 밝힌 것이다."

또 물었다.

"무엇이 부모가 낳지 않았을 때 소식입니까?"

동산 스님이 말하였다.

"한밤에는 훤히 밝고 하늘이 밝아 오면 드러나지 않는다."[37]

半夜曉

達觀禪師。問明安洞山。設五位君臣。明什麼邊事。山云明父母未生時消息。云如何是父母未生時消息。山云夜半正明。天曉不露。

原文 奮사 바람 같으니

事實 용아 둔龍牙遁[38] 선사가 말하였다.

그대가 인연을 따른다면 바람과 같을 수 있어야 하니
모래를 날리고 돌을 굴려도 힘쓰지 않는다네

---

35 달관達觀 : 윤주潤州 금산金山 달관 담영達觀曇穎 선사를 말한다.
36 명안明安 : 조동종 양산 연관梁山緣觀 선사의 법을 이은 대양大陽 명안 경현明安警玄(942~1027) 선사를 말한다. 대양은 주석한 산 이름이다.
37 『重編曹洞五位』・『聯燈會要』・『嘉泰普燈錄』・『禪林僧寶傳』 등 대부분 전적에서 본문의 문답을 대양大陽 즉 명안 선사와 달관 영 선사의 문답으로 기록하고 있다. 『事實』에서 '山云'이라 하여 동산 스님을 화자로 표기한 것은 오류다. 오고 간 문답 역시 차이가 있다. 참고로 『重編曹洞五位』에 기재된 내용을 소개하면 다음과 같다. "又達觀穎公初謁大陽明安問。洞上特設偏正君臣意明何事。安曰父母未生時事。又問如何體會。安曰夜半正明天曉不露。穎惘然弃去。"『重編曹洞五位』 권하(X63, 213a).
38 용아 둔龍牙遁 : 동산 양개 선사에게 참학하여 법을 이은 거둔居遁(835~923) 선사를 말한다. 용아龍牙는 주석한 산 이름이며, 시호는 증공대사證空大師다.

그저 일하는 가운데서 일 없음을 통달해야지
빛깔 보고 소리 들음에 귀머거리가 되진 말게나[39]

恰似風
龍牙遁禪師云。君若隨緣得似風。吹砂走石不勞功。但於事上通無事。見色聞聲不用聾。

原文 '상相에 머무는 보시'부터 '허공에 쏘는 것'까지
事實 『기주』에서 말하였다.
"상相에 머물러 보시하는 사람은 반야般若와 상응하지 못하니, 차별상에 집착하기 때문이다. 유위有爲의 공행功行을 이루는 것은 구경이 아니다. 이 때문에 고덕[40]은 '만약 지혜를 닦지 않으면 만행이 헛될 것이다. 왜냐하면 닦는 공행이 본성에 걸맞을 수 없기 때문이다'[41]라고 하였다.

'보시布施'를 말해 보자. 마음의 운용이 광대한 것을 보布라 하고 자기로 미루어서 남에게 은혜를 베푸는 것을 시施라 한다. 따라서 '보시'라고 한 것이니, 육바라밀 가운데 한 바라밀이다.

'하늘에 태어날 복'은 감득感得하는 과보가 하늘에 태어나는 복일 뿐이라는 것이다. 하늘에 태어나는 복은 끝내 구경은 아니다. 비유하면 마치 하늘을 우러러보면서 허공에 화살을 쏘지만 끝내 하늘에 닿을 수 없는 것과 같다."

住相布施 至射虛空
琪注。住相布施者。不與般若相應。爲著相故。成有爲功行非究竟。故古德

---

39 『禪林僧寶傳』권9(X79, 509c).
40 용수龍樹보살을 말한다.
41 『大智度論』권86「遍學品」(T25, 663a)의 내용을 요약하여 인용하였다.

云。若般若不修。萬行虛設。所修功行。不能稱性也。所言布施者。運心廣大之謂[1]布。推己惠人之謂施。故曰布施也。即六度之一度也。生天福者。所感果報。只[2]生天[3]福也。生天之福[4]終非究竟。譬如仰箭射虛[5]空。終不至天也。

1) ㉠ '之謂'가 갑본에는 '謂之'로 되어 있다. 다음도 이와 같다. 2) ㉠ '只'가 갑본에는 '祇'로 되어 있다. 3) ㉠ 갑본에는 '天' 다음에 '之'가 있다. 4) ㉠ '生天之福'이 갑본에는 없다. 5) ㉠ '虛'가 갑본에는 없다.

原文 **불석**拂石

事實 『조정사원』에서 말하였다.

"범어 겁파劫波는 중국말로 시분時分이라 하고, 한편으로는 장시長時라고 한다. 『누탄경樓炭經』에서는 두 가지로 겁劫을 논하였다. 첫 번째, 동서가 4천 리이고 남북이 4천 리인 큰 성城이 하나 있는데 거기에 개자芥子를 가득 채웠다고 하자. 백 년마다 여러 천인이 내려와 개자 한 알을 가져가는데 개자를 다 가져가도 겁은 오히려 끝나지 않는다. 또 큰 바위가 하나 있는데 사방이 4천 리이다. 백 년마다 여러 천인이 나곡의羅縠衣를 입고 내려와 바위를 스치는데, 바위가 다 닳아져도 겁은 오히려 다하지 않는다."[42]

拂石

祖庭云。梵語劫波。此云時分。一云長時。樓炭經云。以二事論劫一云有一大城。東西四千里。南北四千里。滿中芥子。百歲。諸天下來。取一芥子。芥子盡。劫猶不盡又有一大石。方四千里。百歲。諸天下來。著羅縠衣拂石。

---

[42] 『祖庭事苑』권2(X64, 340a)의 항목 '겁석劫石'과 『祖庭事苑』권5(X64, 381a)의 항목 '개성개성芥城'에 수록된 내용을 『事實』의 저자가 정리하여 인용하였는데 내용이 일치하지 않는다. 『祖庭事苑』에서는 성의 크기를 사방 백 유순由旬, 바위의 크기를 사방 40리라 하였다.

石盡。劫猶未盡。

原文 '세력이 다함이여'부터 '뜻과 같지 않으니'까지
事實 『기주』에서 말하였다.

"하늘을 보고 허공에 화살을 쏠 경우, 세력이 다하면 결국 땅에 떨어진다. 인천人天의 복이 사라지는 것도 이와 마찬가지이다. 이른바 인간세계의 사상四相과 천상세계의 오쇠五衰가 모두 복이 사라지는 모습이다.

사상이란 첫째 태어나는 모습이고, 둘째 늙어 가는 모습이고, 셋째 병이 드는 모습이고, 넷째 죽어 가는 모습이다.

오쇠란 첫째, 화관이 땅에 떨어지는 것, 둘째, 속눈썹과 눈꺼풀이 경련을 일으키는 것, 셋째, 권속이 흩어지는 것, 넷째, 몸의 빛이 저절로 없어지는 것, 다섯째, 이전의 지위를 즐거워하지 않는 것이다.

'내생을 초래함이 뜻과 같지 않다'는 것을 말해 보자.

고덕이 '인천人天의 복의 과보(福報)는 삼생三生의 원통함이 되는데, 사람들이 아는 이가 드물다'고 하였다.

진실로 세상 사람들은 그 복력福力 때문에 근본을 밝히지 못하고, 더 나아가서 복력을 더욱 증가시킨다. 이 세간의 복으로 감정을 방자하게 하여 즐기다가 목숨이 다할 때에 이르러서 복은 다하고 업은 남아 있어 이번에는 반대로 악도惡道에 떨어져 갖가지 고통을 받으니, 이것이 '내생을 초래함이 뜻과 같지 않다'는 것이다."

勢力盡 至不如意

琪注。仰箭射空。勢力旣盡。終墜於地。人天福謝。亦復如是。所謂人間四相。天上五衰。皆福謝之相也。所言四相者。一生相。二老相。三病相。四死相。[1] 五衰者。一花冠墮地。二目睫瞤動。三眷屬離散。四身光自滅。五不樂本宮[2]也。招得來生不如意者。古德云。人天福報。爲三生冤。人罕知之。良由世人。因其福力。不明其本。就上增添。以此世福。恣情娛樂。臨命終時。福盡業在。反³⁾墮惡道。受種種苦。⁴⁾ 招得來生不如意也。

1) ㉮ 갑본에는 '相' 다음에 '也'가 있다. 2) ㉮ 갑본 주해에는 "'官'은 '座'인 듯하다."라고 하였다. 3) ㉮ '反'이 갑본에는 '返'으로 되어 있다. 4) ㉮ 갑본에는 '苦' 다음에 '故云'이 있다.

原文 영벽囹辟

事實 영어囹圄는 주周나라 때의 감옥 이름이다. 사형死刑을 벽辟이라 한다. 오형五形에 대벽大辟이 있고, 대벽의 종류는 200가지이다. 오형은 묵형墨刑 · 의형劓刑 · 비형剕刑 · 궁형宮刑 · 대벽형大辟刑이다.

囹辟

囹圄。周時獄名。死刑曰辟。五刑有大辟。大辟之屬二百也。五刑墨劓剕宮大辟也。

原文 환락의 동산

事實 『경률이상經律異相』에서 말하였다.

"도리천忉利天은 수미산 꼭대기에 거처하고 왕의 이름은 석제환인釋提桓因이다. 그곳에 대환희원大歡喜園 · 추삽원麁澁園 · 진락원盡樂園이 있는데 보배 나무가 줄을 지어 서 있고 기이한 새가 화기애애하게 지저귄다. 여러 천신들은 그 나무 아래에 함께 앉아 환락을 누린다."⁴³

歡園

經律異相云。忉利天。居須彌頂王。名釋提桓因。有大歡喜園。麁澁園。盡樂園。寶樹行列。奇鳥和鳴。諸天共坐樹下。以爲歡樂。

43 『經律異相』 권1의 항목 「忉利天」의 내용을 요약 정리하여 인용하였다.(T53, 1c)

原文 삼륜三輪

事實 원효元曉 대사의 『금강반야경소金剛般若經疏』에서 "보시하는 사람(施者)과 보시를 받는 사람(受者)과 보시하는 물건(所施之物)이 삼륜이다."라고 하였다.

또 교敎에서는 "신·구·의가 삼륜이다."라고 하였다.

三輪

元曉金剛般若經疏云。施者。受者。所施之物。是三輪也。又敎中身口意爲三輪也。

原文 '어찌 무위만 하겠는가'부터 '여래지'까지

事實 『기주』에서 말하였다.

"그러므로 소승의 모든 지위와 인천人天의 복의 과보와 유위법有爲法은 모두 구경究竟이 아님을 알 수 있다. 어찌 무위의 실상문實相門에서 한번 뛰어 여래의 청정각지淸淨覺地에 곧장 들어가는 것만 하겠는가.

이 한 길(一路)은 이전의 어떤 성인도 밟아 보지 못한 것이니, 제이문第二門 가운데서 간략하게 언설에 의지해 말하는 것이다.

이 때문에 서천축의 초조初祖[44]께서는 말하였다.

> 법은 본래 법이면서 무법無法이니
> 무법의 법 역시 법이라네
> 지금 무법을 부촉할 때
> 법과 법이 어찌 법이리오[45]

---

44 초조初祖 : 석가모니불釋迦牟尼佛을 말한다.
45 마하가섭摩訶迦葉에게 전한 전법게傳法偈이다. 『景德傳燈錄』 권1(T51, 205b).

만약 이와 같다면, 법과 법이 절대여서 모두 관조하는 자체가 절대 홀로 독립하게 된다(照體獨立). 마치 손가락이 자신을 느끼지 못하는 것과 같고, 칼이 자신을 해치지 못하는 것과 같으며, 땅이 자신을 견고하게 하지 못하는 것과 같고, 물이 자신을 적시지 못하는 것과 같으며, 불이 자신을 태우지 못하는 것과 같고, 바람이 자신을 움직이지 못하는 것과 같으며, 눈이 자신을 보지 못하는 것과 같고, 귀가 자신을 듣지 못하는 것과 같으며, 코가 자신을 냄새 맡지 못하는 것과 같고, 혀가 자신의 맛을 알지 못하는 것과 같으며, 몸이 자신을 감각하지 못하는 것과 같고, 생각이 자신을 지각하지 못하는 것과 같다.

이 때문에 말하였다.

'만약 눈에 대해서 눈이라는 견해를 일으키면 눈이라는 전도(眼倒)가 생기고, 눈에 대해서 눈이 없다는 견해를 일으키면 눈이 없다는 전도(無眼倒)가 생긴다. 만약 눈이 있다고 집착하면 눈이 없다는 것에 대해서 미혹하게 되고, 눈이 있다고 집착하기 때문에 묘견妙見이 통하지 못하게 되는 것이다. 따라서 경에 〈눈도 없고 색도 없다(無眼無色)〉고 말한 것이다.

또 눈을 미혹해서 눈이 없다는 견해를 일으키는 사람은 그 진짜 눈(眞眼)을 잃어버리게 되니, 마치 태어나면서부터 눈이 먼 사람처럼 색色을 변별할 수 없게 된다. 따라서 경에 〈비유하면 마치 눈이 손상된 사람은 오색을 다시는 분별할 수 없는 것처럼 모든 성문인聲聞人 또한 이와 마찬가지이다. 오직 여래만이 진짜 천안天眼을 얻고 항상 삼매에 들어 모든 불국토를 다 본다〉고 한 것이다.

이것은 둘로 보는 것이 아니기 때문에 범부의 소견과는 다르고, 모두 볼 수 있기 때문에 성문의 소견과도 다르다.'[46]

---

46 "만약 눈에"부터 여기까지는 석승조釋僧肇 법사가 지은 『寶藏論』에서 인용되었는데, 문장이 정확히 일치하지는 않는다. 『寶藏論』「本際虛玄品」(T45, 148a).

범부의 소견과 다른 것을 범부를 뛰어넘는다고 하고 성문의 소견과 다른 것을 성인을 뛰어넘는다고 한다. 이미 범부를 뛰어넘고 성인을 초월할 수 있다면 곧 불지견佛知見을 통달한 것이다. 따라서 '한번에 뛰어넘어 곧장 여래지如來地로 들어간다'고 하였다."

爭似無爲 至如來地

琪淮。故知諸位小乘人天福報。有爲之法。皆非究竟也。爭似無爲實相門。一超直入如來淸淨覺地也。[1] 此之一路。從來千聖。不曾踏[2]著。向第二門中。略憑言說。所以西竺初祖云。法本法無法。無法法亦法。今付無法時。法法何曾法。則法法。絶待盡。皆照體獨立。如指不自觸。如刁[3]不自割。如地不自堅。如水不自濕。如火不自熱。如風不自動。如眼不自見。[4] 如耳不自聞。如鼻不自嗅。如舌不自了。如身不自覺。如意不自知。[5] 所以云。若眼作眼解。則生眼倒。若眼作無眼解。即[6]生無眼倒。若執有眼。即迷其無眼。由有眼故。則妙見不通。故經云。無眼無色。復有迷眼作無眼者。即失其眞眼。如生盲人不能辨色。故經云。譬如眼敗之士。其於五色。不能復利。諸聲聞人。亦復如是。唯其如來得眞天眼。常在三[7]昧。悉見諸佛國土。以不二見故。即不同凡夫所見。悉能見故。即[8]不同聲聞所見。不同凡夫所見。謂之超凡。不同聲聞所見。謂之越聖。既能超凡越聖。即達佛之知見。故云。一超直入如來地也。

---

1) ㉱ '也'가 갑본에는 없다. 2) ㉱ '踏'이 갑본에는 '蹈'로 되어 있다. 3) ㉱ '刁'가 갑본에는 '刀'로 되어 있다. 4) ㉱ '如眼不自見'이 갑본에는 없다. 5) ㉱ 갑본에는 '知' 다음에 '如眼不自見'이 있다. 6) ㉱ '即'이 갑본에는 '則'으로 되어 있다. 7) ㉱ '三'이 갑본에는 '不'로 되어 있다. 8) ㉱ '即'이 갑본에는 없다.

原文 용문龍門

事實 『수경』에서 말하였다.

"철갑상어(鱣)와 다랑어(鮪)는 단단한 구멍(罩穴)을 뛰쳐나와 삼월이면

거슬러 올라 용문龍門을 건너는데, 건너가면 용이 되고 그렇지 않으면 이마에 상처를 입고 돌아간다. 우禹임금이 용문을 뚫었다 하여 혹 우문禹門이라고 한다."⁴⁷

龍門

水經云。鱣鮪出鞏穴。三月則上度龍門。得度爲龍矣。否則點額而還。禹鑿龍門。或曰禹門。

原文 '근본만 얻을 뿐'부터 '보배 달을 머금은 듯'까지
事實 『기주』에서 말하였다.
"근본을 얻으면 지말支末을 알 수 있다.
고덕⁴⁸이 말하였다.
'요즈음 강의하는 사람들은 점수의 의리(漸義)만 치우치게 밝히고, 선을 닦는 사람들은 돈오의 종지(頓宗)만 전파하여 선사와 강사가 서로 만나면 호胡와 월越⁴⁹처럼 간격이 생긴다. 이 때문에 사람들이 법과 차이가 나서 법이 사람들에게 병이 된다. 부처님의 뜻은 이미 본말本末을 보기 어렵고, 문장은 호한하고 광박해 연구하기 어렵다.⁵⁰ 따라서 배우는 사람은 비록

---

47 "『수경』에서 말하였다"부터 여기까지는 『祖庭事苑』 권2의 항목 「禹門」(X64, 341b)에서 인용하였다.
48 규봉 종밀圭峯宗密 선사를 말한다.
49 호胡와 월越 : 호는 중국의 북서 변방을, 월은 중국의 남방을 지칭하는 말이다.
50 "부처님의 뜻은 이미 그 본말을 보기 어렵고, 문장은 호한하고 광박해 연구하기 어렵다."에 해당하는 『事實』의 원문은 "意旣本末而難見。文乃浩博而難尋。"이다. 『續藏經』에 수록된 『琪和尙註』에서도 "佛意本末難見。散義浩博難尋。"이라 하여, 『事實』의 문장과 내용에 있어 다르지 않다. 그러나 『禪源諸詮集都序』・『景德傳燈錄』・『五燈會元』 등에는 이 부분이 "意旣本末而委示。文乃浩博而難尋。"으로 되어 있어 내용에 차이가 있다. 『都序』에 따라 번역하면, "부처님의 마음은 이미 그 본말을 자세히 보이셨지만, 문장이 호한하고 광박해 연구하기가 어렵다."가 된다.

많지만, 뜻을 파악하는 사람은 극히 적다.'51

이로써 근본으로 지말을 포섭함을 알 수 있을 것이다. 따라서 '근본만을 얻을 뿐 지말은 걱정하지 마라'라고 한 것이다.

'청청한 유리가 보배 달을 머금은 듯'이라고 한 것을 말해 보자. 유리는 법신法身의 오묘한 경계를 비유한 것이고, 보배 달은 반야의 진실한 지혜를 비유한 것이다. (인식 대상인) 경계와 (인식 주체인) 지혜가 그윽하게 합하여 그 빛이 시방을 꿰뚫고, 밝고 밝은 신령스러운 광채가 고금에 왕성하게 일어나니, 마치 유리 그릇 안에 밝은 달을 담아 놓은 것과 같다."

但得本 至舍寶月

琪注。若得其本。末可知也。古德云。今之講者。徧[1]彰漸義。禪者唯播頓宗。禪講相逢。[2] 胡越之隔。由是人與法差。法爲[3]人病。意[4]旣[5]本末而[6]難見。[7] 文乃[8]浩博而難尋。然而汎[9]學雖多。秉志極小。[10] 以本攝[11]末則可知矣。故云。但得本莫愁末也。如淨瑠[12]璃含寶月者。瑠璃喩法身妙境。寶月喩般若[13]眞智。境智冥合。瑩徹十方。燦燦靈光。騰今騰古。猶如瑠璃盤內。更盛明月也。

---

1) 원 '徧'이 갑본에는 '偏'으로 되어 있다. 2) 원 '逢'이 갑본에는 '逢'로 되어 있다.
3) 원 '爲'가 갑본에는 '與'로 되어 있다. 4) 원 갑본에는 '意' 앞에 '佛'이 있다. 5) 원 '旣'가 갑본에는 없다. 6) 원 '而'가 갑본에는 없다. 다음도 이와 같다. 7) 원 갑본에는 '見' 다음에 '散義'가 있다. 8) 원 '文乃'가 갑본에는 없다. 9) 원 '汎'이 갑본에는 '泛'으로 되어 있다. 10) 원 '小'가 갑본에는 '少'로 되어 있다. 11) 원 '攝'이 갑본에는 '接'으로 되어 있다. 12) 원 '瑠'가 갑본에는 '琉'로 되어 있다. 다음도 이와 같다.
13) 원 '般若'가 갑본에는 '解脫'로 되어 있다.

原文 '내 이제 이것을 이해하니'부터 '끝내 다함이 없으니'까지
事實 『기주』에서 말하였다.

---

51 『禪源諸詮集都序』 권상(T48, 399a)에서 부분적으로 발췌하여 인용하였다.

"여의주如意珠는 마니보摩尼寶이다. 오직 이 하나의 구슬만이 모든 공덕을 갖추고 있으므로 모든 보배 가운데 이 보배가 최상이다. 마음대로 이용하므로 마음의 보배에 비유할 수 있다. '경'[52]에서는 '오직 왕만 정수리에 이 하나의 구슬을 가지므로 망령되게 다른 사람에게 주지 않는다'고 하였다. 이 하나의 보배는 마음 밖에서 얻는 것이 아니다. 단지 모든 중생들은 망념이 뒤덮고 있기 때문에 밝게 나타나지 못하는 것일 뿐이다.

고덕[53]이 말하였다.

'비유하면 마치 옷 속의 구슬처럼 밝지만 비추지 못하고, 집에 있는 보장寶藏처럼 있는 듯해도 없는 것 같은 것이다.'[54]

오늘 영가永嘉 대사가 이 하나의 구슬을 알아서 유정有情을 제도하는 데 쓰기를 다함이 없다. 이 때문에 '끝내 다함이 없다'고 한 것이다."

我今解此 至終不竭

琪注。如意珠。[1) 即[2)摩尼寶[3)也。唯此一珠。具諸功德。於諸寶中。此寶爲上。利用如意。可喩心寶也。經云。獨王頂上。有此一珠。不妄與人。此之一寶。非從外得。但猶[4)一切衆生。妄念蓋覆。不能明現。古德云。譬如衣下明珠。雖明不照。似宅中寶藏。似有如無。今日永嘉解此一珠。賑濟有情。用無窮盡。故云。終不竭也。

1) ㉧ 갑본에는 '珠' 다음에 '者'가 있다. 2) ㉧ '即'이 갑본에는 없다. 3) ㉧ 갑본에는 '寶' 다음에 '珠'가 있다. 4) ㉧ 갑본 주해에는 "'猶'는 '由'와 통한다."라고 하였다.

原文 사생과 육류六類여【합해서 십류十類가 된다.】

---

52 『妙法蓮華經』을 말하나 경전의 문장이 본문과 완전히 일치하지는 않는다. "是法華經合獨王頂上。有此一珠…(중략)…不妄與人."『法華義記』권3「安樂行品」(T85, 176c).
53 규봉 종밀圭峰宗密 선사를 말한다.
54 문장이 정확히 일치하지는 않는다. 인용하면 다음과 같다. "若貧女宅中寶藏。窮子衣內明珠。雖有如無."『金剛經疏記科會』(X25, 377a).

事實 『능엄경楞嚴經』에서 말하였다.

"첫째는 난생卵生이니, 물고기류와 조류와 거북이와 뱀이다.

둘째는 태생胎生이니, 사람과 가축과 용과 신선이다.

셋째는 습생濕生이니, 정식을 함유한 꿈틀거리는 벌레들이다.

넷째는 화생化生이니, 전변해서 허물을 벗고 날아가는 것이다.

다섯째는 유색有色이니, 길하고 흉한 정명精明이다. '소疏'[55]에서 '길한 것은 세 가지 광명(三光)[56]이고, 흉한 것은 패성孛星과 혜성彗星이다. 일체의 정명과 신물神物은 모두 정미하게 빛이 난다'고 하였다.

여섯째는 무색無色이니, 허공으로 흩어지고 소멸해 가라앉는 것이다. '소'에서 '이것은 무색계無色界에 있는 외도外道의 부류이다'라고 하였다.

일곱째는 유상有想이니, 귀신과 정령이다. '소'에서 '그 신神이 밝지 못하고 어두워서 귀鬼가 되고, 그 정精이 온전하지 않고 흩어져서 영靈이 된다'고 하였다.

여덟째는 무상無想이니, 정신이 변화해 흙·나무·쇠·돌이 된 것이다.

아홉째는 비유상非有想이니, 저 나나니벌(蒲盧) 등 바탕이 다른 것을 서로 이루는 것이다. '소'에서 '저 나나니벌은 본래 뽕나무 벌레로서 벌의 생각이 있지 않았지만 벌의 생각을 가지게 되는 것과 같다'고 하였다.

열째는 비무상非無想이니, 올빼미 등이 흙덩이에 붙어서 새끼를 만들고 파경조破鏡鳥가 독수毒樹의 열매를 품어 새끼를 만드는 것과 같은 경우이다. '소'에서 '올빼미 부류는 흙덩어리와 독수의 열매로 형상이 만들어졌으므로 새의 생각이 없지는 않지만 본래는 생각이 없는 것이다'라고 하였다."[57]

---

55 온릉溫陵 개원련사開元蓮寺 계환戒環의 『楞嚴經要解』를 말한다.
56 세 가지 광명(三光) : 해와 달과 별을 말한다.
57 이상은 계환戒環의 『楞嚴經要解』에서 부분적으로 발췌하여 인용하였다. 『楞嚴經要解』에서는 본래 열두 가지로 분류하였는데, 『事實』의 저자는 비유색非有色과 비무색非無色을 언급하지 않았다. 『大佛頂如來密因修證了義諸菩薩萬行首楞嚴經要解』권14(X11, 850b).

또 육류六類는 곧 육취六趣이다. 언기彦琪의 주에 나온다.[58]

四生六類【合爲十類】

楞嚴經云。一卵生。魚鳥龜蛇。二胎生。人畜龍仙。二[1]濕生。含蠢蠕動。四化生。轉蛻飛行。五有色。休咎精明。疏云。休爲三光。咎爲孛彗。一切精明神物。皆精耀也。六無色。空散消[2]沉。疏云。即無色界外道類也。七有想。神鬼精靈。疏云。其神不明而幽爲鬼。其[3]精不全而散爲靈。八無想。精神化爲土木金石。九[4]非有想。彼蒲盧等異質相成。疏云。如彼蒲盧本爲桑蟲。非有蜂想而成蜂想。十[5]非無想。如土梟等。附塊爲兒。及破鏡鳥。以毒樹果。抱爲其子。疏云。土梟之類。因土塊毒果成形。非無鳥想而本無想。又六類即六趣見琪注。

---

1) ㉘ '二'는 '三'인 듯하다. 2) ㉘ '消'가 『楞嚴經』에는 '銷'로 되어 있다. 3) ㉘ '其'가 『楞嚴經』에는 없다. 4) ㉘ '九'는 『楞嚴經』의 '十一'에 해당한다. 5) ㉘ '十'은 『楞嚴經』의 '十二'에 해당한다.

[原文] 자비의 물에 마음 꽃이

[事實] 「행원품行願品」에서 "대비의 물로 중생을 요익케 하면 제불보살의 지혜의 꽃과 열매를 성취할 수 있다.……"[59]라고 하였다.

悲水心花

行願品云。以大悲水。饒益衆生。即能成就諸佛菩薩。智慧華菓云云。

[原文] '강물엔 달 비치니'부터 '무엇 할까'까지

---

58 앞서 제1권의 "꿈속에선 분명하고 분명하게……대천세계 없어라."에 대한 언기 선사의 주(『琪注』)에서 육취六趣에 대해 언급하였다.(p.82)
59 『大方廣佛華嚴經』 권40 「入不思議解脫境界普賢行願品」(T 10, 845c).

事實 『기주』에서 말하였다.

"밤 깊어 달빛은 창가에 밝은데, 때때로 부는 솔바람 소리 베갯머리에 청아하네. 이 소식은 설사 천 명의 성인이 출현하여 걸림 없는 변재辯才를 갖춘다 해도 말로는 미치지 못한다. 자그마한 방편을 베풀어 우선 건화문建化門[60] 가운데서 간략하게 언어를 의지해서 억지로 말한 것이다. 이것은 문수文殊와 보현普賢 같은 대인大人의 경계이니, 모든 중생들은 그 가운데 있으면서도 스스로 알지 못하고, 모든 소승인들은 이곳을 향해 나아가지 못한다.

이 경계는 범부도 아니고 성인도 아니니
알기 어렵지만 그저 눈앞에 있을 뿐
산 높고 바다 넓고 잣잎 짧고 솔잎은 길며
버들 푸르고 꽃은 붉으며
꾀꼬리 지저귀고 학은 울어대네
강물엔 달 비치고 솔바람 불어오니
긴긴 밤 맑은 하늘에 무엇을 할까

만약 본분도인本分道人이라면 단박에 깨달아 곧장 새벽에 당도하리라."

江月照 至何所爲

琪注。入夜月華窓[1]底白。有時松韻枕根淸。此箇消息。設使千聖出興。具无礙辯[2]才。也說不及。放一線道。且向建化門中。略憑話會强而言之。此是文殊普賢大人境界。一切衆生。雖在[3]其中。而不自知。諸小乘人。不能

---

60 건화문建化門 : 법당法幢을 세우고 화문化門을 넓게 벌려 놓는다는 뜻이다. 제자가 제일의第一義를 밝히지 못할 때 선지식이 재차 시설하는 권방편을 말한다.

趣向也。此之境界。不凡不聖。雖難可見。只⁴⁾在目前。山高海闊。栢短松長。柳綠花紅。鶯⁵⁾吟鶴唳。江月照松風吹。永夜情霄何所爲。若是本分道人。一覺直到天曉也。

1) ㉘ '窓'이 갑본에는 '牕'으로 되어 있다. 2) ㉘ '辭'이 갑본에는 '辨'으로 되어 있다.
3) ㉘ '在'가 갑본에는 '生'으로 되어 있다. 4) ㉘ '只'가 갑본에는 '祇'로 되어 있다.
5) ㉘ '鶯'이 갑본에는 '鸎'으로 되어 있다.

原文 말에 뿔 나고
事實 『사기史記』⁶¹에서 말하였다.
"연燕나라의 태자인 단丹이 서쪽으로 진秦나라의 인질이 되었는데 진왕秦王이 예의를 차리지 않아 단이 돌아가지 못하였다.
진왕이 말하였다.
'까마귀의 머리가 하얗게 되고 말에 뿔이 나면 그대를 돌려보내리라.'
태자가 하늘을 우러러 탄식하면서 말하였다.
'까마귀가 하얗게 되고 말에 뿔이 나는 일이 있겠는가!'
진왕이 크게 놀라 곧바로 단丹을 놓아 주었다."

馬生角
史記。燕大子丹。西質於秦。秦王不禮。丹乃未歸。秦王曰。待烏頭白。馬頭生角。當放子歸。大子仰天而嘆。烏爲之白頭。馬爲之生角。秦王大驚乃遣丹。

原文 '불성과 계주戒珠'부터 '몸에 걸친 옷이니'까지
事實 『기주』에서 말하였다.
"반야는 한 가지 법(一法)이지만 부처님께서는 갖가지 명칭으로 설하신다. 어떤 경우에는 불성이라 하고, 혹은 계주戒珠라 하며, 혹은 심지心地라

---
61 『史記』권86「刺客列傳」.

하고, 혹은 심인心印이라 하셨는데 모두 같은 법이다.

이것은 그 공용功用을 따라서 각각 다른 이름을 얻는 것이니, 지각知覺할 수 있기 때문에 불성이라 하고, 밝고 청정해서 때가 없는 것을 계주라 하며, 모든 법을 낼 수 있으므로 심지라 하고, 갖가지 품류를 호령하기 때문에 인印이라 한다. 따라서 세 가지 명칭이 있긴 하지만 세 가지 법이 있는 것은 아니다.

이것으로 미루어 보건대, 삼라만상과 눈에 부딪치고 만나는 인연과 기세계(器界)인 산하가 모두 같은 한 몸이며 안개·이슬·구름·노을이 모두 다른 물건이 아니다. 따라서 '안개와 이슬, 구름과 노을은 몸에 걸친 옷이다'라고 한 것이다."

佛性戒珠 至體上衣

琪注。般若是一法。佛說種種名。或謂之佛性。或謂之戒珠。或謂之心地。或謂之心印。皆一法也。隨其功用。各得異名。能覺知故。名曰佛性。瑩淨無垢。名曰戒珠。能生諸法。名曰心地。號令群品。名之曰印也。雖有三名。而無三法。以此而推。森羅萬像[1] 觸目遇緣。器界山河。皆同一體。霧露雲霞盡非佗物。故曰。霧露雲霞體上衣也。

1) ㉮ '像'이 갑본에는 '象'으로 되어 있다.

[原文] 푸른 눈
[事實] 『조정사원』에서 말하였다.

"초조初祖 달마 대사의 눈은 감청색紺青色이었다. 그 때문에 조사를 벽안碧眼이라 한다."[62]

---

62 『祖庭事苑』 권3(X64, 345a).

碧眼

祖庭云。初祖達摩大師。眼有紺靑之色。故稱祖曰碧眼。

原文 용을 항복 받은 발우, 호랑이 타이른 석장

事實 『기주』에서 말하였다.

"발우鉢盂와 석장錫杖은 모두 도구의 이름이다. 발우는 응량기應量器[63]이고 석장은 석장을 떨쳐서 소리를 내는 것이다. 용을 항복 받은 발우와 호랑이의 싸움을 말린 석장은 각각 연기緣起를 따라 이름이 붙여진 것이다.

'용을 항복 받은 발우'는 세존께서 화룡외도火龍外道를 항복 받은 것으로 인해 이름이 붙여졌다. 옛날에 세 가섭迦葉이 있었는데 부처님께 귀의하여 출가하였다가 도심道心을 잃어버리고 화룡외도를 섬겼다. 부처님께서는 그들의 근성이 이미 순숙했음을 관찰하고 곧바로 제도하러 찾아갔다. 그들에게 찾아가 묵기를 청하자, 그때 가섭이 말하였다.

'여기에는 잘 수 있는 빈 방이 없고 화룡의 석굴만 있습니다. 그곳에서 잘 수 있겠습니까?'

부처님께서는 그곳으로 가서 주무셨다. 이때 한밤중에 화룡이 신통을 나타내어 코에서 연기를 뿜어 내고 비늘과 껍데기에서 불을 일으키고선 멈칫거리며 거센 불길로 부처님을 해치고자 하였다. 이때 세존께서 즉시 자비심을 일으켜 삼매의 불을 나타내고 점점 밝아지게 하자, 화룡의 독화毒火는 도리어 자신을 태웠다. 도피할 곳이 없어진 용에겐 오직 부처님의 보배 발우 속만이 청량하고 광대하게 보였다. 이에 스스로 몸을 던져 발우 안으로 들어갔다. 이 때문에 '용을 항복 받은 발우'라고 한다.

---

63 응량기應量器 : 발우鉢盂는 범어의 음역이고 응량기는 의역이다. 규정에 합당한 크기의 식기라는 뜻이다. 율律에서 그 크기와 재질과 색깔을 규정하고 있다. 응기應器라고도 한다.

'호랑이 타이른 석장'은 옛날 승조僧稠[64] 선사에서 처음 유래한 것이다. 승조 선사가 회주懷州의 왕옥산王屋山에서 지내며 선정을 익혔는데 두 호랑이가 싸우는 것을 보고는 즉시 석장을 가운데 넣어 싸움을 말리자, 두 호랑이가 각자 떨어져서 갔다고 한다. 이를 따라서 명칭을 붙인 것이다. 따라서 '용을 항복 받은 발우와 호랑이 타이른 석장'이라고 한 것이다."

降龍鉢解虎錫

琪注。鉢盂錫杖。皆道具之名也。鉢盂即應量器也。錫杖者。振作錫聲也。所言降龍鉢解虎錫者。各[1]隨緣起而得名也。[2] 降龍鉢者。因世尊降火龍外道也。昔者有三迦葉。投佛出家。退失道心。侍火龍外道。佛觀其根性旣熟。即往度之。爾時往彼求宿。時迦葉言。此無空室可宿。唯有火龍石窟。還可宿否。佛往彼宿。是時中夜。火龍現神[3]□。[4] 鼻中出□[5]鱗甲生火。逡巡熾然。欲害於佛。爾時世尊。即起慈心。現三昧火。漸漸明瑩。火龍毒火。反[6]自燒身。無處逃避。唯見世尊寶鉢之中。清凉廣大。乃自投身。入於鉢內。故名降龍鉢也。解虎錫者。始因高僧稠禪師。在懷州王屋山習定。見二虎鬪。即以錫杖。以中解之。二虎各自分去。遂此名焉。故云。降龍鉢解虎錫也。

1) ㉠ '各'이 갑본에는 '名'으로 되어 있다. 2) ㉠ '也'가 갑본에는 없다. 3) ㉠ '神'이 갑본에는 없다. 4) ㉠ □가 갑본에는 '通'으로 되어 있다. 5) ㉠ □가 갑본에는 '烟'으로 되어 있다. 6) ㉠ '反'이 갑본에는 '返'으로 되어 있다.

原文 두 개의 고鈷에 쇠고리 울림 역력하니

事實 『기주』에서 말하였다.

"두 개의 고(兩鈷)[65]는 진제眞諦와 속제俗諦의 이제二諦를 표현한다. 여섯

---

64 승조僧稠 : 석승조釋僧稠를 말한다. 『續高僧傳』 권16 「齊鄴西龍山雲門寺釋僧稠傳」 (T50, 553b)과 『神僧傳』 권3(T50, 966b) 등에 전기와 위의 고사가 전한다.
65 고鈷 : 주장자 윗부분에 쇠고리를 걸기 위해 만들어진 금강저 모양의 고리이다.

개의 고리는 육바라밀을 나타내고, 중심은 중도中道를 표현한다.

'울림이 역력하다'는 것은 석장을 떨치는 소리인데, 상사上士는 이것을 들으면 곧바로 도에 깨달아 들어갈 수 있다.

소승의 석장은 네 개의 고에 열두 개의 고리로 되어 있다. 네 개의 고는 사제四諦를 나타내고, 열두 고리는 십이인연을 나타내며, 중심의 부도浮圖는 삼보에 주지하는 것(住持三寶)을 표현한다.

문득 납승의 수중에 있을 땐 어떻게 표현하는가? 대사 같은 경우엔 당시 이것을 가지고 조계曹溪로 찾아가 육조를 친견하고 선상禪床을 세 바퀴 돌고는 크게 한 차례 울렸을 뿐이다. 말해 보라. 어떤 일을 이루었다고 하겠느냐? 눈 밝은 납승衲僧은 한번 잘 살펴보라."

兩鈷金環鳴歷歷

琪注。兩鈷者。表眞俗二諦也。六鐶者。表六波羅蜜也。中心表中道也。鳴歷歷者。振錫之聲也。[1] 上士聞之。卽可入道。小乘錫杖。卽四鈷十二環[2]也。四鈷表四諦也。十二鐶表十二因緣。中心浮圖表住持三寶也。忽若在衲僧手中。如何[3]表口[4] 只[5]如大師當時。持往曺溪。親見六祖。遶禪床三匝。大振一下。且道。成得箇[6]什麼邊事。明眼衲僧。試定當看。

1) ㉮ '也'가 갑본에는 없다. 2) ㉮ '環'이 갑본에는 '鐶'으로 되어 있다. 3) ㉮ '如何'가 갑본에는 '何如'로 되어 있다. 4) ㉮ '口'가 갑본에는 '示'로 되어 있다. 5) ㉮ '只'가 갑본에는 '祇'로 되어 있다. 6) ㉮ '箇'가 갑본에는 없다.

原文 지남指南

事實 고금의 주注에서 말하였다.[66]

---

[66] 『妙法蓮華經玄贊』・『從容庵錄』・『一切經音義』 등에서도 위와 같은 내용을 인용하고 있지만, 전거를 분명히 밝히지는 않았다. 『摩訶止觀義例隨釋』에 따르면 『史記』에서 인용한 것이라 한다. "言指南者. 文出史記. 彼云. 黃帝與蚩尤戰於涿鹿之野. 尤作大霧以迷四方. 帝乃作指南車. 前旣是南. 則左東右西後北. 自可知矣. 失此則方隅亂. 得此則方

"황제와 치우蚩尤가 탁록涿鹿에서 전투를 벌였는데 치우가 큰 안개를 일으켜 사방을 분간할 수 없었다. 황제가 수레에 탄 채로 손가락으로 남쪽을 가리켜 보였고 군사들이 마침내 치우를 사로잡아서 목을 베었으므로 남쪽을 가리킨 수레(指南車)라고 부르게 되었다."[67]

指南
古今注云。黃帝與蚩尤戰於鹿。蚩尤作大霧。迷於四方。帝在車。以指指南而示。士卒擒蚩尤而斬之。遂號指南車。

原文 '형세를 드러내려 함 아니라'부터 '몸소 보이신 자취'까지
事實 『기주』에서 말하였다.
"위의를 외부로 나타내거나 그 형체를 표현하거나 헛되게 자기 임의대로 지니는 것이 아니다. 따라서 보 공寶公은 말하였다.

> 장부의 운용運用은 당당하고
> 소요자재逍遙自在하여 걸림이 없으니
> 일체가 해칠 수 없고
> 견고하기 금강석과 같다네[68]

어찌 헛된 일로 지니는 것이겠는가.
'여래의 보장寶杖은 몸소 보이신 자취'라고 한 것을 말해 보자.
'경經'[69]에서 말하였다.

隅正." 『止觀義例隨釋』 권5(X56, 182c).
67 "고금의 주에서 말하였다"부터 여기까지는 『祖庭事苑』 권3(X64, 355a)에서 인용하였다.
68 『誌公和尙十四科頌』 중 〈斷除不二頌〉의 일부이다. 『景德傳燈錄』 권29(T51, 451b).
69 『錫杖經』 즉 『得道梯橙錫杖經』을 말한다.

'부처님께서 비구들에게 말씀하셨다. 〈그대들은 마땅히 석장을 지니도록 하라. 무엇 때문인가? 과거의 여래와 현재의 모든 부처님도[70] 모두 지니시기 때문이니, 성인의 표지標識가 된다.〉'[71]

따라서 '여래의 보장寶杖은 몸소 보이신 자취'라고 한 것이다. 만약 알아차리지 못했다면 덕산德山 노인에게 물어보라."

不是標形 至親蹤

琪注。不是外現威儀標其形體。虛然自謂任持也。故寶公云。丈夫運用堂堂。逍遙自在無妨。[1)] 一切不能爲害。堅固猶若金剛。□[2)]虛事□[3)]也。[4)] 如來寶杖親蹤迹[5)]者。經云。佛□□[6)]丘。汝等應受持錫杖。所以者何。過去如來。現在諸佛皆執持故。爲聖人之標識[7)]也。故曰。如來寶杖親蹤也。如或不薦。問取德山老人。

---

1) ㉰ '妨'이 갑본에는 '方'으로 되어 있다. 2) ㉰ □가 갑본에는 '豈'로 되어 있다. 3) ㉰ □가 갑본에는 '持'로 되어 있다. 4) ㉰ '也'가 갑본에는 '耶'로 되어 있다. 5) ㉰ '迹'이 갑본에는 '跡'으로 되어 있다. 다음도 이와 같다. 6) ㉰ □□가 갑본에는 '告比'로 되어 있다. 7) ㉰ '識'가 갑본에는 '幟'로 되어 있다.

原文 다시 보게나, 가섭의

事實 『조정사원』에서 말하였다.

"가섭은 의근意根을 이미 소멸시켰으나 완전하고 밝게 요지了知하여 작용함에 장애가 없다. 따라서 유마는 '멸정滅定에서 일어나지 않고 모든 위의를 나타낸다'고 한 것이니, 바로 이와 같은 의미이다."[72]

---

70 "과거의 여래와 현재의 모든 부처님도"에 해당하는 원문은 "過去如來現在諸佛"이다. 그러나 전거가 되는 『錫杖經』과 『釋氏要覽』을 살펴보았을 때 "過去未來現在諸佛"이어야 옳다. 이에 따라 번역하면, "과거와 미래와 현재의 모든 부처님도"가 된다.
71 "경經에서 말하였다"부터 여기까지는 문장으로 보아 『得道梯橙錫杖經』(T17, 724a)보다는 『釋氏要覽』 권중(T54, 279b)과 가깝다. 『釋氏要覽』에서 발췌 인용한 것으로 추측된다.

更看迦葉

祖庭云。迦葉已滅。意根圓明了知不妨作用。故維摩云。不起滅定而現諸威儀。即斯義也。

原文 '진실을 구하지 않나니'부터 '공하여 상相 없는 줄'까지
事實 『기주』에서 말하였다.

"진실을 구하지 않기 때문에 범부법凡夫法을 뛰어넘고, 허망함을 끊어 버리지 않기 때문에 이승법二乘法을 뛰어넘는다. 이승을 닦는 사람은 허망을 버리고 진실을 구하며 번뇌를 끊고 보리를 구하여 유위열반有爲涅槃을 증득한다. 따라서 완전히 벗어나는 구경의 도는 아니다. 대승을 닦는 사람은 진실도 구하지 않고 허망함도 끊지 않고서 곧 진실과 허망의 두 가지 법에 본래 차별상의 모습이 없음을 안다. 그러므로 보 공寶公은 말하였다.

머리도 없고 손도 없음이여
세계가 무너질 때 그는 무너지지 않는다[73]

따라서 '두 가지 법이 공하여 상 없는 줄 분명히 안다'고 하였다."

不求眞 至空無相

琪注。不求眞故。越凡夫法也。不斷妄故。越二乘法也。二乘之人弃妄求眞。斷煩惱求菩提。證有爲涅槃。[1] 故非究竟出離之道也。大乘之人。更不求眞。亦不斷妄。則知眞妄二法。本無相狀。故寶公云。也無頭也無手。世界壞時

---

72 『祖庭事苑』 권7의 항목 〈摩訶迦葉〉(X64, 410a).
73 〈誌公和尙十二時歌〉 중 일부이다. 『禪門諸祖師偈頌』(X66, 726c).

渠不朽。故云。了知二法空無相也。

1) ㉔ '槃'이 갑본에는 '枠'으로 되어 있다.

原文 시험 삼아 금가루 가져다

事實 고덕이 "금가루가 비록 귀하긴 하지만, 눈에 떨어지면 눈을 가리게 된다."[74]라고 말하였다.

試將金屑

古德云。金屑雖貴。落眼成翳。

原文 '상도 없고 공도 없으며'부터 '진실한 모습이니'까지

事實 『기주』에서 말하였다.

"앞 구절에서는 부처님의 종적을 차례로 펼쳤고 뒤 구절에서는 진제眞諦를 곧장 밝혔다. 앞에서 '진실도 구하지 않고 허망도 구하지 않으니 두 가지 법이 공하여 상相 없는 줄 분명히 안다'고 하였는데, 영가永嘉 스님은 후세 사람들이 '공하여 상이 없다'는 것에 떨어질까 몹시 염려스러웠다. 따라서 이와 같이 하나하나 지적하여 표시한 것이다.

'상이 없다(無相)'고 한 것은 모든 사법事法이 없다는 것이고, '공이 없다(無空)'는 것은 모든 이법理法이 없다는 것이며, '공하지 않음도 없다(無不空)'는 것은 그것을 버리는 법 역시 공하다는 것이다. 이것이 바로 여래의 진실한 모습이고 바로 여래의 차별상 없는 경지에 들어가는 미묘법문微妙法門이다."

---

74 임제臨濟 선사와의 문답에서 왕상시王常侍가 한 말이다. 이후 선가에서 자주 인용된 문구이다. 『臨濟錄』(T47, 503c).

無相無空 至眞實相

琪注。上句展轉佛[1]迹。下句直明眞諦也。因上所言。不求眞不斷妄。了知二法空無相。永嘉切恐。後人落在空無相中。故有此點示也。言無相者。卽無諸事法也。無空者。卽無諸理法也。無不空者。則能遣之法亦空也。卽是如來眞實相者。卽入如來無相微妙法門也。

---
1) ㉠ '佛'이 갑본에는 '拂'로 되어 있다.

原文 보안보살이 당시에

事實 보안普眼보살은 보현보살을 보고자 하였지만 볼 수가 없었다. 세 차례나 정定에 들어가 삼천대천세계를 두루 관찰하며 보현보살을 찾았지만 만날 수 없자 찾아와 부처님께 말씀드렸다.

부처님께서 말씀하셨다.

"그대가 고요한 삼매에서 한 생각을 일으키기만 하면 곧 보현을 보리라."

보안보살이 이에 일념을 일으키자마자 곧 보현보살이 여섯 개의 상아가 달린 흰 코끼리를 타고 공중에 있는 것을 보았다.[75]

普眼當時

世尊因普眼菩薩。欲見普賢。不能得見。乃至三度入定。徧觀三千大千世界。覓普賢。不能得見而來白佛。佛言。汝但於靜三昧中起一念。便見普賢。普眼於是。纔起一念。便見普賢向空中乘六牙白象。

原文 '마음 거울 밝아'부터 '항하사 세계에 두루하니'까지

---
75 "보안普眼보살은 보현보살을"부터 여기까지는 『華嚴經』에 나오는 내용이다. 『華嚴經』에서 직접 인용한 것이 아니라 『聯燈會要』 권1(X17, 13)에서 인용하였다.

事實 『기주』에서 말하였다.

"마음의 거울이 밝아지면 사물을 조감함에 장애가 없다.

'전傳'에서 말하였다.

'모든 지혜로운 사람은 비유로 이해할 수 있다. 마음을 밝힌 사람은 그 마음이 마치 밝은 거울과 같아서 모든 형상을 포섭하여 그 안에 들어가게 할 수 있으며 막힘이 없고 청정하게 포함하여 수용하는 것이 끝이 없다.'

고덕이 말하였다.

'〈거울을 깨뜨려야 그대와 서로 만날 것이다〉 하였으니, 시방세계가 모두 한 면面의 거울인데 또 어느 곳에다 손을 쓰겠느냐? 만약 여기에서 알 수 있다면 신령스러운 광명이 번뇌를 꿰뚫어 덮이고 가려지는 곳이 없으리라.'

따라서 '훤히 맑게 사무쳐 항하사 세계에 두루하다'고 한 것이다."

心鏡明 至周沙界

琪注。心鏡既明。鑒物無礙。傳曰。諸智慧者。以譬喻得解。明心之士。其心猶如明鏡。能攝[1]衆像[2]盡入其中。無有窒礙。清淨含容。無有邊際。古德云。打破鏡來與汝相見。盡十方世界。是一面鏡。且向什麼處下手。若向這裏薦得。靈光透漏。無□[3]覆處。故云。廓然瑩徹周沙界也。

---

1) ㉾ '攝'이 갑본에는 '接'으로 되어 있다. 2) ㉾ '像'이 갑본에는 '象'으로 되어 있다. 다음도 이와 같다. 3) ㉾ □가 갑본에는 '蓋'로 되어 있다.

原文 꼬리 흔들며 남산을 오른다네

事實 설봉雪峰 스님이 말하였다.

"남산에 한 마리 별비사鼈鼻蛇가 있으니 그대들 모두는 오가면서 잘 살피도록 하라."[76]

---

76 『雪峰眞覺大師語錄』(X69, 82c).

擺尾上南山

雪峰云。南山有一條鼈鼻虵。汝等諸人。出入好看。

[原文] '삼라만상이'부터 '안팎이 아니니'까지

[事實] 『기주』에서 말하였다.

"하늘에 있으면서 찬연燦然하여 우러러보아야 하는 것을 만상萬像이라 하고, 땅에 있으면서 우뚝하여 굽어보아야 하는 것을 삼라森羅라고 한다.

'전傳'[77]에서 '삼라와 만상은 하나의 법에 찍혀 나타난 것이다'[78]라고 하였으니, 어찌 마음 밖에서 얻는 것이겠는가. 모든 중생들의 한 생각 마음 광명의 그림자 가운데 있을 뿐이다. 따라서 '삼라만상이 그림자 나타나는 가운데'라고 하였다.

'한 알의 둥근 광명은 안팎이 아니다'라고 한 것을 말해 보자.

한 점의 광명은 겉도 없고 속도 없으며 신령스런 광명은 환하게 빛나 시방세계에 밝게 사무쳐서 안과 밖이 없다. 따라서 조肇 법사[79]는 '만물을 화합하여 자기 자신에게로 귀속시키는 이는 오직 성인뿐이다'[80]라고 하였다."

萬像森羅 至非內外

琪注。在天燦然。仰而觀之。謂之萬像。在地卓爾。俯而察之。謂之森羅。傳

---

77 『佛說法句經』을 말한다. 반야부와 화엄·법화 등 대승의 법요를 엮은 것으로 추정되는 의경疑經이다. 소승의 『法句經』과는 다르다.
78 『佛說法句經』「普光問如來慈偈答品」(T85, 1435a).
79 조肇 법사 : 구마라집 문하 4철哲의 한 분인 승조僧肇(384~413) 법사를 말한다. 노장老莊의 학을 깊이 수학하였으며, 『維摩經』을 읽고 불교에 귀의한 후 스승 구마라집을 도와 역경에 종사하였다. 저술로는 흔히 『肇論』으로 부르는 〈物不遷論〉·〈不眞空論〉·〈般若無知論〉·〈涅槃無名論〉과 〈寶藏論〉 등이 있다. 언기彥琦 선사뿐 아니라 선종의 조사들이 그 내용을 인용한 곳이 많다.
80 『肇論』 제17 「通古」(T45, 161a)에서는 "會萬物以成己者。其唯聖人乎。"라 하였다.

曰。森羅及萬像。一法之所印。豈從外得耶。只¹⁾在一切衆生一念心光。影現之中。故云。萬像森羅影現中也。一顆圓光非內外者。一點²⁾光明。無表無裏。靈明炟³⁾赫。瑩徹十方。無有內外。故肇法師云。會萬物⁴⁾歸於自己者。其惟⁵⁾聖人乎。

1) ㉯ '只'가 갑본에는 '祇'로 되어 있다.   2) ㉯ '點'이 갑본에는 '点'으로 되어 있다.
3) ㉯ '炟'이 갑본에는 '烜'으로 되어 있다.   4) ㉯ '物'이 갑본에는 '法'으로 되어 있다.
5) ㉯ '惟'가 갑본에는 '爲'로 되어 있다.

[原文] 털 하나면 끝나네
[事實] 협산夾山[81] 화상이 말하였다.
"사자의 털 하나면 전신全身이 모두 이것이다."[82]

一毛畢

夾山和尙云。一毛師子。全身摠是。

[原文] '탁 트인 허공은'부터 '재앙과 허물을 초래하니'까지
[事實] 『기주』에서 말하였다.

"탁 트인 허공(豁達空)은 서천西天의 외도들이 닦는 단멸공斷滅空이다. '인과를 없애버린다'는 것은 한결같이 공에 집착하여 인과를 제거해 없애는 것이다. 따라서 세간과 출세간과 인천人天의 모든 인과와 선악 등의 업은 털끝만큼도 착오가 없음을 알 수 있다.

---

81 협산夾山 : 선자 덕성船子德誠 선사의 법을 이은 협산 선회夾山善會(805~881) 선사를 말한다. 예주澧州 석문현石門縣 협산夾山에 영천원靈泉院을 개산하고 종풍을 널리 선양하였다.
82 『景德傳燈錄』에서 운문雲門 선사는 이를 낙보樂普 선사의 법어로 소개하고 있다. 낙보 원안樂普元安(834~898) 선사는 협산 선회 선사의 법을 이은 제자이다. 참고로 인용하면 다음과 같다. "樂普云。一塵一擧大地全收。一毛師子全身總是。"『景德傳燈錄』 권19 「雲門山文偃禪師傳」(T51, 357a).

'경'에서는 말하였다.

'가령 백천 겁이 지난다 해도 지은 업은 없어지지 않으니, 인연이 만날 때 과보를 다시 자기가 받는다.'

또 외도들은 이 법을 알지 못하기 때문에 인과에 미혹한다. 단멸斷滅의 견해에 떨어지고 나면 초래하는 재앙과 허물이 말할 수 없으니, 비유하면 대해大海가 망망하고 아득하여 끝이 없는 것과 같다. 따라서 '망망하고 탕탕하게 재앙과 허물을 초래한다'고 하였다."

豁達空 至招殃禍

琪注。豁達空者。乃西天外道所修斷滅空也。撥因果者。一向著空。撥無因果也。故知世出世間人天。一切因果善惡等業。毫髮不差。經云假使百千劫。所作業不忘。因緣會遇時。果報還自受。且外道不知此法。故迷因果也。既落斷滅之見。所招殃咎。[1] 不可言說。譬若大海。漭漭蕩蕩。無有邊表。故云。漭漭蕩蕩招殃禍[2]也。

1) ㉘ '咎'가 갑본에는 '過'로 되어 있다. 2) ㉘ '禍'가 갑본에는 '過'로 되어 있다.

原文 상갓집 개

事實 노나라 사람들이 "동가東家의 공구孔丘는 그 형상이 초라하기가 마치 상갓집 개와 같다."고 말했다고 한다. 상喪은 잃는다(失)는 뜻이다.

喪家狗

魯人云。東家之孔丘。其狀離離如喪家之狗。喪。失也。

原文 '유를 버리고 공에 집착해도'부터 '불구덩이에 뛰어듦이니'까지
事實 『기주』에서 말하였다.

"만약 유견有見을 버리고 무견無見에 집착한다면 그 병도 마찬가지이다.

따라서 고덕[83]은 말하였다.

'곧 마음을 응결시키고 생각을 거둬들이며 만사를 포섭해 공으로 귀결시키려 마음먹고는 눈도 깜빡거리지 않고 움직이지도 않으며 눈을 감고 눈동자를 감춘 채 망념이 일어나는 것을 따라 곧바로 파괴해 없애고 미미한 상념이 일어나자마자 곧바로 억누른다. 이와 같은 견해를 가진 사람은 바로 아무것도 없다는 공에 떨어진 외도이며, 혼이 흩어진 죽은 사람이다.'[84]

따라서 '유를 버리고 공에 집착해도 병이기는 마찬가지'라고 한 것이다.

비유하면 마치 어떤 사람이 큰물에 빠지는 것을 피하려고 불구덩이 속으로 뛰어드는 것과 같다. 따라서 '물에 빠지는 것 피하고자 불구덩이에 뛰어듦과 같다'고 하였다."

弃有著空 至而投火

琪注。若弃其有見而著無見。則其病亦然也。故古德云。便擬凝[1]心斂念。攝[2]事歸空。不瞬不動閉[3]目藏睛。隨有念起。即便破除。細想纔生。即便遏捺[4]。如斯見解。正是落空亡底[5]外道。魂不散底死人。故云。弃有著空病亦然也。譬如有人。避大水之溺而投火燧之中。故云。還如避溺而投火也。

1) ㉠ '凝'이 갑본에는 '疑'로 되어 있다. 2) ㉠ '攝'이 갑본에는 '挼'으로 되어 있다. 3) ㉠ '閉'가 갑본에는 '閑'으로 되어 있다. 4) ㉠ '遏捺'이 갑본에는 '揭擦'로 되어 있다. 5) ㉠ '亡底'가 갑본에는 없다.

原文 밤은 끝나지 않았는데

事實 『단경壇經』에 말하였다.

---

83 현사 사비玄沙師備 선사를 말한다.
84 『禪林僧寶傳』・『聯燈會要』・『五燈會元』・『大慧語錄』 등에 이 법문이 수록되어 있는데 문장이 일치하지 않으며 일부 누락된 곳이 있다. 그중 『大慧語錄』에 수록된 것이 본문의 인용문과 가장 가깝다. 『大慧普覺禪師語錄』 권28 「答宗直閣」(T47, 933a).

"오조五祖께서 밤이 삼경三更에 이르자 혜능慧能을 당堂 안으로 불러 곧바로 돈교頓敎와 의발衣鉢을 전하고는 '너는 제6대조가 되었으니 스스로 잘 호념하여 미혹한 사람을 널리 제도하여라. 의발을 신품信稟으로 삼아 대대로 계승한 법이니 곧 마음에서 마음으로 전하면 즉시 스스로 깨치리라."[85]
금산 원金山元 스님은 말하였다.

  의발을 전하자마자 크게 탄식하며 길 떠나니
  남쪽으로 강 건너는데 달은 삼경三更이로구나

夜未央
壇經云。五祖夜至三更喚慧能。堂內便傳頓敎及衣。汝爲第六代祖。善自護念。廣度迷人。衣將爲信稟代代相承法。即以心傳心。當即自悟。金山元云。衣鉢纔傳慷慨行。渡江南去月三更。

原文 송곳 끝 날카로움
事實 고덕이 "송곳 끝이 날카로운 것만 보고 끝의 끝이 모난 것은 보지 못한다."[86]라고 하였다.

---

85 『六祖壇經』에 수록된 내용을 요약하여 발췌하였는데 『六祖壇經』의 내용과 약간의 차이가 있다. "의발을 신품으로 삼아~즉시 스스로 깨치리라"에 해당하는 『事實』의 원문은 "衣將爲信稟代代相承法。即以心傳心。當即自悟。"인데 이 부분이 『六祖壇經』에는 "昔達磨大師。初來此土。人未之信。故傳此衣。以爲信體。代代相承。法則以心傳心。皆令自悟自解。自古。佛佛惟傳本體。師師密付本心。衣爲爭端。止汝勿傳。"으로 되어 있어 『事實』에서 인용한 의도와는 다르다. 이를 번역하면 다음과 같다. "지난날 달마 대사께서 처음 이 땅으로 오셨을 때 사람들이 믿지 않았다. 따라서 이 옷을 전해 믿음의 근거로 삼아 대대로 계승하게 된 것이다. 법은 곧 마음에서 마음으로 전하는 것이고, 모두 스스로 깨닫고 스스로 알게 하는 것이다. 예로부터 부처님과 부처님은 오직 본체만을 전했고, 조사와 조사는 본심을 남몰래 부촉했을 뿐이다. 가사는 싸움의 실마리가 되니 너에게서 그치고 전하지 말라."『六祖大師法寶壇經』(T48, 340a).
86 많은 선사들이 이 말을 사용하는데 특별히 누가 말했다고는 밝히지 않았다. 대혜 선사

錐頭利

古德云。只見錐頭利。不見頭方。

原文 '허망한 마음 버림에'부터 '교묘한 거짓 이루니'까지

事實 『기주』에서 말하였다.

"만약 허망한 마음을 버리고 진여의 이치를 행하려고 한다면 이는 곧 취하고 버리는 마음으로 교묘하게 거짓을 행하는 것이 된다.

(전傳에서[87]) '한쪽을 취하고 한쪽을 버리는 것은 그저 허망한 사려(妄慮)만 증가시키고, 자성에 집착하거나 자성을 도피하는 것은 진실한 근원(眞源)을 점점 더 잃어버리게 한다. 공空과 유有 모두를 잊어야 일미一味가 쌍으로 드러나니, 단절지斷絶地에 거처하는 것은 곧 번뇌의 뿌리이다'라고 한 것이다. 진실로 속이는 말이 아니다.

이 때문에 나산羅山[88] 스님이 말하기를 '거친 음식은 쉽게 배부르지만 잘게 씹어야 굶주림을 피한다. 근본과 차이가 나는 것은 진실로 자신의 착오 때문이다'[89]라고 하였다.

반야를 배우는 사람은 여기에 이르러 반드시 자세하게 체득하고 연구해야만 한다."

捨妄心 至成巧偽

琪注。若捨虛妄之心。欲取眞如之理。則取捨之心。成巧偽之行也。取[1]一邊捨一邊。徒增妄慮。執自性逃自性。轉失眞源。其有[2]空有兩忘。一味雙

는 이를 속어(俗諺)라 하였다. 『大慧普覺禪師語錄』 권249(T47, 913a).
87 『舒州梵天琪和尚註證道謌』에 따라 보임하여 번역하였다 (X63, 270b)
88 나산羅山 : 복주福州 나산 도한羅山道閑 선사를 말한다. 구산龜山에서 출가하여 석상 경저石霜慶諸 선사에게 참학하였으며 암두 전활巖頭全奯 선사의 법을 이었다.
89 『聯燈會要』 권23(X79, 201b).

現³⁾ 居斷絶地。即煩惱根。信不誣矣。故羅山云。麤飡易飽。細嚼難飢。根本差殊。良由自錯。學般若之人。到此切須子細體究。

1) ㉩ 갑본에는 '取' 앞에 '傳云'이 있다. 2) ㉩ '有'가 갑본에는 '由'로 되어 있다. 3) ㉩ '現'이 갑본에는 '顯'으로 되어 있다.

原文 목녀木女
事實 〈보경삼매가寶鏡三昧歌〉⁹⁰에서 말하였다.

나무 여자가 노래 부르자
돌 사람 일어나 춤을 추네
정식情識으로 이를 수 있는 것 아니니
어찌 생각의 헤아림을 허용하리⁹¹

木女
寶鏡三昧歌云。木女方歌。石人起舞。非情識到。寧容思慮。

原文 반은 멸하고 반은 생하며
事實 충 국사忠國師가 어떤 스님에게 물었다.
"남방南方의 선지식은 어떻게 설법하느냐?"
스님이 말하였다.
"모든 선지식들이 '일체중생이 모두 각성覺性을 가지고 있어 몸 가운데 두루 퍼져 있으니 머리를 찌르면 머리가 알고 다리를 찌르면 다리가 안

---

90 〈보경삼매가寶鏡三昧歌〉: 동산 양개 선사가 지은 것으로 전한다. 본문은 그 일부이다.
91 『事實』에서는 "나무 여자 노래 부르자, 돌 사람 일어나 춤을 춘다."라고 했는데, 『洞山錄』과 『五燈會元』을 비롯한 여러 전적에는 모두 "나무 사람 노래 부르자, 돌 여인 일어나 춤을 춘다.(木人方歌 石女起舞)"라고 하였다. 『筠州洞山悟本禪師語錄』(T47, 515a).

다. 그 때문에 정변지正遍知라 하는 것이니, 몸은 생멸이 있지만 마음은 생멸이 없다'고 합니다."

충 국사가 말하였다.

"쯧쯧, 남방 선지식의 설법대로라면 반은 생生하고 반은 멸滅하며 반은 생하지도 멸하지도 않는구나. 나의 이곳에는 몸과 마음이 하나여서 몸 밖에 여타의 것은 없다."

半滅半生

忠國師問僧。南方知識。說法如何。僧云知識皆云。一切衆生。皆有覺性。遍於身中。捏頭頭知。捏脚脚知。故名正遍知。身有生滅。心無生滅。師云。咄哉。南方知識說法。半生半滅。半不生滅。我此間。身心一如。身外無餘。

原文 나무에 올라가 연꽃을 찾는 것
事實 고덕古德이 "물을 두드리며 불을 찾고 나무에 올라가 고기를 찾는구나."[92]라고 하였다.

登木望芙蕖

古德云。敲水覓火。緣木求魚。

原文 '배우는 사람이 알지 못하고'부터 '아들을 삼는 것'까지
事實 『기주』에서 말하였다.

"반야를 배우는 사람이 심지법문心地法門을 알지 못하고 유위有爲의 공

---

[92] 『事實』의 원문은 "敲水覓火。緣木求魚。"이다, 선문의 많은 전적에서 '고수敲水'보다는 '고빙敲氷'이라 표현한 곳이 많다. 이에 따라 번역하면 "얼음을 두드리며 불을 찾고 나무에 올라가 고기를 찾는다."가 된다. 앞에 나온 "송곳 끝이 날카로운 것만 보고 끝의 끝이 모난 것은 보지 못한다."는 말처럼 이 역시 특정인의 말이 아니라 속언俗諺이다.

행功行을 닦는 것은 모두 구경究竟이 아니다. 그것은 다 유위법에 속하는 것으로서 바로 생사의 언덕에 있는 것이다.

가령 능엄楞嚴의 열 가지 수선修禪과 모든 불요의不了義의 방편지위(權位)를 행하는 사람은 모두 생사에서 벗어날 수 없다. 진실로 취하고 버리는 거짓된 마음으로 무상보리無上菩提를 닦는다고 하는 것은 비유하면 마치 세상 사람이 도적을 아들로 오인하는 것과 같으니 친자식이 확실했으면 하지만 있을 수 없는 일이다. 이 때문에 '깊이 도둑을 오인해 아들을 삼는 것이 된다'고 한 것이다."

學人不了 至將爲子
琪注。學般若之人。不了心地法門。而修有爲功行。皆非究竟。盡屬有爲。正在生死岸頭。如楞¹⁾嚴十種修禪。²⁾ 與諸不了義權位行人。皆未能出離也。良由以取捨虛僞之心。而謂修證無上菩提。猶如世人。認賊爲子。欲其親的。無有是處。故云。深成認賊將爲子也。

1) ㉤ '楞'이 갑본에는 '棱'으로 되어 있다. 2) ㉤ '禪'이 갑본에는 '仙'으로 되어 있다.

原文 '법재를 덜고'부터 '심의식'까지
事實 『기주』에서 말하였다.

"이미 도적을 아들로 잘못 알았으니, 법재法財와 공덕을 어떻게 보존할 수 있겠는가? 모두 다 잃고 만다. 따라서 '법재를 덜고 공덕을 소멸시킨다'고 하였다.

'이 심의식 말미암지 않는 것이 없다'고 한 것을 말해 보자. 외부 경계를 상대하여 지각하는 것이 목석과 다르므로 심心이라 하였고, 마음으로 계산해서 헤아리는 것을 의意라 하고, 분명하게 분별해 아는 것을 식識이라 한다. 이 세 가지 법으로써 갖가지 행으로 천류하면서 갖가지 업을 짓는 것이 모두 이 세 가지를 말미암는 것이다.

'전傳'에서 말하였다.

'마음이 다르면 천차만별의 경계가 다투어 일어나고 마음이 평등하면 만법萬法이 편안하며, 마음이 오염되면 육도사생六道四生이 일어나고 마음이 공하면 일도一道가 청정하다.'

따라서 '이 심의식을 말미암지 않는 것이 없다'고 하였다."

損法財 至心意識

琪注。旣認賊爲子。法財功德。如何保任。盡皆失去。故曰[1] 損法財滅功德也。莫不由斯心意識者。對境覺知。異乎木石。名之曰心。次[2] 心籌量。名之曰意。了了別知。名之曰識也。以此三法。遷流種種[3] 行。造作種種[4] 業。皆由此也。傳曰。心異則千差競起。心平則萬法坦然。心染則六道四生。心空則一道淸淨。故曰。莫不由斯心意識也。

---

1) ㉯ '曰'이 갑본에는 '云'으로 되어 있다. 다음도 이와 같다. 2) ㉯ '次'가 갑본에는 '以'로 되어 있다. 3) ㉯ 갑본에는 '種' 다음에 '諸'가 있다. 4) ㉯ 갑본에는 '種' 다음에 '之'가 있다.

原文 하나는 매개 되네

事實 『한산시』에서 노래하였다.

나에게 여섯 형제가 있으니
그 가운데 한 놈이 나쁜 놈
때리려고 해도 때릴 수도 없고
욕하려고 해도 욕할 수도 없어
곳곳마다 어찌해 볼 수 없으니
재물을 탐하고 음행과 살생을 좋아하네

一爲媒

寒山詩云。我有六兄弟。就中一箇惡。打伊又不得。罵伊又不著。處處無奈何。貪財好婬殺。

原文 '이런 까닭에 선문에서는'부터 '지견의 힘'까지
事實 『기주』에서 말하였다.

"앞에서 닦은 것은 모두 이익이 없는 것이니 고행苦行은 실로 진실한 것이 아니다. 오직 반야의 일법一法이라야 구경究竟이 된다.

『대반야경大般若經』에서 '매우 심오한 반야바라밀다는 모든 부처님의 어머니이니, 세간 모든 법의 실상을 현시現示할 수 있다'[93]고 하였는데, 출가한 사람이 여기에 대해서 마음을 극진히 하지 못하였다.

따라서 운문雲門 대사는 형제들을 경책하며 말하였다.

'다들 짚신을 떨어뜨려 가며 행각하고 부모와 사장師長까지 버린 사람들이니 반드시 조그마한 깨달음의 안목이라도 얻어야만 한다. 만약 본색종장을 만나거든 사냥개처럼 손발을 물어뜯으며 목숨을 아끼지 말고 진흙에도 들어가고 물에도 들어가 겨뤄 보라. 물어뜯을 만하거든 눈썹을 치켜뜨고 발우와 바랑을 높이 걸어 두고서 10년이고 20년이고 철저하게 타파해야 도업을 이루지 못할까 근심해선 안 된다.'[94]

예로부터 성인 치고 이 문에서 마음을 쓰도록 소리 높여 권하지 않은 분은 없었다.

따라서 '이런 까닭에 선문에서는 마음을 완전히 깨달아', '무생지견의

---

93 『大般若波羅蜜多經』 권306(T6, 560c).
94 중간에 생략된 부분이 있다. 참고로 소개하면 다음과 같다. "兄弟一等是蹋破草鞋行腳。拋却師長父母。直須著些了眼睛始得。若未有箇入頭處。遇著本色咬猪狗手腳。不惜性命入泥入水相爲。有可咬嚼。眨上眉毛高挂鉢囊。十年二十年辦取徹頭。莫愁不成辦。" 『雲門匡眞禪師廣錄』(T47, 547a).

힘에 단박 들어간다'고 하였다."

是以禪門 至知見力

琪注. 上來所修. 皆是無益. 苦行固非眞實也. 唯般若一法. 方爲究竟. 大般若經云. 甚深般若波羅蜜多. 是諸佛母. 能示世間諸法實相. 出家之士. 得不盡心於此. 是以雲門大師. 警策兄弟云.[1] 一等是踏[2]破草鞋行脚. 抛却父母師長. 直須著[3]些子眼睛始得. 若遇本色. 咬猪狗手脚. 不惜性命. 入泥入水. 相爲有可咬嚼. 眨上眉毛. 高掛鉢囊. □[4]十年二十年. 打取徹去. 莫愁[5]不成辦. 從上諸聖. 無不激[6]發. 勸於此箇門中用心. 故云是以禪門了却心. 頓入無生知見力也.

1) ㉠ '云'이 갑본에는 '曰'로 되어 있다. 2) ㉠ '踏'이 갑본에는 '蹈'로 되어 있다. 3) ㉠ '著'이 갑본에는 '者'로 되어 있다. 또 주해에는 "'者'는 '著'인 듯하다."라고 하였다. 4) ㉠ □가 갑본에는 '一'로 되어 있다. 5) ㉠ '愁'가 갑본에는 '然'으로 되어 있다. 6) ㉠ '激'이 갑본에는 '擊'으로 되어 있다.

原文 '대장부여'부터 '금강의 불꽃'까지

事實 『기주』에서 말하였다.

"세간의 선비는 강개한 뜻을 품고 막야鏌鋣의 칼을 잡고 충효의 마음으로 현명한 임금을 도와 천하에 위엄을 떨치니 그들을 대장부라고 한다. 지금 여기에서 말하는 대장부는 출세간의 큰 지혜를 갖춰 지혜의 보검을 잡고 반야의 칼날(鋒鋩)과 금강의 맹렬한 불꽃으로 번뇌의 그물을 타파해 생사의 경계를 벗어난다. 따라서 '대장부'라 하였다.

'전傳'에서는 '비록 여인이나 어린아이라도 이 뜻이 있으면 대장부라고 부르고 8척尺의 당당한 사나이라도 이 뜻이 없으면 대장부라 하지 않는다'고 하였다.

금강은 쇠 중에서도 가장 강하기 때문에 금강이라 한 것이고, 지극히 견고하고 지극히 예리하기 때문에 반야에 비유한 것이다. 견고하기 때문에 만물이 이것을 꺾을 수 없고, 예리하기 때문에 만물을 꺾을 수 있다. 오직 제석帝釋만이 소유하고 있는데 복이 박한 사람은 볼 수 없다. 그 쓰임새가 마음만 먹으면 모두 공하게 만드는데, 산을 생각하면 산이 무너지고 바다를 생각하면 바다가 말라 버리니 그 공력은 불가사의하다. 이 때문에 반야에 비유한 것이다."

大丈夫 至金剛燄

琪注。世間之士。有慷慨之志。秉¹⁾鏌鋣之刃。以忠孝之心。佐贊明君威武天下。謂之丈夫。今言大丈夫者。具出世之大智。秉智慧之劒。以般若爲鋒鋩。以²⁾金剛爲猛燄。破煩惱網。出生死境界。故云。大丈夫也。傳曰雖女人孺子。有此志者。亦名大丈夫。雖八尺巍巍之士。無此志者。不名大丈夫也。所言金剛者。金中最剛。故曰金剛極堅極利。喩般若焉。堅故萬物不能摧。利故能³⁾摧萬物。唯帝釋有之。福薄者難見。其爲用也。欲擬皆空。擬山即山崩。擬海即海竭。其功力不可思議。故喩般若也。

1) ㉠ '秉'이 갑본에는 '乘'으로 되어 있다. 2) ㉠ '以'가 갑본에는 '中'으로 되어 있다.
3) ㉠ '能'이 갑본에는 없다.

原文 '꺾을 뿐만 아니라'부터 '천마의 간담'까지
事實 『기주』에서 말하였다.

"'단但'은 오직(獨)이라는 말과 같다. 오직 서천에 있는 육사외도六師外道의 마음만 꺾고 굴복시킨 것이 아니라 일찍이 천마의 간담도 떨어뜨렸다는 것이다.

『보성경寶星經』[95]에서 말하였다.

'한 마왕이 있었는데 마군의 무리에서도 우두머리였다. 평소에는 그가

---
95 『보성경寶星經』: 『寶星陀羅尼經』의 이명이다.

손으로 땅을 누르면 대천세계가 모두 요동하였다. 부처님께서 성도하실 때, 모든 마군 무리를 거느리고 부처님 앞에서 손으로 땅을 쳐 수미산까지 해害를 가하려고 하였다. 세존께서는 즉시 자심삼매慈心三昧에 들어가셨다. 이때 마왕은 손은 치켜들었지만 땅을 볼 수도 없었는데 하물며 땅을 칠 수 있었겠는가. 이때 마왕은 간담이 떨어져 놀라고 두려워하며 달아났다.'96

이 때문에 '일찍이 천마의 간담을 떨어뜨렸다'고 한 것이다."

非但能摧 至天魔膽

琪注。但猶獨也。非獨摧伏西竺六師外道之心。早曾落却天魔膽也。寶星經云。有一魔王。於衆魔中而爲上首。即於不日。以手按¹⁾地²⁾大千世界。悉皆搖動。佛成道時。領諸魔衆。欲於佛前。以手拍地率須彌山。惱害世尊。³⁾ 即入慈心三昧。是時魔王。方乃擧手。尙不見地。何況摩觸。是時魔王。喪⁴⁾膽驚懼而走。故云。早曾落却天魔膽也。

1) ㉘ '按'이 갑본에는 '案'으로 되어 있다. 2) ㉘ 갑본에는 '地' 다음에 '三千'이 있다.
3) ㉘ 갑본에는 '尊' 다음에 '世尊'이 있다. 4) ㉘ '喪'이 갑본에는 '心'으로 되어 있다.

原文 동이 이고 철판을 배에 두른 자

事實 『부법장전付法藏傳』에서 말하였다.

"우바국다優婆毱多는 당시 니건자(尼乾)였고 이름은 살차薩遮였는데, 지혜가 깊고 미묘하며 논의論議에 따라올 자가 없었다. 크게 교만한 마음을 일으켜 제 마음대로 천하를 활보하였는데, 구리판을 배에 두르고 활활 타오르는 불을 가득 담은 동이를 하나 머리에 이고서 다음과 같이 말하였다. '나의 지혜가 가득 차고 넘쳐 밖으로 샐까 염려스럽다. 세간이 혼탁하

---

96 경문의 내용을 요약 발췌하여 인용한 것이다. 『寶星陀羅尼經』 권4 「魔王歸伏品」(T13, 551c).

고 어두워서 보지를 못하는구나. 이 광명으로 어두운 궁전의 눈 먼 중생들을 비추리라.'"[97]

戴瓮鍱腹

付法藏傳云。優婆毱多。時爲尼乾。名薩遮。智慧淵妙。論議絶倫。深生貢高。擅步天下。銅鍱葉纏腹。首戴一瓮。滿盛大火。而作是言。吾智盈滿。恐出於外。世間昏暗。無所覩見。欲以光明。照破陰宮。盲冥衆生。

原文 '영취산에 묵묵히 앉아'부터 '스스로 돌아갔다네'까지
事實 외도가 부처님께 질문하였다.
"말이 있는 것(有言)도 묻지 않고 말이 없는 것(無言)도 묻지 않겠습니다."
세존께서 묵묵히 앉아 계시자 외도가 찬탄하여 말하였다.
"세존께서는 대자대비로 저의 미혹의 구름을 걷고 저를 깨달아 들어가게 하셨습니다."
외도가 떠난 후에 아난이 물었다.
"외도가 무엇을 증득하였기에 깨달아 들어간다고 말하였습니까?"
부처님께서 말씀하셨다.
"세간의 훌륭한 말은 채찍의 그림자만 보아도 달리는 것과 같다."

靈山據坐 至自迴去

外道問佛。不問有言。不問無言。世尊據坐。外道歎云。世尊大慈大悲。開我迷雲。令我得入。外道去後。阿難問云。外道有何所證而言得入。佛言如世良馬。見鞭影而行。

---

[97] 우바국다 존자의 전생 이야기이다. 『付法藏因緣傳』 권3(T50, 304c).

原文 '법의 우레 진동함이여'부터 '감로를 뿌리시니'까지

事實 『기주』에서 말하였다.

"반야는 한 가지 법인데 부처님께서 여러 가지 명칭으로 설하셨으니, 혹은 지혜의 검(慧劍)이라 하고 혹은 법의 우레(法雷)라 하고, 혹은 법의 북(法鼓)이라 하고 혹은 자비의 구름(慈雲)이라 하고 혹은 감로甘露라 하였다. 이것은 한 가지 법에 그 공용功用을 따라 이름을 붙인 것이다.

의심의 그물을 찢어 버릴 수 있으며 지극히 견고하고 예리하기 때문에 지혜의 검이라 하고, 만물을 놀라게 하고 그 기틀을 뒤흔들어 선근善根의 싹을 증장시키기 때문에 법의 우레라 하고, 인천人天을 모아 놓고 호령을 잘 할 수 있기 때문에 법의 북이라 하고, 모든 중생을 뒤덮어 모두가 청량함을 얻게 하기 때문에 자비의 구름이라 하고, 뜨거운 번뇌를 구제해 타는 갈증을 촉촉이 적셔 주기 때문에 감로甘露라 하는데, 모두가 반야의 한 법일 뿐이다."

震法雷 至灑甘露

琪注。般若是一法。佛說種種名。或謂之慧劍。或謂之法雷。或謂之法皷。或謂之慈雲。或謂之甘露。即是一法。隨其功用而得名也。能破疑網。極堅利故。謂之慧劍也。駭動物機。增長善芽[1]故。謂之法雷也。聚集人天。善能號令故。謂之法皷也。能蔭[2]覆群生。皆得淸凉故。謂之慈雲也。能濟熱惱。沃焦渴故。謂之甘露也。皆般若一法爾。[3]

1) ㉭ '芽'가 갑본에는 '業'으로 되어 있다. 2) ㉭ '蔭'이 갑본에는 '陰'으로 되어 있다.
3) ㉭ 갑본에는 '爾' 다음에 '也'가 있다.

原文 구해九垓

事實 『문선文選』에서는 "표표하게 구해에서 노닌다."라고 하였고, 『광아廣雅』에서는 "구천九天의 끝을 구은九垠이라 하고 구천의 밖을 구해九垓

라 한다."라고 하였다. 『자설字說』에서는 "천자가 경작하는 밭을 구해라 한다."라고 하였다.

九垓
文選云。飄飄戲九垓。廣雅云。九天之際曰九垠。九天之外曰九垓。字說云。天子之田曰九垓。

原文 '용상이 차고 밟으매'부터 '모두 깨어나니'까지
事實 『기주』에서 말하였다.

"용상龍象이 차고 밟는 곳은 실로 노새나 나귀가 밟을 땅이 아니다. 삼승三乘은 첫째, 보살승, 둘째, 성문승, 셋째, 연각승이다. 오성五性은 첫째, 선성善性, 둘째, 악성惡性, 셋째, 정성定性, 넷째, 부정성不定性, 다섯째, 천제성闡提性이다.

'삼승과 오성을 깨우는 것은 그만두고라도 세 가지 병이 든 사람이 홀연히 찾아오면 제접提接할 수 있겠는가? 눈먼 사람은 건추槌를 잡고 불자拂子를 세워도 보지 못하며, 귀머거리는 언어의 삼매를 펼쳐도 듣지 못하며, 벙어리는 말하도록 시켜도 말하지 못하는데 또 어떻게 제접하겠는가? 만약 이런 사람을 제접할 수 없다면 불법은 영험이 없는 것이다.'[98]

옛 사람이 비록 이런 말씀을 하셨지만 당시의 근기가 알아차리지 못하는데 어쩌겠는가. 일찍이 어떤 스님이 운문雲門 스님에게 여기에 대한 자세한 법문을 청하자, 스님께서 말하였다.

'너는 예배하도록 하여라.'

그 스님이 예배하고 일어서는데 운문 스님이 주장자로 찌르려 하자 그

---

[98] 운문 문언 선사가 현사 사비 선사의 시중법문을 소개한 것이다. 본문의 글 역시 『雲門錄』에 소개되어 있다. 『雲門匡眞禪師廣錄』권중(T47, 560a).

스님이 뒤로 물러났다.

운문 스님이 말하였다.

'너는 맹인이 아니구나.'

다시 그 스님을 가까이 오라고 불러 그 스님이 다가오자 말하였다.

'너는 귀머거리가 아니구나.'

곧바로 이어 말하였다.

'알겠느냐?'

'모르겠습니다.'

스님이 말하였다.

'너는 벙어리도 아니구나.'

그 스님이 홀연히 이 말끝에 깨달아 그 말씀[99]을 알아차렸다고 한다. 어찌 삼승과 오성에 그치겠는가. 맹인과 귀머거리와 벙어리도 모두 깨닫게 하니, 이는 곧 온 대지의 사람들을 다 부처가 되게 하는 것이다. 알겠느냐?

비록 이와 같긴 하지만 눈 밝은 납승이라면 또 반드시 자세하고 상세하게 살펴야 하리라."

龍象蹴踏 至皆醒悟

琪注。龍象蹴踏之所。固非驢騾所踐之地也。三乘者。一菩薩。二聲聞。三緣覺乘也。五性者。一善性。二惡性。三定性。四不定性。五闡提性也。三乘五性醒悟且置。[1] 忽遇三種病人來。還接得否患盲者。拈槌竪拂。他又不見。患聾者。語言三昧。他又不聞。患瘂者。教伊說又說不得。且作麼生接。若接此人。不得佛法無靈驗。昔人雖有此語。爭奈時機不薦。曾有僧請益雲門。師云[2] 汝禮拜著。僧禮拜起。師以柱[3] 杖挃。[4] 僧退後云。汝不是患盲。[5]

---

99 현사 사비 선사의 말씀을 말한다.

復喚僧近前來僧近前. 云汝不是患聾. 乃云會麽. 僧云不會. 云汝不是患癡. 其僧忽於言下有省薦[6]得. 這箇說話. 何止三乘五性. 盲聾瘖瘂. 悉皆醒悟. 直是須敎盡大地人. 普請作佛去. 還委悉麽. 然雖[7]如此. 若是明眼衲僧也. 須子細詳辨.

---

1) ㉢ '置'가 갑본에는 '致'로 되어 있다. 2) ㉢ '云'이 갑본에는 '曰'로 되어 있다. 3) ㉢ '柱'가 갑본에는 '拄'로 되어 있다. 4) ㉢ 갑본에는 '挃' 다음에 '割註曰涉票反撞也'가 있다. 5) ㉢ '盲'이 갑본에는 '音'으로 되어 있다. 6) ㉢ 갑본에는 '薦' 앞에 '若'이 있다. 7) ㉢ '然雖'가 갑본에는 '雖然'으로 되어 있다.

原文 '설산의 비니肥膩'부터 '내가 항상 받으니'까지

事實 『기주』에서 말하였다.

"서천축의 설산雪山에 비니肥膩라는 풀이 있는데 정결하며 향기롭고 아름답다. 이 풀을 먹은 백우白牛에게서 나오는 젖은 모두 제호醍醐의 뛰어난 맛으로서 이 세간의 비린내 나고 잡된 피가 섞인 청결하지 않은 우유와는 다르다.

설산은 일진一眞의 오묘한 경계를 비유한 것이고, 향초香草는 팔정도八正道를 원만히 닦는 것을 비유한 것이며, 백우白牛는 이치를 관조하는 참된 지혜를 비유한 것이고, 제호는 일승一乘의 묘법妙法을 비유한 것이다. 이것으로써 보살은 점차漸次를 따르지 않고 수행한다는 것을 밝혔다. 대승의 근성은 초발심으로부터 곧바로 정각을 이룬다.

'내가 항상 받으니'라고 한 것을 말해 보자. 반야를 배우는 사람은 생각생각에 반야와 상응한다. 그 때문에 다음에 나오는 문장에서 법이 모두 중중무진重重無盡한 사사무애事事無礙의 경계에 들어감을 거론하였다."

雪山肥膩 至我常納

琪注. 西竺雪山. 有草名曰肥膩. 潔淨香美. 白牛食之所出. 皆成醍醐上味. 非此間腥羶雜血之乳其不潔也. 雪山喩一眞妙境. 香草喩圓修八正道. 牛

喻照理眞智。醍醐喻一乘妙法。以明菩薩不從漸次而修也。大乘根性。從初
發心。便成正覺。所言我常納者。卽學般若之士。念念與般若相應也。故下
文擧法。皆入重重無盡事事無礙境界也。

原文 왕손에게 이르렀느니

事實 『전등록』에서 말하였다.

"석가모니불은 현겁賢劫의 제4존第四尊으로서 종성種姓은 찰리刹利이고
아버지는 정반왕淨飯王이며, 이름은 승선 천인勝善天人 또는 호명 대사護明
大士라 한다."[100]

또 말하였다.

"제28조 보리달마는 남천축국南天竺國 향지왕香至王의 둘째 아들[101]로서
종성은 찰제리刹帝利이고, 본명은 보리다라菩提多羅이다.……"[102]

到王孫

傳燈錄云。釋迦牟尼佛。賢劫第四尊。姓刹利。父淨飯王。名曰勝善天人亦
名護明大士。又云第二十八祖菩提達磨者。南天竺國香至王第二子也。姓
刹帝利。本名菩提多羅云云。

原文 한산寒山이 손뼉 치며 풍간을 비웃네

事實 『전등록』에서 말하였다.

"천태 풍간 선사天台豊干禪師는 …… 후에 천태산으로 돌아가 시멸示滅하
였다. 이보다 앞서 여구 공閭丘公이 단구丹丘 지방에 목사牧使로 가게 되자

---

100 『景德傳燈錄』 권1(T51, 205b).
101 둘째 아들 : 『景德傳燈錄』・『聯燈會要』・『傳法正宗記』 등 대부분의 전적에는 "셋째 아들(第三子)"로 되어 있다.
102 『景德傳燈錄』 권3(T51, 217a).

스님이 말하였다.

'그곳에 당도하면 문수와 보현에게 기별을 전해 주십시오.'

공公이 말하였다.

'그 두 보살은 어디에 계십니까?'

스님이 말하였다.

'국청사國淸寺에서 부엌일을 하고 그릇을 씻는 한산寒山과 습득拾得이 바로 그들입니다.'

공은 스님에게 예배하고 이에 천태산으로 찾아가게 되었다.

한산자寒山子는 용모가 깡마르고 초췌하며 입은 베옷은 다 떨어졌는데, 자작나무 껍질로 모자를 만들어 쓰고 나막신을 끌면서 때때로 국청사로 습득을 찾아와 여러 스님들이 먹다 남은 채소와 찌꺼기를 가져다 먹곤 했다. 후에 여구 공이 산에 들어가서 방문하자, 한산이 또 여구 공의 손을 잡고 웃으면서 '풍간은 수다쟁이입니다'라고 하였다."[103]

寒山撫掌笑豊干

傳燈錄云。天台豊干禪師云云。後迴天台示滅。初閭丘公。出牧丹丘。師曰到佐記謁文殊普賢。公曰此二菩薩何在。師曰國淸寺執爨洗器者。寒山拾得是也。公拜。師乃行天台。寒山子者容貌枯悴。布衣零落。以樺皮爲冠曳木屐。時來國淸寺就拾得。取衆僧殘食菜滓食之。後閭丘公。入山訪之。寒山復執閭丘手笑曰。豊干饒舌。

原文 '한 성품이 원만하게 통합이여'부터 '일체법을'까지

事實 『기주』에서 말하였다.

---

[103] 「天台豐干禪師」와 「天台寒山子」에서 발췌하여 인용하였다. 『경덕전등록』 권27(T51, 433b).

"한 성품(一性)은 일진一眞의 성품이고 한 법(一法)은 일심一心의 법이다.

'한 성품이 일체의 성품에 원만하게 통한다'는 것은 한 성품이 법계의 성품과 원만하게 통한다는 것이고, '한 법이 일체법을 두루 포함한다'는 것은 일심一心의 법이 다함이 없는 법계를 두루 포함한다는 것이다.

수壽 선사[104]가 말하였다.

'근본은 지말支末을 일으키고 지말은 근본을 나타내어 체體와 용用이 함께 일어나고, 진眞은 속俗을 성립시키고 속은 진을 성립시켜서 범부와 성인이 서로를 비추며, 이것(此)은 저것(彼)을 드러내고 저것은 이것을 드러내서 주인과 동반자가 함께 참여하고, 중생은 부처가 되고 부처는 중생을 제도하여 인과 과가 서로 사무친다. 객관인 경계는 자성이 없으므로 다른 것(他)이 자체(自)가 되고, 주관인 마음은 자성이 없으므로 자체가 다른 것이 되며, 이理는 성취할 수 없으므로 하나가 곧 전체이고, 사事는 성취할 수 없으므로 전체가 곧 하나이며, 상相은 비록 헛되지만 항상 진실과 한 몸이고, 성性은 비록 진실하지만 항상 만 가지 연에 있다. 비록 환하게 나타나지만 망정으로는 구하기 어렵고, 초연하게 머물지만 방위를 따지지 않는 대용大用이 일어나니, 종횡의 허깨비 경계가 한 성품에서 진眞과 융합한다.'[105]

따라서 80권 『화엄대경華嚴大經』의 말씀이 옛날에만 있었고 지금은 없는 것이 아니다.

'전傳'에서는 말하였다.

'39품의 승전勝典은 처음과 끝이 교대로 나열되고, 10만 송頌의 묘언妙言은 전후가 서로서로 응하며, 십처十處 십회十會는 중중무진한 제석의 보망과 같고, 십찰十刹 십진十塵은 받아들여지는 거울 속 형상과 같으니, 하

---

[104] 수壽 선사 : 법안종 천태 덕소天台德韶의 법을 이은 영명 연수永明延壽(904~975) 선사를 말한다.
[105] 『永明智覺禪師唯心訣』(T48, 994a).

나의 문을 들면 모든 문이 단박에 나타나고, 하나의 품品을 담론하면 모든 품이 함께 나타난다. 도수道樹(보리수)에서 성도하자마자 구천九天이 함께 찾아오고 보광普光의 한 집회가 십처에 모두 오르는 것이니, 새날과 옛날이 차이가 없고 앞뒤로 일념一念일 뿐이다.'[106]

이 때문에 말산 니末山尼[107]는 이전에 대경大經을 들었지만 후에 참학하여 깨달아 들어가고서야 지금 현재가 화엄법계華嚴法界 가운데 있음을 비로소 믿게 된 것이다. 그의 게송이 있다.

오온산五蘊山 꼭대기의 고불당古佛堂에
비로불이 주야로 백호광白毫光을 뿜으니
여기에서 같고 다름이 없어지면
이것이 곧 시방에 두루 미친 화엄법계라네

따라서 '한 성품이 일체의 성품에 원만하게 통함이여', '한 법이 일체법을 두루 포함하니'라고 말한 것이다."

一性圓通 至一切法

琪注。一性即一眞之性也。一法即一心之法也。一性圓通一切性者。即一性圓通法界性也。一法遍含一切法者。即一心之法。遍含無盡法界[1)]也。壽禪師云。本生末而末表本。體用互興。眞成俗而俗立眞。凡聖交映。此顯彼而

---

106 『新華嚴經論』과 내용에 있어 큰 차이는 없지만 문장이 일치하지는 않는다. 참고로 인용하면 다음과 같다. "四十品之勝典。終始交羅。百萬頌之妙言。前後參映。十處十會。如帝網之重重。十刹十身。若鏡像之相入。擧一門。衆門俱發。談一品。諸品齊廳。道樹始成九天同屆。普光一集十處咸登。今古無差舊新一念。" 『新華嚴經論』 권7(T36, 762b).
107 말산 니末山尼: 『聯燈會要』・『禪宗頌古聯珠通集』・『大光明藏』 등 여러 전적에서 관계한灌溪閑 화상을 깨우쳐 준 기연과 게송을 소개하고 있지만, 전기는 분명치 않다. 고안 대우高安大愚 선사의 법을 이었다고 한다.

彼顯此。主伴齊衆。生成佛而佛度生。因果交徹。境無自性而佗成自。心無自性而自成他。理不成就而一卽多。事不成就而多卽一。相雖虛而恒眞²⁾一體。性雖實而常在萬緣。雖顯露難以情求。任³⁾超然而無方大用。縱橫幻境。在一性而融眞。是以八十卷華嚴大經所說。非昔有而今無也。傳曰三十九品之勝典。終始交羅。一十萬頌之妙言。前後叅應。十處十會。如帝網之重重。十刹十塵。如鏡像⁴⁾之涉入擧。一門則諸門頓顯。談九⁵⁾品則諸品齊彰。道樹始成。九天同會。普光一集。十處諸⁶⁾登。新舊無差。前後一念。故末山尼先聽大經後。因叅有悟入。方信卽今現在。華嚴法界之中有頌云。五蘊山頭古佛堂。毘盧晝夜放毫光。若能於此非同異。卽是華嚴遍十方。故云。一性圓通一切性。一法遍⁷⁾含一切法也。

1) ㉠ '界'가 갑본에는 없다. 2) ㉠ '眞'이 갑본에는 '冥'으로 되어 있다. 3) ㉠ '任'이 갑본에는 '住'로 되어 있다. 4) ㉠ '像'이 갑본에는 '象'으로 되어 있다. 5) ㉠ '九'가 갑본에는 '一'로 되어 있다. ㉡ 언기 선사의 『證道歌註』와 『新華嚴經論』을 살펴볼 때 이는 오자임이 명백하므로 수정하여 번역하였다. 6) ㉠ '諸'가 갑본에는 '齊'로 되어 있다. 7) ㉠ '遍'이 갑본에는 '偏'으로 되어 있다.

[原文] 겨자에 수미산 들어감에

[事實] 수壽 선사가 말하였다.

"바닷물이 모공毛孔에 들어간다는 것은 바닷물의 진성眞性을 알면, 곧 그것이 모공의 진성이기 때문이다. 겨자가 수미산을 받아들인다는 것은 모든 중생의 무명심無明心이 곧 불심佛心이니, 이것을 수미산이 겨자 속에 들어가는 것이라 한다."¹⁰⁸

芥納須彌

壽禪師云。海水入毛孔者。識得海水眞性。卽是毛孔眞性故。芥納須彌者。

---

108 『心賦註』 권2(X63, 122a).

一切衆生無明心。即是佛心。是名須彌入芥子。

原文 '하나의 달이 두루 나타나니'부터 '하나의 달이 포섭하니'까지
事實 『기주』에서 말하였다.

"'하나의 달이 모든 물에 두루 나타난다'는 것은 비유하면 마치 맑은 하늘에 있는 하나의 달이 강江·하河·못(池)·소沼·창해滄海와 계곡 등 물이 있는 곳이면 어디든 다 나타나는 것과 같다.

'모든 물의 달을 하나의 달이 포섭한다'는 것을 말해 보자. 모든 물에 나타난 것은 오직 하늘에 있는 하나의 달뿐임을 말한 것이다.

『화엄경』에는 하나의 달(一月)과 세 개의 배(三船)에 대한 비유가 있다.

'경經'[109]에서 말하였다.

'비유하면 마치 머물러 있는 배가 달의 광채를 나누어 가지는 것과 같아서 배가 동쪽으로 가면 하나의 달이 동쪽으로 가고, 배가 서쪽으로 가면 하나의 달이 서쪽으로 가고, 배가 남쪽으로 가면 하나의 달이 남쪽으로 가고, 배가 북쪽으로 가면 하나의 달이 북쪽으로 가는데 항상 머물러 있는 배에서 보는 달은 움직이지 않는다. 이와 같이 사유四維와 시방十方에서 모두 달을 본다.'[110]

이 때문에 말하기를 '천 개의 그릇을 나란히 놓으면 천 개의 달이 같지 않고, 한 줄기 맑은 강에는 하나의 달이 홀로 비친다'[111]고 한 것이다.

---

[109] 『華嚴經』에서 직접 인용한 것이라기보다는 청량 징관淸涼澄觀 대사의 소疏에서 인용한 것으로 보아야 한다. 징관 대사의 『華嚴經疏』·『華嚴經疏演義鈔』·『華嚴經略策』 등에 소개되어 있다. 『釋門正統』에서도 이를 청량 대사의 글로 소개하고 있다. 『釋門正統』(X75, 260a).
[110] 『大方廣佛華嚴經疏』 권17(T35, 260b).
[111] 징관 대사의 『華嚴經疏』에서 인용하였는데, 문장이 정확히 일치하진 않는다. 인용하면 다음과 같다. "並安千器數步而千月不同。一道澄江萬里而一月孤映。"『大方廣佛華嚴經疏』 권13 「光明覺品」 제9(T35, 594c).

또 깨끗한 물·더러운 물·맑은 물·탁한 물과 달고 쓰고 떫고 시고 담담한 물 등에 이르기까지, 이와 같이 그 가운데 일시에 두루 나타난다.

'경'에서 '내가 성도成道했을 때 일체중생을 보니 모두 성도하였다'고 하고, '전傳'에서는 '모든 부처님은 청량월清凉月이라, 항상 필경공畢竟空에서 노닐고 있으니, 중생의 심수心水가 맑으면, 보리菩提의 그림자가 그 가운데 비친다네'[112]라고 하였으니 진실하다, 이 말씀이여."

一月普現 至一月攝

琪注。一月普現一切水者。如靑霄一月。普現江河池沼滄海溪潭等。凡有水處。悉皆現[1]也。一切水月一月攝者。衆水所現。唯天上一月尒。華嚴一月三舟譬喩。經云。譬如停舟。分於[2]月彩。舟從東去。一月往東。舟[3]從西去。一月往西。舟從南去。一月往南。舟從北去。一月往北。常住之舟。見月不動。如是四維十方。盡皆見月。所以云並安千器。千月不同。一道澄江一月孤影。乃至淨□□[4]水淸水濁水。甘甜苦澁醎淡等水。如是於中。□[5]時普現。經云。我成道時。見一切衆生。盡皆成道。傳曰。諸佛[6]淸涼月。常遊畢竟空。衆生心水淨。菩提影現中。信斯言也。

1) ㉮ 갑본에는 '現' 다음에 '月'이 있다. 2) ㉮ '於'가 갑본에는 없다. 3) ㉮ '舟'가 갑본에는 없다. 4) ㉮ □□가 갑본에는 '水穢'로 되어 있다. 5) ㉮ □가 갑본에는 '一'로 되어 있다. 6) ㉮ '諸佛'은 『華嚴經普賢行願品別行疏鈔』·『淨名經關中釋抄』 등 많은 전적에 '菩薩'로 되어 있다.

原文 정정亭亭

事實 『문선文選』에서 "정정은 희미하게 밝은 모습이다."라고 하였다.

---

112 『華嚴經普賢行願品別行疏鈔』(X5, 229a).

亭亭

文選云。亭亭微明貌也。

原文 맑은 물결의 길 꿰뚫지 못하여
事實 어떤 스님이 운문 스님에게 물었다.
"부처님의 참된 법신은 마치 허공과 같고 중생에게 감응하여 나타내는 모습은 물속의 달그림자와 같다는데, 그렇습니까?"
운문 스님이 말하였다.
"맑은 물에는 뚫고 들어갈 길이 없느니라."
스님이 말하였다.
"화상께서는 어디에서 알았습니까?"
운문 스님이 말하였다.
"어디에서 오느냐고 다시 물어라."
스님이 말했다.
"문득 그와 같을 때는 어떻습니까?"
운문 스님이 말하였다.
"관문과 산길이 첩첩이니라."

未透淸波

僧問雲門。佛眞法身。猶若虛空應物現形。如水中月是否。師云淸波無透路。僧云和尙從何得。師云再問復何來。僧云便伊麼去時如何。師云重疊關山路。

原文 '모든 부처님의 법신이'부터 '여래와 합하니'까지
事實 『기주』에서 말하였다.
"중생의 마음속에 있는 모든 부처님이 생각 생각마다 진여를 증득하고,

제불의 마음속에 있는 중생이 마음 마음마다 부처가 된다. 따라서 '모든 부처님의 법신이 나의 성품으로 들어 있으니', '나의 성품이 다시 여래와 합한다'고 한 것이다.

진실로 모든 부처님은 법신을 직접 증득하였고 중생은 법신을 본래 갖추고 있다. 형계荊溪[113] 스님은 '중생은 이치를 갖추었고 제불은 일마다 이루었는데 완성하는 것과 갖추고 있는 성품이 모두 같다'[114]고 하였다. 따라서 '나의 성품이 다시 여래와 합한다'고 한 것이다.

그러므로 『한산시』에서는 다음과 같이 노래하였으니, 바로 이것을 말한 것이다.

> 항상 들으니 석가모니 부처님께서
> 연등불의 수기를 직접 받았다 하나
> 연등이라 석가모니라 한 것은
> 다만 지혜의 전후를 논한 것뿐이라
> 전후의 체體는 다르지 않고
> 서로 다른 가운데 다름이 없으니
> 일 불一佛이 곧 일체불一切佛이요
> 마음이 바로 여래지如來地라네"

諸佛法身 至如來合
琪注。衆生心內諸佛。念念證眞。諸佛心內衆生。心心作佛。故云。諸佛法

---

113 형계荊溪 : 법명은 담연湛然(711~782)이고 형계는 출신지명이다. 묘락 대사妙樂大師라고도 하고, 시호는 원통존자圓通尊者이다. 많은 주석으로 천태 지의天台智顗 선사의 주장을 보완하려고 노력했으므로 후에 기주 법사記主法師로 칭하기도 한다. 영가 대사의 동문으로 알려진 좌계 현랑左溪玄朗 스님을 이어 천태종 제5조가 되었다.
114 『止觀大意』(T46, 460a).

身入我性。我性同共如來合也。良由諸佛親證法身。[1] 衆生本具法身也。荊溪云。衆生理具諸佛事[2]成。成之與具。莫不性等。故云。我性同共如來合[3]也。故寒山云。常[4]聞釋迦佛。親受[5]然燈記。然燈與釋迦。祇論前後智。前後體非殊。異中無有異。一佛一切佛。心是如來地。即其謂也。

---

1) ㉯ 갑본에는 '身' 다음에 '也'가 있다. 2) ㉯ '事'가 갑본에는 없다. 3) ㉯ '合'이 갑본에는 '令'으로 되어 있다. 4) ㉯ '常'이 갑본에는 '甞'으로 되어 있다. 5) ㉯ '受'가 갑본에는 '授'로 되어 있다.

原文 귀 뚫은 호승

事實 달마達磨를 말한다. 그런데 귀를 뚫는 것은 부처님의 제도制度에 맞지 않는다. 아마도 인도 사람의 모습을 표현한 것일 것이다.

穿耳胡僧

謂達磨也。然穿耳非佛制之稱。蓋表梵人之相也。

原文 '하나의 지위에 모두 갖추니'부터 '행업도 아니니'까지
事實 『기주』에서 말하였다.
"앞에 나오는 문장에서 '한 성품이 일체의 성품에 원만하게 통한다'고 한 것은 걸림 없는 성품(無礙之性)을 말한 것이고, '한 법이 일체법을 두루 포함한다'고 한 것은 걸림 없는 법(無礙之法)을 말한 것이며, '하나의 달이 모든 물에 두루 나타난다'고 한 것은 걸림 없는 비유(無礙之喩)를 말한 것이고, 지금 여기에서 '하나의 지위에 모든 지위를 갖추고 있다'고 한 것은 걸림 없는 공덕(無礙功德)을 말한 것이다.
'지地'를 설명해 보자. 지는 능생能生의 의미이니, 즉 초지初地에서 십지十地의 공덕을 모두 갖춘다는 것이다. 따라서 '한 지위에 모든 지위를 갖춘다'고 한 것이다.

'색도 아니고 심도 아니며 행업도 아니다'라고 한 것을 말해 보자. 하나의 지위에서 십지의 공덕을 모두 갖추고 나면, 그 공덕이 불가사의하여 색色·심心·행업行業으로는 측량해서 헤아릴 수가 없다. 색이 아니라는 것은 막아서 장애하는(窒礙) 색이 아니라는 것이고, 심이 아니라는 것은 지각해서 아는(覺知) 심이 아니라는 것이고, 행이 아니라는 것은 천류遷流하고 조작造作하는 행이 아니라는 것이고, 업이 아니라는 것은 지어진 업이 아니라는 것이다.

지금 여기에서는 법성을 나타내기 위해 실정實情을 드러내어 말한 것이다. 이 때문에 다음 문장에서 미묘한 작용(妙用)을 밝혔다."

一地具足 至非行業
琪注。上文自[1]一性圓通一切性。言無礙之性也。一法遍含一切法。言無礙之法也。一月普現一切水。言無礙之喩也。今言一地具足一切地。言無礙之功德也。所言地者。地以能生爲義。即初地具足十地功德。故云。一地具足一切地也。言非色非心非行業者。旣一地具足十地功德。其功不可思議。則色心行業不可測度也。非色者。非窒礙之色也。非心者。非覺知之心也。非行者。非遷流造作之行也。非業者。非所造[2]之業也。今爲現[3]其法性。所以拈情。故下文以明妙用也。

1) ㉯ '自'가 갑본에는 '日'로 되어 있다. 2) ㉯ '造'가 갑본에는 '作'으로 되어 있다.
3) ㉯ '現'이 갑본에는 '顯'으로 되어 있다.

原文 '반 처사'부터 '나귀에서 떨어지네'까지
事實 『반랑시潘閬詩』에서 노래하였다.

태허로 솟은 삼봉三峯 늘 사랑스러워
고개 돌려 바라보다 나귀에서 거꾸러졌네

옆 사람 큰 웃음에 따라 웃지만
그래도 드는 생각, 집을 옮겨 여기서 살까

潘處士 至倒騎驢

潘閬詩云. 長愛三峰挿大虛. 迴頭吟望倒騎驢. 傍人大笑從他笑. 終擬移家
向此居.

原文 '손가락 튕기는 사이에 원만히 성취하니'부터 '3기겁'까지
事實 『기주』에서 말하였다.

"한 번 손가락을 튕기는 사이에 팔만 법문을 성취하고 한 찰나에 삼아
승기겁의 죄를 소멸시킨다. 한 생각 성내는 마음이 일어나면 팔만 가지
장애의 문이 열리는데, 지금 무생無生의 이치에 깨달아 들어가고 보니, 8
만 4천의 번뇌가 전환되어 8만 4천의 청정해탈법문淸淨解脫法門이 되므로
곧바로 삼대아승기겁三大阿僧祇劫을 뛰어넘는다. 이것이 수행의 공력功力
이다.

따라서 『능엄경楞嚴經』에서 '저의 억겁億劫 동안 전도된 생각을 녹여 주
시니, 아승기겁 거치지 않고 법신을 얻었습니다'[115]라고 한 것이니, 깊이
믿을 만하다 하겠다.

'3기겁'이라고 한 것은 삼아승기겁이다. 고석가古釋迦여래로부터 시기
尸棄여래까지가 1겁이고, 시기여래부터 연등然燈여래까지가 2겁이고, 연
등여래부터 비바시毗婆尸여래까지가 3기겁이다. 따라서 3기겁이라 한 것
이다.

이 일은 일단 접어두고, 그저 저 선월禪月[116] 스님 같은 분은 이렇게 말

---

115 『首楞嚴經』 권3(T19, 119b).
116 선월禪月 : 법명은 관휴貫休(832~912)이며 자는 덕은德隱이다. 건녕 3년(896)에 간행
한 시집 『禪月集』은 『寒山詩』와 함께 많은 선승들에게 애송되었다.

하였다.

> 선객禪客들이 서로 만나면 손가락만 튕기는데
> 이 핵심을 아는 사람 몇이나 될까[117]

만약 낙처落處를 알지 못한다면 누가 감히 선객이라 칭할 수 있으리오."

彈指圓成 至三祇劫

琪注。一彈指頃。成就八萬法門一刹那間。能滅三祇劫罪也。一念嗔心起。八萬障門開。今旣悟入无生之理。八萬四千煩惱。轉成八萬四千淸淨解脫法門。卽超三大阿僧祇劫。此修行功力也。故楞嚴經云。消我億劫顚倒想。不歷僧祇獲法身。深可信矣。所言三祇劫者。[1)] 卽三阿僧祇劫也。自古釋迦至尸棄如來爲一劫。尸棄至然燈如來爲二[2)]劫。然燈至毗婆尸如來爲三[3)]劫。故云三祇劫也。此事且置。[4)] 祇如禪月云。禪客相逢祇。彈指。此心能有幾人知。如或未知落處。阿誰敢稱禪客。

---

1) ㉮ '者'가 갑본에는 없다. 2) ㉮ '二'가 갑본에는 '一'로 되어 있다. 3) ㉮ '三'이 갑본에는 '一'로 되어 있다. 4) ㉮ '置'가 갑본에는 '致'로 되어 있다.

原文 '일체의 수구'부터 '어찌 교섭하리'까지
事實 『기주』에서 말하였다.

"일체의 명언名言과 법상法相, 즉 보리菩提니, 열반涅槃이니, 진여眞如니, 해탈解脫이니, 있는 것도 아니고 없는 것도 아니라느니, 범부도 아니고 성인도 아니라느니 하는 말들과 법수에 따른 법문(頭數法門)이 다함이 없지만 실제로는 구경이 아니다. 그러므로 '일체의 수구數句[118]와 비수구非數

---

117 『五燈會元』 권6(X80, 137c).
118 수구數句: 수數는 곧 법수法數이다. 삼계三界·사제四諦·오온五蘊·육근六根 등 숫자

句¹¹⁹여'라고 한 것이다.

이 때문에 약산藥山¹²⁰ 스님은 처음 석두石頭¹²¹ 스님을 참방했을 때 곧바로 물었던 것이다.

'삼승三乘 십이분교十二分敎는 저도 거칠게나마 연구하고 궁구했습니다. 일찍이 들으니 남방에서는 곧장 사람의 마음을 가리켜서 성품을 보아 부처가 되게 한다고 하기에 특별히 찾아와 예배드립니다. 삼가 바라오니 화상和尙께서는 자비를 열어 주십시오.'

석두 스님이 말했다.

'이렇게 해도 안 되고 이렇게 하지 않아도 안 된다. 이렇게 하나 이렇게 하지 않으나 모두 안 되니, 만약 이 인연을 알아차릴 수 있다면 그대가 가시나무 숲을 벗어나 납승衲僧의 안목을 갖추었다고 인정해 주겠다.'

따라서 '나의 신령스러운 깨달음과 어찌 교섭하리'라고 한 것이다."

一切數句 至何交涉

琪注。一切名言法相。菩提涅槃¹⁾眞如解脫。非有非無。非凡非聖。頭數法門。無有窮盡。實非究竟。故云。一切數句非數句也。故²⁾藥山初叅石頭。便問三乘十二分敎。某甲粗亦研窮。甞聞南方。直指人心。見性成佛。特來禮拜。伏望和尙。慈悲開示。師云恁麽也不得。不恁麽也不得。恁麽不恁麽摠不得。

에 따라 법을 분류한 법문을 말한다. 차별상差別相 또는 법상法相을 의미한다.
119 비수구非數句 : 숫자에 따라 법을 차별하여 분류한 것이 아니라 진여나 보리처럼 차별상이 아닌 법성을 표현한 법문을 말한다.
120 약산藥山 : 약산藥山은 주석했던 산 이름이고, 법명은 유엄惟儼(751~834)이며 시호는 홍도대사弘道大師이다. 형산 회조 선사에게 출가하고 석두 희천 선사에게 참학하였으며, 석두 선사의 권유로 마조 도일 선사를 참방해 대오한 후 다시 희천 선사에게 돌아와 법을 이었다.
121 석두石頭 : 법명은 희천希遷(700~790)이며 시호는 무제대사無際大師이다. 청원 행사靑原行思 선사의 법을 이었으며, 형산衡山의 남사南寺 동쪽 바위 위에 초막을 짓고 항상 좌선하였으므로 석두石頭 화상이라 불렸다.

若薦得這箇因緣。許你出荊棘林。具衲僧眼。故云。與吾靈覺何交涉也。

1) ㉮ '槃'이 갑본에는 '桚'으로 되어 있다. 2) ㉮ '故'가 갑본에는 없다.

原文 명주의 포대 화상

事實 명주 태화현泰花縣에 있었던 포대 화상은 씨족氏族이 상세하지가 않다. 항상 지팡이에 포대 하나를 매달고서 몸에 필요한 온갖 도구를 모두 자루에 담고는 시장과 취락에 들어가 물건을 보이면서 구걸하였다. 어떤 때는 마른 생선포를 집어 들고 "이것은 도솔타천兜率陀天의 것이다."라고 말하고, 어떤 때는 마른 똥 막대기를 집어 들고 "이것은 미륵내원彌勒內院의 것이다."라고 말하였다.

또 게송으로 말하였다.

  미륵, 참 미륵이여
  천백억으로 몸을 나누는구나
  끊임없이 사람들에게 보여 주는데
  사람들이 스스로 알아보지 못하네

모두 『전등본록傳燈本錄』에 나온다.[122]

明州布帒

明州泰[1]花縣布帒和尚者。未詳族氏。常以杖荷一布帒。凡供身之具盡貯囊中。入廛肆聚落。見物即乞。有時拈起乾魚片云。這箇是兜率陁天底。又拈起乾屎橛云。這箇是彌勒內院底。又偈言彌勒眞彌勒。分身千百億。時時示時人。時人自不識。具見傳燈本錄。

---

[122] 『景德傳燈錄』 권27(T51, 434a)에서 발췌 인용하였다.

1) ㉮ '泰'는 『景德傳燈錄』에서는 '奉'으로 되어 있다. 『聯燈會要』 등 기타 사서에도 '奉'으로 되어 있는 것으로 보아 '泰'는 오자로 추측된다.

原文 '비방할 수 없음이여'부터 '한정이 없으니'까지
事實 『기주』에서 말하였다.

"비방과 칭찬에 동요하지 않는 것을 말해 보자. 오직 견성한 사람이라야 해탈할 수 있다. 깨닫지 못한 사람은 모든 순경順境에서 칭찬하는 말을 들으면 곧바로 마음에 환희가 일어나고, 모든 역경逆境에서 비방하고 모욕하는 말을 들으면 곧바로 마음에 분노가 일어나는데, 이것은 모두 언어의 본성이 공하다는 것을 깨닫지 못했기 때문이다. 법을 통달한 사람은 비방하고 칭찬하는 말이 모두 실체를 얻을 수 없는 것임을 깨달아 법체法體와 상응하므로 비유하면 마치 허공과 같아서 한정이 없다. 따라서 '비방할 수도 없음이여', '칭찬할 수도 없음이여', '체가 허공과 같아 한정이 없다'고 한 것이다."

不可毀 至勿涯岸
琪注。毀譽不動者。唯見性之人。方能解脫也。未了之[1] 人。於一切順境。聞讚譽之言。即心生歡喜。於一切逆境。聞毀辱之言。即心生忿怒。皆不了語言性空也。達法之士。了毀譽之言。皆[2]不可得。與法體相應。猶如虛空。勿有涯岸。故云。不可毀。不可讚。體若虛空勿涯岸也。

1) ㉮ '之'가 갑본에는 없다. 2) ㉮ '皆'가 갑본에는 없다.

原文 천병과 마후
事實 『불장경佛藏經』에서 말하였다.

"『본행경本行經』을 조사해 보니 다음과 같은 이야기가 있다. 부처님께서 금강좌金剛座에서 대광명大光明을 놓아 마궁魔宮을 비추자 마왕은 광명을

보고 몸의 털이 모두 곤두서며 공포를 느끼고 불안해하였다. 또 공중에서 '석가모니께서 성도成道하여 서원하기를 너희 권속을 제도하여 모두 없어지게 하겠다고 한다'는 소리가 들렸다. 마왕은 이 소리를 듣고 더욱더 가슴이 답답하고 걱정되어 먼저 세 딸을 파견해 세존을 유혹하려 했다. 세 딸은 각각 요염한 자태를 드러내 부처님의 마음을 동요시키려 했지만, 부처님께서 신력神力으로 그 세 딸을 변화시켜 세 노파로 만들자, 머리는 쑥대처럼 되고 얼굴이 변해 그 추함이 볼 수 없을 지경이 되었다.

또 백만의 바다 신 등을 불러 혹은 산에 있는 바위를 머리에 이게 하고, 얼굴을 찢어 모양을 변화시키게 하며, 혹은 우박을 내리고 구름을 일으키게 하며, 용을 삼키고 코끼리를 탄 채 돌을 던져 산이 무너지게 하고, 또 공중에 우뚝 머물게도 하였다.

마왕은 칼을 잡고 직접 세존을 베려고도 하였지만, 손으로 칼을 들어 올리자마자 칼은 조각조각 끊어졌고 마왕은 땅에 거꾸러져 한참이 지나서야 겨우 소생하였다.

세존께서는 자비롭게 게송을 설하셨다.

나는 한량없는 겁을 지나면서
수행으로 금강신金剛身이 되었으니
대천세계에 가득 차는 마군이라 해도
털끝 하나 요동시킬 수 없느니라

마왕은 부처님의 몸이 보통 몸과 같지 않음을 알고는 '희유하십니다. 세존이시여'라고 하며 그저 찬탄할 뿐이었다."

天兵魔后
佛藏經云。按本行經。於金剛座上放大光明。照耀魔宮。魔王覩光明。身毛皆堅。恐怖不安。又聞空中聲曰。釋迦成道。誓度眷屬。令一切空渴。魔王聞聲。更轉悶絶。先遣三女。媚惑世尊。各呈妖艶。欲動佛心。佛以神力。化彼三女。成三老母。髮蓬顔變。醜不可觀。更召百萬海神等。或擎戴山石。裂面變形。或降雹興雲。吞龍騎象。拋石摧山。空中屹然便住。魔王執劍親斬世尊。手纔舉劍時。劍寸寸斷。魔王倒地。良久方蘇。世尊慈悲。乃說偈言。我經無量劫。修成金剛身。縱魔滿大千。不能動一毫。魔知身不如。唯發歎言。希有世尊。

原文 선길善吉
事實 『조정사원』에서는 말하였다.
"선길은 바로 수보리須菩提이다. 그가 탄생할 때 상서로운 빛이 방 안에 가득하였고, 관상을 보는 사람이 점치기를 '선하고 길하다'고 했으므로 선현善現이라 하고, 또 선길이라 했다."[123]

善吉
祖庭云。善吉。乃須菩提也。誕生之時。祥光滿室。相者占之曰。惟善惟吉。故云善現。又云善吉也。

原文 교시가 쓸데없이 하늘 꽃을 흩뿌리네
事實 교시憍尸는 제석帝釋의 성姓이다.
수보리가 바위에서 연좌宴坐하고 있는데 제석이 꽃을 뿌리며 찬탄하였다.
수보리가 말하였다.
"꽃을 뿌리는 사람은 누구입니까?"
제석이 말하였다.

---

[123] 『祖庭事苑』 권1(X64, 346c).

"저는 범천梵天입니다. 존자께서 반야를 훌륭하게 설하시는 것을 보았기에 찬탄하는 것입니다."

수보리가 말하였다.

"나는 반야에 대해 한 글자도 설한 적 없습니다."

제석이 말하였다.

"존자께서는 설한 것이 없고(無說) 저는 들은 것이 없습니다(無聞). 설한 것도 없고 들은 것도 없는 이것이 진실로 반야를 설하는 것입니다."

憍尸謾把天花散

憍尸。帝釋姓也。須菩提嚴中宴坐。帝釋雨花讚歎。須菩提云。雨花者是誰。帝釋云。我是梵天。見尊者善說般若。所以讚歎。須菩提云。我於般若。未曾說一字。帝釋云。尊者無說。我乃無聞。無說無聞。是眞說般若。

原文 십성과 삼현

事實 십성은 십지十地의 성인이고, 삼현은 십주十住·십행十行·십회향十迴向이다.

十聖三賢

十聖者。十地聖人。三賢者。十住十行十迴向也。

原文 '바로 이곳을 떠나지 않고'부터 '보지 못한다는 걸'까지

事實 『기주』에서 말하였다.

"'부처님의 몸은 법계에 충만하여 모든 중생의 목전에 두루 나타난다'[124]고 하였는데, 이것이 바로 '이곳을 떠나지 않고 항상 맑다'는 것이다.

---

124 『大方廣佛華嚴經』 권6「如來現相品」(T10, 29c).

말하자면 이 신령스러운 깨달음의 성품은 12시 가운데 견문각지見聞覺知를 떠나지 않는다는 것이다. 만약 견문각지를 떠나 그 밖에서 따로 깨달음의 성품을 찾는다면 그건 있을 수 없는 일이다. 조사祖師께서는 '마음으로 마음을 찾으니 어찌 큰 착각이 아니랴'[125]라고 하셨다.

감히 모든 사람에게 묻노니, 어디가 바로 이곳(當處)인가? 만약 여기에서 간파할 수 있다면 시방의 제불과 함께 수용受用하면서 조금도 차이가 없으리라. 만약 그렇지 못하다면 그것은 모두 집안의 보배를 파묻어 버리는 짓이다. 자기의 신령스러움을 저버리고 문자(數墨)를 따라 행하면서 자신을 기만하며 추구하는 것이다.

고덕[126]이 말하기를 '비유컨대 소를 타고 소를 찾는 것과 같다'고 했으니, 이는 있을 수 없는 일이다. 따라서 '찾으면 곧 그대가 보지 못한다는 걸 안다'고 하였다."

不離當處 至不可見

琪注。佛身充滿於法界。普現一切群生前。即是不離當處常湛然也。謂此靈覺之性。不離十二時中見聞覺知。若離見聞覺知之外。別求覺性。即[1)]無有是處。祖師云。將心覓心。豈非大錯。敢問諸人。阿那箇是當處。若向這裏。覷得破去。[2)] 與十方諸佛。同共受用。等無有異。如或不然。盡是埋沒家寶。辜負己靈。隨行數墨謾自推求。古德云。譬如騎牛討牛。無有是處。故云。覓即知君不可見也。[3)]

1) ㉮ '即'이 갑본에는 없다. 2) ㉮ '去'가 갑본에는 없다. 3) ㉮ '也'가 갑본에는 없다.

---

125 삼조三祖 승찬僧璨 대사의 『信心銘』에서 인용한 말이다. 『事實』에는 "將心覓心。豈非大錯。"으로 되어 있으나 대부분의 선적에는 "將心用心。豈非大錯。"으로 되어 있다. 『信心銘』(T48, 376a).
126 백장 회해百丈懷海 선사를 말한다. 무엇이 부처냐고 묻는 학인의 물음에 답한 말씀이다. 『景德傳燈錄』 권9(T51, 267b).

原文 '취할 수 없음이여'부터 '이렇게 얻었으니'까지

事實 『기주』에서 말하였다.

"신령스러운 광명은 통달하여 두루 미치지 않음이 없으니, 제불이 깨달아도 일찍이 얻은 것이 아니고 중생이 미혹해도 일찍이 잃은 것이 아니다.

'전傳'에서는 말하였다.

'비유하면 마치 어떤 사람이 허공이 두려워서 도망가는 경우에, 비록 도망간다고는 하지만 걸음걸음이 허공을 떠나지 못하고 거기에서 허공을 찾으려 해도 끝내 찾을 수 없는 것과 같다.'

따라서 '취할 수도 없고 버릴 수도 없다'고 한 것이다.

'얻을 수 없는 가운데에서 이렇게 얻었으니'라고 한 것을 말해 보자. 이 종지宗旨는 문聞·사思·수修에서 몸소 궁구하여 스스로 얻어야 하는 것이다.

'경經'[127]에서 말하였다.

'부처님께서 사문에게 말씀하셨다.

〈너는 옛날 집에 있을 때 어떤 일을 하였느냐?〉

사문이 답하였다.

〈거문고를 연주했습니다.〉

부처님께서 말씀하셨다.

〈거문고 줄이 느슨하면 어떠하더냐?〉

사문이 대답했다.

〈소리가 나지 않았습니다.〉

〈거문고 줄이 너무 팽팽하면 어떠하더냐?〉

사문이 대답했다.

〈그 소리가 끊어집니다.〉

---

[127] 『中阿含經』 大品 「沙門二十億經」(T1, 612a).

〈느슨하고 팽팽한 것이 중도를 얻으면 어떠하더냐?〉

사문이 대답했다.

〈맑은 소리가 두루 미치게 됩니다.〉

부처님께서 사문에게 말씀하셨다.

〈도를 배우는 것도 마찬가지이니, 마음을 적절하게 조절하면 도를 얻을 수 있느니라.〉'

이 때문에 '얻을 수 없는 가운데에서 이렇게 얻었으니'라고 한 것이다. 눈 밝은 납승이라면 잘못해서는 안 된다."

取不得 至祇麽得

琪注。靈光洞達。無所不遍。諸佛悟之而不曾得。衆生迷之而未曾失。傳曰譬如有人怖空而走。雖則而走。且步步不離於空。於彼求空了不可得。故云。取不得捨不得也。不可得中祇[1]麽得者。□[2]之[3]宗旨。當於聞思修體究而自[4]得之。經云佛告沙門。汝處于家。昔爲何事。對曰亦當[5]□□。□□[6]絃緩如何。對曰不鳴矣。絃急如何。對曰□□□[7]矣。[8] 急緩得中如何。對曰清音普矣。佛告沙門。□[9]道亦然。心若調適[10]道可得矣。故曰。不可得中□[11]麽得也。若是明眼衲僧應不錯擧。[12]

1) ㉤ '祇'가 갑본에는 '只'로 되어 있다. 2) ㉤ □가 갑본에는 '此'로 되어 있다. 3) ㉤ '之'가 갑본에는 없다. 4) ㉤ '自'가 갑본에는 없다. 5) ㉤ '當'이 갑본에는 '常'으로 되어 있다. 6) ㉤ □□□□가 갑본에는 '彈琴佛言'으로 되어 있다. 7) ㉤ □□□가 갑본에는 '其聲絶'로 되어 있다. 8) ㉤ '矣'가 갑본에는 없다. 9) ㉤ □가 갑본에는 '學'으로 되어 있다. 10) ㉤ '適'이 갑본에는 '通'으로 되어 있다. 11) ㉤ □가 갑본에는 '只'로 되어 있다. 12) ㉤ 갑본에는 '擧' 다음에 '也'가 있다.

原文 백주의 날강도

事實 임제臨濟[128] 스님이 시중示衆하여 말하였다.

---

128 임제臨濟 : 법명은 의현義玄(?~867)이고, 시호는 혜조선사慧照禪師이다. 황벽 희운黃

"여러분 모두의 붉은 고깃덩어리에 한 사람의 무위진인無位眞人이 있어서 항상 여러분 모두의 면문面門으로 출입하고 있다. 아직 확실히 밝히지 못한 사람은 살펴보고 살펴보라."

이때 어떤 스님이 물었다.

"어떤 것이 무위진인입니까?"

바로 선상禪床을 내려와 쏜살같이 달려들더니 확 밀치고서 말하였다.

"무위진인이라니, 그 무슨 마른 똥 막대기냐?"

설봉 스님이 힐문하여 말하였다.[129]

"임제는 완전 백주의 날강도 같다."

白拈賊

臨濟示衆云。汝等諸人。赤肉團上有一□□。□[1)]人常從。汝等諸人面門出入。未證據者□□□。[2)] 有僧云。如何是無位眞人。際下禪床□□□□[3)]云。無位眞人。是什麼乾屎橛。雪峰問云。臨濟大似白拈賊。

1) ㉠ □□□가 『高麗大藏經』 영인본에는 '無依 至'로 되어 있다. ㉡ 『臨濟錄』과 『景德傳燈錄』에 의거하면 '無位眞'이다. 2) ㉠ □□□가 『高麗大藏經』 영인본에는 '看看彈'으로 되어 있다. ㉡ '彈'은 『臨濟錄』에 의거하면 '時'이다. 3) ㉠ □□□□의 앞의 두 글자가 『高麗大藏經』 영인본에는 '驀肯'으로 되어 있다. 뒤의 두 글자는 모양이 확실하지 않다. ㉡ 『臨濟錄』에는 이 부분이 "師下禪床把住云。道道。其僧擬議。師托開云。"으로 되어 있고, 『聯燈會要』에는 "師下繩床。拶住云。道道。僧擬議。師托開云。"으로 되어 있다. 『五燈會元』에는 "濟下禪牀拶住曰。道。道。僧擬議。濟拓開曰。"로 되어 있다. 따라서 결락된 네 글자 중 앞의 두 글자는 『高麗大藏經』에 따라 '驀肯'으로 보입하고, 뒤의 두 글자는 『臨濟錄』 등에 따라 '托開'로 보입하여 위와 같이 번역하였다.

黃希運 선사의 법을 이어 하북河北 진주성 임제원臨濟院에 머물며 종풍을 크게 선양하였으니, 후대 임제종臨濟宗의 개조로 추앙되었다.

129 임제 스님의 법문에 대한 설봉 스님의 염拈이다. 『景德傳燈錄』에는 이 부분이 "後雪峯聞乃曰"로 되어 있다. 『景德傳燈錄』 권12(T51, 290c).

原文 추자鶖子

事實 사리불舍利弗은 중국말로 추로자鶖鷺子라고 한다. 어머니의 눈이 추로와 같았기 때문에 이렇게 호칭하게 되었다.

鶖子

舍利弗。此云鶖鷺子。母眼如鶖鷺。故稱名焉。

原文 옷자락 가득

事實 유마힐維摩詰의 방에 한 천녀天女가 있었는데, 모든 천인天人들이 설법을 듣는 것을 보고는 문득 몸을 나타내어 즉시 하늘 꽃(天華)을 모든 보살과 큰 제자들 위에 뿌렸다. 꽃이 보살에게 닿자 모두 떨어졌는데 큰 제자들에게 닿은 꽃은 바로 붙어서 떨어지지 않았다. 모든 제자들은 신력神力으로 꽃을 떼어 내려 했지만 떼어 낼 수 없었다. 이때 천녀가 사리불에게 물었다.

"무엇 때문에 꽃을 떼어 내려 하십니까?"

사리불이 답하였다.

"이 꽃은 여법如法하지 못합니다. 그래서 떼어 내려 합니다."

천녀가 말하였다.

"이 꽃이 여법하지 않다고 말하지 마십시오. 무엇 때문이겠습니까? 이 꽃은 분별分別이 없는데 인자仁者께서 스스로 분별을 일으켰기 때문입니다."

徧衣裓

維摩詰室。有一天女。見諸天人聞所說法。便現其身。即以天華。散諸菩薩大弟子上。花至菩薩。即皆墮落。至大弟子。便著不墮。一切弟子。神力去花。不能令去。爾時天女。問舍利弗。何故去花。答曰此花不如法。是以去之。天女曰。勿謂此花爲不如法。所以者何。是花無所分別。仁者自生分別。

原文 침묵할 때 설법하고 설법할 때 침묵함

事實 『기주』에서 말하였다.

"침묵할 때 설법한다는 것은 침묵할 때 항상 법을 설한다는 것이다.

어떤 스님이 투자投子[130] 스님에게 '어떤 것이 십신十身[131]을 조어調御하는 것입니까?'라고 물었을 때, 투자 스님은 선상禪床에서 내려와 우뚝 섰다.[132]

자, 말해 보라. 무엇을 설하였느냐? 이것으로 침묵할 때도 항상 설법하고 설법할 때에도 항상 침묵함을 알겠다. 예를 들어 세존께서 설법한 모든 경의 첫머리에 모두 미묘한 종지(妙旨)가 있는데 아는 이가 드물다.

가령 『금강경金剛經』에서는 말하였다.

'이때 세존께서는 식사 때에 옷을 입고 발우를 지니고서 사위대성舍衛大城에 들어가 걸식하셨다. 그 성에서 차례로 걸식한 뒤 본래 있던 곳으로 돌아와 공양을 마치고는 의발을 거두고, 발을 씻고 나서 법좌를 펴고 앉으셨다.

이때 수보리가 대중 가운데 있다가 즉시 자리에서 일어나 오른쪽 어깨를 드러내고 오른쪽 무릎을 땅에 꿇고 공경스럽게 합장하며 부처님께 말씀드렸다.

〈희유하십니다, 세존이시여. 여래께서는 모든 보살들을 훌륭하게 호념護念하시고 모든 보살들에게 훌륭하게 부촉附屬하십니다.〉'[133]

---

130 투자投子 : 『五燈會元』에 따르면, 취미 무학翠微無學 선사에게 참학하여 심인을 얻고 투자산投子山에 은거한 대동大同(819~914) 선사를 말한다. 『五燈會元』 권5(X80, 122a).

131 십신十身 : 불·보살의 몸을 그 공덕에 의거해 10종으로 나눈 것을 말한다. 보리신菩提身·원신願身·화신化身·역지신力持身·상호장엄신相好莊嚴身·위세신威勢身·의생신意生身·복덕신福德身·법신法身·지신智身이다.

132 이 공안에는 유래가 있다. 당 숙종肅宗 황제가 혜충慧忠 국사에게 "어떤 것이 십신을 조어하는 것입니까?"라고 묻자, 국사가 자리에서 일어나 우뚝 섰다고 한다. 『景德傳燈錄』 권5(T51, 244c).

또 『원각경圓覺經』에서는 말하였다.

'언젠가 바가바婆伽婆께서 신통대광명장삼매정수神通大光明藏三昧正受에 들어가시자 모든 여래께서 빛으로 장엄하여 머물고 계셨으니, 이는 모든 중생의 청정한 각지覺地로서 몸과 마음이 적멸하고 평등한 본제本際였다. 시방에 원만하게 불이不二를 수순하시고는 둘이 아닌 경계(不二境)에서 모든 정토를 나타내셨다.'[134]

또한 『능엄경楞嚴經』에서는 말하였다.

'즉시 여래께서 좌구座具를 펴고 편안히 앉아 모든 회중會衆들에게 심오함을 선양하시자 법좌에 모인 청정한 대중들은 일찍이 없었던 것을 얻었으며, 가릉선음迦陵仙音이 시방세계에 두루 울려 퍼졌다.'[135]

따라서 '침묵할 때에도 항상 설법한다'고 하였다.

'설법할 때에도 침묵한다'는 것을 말해 보자. 일대장교一大藏敎에서 부처님의 금구金口로 선양하신 것은 일찍이 한 글자도 설한 것이 아니다.

'경經'에서는 '처음 성도成道한 밤으로부터 마지막 발제하跋提河에 이르기까지, 이 둘 사이에 일찍이 한 글자도 설하지 않았다'[136]고 하였다. 자, 말해 보라. 필경 이것이 설한 것이 있느냐, 없느냐?

이 때문에 천의天衣 스님은 '만약 설한 것이 있다고 하면 여래를 비방

---

133 『金剛經』(T8, 748c).
134 『圓覺經』(T17, 913a).
135 『首楞嚴經』(T19, 106b).
136 『六祖壇經』에서 "涅槃曰. 始從鹿野苑. 終至跋提河. 中間五十年. 未曾說一字者. 示法非文字也."라고 하고, 선종의 여러 전적들에서 『涅槃經』 또는 그냥 경의 말씀이라고 소개하고 있으나 정확히 일치하는 문구를 『涅槃經』에서는 찾을 수 없다. 당唐 대 도성道誠은 『釋迦如來成道記』의 본문 "或無說而常說"에 대한 주석에서 "般若經云. 汝勿謂如來有所說法. 若人言如來有所說法. 則爲謗佛. 是人不解我所說義. 有頌云. 始於鹿野苑. 終至跋提河. 中間五十年. 未曾說一字. 此約如來離法界外. 及三世諸佛同. 故云無說. 若約俗諦. 則何嘗不說."이라고 하여 『般若經』과 관련된 문구임을 시사하고 있다. 『釋迦如來成道記註』 권하(X75, 11a).

하는 것이고, 만약 담론한 것이 없다고 하면 사견邪見에 떨어진다'고 하신 것이다. 만약 여기에서 알아차릴 수 있다면 종풍宗風을 선창宣唱하고 조사의 강령을 이끌어 낸다고 할 수 있겠다."

默時說說時默

琪注。默時說者。即是默時常說也。僧問投子。如何是十身調御。投子下禪床立。且道。說箇什麼。是知默時常說。說時常默也。□[1)]世尊說法。一切經首。皆有妙旨。人罕知之。如金剛經云。爾時世尊食時。着衣持鉢。入舍衛大城乞食。□□□□[2)] 次第乞已。還至本處。飯食訖。收衣鉢。洗□□。□[3)] 座而坐。時長老須菩提。在大衆中。即從座起。偏袒右肩。右膝着地。合掌恭敬。而白佛言。□□□[4)] 尊。如來善護念諸菩薩。善付囑諸菩薩。又圓覺經云。一時婆伽婆。入於神通大光明藏。三昧正受。一切如來。光嚴住持。是諸衆生清淨覺地。[5)] 身心寂滅。平等本際。圓滿十方。不二隨順。於[6)] 不二境。現諸淨土。如楞嚴經云。即時如來。敷座宴安。爲諸會中。宣揚深奧。法筵淸衆。得未曾有。迦陵仙音。徧十方界。故[7)] 默時常說也。說時默者。一大藏敎。金口所宣。未曾道著一字。經云。始從成道夜。終至跋[8)] 提河。於是二中[9)] 間。未曾說一字。且道。畢竟是有說無說耶。所以天衣云。若言有說謗如來。若謂不談邪見在。若向這裏戱得破。方可稱唱宗風。提綱祖令也。

---

1) ㉮ □가 갑본에는 '如'로 되어 있다. 2) ㉮ □□□□가 갑본에는 '於其城中'으로 되어 있다. 3) ㉮ □□□가 갑본에는 '足已敷'로 되어 있다. 4) ㉮ □□□가 갑본에는 '希有世'로 되어 있다. 5) ㉮ '地'가 갑본에는 '知'로 되어 있다. 6) ㉮ 갑본에는 '於' 앞에 '乃至'가 있다. 7) ㉮ 갑본에는 '故' 다음에 '知'가 있다. 8) ㉮ '跋'이 갑본에는 '跂'로 되어 있다. 9) ㉮ '中'이 갑본에는 '十'으로 되어 있다. 또 주해에는 "'十'은 마땅히 '中'이 되어야 한다."라고 하였다.

[原文] 큰 베풂의 문을 여니 옹색함이 없어라

[事實] 『기주』에서 말하였다.

"모든 부처님께서는 세간에 출현해 법을 설하여 널리 일체중생을 성불
케 하셨으니, 큰 시주가 되어 유정有情을 제도 해탈하게 한 것이다. 따라
서 '큰 베풂의 문을 열었다'고 하였다. 나아가 서천축西天竺의 모든 조사
께서도 각기 법을 설하여 중생을 이롭고 안락하게 하셨으며, 중국 땅(唐
土)의 모든 조사와 천하의 노숙老宿에 이르기까지 공교한 방편을 시설하
여 여러 가지 법문을 베푸셨다.

그런 까닭에 설봉 스님의 공 굴림(雪峯輥毬),[137] 석공石鞏 스님의 화살
을 당김(石鞏架箭),[138] 천황 스님의 호병(天皇餬餅),[139] 국사의 물그릇(國師
水椀),[140] 운문 스님의 삼구(雲門三句),[141] 동산 스님의 오위(洞山五位),[142] 영

---

[137] 설봉 스님이 하루는 현사玄沙 스님이 오는 것을 보고 세 개의 나무 공을 한꺼번에 굴
렸다. 현사 스님이 바로 패牌를 찍는 시늉을 하자 설봉 스님이 깊이 인정하였다고 한
다.『碧巖錄』권5(T48, 181).
[138] 마조 도일馬祖道一 선사의 법을 이은 무주撫州 석공 혜장石鞏慧藏 선사는 학인이 찾
아오는 것을 보면 바로 활을 쏘는 자세를 취하고는 "화살을 보라."라고 외쳤다고 한
다.『碧巖錄』권9(T48, 207).
[139] 용담 숭신龍潭崇信 선사가 천황 도오天皇道悟 선사에게 출가하게 된 기연이다. 용담
스님은 출가하기 전 도오 스님이 머물던 절 앞에서 호병餬餅을 파는 가게를 하고 있
었다. 매일 호병 열 개를 스님에게 공양하였는데 도오 스님은 그중 하나를 남겼다 돌
려주며 "그대에게 베풀어 자손의 음덕으로 삼는다."라고 하였다. 용담이 "이건 제가
가져온 것인데 왜 도리어 너에게 베푼다고 말씀하십니까?"라고 하자 도오 스님이 말
했다. "네가 가져온 걸 네가 가져가는데 무슨 잘못이냐?" 용담이 이 일로 깨친 바가
있어 출가하였다고 한다.『禪林類聚』권18(X67, 108b).
[140] 『雲門錄』·『法演禪師語錄』등 많은 전적에서 "국사수완國師水椀"를 언급하고 있지만
정확한 출처는 알 수 없다.『祖庭事苑』에서도 "출처를 알 수 없다."라고 하였다.『祖庭
事苑』(X64, 322a).
[141] 운문 문언 선사의 상수제자인 덕산 연밀德山緣密 선사가 제창한 운문雲門의 종지이
다. 3구는 함개건곤函蓋乾坤·절단중류截斷衆流·수파축랑隨波逐浪이다.『雲門匡眞禪
師廣錄』권하(T47, 576b).
[142] 동산 양개 화상이 제창한 교설로서 불교 교리의 대강을 정위正位·편위偏位·정위중
래正位中來·편위중래偏位中來·상겸대래相兼帶來의 다섯 항목으로 요약한 것이다.
그의 제자 조산 본적 선사가 이를 동산오위현결洞山五位顯訣이라 소개하고 자세히
해석하였다.『撫州曹山本寂禪師語錄』권하(T47, 541c).

운 스님의 복숭아꽃을 봄(靈雲見桃花),[143] 법안 스님의 소리와 빛깔을 꿰뚫음(法眼透聲色),[144] 수산 스님의 신부(首山新婦),[145] 도오 스님의 신을 즐겁게 함(道吾樂神),[146] 위산 스님의 수고우(潙山水牯),[147] 분양 스님의 사자(汾陽師子),[148] 백장 스님의 자리를 걷음(百丈捲席),[149] 구지 스님의 손가락 하나(俱

---

[143] 복주福州 영운 지근靈雲志勤 선사는 위산 영우 선사 회상에 있을 때 복숭아꽃이 피는 것을 보고 대오하고서 "三十來年尋劍客 幾逢落葉幾抽枝 自從一見桃華後 直至如今更不疑"라는 게송을 지었다고 한다.『景德傳燈錄』권11(T51, 285a).

[144] 법회에서 한 스님이 "소리(聲)와 빛깔(色) 이 두 글자를 어떤 사람이 꿰뚫을 수 있습니까?" 하고 묻자 법안 스님이 도리어 대중에게 말씀하셨다. "여러 상좌上座들이여, 말해 보라. 저 스님은 그럼 꿰뚫었을까? 저 스님의 질문을 알아차린다면 소리와 빛깔을 꿰뚫는 건 어렵지 않다."『金陵淸涼院文益禪師語錄』(T47, 589a).

[145] 여주汝州 수산 성념首山省念 선사에게 한 스님이 무엇이 "부처입니까?" 하고 묻자 스님이 말하였다. "신부는 나귀를 타고 시어머니가 끈다."『古尊宿語錄』권8『汝州首山念和尙語錄』(X68, 48b).

[146] 양주襄州 관남 도오關南道吾 선사가 깨치게 된 기연이다. 언젠가 시골마을을 지나다 무당이 신을 즐겁게 하면서 "식신이 없습니다(識神無)."라고 말하는 소리를 듣고는 깨달은 바가 있었다고 한다. 후에 도상道常 선사에게 참예하고 인가받았다.『景德傳燈錄』권11(T51, 288c).

[147] 위산 영우 선사가 상당하여 대중에게 법문하였다. "노승이 백 년 뒤에는 저 산 아래 한 마리 물소가 되어 있을 텐데 왼쪽 옆구리에 '위산의 중 아무개(潙山僧某甲)'라는 다섯 글자가 적혀 있을 것이다. 이때 위산의 중이라고 부르자니 그건 분명 물소이고, 물소라고 부르자니 또 위산의 중이라고 적혀 있다. 뭐라고 불러야 할까?"『景德傳燈錄』권9(T51, 265c).

[148] 분양 선소汾陽善昭 선사가 상당하여 말하였다. "분양의 문 아래 서하西河의 사자師子가 있는데, 문턱에 걸터앉아 누구든 찾아오기만 하면 물어 죽인다. 어떤 방법을 써야 분양의 문에 들어와 분양의 사람을 볼 수 있을까?"『汾陽無德禪師語錄』권상(T47, 596c).

[149] 백장 회해百丈懷海 선사가 자리를 걷은 기연에 대한 여러 전적의 기록에 차이가 있다.『景德傳燈錄』에서는 "마조가 상당하여 대중이 운집하였는데, 자리에 올라 묵묵히 계시자 백장 스님이 면전에서 예배하는 자리를 걷어 버렸다. 그러자 마조가 곧 내려왔다."라고 하였다.(T51, 249b) 또『祖庭事苑』에서는 다음과 같이 그 배경을 설명하였다. "백장 회해 선사가 하루는 마조 스님과 산을 거닐다 들오리를 보았다. 마조가 물었다. '저게 뭐냐?' 백장이 말하였다. '들오리입니다.' '어디로 갔느냐?' '날아갔습니다.' 마조 스님은 손으로 백장 스님의 코를 잡아 비틀었다. 백장이 아파 소리를 지르자 마조 스님이 말했다. '어찌 날아간 적이 있겠나.' 백장이 이에 크게 깨달았다. 다음 날 마조가 법당에 오르자 백장이 나가 면전에서 예배하는 자리를 걷어 버렸고, 마조는 곧

胝一指)¹⁵⁰ 이것들이 다 모든 선지식들께서 크게 베풂의 문을 연 것이다.

고덕¹⁵¹이 '시방세계가 모두 해탈문解脫門인데 손을 잡고 끌어도 들어가질 않는다'고 하였으니, 무슨 옹색함이 있겠는가. 따라서 '큰 베풂의 문을 여니 옹색함이 없다'고 하였다."

大施門開無擁塞

琪注。諸佛出世說法。普令一切衆生成佛。爲大施主。度脫有情。故云。大施門開也。乃至西竺諸¹⁾祖各各說法。利樂有情。以²⁾至唐土諸祖。天下老宿。巧便施設。³⁾種種法門。所以雪峰輥毬。石鞏架箭。天皇䭔餠。國師水椀。雲門三句。洞山五位。靈雲見桃花。法眼透聲色。首山新婦。道吾⁴⁾樂神。潙山水牯。汾陽師子。百丈捲席。俱胝一指。皆諸善知識。大施門開也。古德云。盡十方世界。□□□⁵⁾脫門。把手拽不入。有何擁⁶⁾塞耶。故云。大施門開無擁塞也。

---

1) ㉤ 갑본에는 '諸' 다음에 '佛'이 있다. 2) ㉤ '以'가 갑본에는 '已'로 되어 있다. 3) ㉤ '設'이 갑본에는 '說'로 되어 있다. 또 주해에는 "'說'은 '設'인 듯하다."라고 하였다. 4) ㉤ '吾'가 갑본에는 '告'로 되어 있다. 5) ㉤ □□□가 갑본에는 '是箇解'로 되어 있다. 6) ㉤ '擁'이 갑본에는 '雍'으로 되어 있다. 다음도 이와 같다.

[原文] 걸어가며 말을 타고

[事實] 부 대사傅大士가 게송으로 말하였다.

빈손으로 호미를 잡고
걸어가며 물소를 탄다

자리에서 내려왔다." 『祖庭事苑』 권3(X64, 350b).
150 무주婺州 금화산金華山 구지俱胝 화상은 참학하러 스님들이 찾아오면 오직 손가락 하나만 들 뿐 달리 제창하는 것이 없었다고 한다. 『景德傳燈錄』 권11(T51, 288a).
151 설봉 의존雪峰義存 선사를 말한다. 『圓悟佛果禪師語錄』 권13(T47, 772c).

사람이 다리를 지나는데
다리는 흐르고 물은 흐르지 않네¹⁵²

步行騎馬
傅大士頌云。空手把鋤頭。步行騎水牛。人從橋上過。橋流水不流。

原文 '누가 내게 물으면'부터 '반야의 힘'까지
事實 『기주』에서 말하였다.

"만약 누군가 나에게 어떤 종지宗旨를 이해하였냐고 물으면 마하반야의 힘(摩訶般若力)이라고 대답해 주겠다. 마하摩訶는 범어인데 중국말로는 크다(大)·많다(多)·뛰어나다(勝)는 뜻이니, 즉 많은 뜻을 포함하고 있는 것이므로 번역하지 않았다. 범어 반야는 중국말로 지혜智慧인데 선을 일으키는 것(生善)이므로 번역하지 않았다. '마하반야摩訶般若'라고 한 것을 믿고 이해하면 지위가 모든 조사와 같아지고, 받아 지니면 그 복이 인간과 천상을 덮는다.

따라서 '전傳'에서는 말하였다.

'반야는 선악의 길에 안내자이고, 미혹하고 어두운 방의 밝은 횃불이며, 생사해生死海의 지혜로운 노이고, 번뇌라는 병의 훌륭한 의사며, 삿된 산을 깨트리는 큰 바람이고, 마군을 대적하는 용맹한 장수며, 어두운 길을 비추는 밝은 해이고, 혼미한 의식을 일깨우는 빠른 우레며, 나쁜 허물을 결단하는 금비金錍이고, 갈애渴愛를 없애 주는 감로甘露며, 의심의 그물을 절단하는 지혜의 칼이고, 외롭고 궁핍한 이에게 공급해 주는 보배구슬이다. 만약 반야가 밝지 못하다면 만행萬行이 헛된 시설일 뿐이다.'

따라서 '마하반야의 힘'이라고 말한 것이다."

---
152 『善慧大士錄』 권3(X69, 116b).

有人問我 至般若力

琪注。若或有人問我解何宗旨。報道摩訶般若力也。梵語。[1] 此云大多勝。即多含不翻也。梵語般若。此云智慧。即生善不翻也。言摩訶般若者。□[2] 解則位齊諸祖。受持則福蓋人天。故傳曰[3] 故知般若是善惡徑之導師。迷暗室之明炬。生死海之智楫。[4] 煩惱病之良醫。破邪山之大風。敵魔□[5]之猛將。照幽途之赫日。驚[6]昏識之迅雷。抉惡言[7]之金箆。沃[8]渴愛之甘露。截疑網之慧劍。給孤乏之寶珠。若般若不明。萬行虛設。故云。摩訶般若力也。

1) 갑본에는 '語' 다음에 '摩訶'가 있다.   2) □가 갑본에는 '信'으로 되어 있다.
3) '曰'이 갑본에는 '云'으로 되어 있다.   4) '楫'이 갑본에는 '檝'으로 되어 있다.
5) □가 갑본에는 '軍'으로 되어 있다.   6) '驚'이 갑본에는 '警'으로 되어 있다.
7) '惡言'이 갑본에는 '愚盲'으로 되어 있다.   8) '沃'이 갑본에는 '沃'으로 되어 있다.

[原文] 사삼謝三은 본래 어부

[事實] 『전등록』에서 말하였다.

"현사 종일玄沙宗一 대사는 법명이 사비師備이고, 복주福州 민현閩縣 사람이며, 성은 사謝씨이다. 어려서 낚시질을 좋아하여 조그만 배를 남대강南臺江에 띄우고 여러 고기 잡는 사람들과 가까이 지냈다. 당나라 함통咸通 연간 초에 나이 서른이 되었을 때 홀연히 진세塵世를 벗어나기를 흠모하여 이에 곧바로 낚싯배를 버리고 부용 영훈芙蓉靈訓 선사에게 귀의하여 삭발하였다……"153

또 현사玄沙 화상이 바로 사씨 집안의 셋째 아들이라 하였다.154

謝三本是釣魚人

---

153 『景德傳燈錄』 권18(T51, 343c).
154 현사 스님 스스로 "내가 바로 낚시질하던 사씨 집안 셋째 아들이다."라고 하였다. 『福州玄沙宗一大師廣錄』(X73, 4c).

傳燈錄云。玄沙宗一大師。法名師備。福州閩縣人也。姓謝氏。幼好垂釣。泛小艇於南臺江。狎諸漁者。唐咸通初。年甫三十。忽慕出塵。乃弃釣舟。投芙蓉靈訓禪師落髮云云。又玄沙和尚。是謝家第三子也。

原文 '혹은 옳다 혹은 그르다 해'부터 '하늘도 측량 못하며'까지
事實 『기주』에서 말하였다.

"반야의 힘이 현전現前하고 나면 대비심으로 저자에 들어가 손을 뻗어 중생을 제접하고 군생을 이롭게 하는데, 종횡무진으로 응용하며 갖가지로 베푸는 것이 모두 불사가 된다. 비유하면 마치 기바耆婆가 풀을 캐면 진실로 손으로 집어 올리는 족족 모두 묘약인 것과 같다.[155]

따라서 '경'에서는 말하였다.

'득념得念과 실념失念이 해탈 아님이 없고, 법을 이루는 것(成法)과 법을 타파하는 것(破法)을 모두 열반이라 하며, 지혜와 어리석음이 모두 반야이고, 보살과 외도가 성취하는 법이 모두 보리菩提이고, 무명無明과 진여眞如가 다른 경계가 아니며, 계戒·정定·혜慧와 음婬·노怒·치癡가 모두 청정한 행이다.'[156]

따라서 '혹은 옳다 혹은 그르다 해 사람들이 알지 못하고, 역행도 하고 순행도 해 하늘도 측량 못한다'고 말한 것이다."

或是或非 至天莫測
琪注。般若之力。既得現前。以大悲心。入廛[1]垂手。接物利生。縱橫應用。

---

155 기바가 스승인 빈가라賓迦羅로부터 7년간 의술을 배우고 난 뒤 무엇을 해야 될지를 묻자 스승이 삼태기와 약초를 캐는 도구를 주며 말하였다. "너는 1유순이나 되는 이 덕차시라국德叉尸羅國에서 약이 되지 않는 풀을 찾아오너라." 기바가 온 덕차시라국을 뒤져 보았지만, 모든 초목이 다 그 쓰임새가 있어 약초가 아닌 것이 없었으므로 결국 빈손으로 돌아왔다고 한다. 『佛說奈女祇域因緣經』(T14, 898a).
156 『大方廣圓覺修多羅了義經』(T17, 917b).

種種施爲。皆爲佛事。譬如耆婆攬草。信手拈來。皆爲妙藥。故經云。得念失念。無非解脫。成法破法。皆名涅槃。[2] 智慧愚癡。通爲般若。菩薩外道。所成就法。同是菩提。無明眞如。無異境界。諸戒定慧及婬怒癡。俱是梵行。故云。或是或非人不識。逆行順行天莫測也。

1) ㉑ '墨'이 갑본에는 '鄥'으로 되어 있다. 2) ㉑ '槃'이 갑본에는 '桙'으로 되어 있다.

原文 황여黃輿

事實 송옥宋玉 대인大人의 부賦에서 "땅은 모나니 수레가 되고 하늘은 둥그니 덮개가 된다."라고 하였다.

하늘의 색깔은 현색玄色이고 땅의 색깔은 황색黃色이므로 '황색의 수레(黃輿)'라고 한 것이다.

黃輿

宋玉大人賦云。地方爲輿。天圓爲蓋。天地玄黃。故云黃輿。

原文 부러진 송곳

事實 『장자莊子』에서 "대롱으로 하늘을 엿보고 송곳으로 땅 깊이를 쟀다."[157]라고 하였다.

折錐

莊子云。用管窺天。用錐指地。

남명천화상송증도가사실 제2권
南明泉和尙頌證道歌事實卷第二

---

157 『莊子』「秋水」.

남명천화상송증도가사실 제3권
| 南明泉和尙頌證道歌事實卷第三 |

서룡의 선로 □련
瑞龍禪老 □連*

---

* ㉮『韓國佛教全書』편집자가 전광재全光宰의 발문에 의거해 추정하여 삽입하였다.

내 일찍이 오랜 겁 동안 수행하였으니	吾早曾經多劫修
수행에 의해 무생의 힘 증득하였다네	因修乃證無生力
어리석은 사람은 도는 구하면서 수행은 않으니	癡人求道不修行
모래를 쪄서 밥 되기 바람과 무엇이 다르리	還似蒸沙望充食

부질없이 서로 속여 미혹케 하는 것 아니니	不是等閑相誑惑
예로부터 진실과 거짓 어찌 서로 간섭하리	從來眞僞豈相干
호랑이 가죽에 양의 몸인 자를 얼마나 알리	虎皮羊質知多少
진금을 알고 싶은가, 불 속에 넣어 보라	要識眞金火裏看

법의 깃발(法幢)을 세우니	建法幢
영산의 방양榜樣이라 다시 견줄 것 없도다	靈山榜樣更無雙
북상투 한 계집아이 석모席帽를 쓴 채	鬌角女兒戴席帽
손엔 지팡이 잡고 차가운 강을 지나가네	手携節杖過寒江

종지宗旨를 세우노니	立宗旨
왼쪽 오목하고 오른쪽 볼록함을 누가 서로 알까	左凹右凸誰相委
해문海門의 사공이 양주를 지나니	海門船子過楊州
팔이 여덟인 나타 간사함이 귀신 같네	八臂那吒姦似鬼

부처님의 칙명 분명히 밝힌 자 바로 조계	明明佛勅曹溪是
지금은 어느 곳이 조계이런가	如今何處是曹溪
날마다 해는 동쪽에서 떠오르고	日日日從東畔出
아침마다 닭은 오경 전에 운다네	朝朝雞向五更啼

제일 먼저 가섭이 처음으로 등불을 전했으니	第一迦葉首傳燈

똥 묻은 헝겊으로 옷 만들어 자족할 줄 알았는데	糞掃爲衣自知足
어쩌다 일어나 춤추며 천기누설한 그 일로	只因起舞洩天機
지금도 사람들 입에 오르내리게 되었나	直至而今遭齒錄

28대는 서천축의 기록이라	二十八代西天記
깊은 바위 그리워 않고 모두 홍진세계로 들어가	不戀幽巖共入塵
주장자 한 자루 마디 없는 이것을	杖子一枝無節目
은근히 밤길 가는 이에게 부촉했다네	慇懃分付夜行人

이 땅에 들어오시니 진실로 기연이로다	入此土 信機緣
다섯 잎 꽃이 핌이 어찌 우연이겠는가	五葉花開豈偶然
성스러움조차 없는 확연함을 사람들 알지 못해	無聖廓然人不會
아홉 해를 외로이 앉았으니 코가 하늘을 찌르네	九年孤坐鼻撩天

보리달마 초조初祖가 되더니	菩提達磨爲初祖
부질없이 말하기를, 가사 부촉코자 서쪽에서 왔노라	謾道西來欲付衣
양왕의 진실한 강개慷慨 오히려 부러워라	却羨梁王眞慷慨
차가운 강 건너더니 돌아오지 못하네	寒江趂過不容歸

6대에 걸쳐 가사 전한 것은 천하에 알려진 일	六代傳衣天下聞
법을 나타내 이것으로 종지宗旨를 기별한 것	表法聊將記宗旨
그때 내려놓은 것 와전시키지 말지니	當時放下勿看訛
무슨 일로 다른 사람은 와서 들지 못했나	何事人來提不起

후세 사람들 도 얻은 것 어찌 다 셀까	後人得道何窮數
오직 고개 밖에서 온 것만은 아니라네	不是唯從嶺外來

모름지기 믿어야 하리, 봄볕이 만물에 미치면 　　須信春陽及萬物
높고 낮은 꽃과 나무 일시에 피어나는 걸 　　　　高低花木一時開

진실도 서지 못함이여 　　　　　　　　　　　　眞不立
흰 망아지도 흐르는 물결의 빠름만 못하네 　　　白駒未似流波急
그날 문왕이 도리어 보배인 줄 알아보았으니 　　當日文王却識珍
변화는 웃을 만한데 공연히 눈물 드리우네 　　　卞和堪笑空垂泣

허망이 본래 공함이라 　　　　　　　　　　　　妄本空
떠도는 아들 고향 생각에 세월 이미 다 갔네 　　遊子思鄕歲已窮
발 들면 바로 고향집, 돌아가면 곧 얻을 것을 　　擧足是家歸便得
어찌 수고로이 눈물 흘려 뉘우치며 서풍을 향하나 　何勞流恨向西風

유와 무를 함께 버리면 공하지 않음도 공한데 　　有無俱遣不空空
만약 공을 두고자 한다면 도리어 장애라 　　　　若欲存空還是礙
산사람 떠난 뒤 늙은 원숭이 울고 　　　　　　　山人去後老猿啼
초가집 비니 흰 구름이 머무네 　　　　　　　　茅屋空來白雲在

이십 공문空門에 원래 집착 않으니 　　　　　　二十空門元不着
진실과 허망 유유해 병 이미 없어졌네 　　　　　眞妄悠悠病已除
구름 뚫는 한 가닥 지름길 사람들 오지 않고 　　一徑穿雲人不到
천 봉우리 만 골짜기만 내 오두막 둘러싸네 　　　千巖萬壑遶吾廬

하나의 성품 여래 체 저절로 같아라 　　　　　　一性如來體自同
같음 가운데 길이 없으니 서쪽 동쪽 마음대로 　　同中無路任西東
우물 밑 개구리는 피리를 불고 　　　　　　　　井底蝦蟇吹鼓角

| 문 앞 기둥은 등롱을 비웃네 | 門前露柱笑燈籠 |

마음은 뿌리이니	心是根
몰래 솟았다 비껴 서려도 벌써 자취 드러나네	暗聳斜蟠已露痕
바로 이 자리인데 가련하다, 사람들 보지 못하니	直下可憐人不見
헛되이 가지와 잎을 후손에게 맡기네	空將枝葉付兒孫

법은 티끌이니	法是塵
한 점 생기자마자 바로 진실 잃으리	一點纔生即喪眞
이름 가운데 참된 뜻 없다 말하지 말게나	勿謂名中無實義
어지러이 본래의 몸 온전히 드러냈느니	紛紛全露本來身

두 가지가 마치 거울 위 흠집 같으니	兩種猶如鏡上痕
신령한 광명 가리고 덮는 것 마음의 때와 유사하네	障覆靈明類心垢
산하와 대지 실오라기만큼도 없으니	山河大地勿絲毫
누가 높은 대에 걸고 예쁘고 추함 가리랴	誰掛高臺辨妍醜

흠집과 때 다 없애면 빛이 비로소 나타나니	痕垢盡除光始現
오롯한 광명 홀로 드러나 대천세계가 서늘하구나	孤明獨露大千寒
티끌 없다 해도 의발 전하는 걸 허락지 않았는데	無塵未許傳衣鉢
그림자나 희롱하는 자들이여 알라, 보기가 쉽지 않다	弄影須知不易觀

마음과 법 둘 다 잊으면 성품이 곧 진실이니	心法雙忘性即眞
진실한 성품은 무도 아니고 유도 아니네	眞性非無亦非有
소림에서 몇 번이나 남몰래 헤아렸던가	少林幾度暗思量
유마도 감히 가벼이 입 열지 못했거늘	維摩未敢輕開口

슬프다 말법이여, 참된 풍모를 등지니	嗟末法 背眞風
부딪치는 물체마다 혼미하기 철모르는 아이 같네	觸物昏迷若騃童
공연히 세 가지 수레 불난 집 밖에 세우니	空立三車火宅外
언제 함께 네거리에 도달할 수 있으려나	何時同到四衢中

악한 시대로다, 삼재三災가 다가오니	惡時世 近三灾
괴로워하는 중생들 불러도 돌아오질 않네	煩惱衆生喚不廻
도병刀兵과 기근 천 가지 고통이	刀兵飢饉千般苦
다 사람 마음에서 만들어낸 것이니라	盡是人心造出來

중생들이 박복하여 길들이기 어려우니	衆生薄福難調制
음흉하고 달려드는 것이 뛰노는 원숭이 같아라	險詖奔騰若跳猿
쓰러지려는 둔덕의 나무요 말라가는 연못의 물고기거늘	岸樹欲崩魚小水
슬프다, 옛 사람 말을 깨닫지 못하네	悲哉不悟昔人言

성인과 멀어져 사견이 깊으니	去聖遠兮邪見深
아만에 사로잡혀 참 부처를 모르네	我慢纏縣昧眞佛
도사께서 자비로 제도하길 몇 번이나 애썼던가	導師悲濟幾辛勤
애욕의 강물에서 잠깐 나왔다 또다시 잠기네	愛河暫出還沈沒

마군은 강하고 법은 약해 원한과 해침 많아라	魔强法弱多怨害
선과 악 비록 다르나 불성이야 매한가지	善惡雖殊佛性同
이럴 때가 자기 밝히기 딱 좋은 시절이니	好向此時明自己
백년 세월은 머리 돌리니 공허하기 짝이 없네	百年光影轉頭空

여래께서 설하신 돈교문을 듣고	聞說如來頓敎門

반은 웃고 반은 성내 속으로는 기뻐 않네	半笑半瞋情不悅
하루아침에 돌아가 어머님을 뵙게 되면	一朝歸去見慈親
비로소 알리, 예전부터 가업 함께했다는 걸	方知自昔同家業

기왓장 부수듯 없애 버리지 못함을 한탄했으니	恨不滅除令瓦碎
진공은 얼굴이 없는데 쓸데없이 삼과 신이라 하는구나	眞空無相謾參辰
우습다 왕개미야, 네 힘은 생각 않고	蚍蜉可笑不量力
보잘것없는 바람 일으켜 큰 참나무를 흔들려 하나	欲鼓微風撼大椿

짓는 것이 마음에 있으니 얼마나 큰 잘못이랴	作在心 何大錯
금 탄환으로 나는 참새 쫓는 것과 같은 격	如將金彈逐飛雀
무명이란 가장이 탐욕과 노여움 맘껏 부리다	無明郞主恣貪瞋
집안 재산 탕진하고도 도무지 정신 못 차리네	用盡家財渾不覺

재앙이 몸에 있어 벗어나기 어렵건만	殃在身 難脫離
여기 이르러 헛되이 어리석고 지혜로움 나누네	到此徒分愚與智
극심한 고통 쓰라림과 추위 백만 가지나 되니	痛楚酸寒百萬般
아버지와 아들 비록 친해도 대신할 순 없다네	父子雖親不容替

절대 원망하거나 다시 남의 탓 하지 마라	不須怨訴更尤人
자신의 지혜 밝지 못해 어둡고 막힌 것	自智不明乃昏塞
보리와 번뇌는 본래 뿌리 없는 것이어서	菩提煩惱舊無根
오직 마음 돌리는 한 순간에 있을 뿐이니	只在廻心一頃刻

무간업을 초래하지 않고 싶어라	欲得不招無間業
무간을 논하자면 그 혹독함 당해 내기 어려우니	若論無間酷難當

법을 비방한 사람 혼자만 빠지는 것 아니라	不唯謗法獨沈此
여섯 도적 사람을 위태롭게 하니 또한 막아야 하리	六賊危人更可防

여래의 바른 법륜 비방하지 말지니	莫謗如來正法輪
법을 비방한 인연 그 괴로움 끝을 알 수 없어라	匪法因緣苦難究
비록 공겁을 지나 타방에 의탁한다 할지라도	縱經空劫寄他方
이 세계 이루어질 때 다시 와서 받으리	此界成時復來受

전단나무 숲이여	栴檀林
아득히 눈길 닿는 곳 쓸쓸한 외길이 깊구나	極目蕭蕭一逕深
떠도는 아들은 코 찌르는 향기 몇 번이나 맡았으랴	遊子幾聞香撲鼻
대수롭지 않게 여기다 본래 마음 잃었네	等閑失却本來心

잡다한 나무 없음이여	無雜樹
잎마다 가지마다 비와 이슬은 같아라	葉葉枝枝同雨露
번열에 집착한 나그네들 불러도 돌아오지 않아	執熱行人喚不歸
사시사철 넓게 깔린 푸른 그늘만 공연히 붙잡네	四時空把靑陰布

울창하고 **빽빽**한 삼림 깊숙한 곳 사자가 머무네	鬱密森沈師子住
눈을 뜨면 백 길의 위세가 길이 등등하여라	擧目長騰百丈威
남긴 자취 숲 밖에선 서로 볼 수 없는데	遺迹不交林外見
어떤 놈이 또 여기서 돌아가는 걸 용납하리	更容何物此中歸

경계 고요한 숲 사이를 홀로 자유로이 노니나니	境靜林閒獨自遊
머물지도 가지도 않으며 또 의지하지도 않네	不住不行亦不倚
곱고 고운 금빛 털 털어 내자마자	毿毿金毛纔拂時

끝없는 맑은 바람 걸음 따라 일어나네	無限淸風隨步起
뛰는 짐승 나는 새 모두 멀리 달아나니	走獸飛禽皆遠去
사방을 둘러봐도 쓸쓸한 한 경계 공허만	四顧寥寥一境空
어찌 예전부터 짝할 이 없었으랴	豈是從來無侶伴
하지만 그와는 털빛 서로 같지 않으니	爲他毛色不相同
사자의 새끼여	師子兒
온전한 위세 떨치니 매우 기이하여라	奮振全威也大奇
굴에 들어가 몸 감추고 홀로 오묘함 얻으니	入堀藏身獨得妙
예로부터 코끼리 왕이 아는 것조차 불허하네	從來不許象王知
무리가 그 뒤를 따른 뒤에	衆隨後
어금니 발톱 감추기 어렵도록 위세 벌써 성취되니	牙爪難藏威已就
텅 빈 산에서 자적하며 노는 일도 가지가지	空山遊戲有多端
몸 뒤집어 한번 던지니 새것 옛것 따로 없네	飜身一擲無新舊
세 살이면 곧 크게 포효할 수 있으니	三歲便能大哮吼
종성이 차이 없어 세력이 온전하네	種性無差勢力全
동서를 끊고 앉아 지나갈 길 없으매	坐斷東西無過路
우뚝하고 우뚝하게 늘 푸른 바위 앞에 있도다	巍巍長在碧巖前
만약 여우가 법왕을 따른다면	若是野干逐法王
숲 아래 산기슭에서 쓸데없이 오가는 것	林下山邊謾來去
여우는 호랑이 위세 빌려 그저 스스로 속이지만	狐假虎威徒自欺
본색종장 만나자마자 도리어 놀라 두려워하네	纔逢本色還驚懼

백년 묵은 요괴가 헛되이 입만 여니	百年妖恠虛開口
앎을 없애고 재처럼 식은 몸 잠깐의 한가함 같아라	滅智灰身若暫閑
어찌 같겠는가, 비람 동산 나무 아래에서	爭似毘藍園樹下
태어나자마자 사방 둘러보고 부여잡는 손길 끊으신 것과	纔生四顧絶追攀

원돈圓頓의 가르침이여	圓頓敎
금룡이 바다에서 나오니 통발을 치워라	金龍出海休籠罩
벽력이 치자마자 쏟아붓듯 비 내리니	霹靂纔轟雨似傾
끝없는 인천人天이 꿈에서 깨어나네	無限人天夢中覺

인정人情을 두지 않음이여	勿人情
만약 인정에 집착하면 도가 이뤄지지 않으리	若著人情道不成
남양 국로도 구구함이 심했으니	南陽國老區區甚
그저 비로자나의 정수리를 밟는다고 하셨네	秪蹋毘盧頂上行

의심 있어도 해결 못했거든 곧장 따져 보라	有疑不決直須爭
참된 옳음 참된 그름은 번뇌 벗어난 것이라	眞是眞非離煩惱
아침이 다 가도록 옛길에서 사람들 부르는데	終朝古路喚人行
어찌 어리석은 무리들 거친 풀밭만 그리워하나	爭奈迷徒戀荒草

이 산승이 인아人我를 드러내는 것 아니니	不是山僧逞人我
법을 위해 몸을 잊어야 할 때 바로 지금이라	爲法忘軀正此時
삿된 병사 향해 지혜의 칼날 휘두르지 않으면	不向邪兵揮智刃
계주髻珠에 흠 없는 줄 그 누가 알리	髻珠無纇有誰知

| 수행자들 단상의 구덩이에 떨어질까 염려스러우니 | 修行恐落斷常坑 |

이 구덩이에 떨어지면 벗어나기가 어려워라	若落此坑難出離
오늘 아침 북 두드림 삼군三軍 위한 것이나	今朝打鼓爲三軍
방패와 창 움직이면 도리어 옳지 않나니	動著干戈還不是

그름과 그르지 않음이여	非不非
신령스런 싹이 트지 않았을 때를 잘 보라	看取靈苗未發時
대붕은 날개 들면 하늘의 은하수 스치니	大鵬擧翼摩霄漢
어찌 가을 매미 죽은 가지 사랑하는 걸 배우랴	肯學寒蟬戀死枝

옳음과 옳지 않음이여	是不是
서쪽의 집은 동쪽 집 땅에 지을 수 있네	西家置得東家地
가운데 나무가 만약 그대에게 속한다면	中心樹子若屬君
부지런히 네 모퉁이 찾는 짓 그만두게나	不用波波尋四至

털끝만 한 차이에 천 리나 어긋나니	差之毫釐失千里
옳음과 그름 서로 섞여 맛 이미 신령하네	非是相交味已靈
부싯돌 한번 휘두르면 하늘 밖으로 달아나거늘	石火一揮天外去
어리석은 사람들 오히려 달 주변의 별 바라보네	癡人猶望月邊星

옳은 것은 용녀가 단박 부처 된 것이니	是即龍女頓成佛
수행은 삼아승기겁의 편력 기다리지 않는다네	修行不待歷三祇
요즘 사람들 한심하니 다들 미혹하고 망령되어	今人可嘆多迷妄
날마다 남방에 이르면서도 스스로는 모르네	日到南方自不知

그른 것은 선성이 산 채로 지옥에 떨어진 것이니	非即善星生陷墜
인과를 모두 잊고 정지마저 밝지 않네	因果都忘昧正知

전륜성왕의 종족이라 높고 낮음 없는데	輪王種族無高下
죽고 사는 사람들 어찌 갈림길이 같지 않을까	死生何事不同歧

나는 어려서부터 학문을 쌓으며	吾早年來積學問
촌음을 한탄했네, 너무 빨라 멈추기 어려움을	寸陰長恨急難留
찬 계곡물의 근원을 찾는 것과 같으니	源源恰似寒溪水
창명滄溟에 이르지 않고서 어찌 그만두리오	不到滄溟肯便休

또 일찍이 소疏를 따지고 경론을 찾으니	亦曾討疏尋經論
세상을 생각하며 어둠 깨뜨릴 등불 되기 기약하네	念世期爲破暗燈
비분하며 항하사 같은 뜻 끝까지 밝히려 하였으니	惱悱欲窮沙數義
어찌 알리, 말 없음이 바로 진승眞乘인 것을	豈知無說是眞乘

명칭과 모양을 분별하며 그만둘 줄 몰랐으니	分別名相不知休
구름 사이에 두고 해 보려 한 것과 같아라	猶如隔雲望天日
모습 다하고 명칭 잊음을 그대에게 보이리니	相盡名忘直示君
신라의 부자附子요, 금주의 옻이라네	新羅附子金州漆

바다에 들어가 모래알 세니 자신만 피곤할 뿐	入海算沙徒自困
헛똑똑이뿐이어서 점점 감당하지 못하네	秖爲惺惺轉不堪
오직 문수만이 그 숫자를 알았으니	唯有文殊知此數
앞도 삼삼三三이요 뒤도 삼삼이어라	前三三與後三三

도리어 여래에게 쓰라린 꾸지람 들었으니	却被如來苦訶責
바깥의 물건 치달려 구함 언제나 그만둘까	馳求外物幾時停
옷 속에 값을 매길 수 없는 구슬 그대로 있건만	衣珠無價雖然在

어쩌랴, 혼몽하게 취해 깨어나지 못하는 걸	爭奈昏昏醉未醒

남의 보배 헤아린들 무슨 이익 있으랴	數他珍寶有何益
자기 집의 보배는 도리어 버린다네	自己家財却棄捐
두 손으로 높이 들고 마음대로 쓸 수 있으면	兩手擎來如得用
굳이 온갖 고생하며 산천을 달릴 필요 있을까	不須辛苦走山川

무시이래로 비틀거리며 쓸데없이 다녔음 깨달으니	從前蹭蹬覺虛行
곧장 하늘 남쪽에 닿고 또 하늘 북쪽에 닿았네	直到天南及天北
몇 번이나 돌았던가, 맑은 물과 푸른 산기슭	幾廻綠水靑山邊
조사를 후려치고도 도리어 알지 못했네	撞著祖師還不識

여러 해 억울하게도 풍진 나그네 노릇 하였으니	多年枉作風塵客
떠나던 날의 삼베옷 반도 남지 않았구나	去日衣衫半不存
지척이 옛 동산인데도 돌아가질 못하니	咫尺故園歸未得
어머니는 해 지는 문에 멍하니 기대신다	慈親空倚日斜門

종성種姓이 삿됨이여	種性邪
다시 삿된 스승까지 만나 병 더욱 심해졌네	更遇邪師病轉加
환히 밝혀 줄 참된 선지식 만나게 된다면	開明若遇眞知識
비록 시든 나무라도 또한 꽃을 피우리	縱令枯木亦生花

잘못된 앎이여	錯知解
앎에 가리우고 알음알이에 막혔네	知爲障兮解爲礙
허공의 꽃 본래 생긴 적 없음 깨달으면	了悟空花本不生
어지러이 움직여 미워함도 사랑함도 없으리	繁然動作無憎愛

여래께서 제정하신 원돈의 법제 모르고	不達如來圓頓制
그저 공과 유로 머리 다퉈 싸웠네	秪將空有競頭爭
섭공이 그림을 좋아한 게 꼭 이와 같으니	葉公好畫還如此
진짜 용을 보자마자 도리어 스스로 놀랐다네	才見眞龍却自驚

이승二乘은 정진해도 도심이 아니니	二乘精進勿道心
치우친 공을 스스로 증득하고 벗어나길 구하네	自證偏空求出離
삼도三途의 모든 아들들 나날이 번민하며	三途諸子日焚燒
마음 돌이켜 자비와 지혜 쓸 생각을 않누나	不肯廻心用悲智

외도는 총명하나 지혜가 없으니	外道聰明無智慧
취하고 버림 마음에 품어 잠시인들 잊으랴	取捨居懷肯暫忘
양주는 그저 갈림길 많다 한탄만 하면서	楊朱只恨多歧路
발아래가 바로 고향인 줄은 알지 못하네	不知脚下是家鄉

또한 어리석으니	亦愚癡
일어나고 앉음이 다들 나무로 깎은 아이 같다	起坐都如木偶兒
자신의 생애 곧 조부에게서 전해 받은 것이거늘	自有生涯傳祖父
짚신 닳도록 다녀도 알아차리질 못하네	草鞋踏盡不曾知

또한 철모르니	亦小駭
눈길 닿는 곳마다 무상한데 미움 사랑 제 맘대로	觸目無常任憎愛
때때로 모래 가져다 성벽 쌓는 것 배우니	時將沙土學圍城
슬프다, 그대 어찌 우주 넓음 알리오	嗟爾那知寰宇大

| 빈주먹 손가락에서 실재가 있다 알음알이 내니 | 空拳指上生實解 |

어리석고 어리며 미치고 미혹함 맹인과 같아라 　　癡小狂迷類暗夫
만약 이 마음에 얻을 것 없음 깨달으면 　　若了此心無所得
봄바람 가을달이 저절로 상큼하리 　　春風秋月自蕭疎

손가락 집착해 달로 여겨 헛되이 공들이니 　　執指爲月枉施功
달을 잃을 뿐 아니라 손가락도 모르게 되네 　　不唯失月還迷指
홀연히 달 보고 손가락 또한 잊으면 　　忽然見月指還忘
삼라만상이 싸늘한 광명 속 　　森羅萬像寒光裏

근경의 법 중에 헛되이 눈 비벼 괴이한 짓 하고서 　　根境法中虛揑怪
그림자 같은 일 이리저리 펼치며 바른 수행 모르니 　　影事交羅昧正修
우습구나, 환술사가 허깨비를 만나서 　　可笑幻師逢幻物
스스로 보고도 의심하고 두려워하며 쉴 줄 모르네 　　自看疑怖不知休

한 법도 보지 않음이 바로 여래니 　　不見一法卽如來
봄 오면 온갖 꽃들 비 맞고 피어나네 　　春至羣花冒雨開
색이고 마음임을 사람들이 알지 못해 　　是色是心人不會
종 치고 북 치며 높은 좌대 오른다네 　　撞鐘擊鼓上高臺

바야흐로 이름을 관자재라 하였으니 　　方得名爲觀自在
능히 관찰함 달과 같아 밝음 잊은 적 없노라 　　能觀如月未忘明
법과 법이 얽매임 없는 줄 알고자 하는가 　　欲知法法無羈絆
산하와 대지가 바로 이 눈동자 　　大地山河是眼睛

깨달으면 업장業障이 본래 공하니 　　了卽業障本來空
법과 법이 뿌리 없는데 허황하게 분별하네 　　法法無根妄分別

마음이 생기는 때가 곧 법이 생기는 때	心生即是法生時
만약 마음 생기지 않으면 법 저절로 사라지리	心若無生法自滅

깨닫지 못하면 묵은 빚을 갚아야만 하니	未了還須償宿債
쇠 송곳과 겉보리를 또 어찌 의심하랴	金鎞馬麥更何疑
조사와 부처라도 도망갈 곳 없다고 그 누가 말했던가	誰言祖佛無逃處
매일 온몸을 버리고도 오히려 알지 못하네	日捨全身尙未知

굶주리다 임금의 수라상 받고도 먹지를 못하니	飢逢王膳不能餐
높고 낮다는 마음 생겨 스스로 거리 두는구나	高下心生自離開
오라 하여 음식 주어도 오히려 이와 같으니	呼來與食尙如斯
슬프다, 굶어 죽는 사람들 어찌 끝이 있으랴	嗟哉餓死人何限

병자가 의왕을 만난들 어찌 차도 있으랴	病遇醫王爭得瘥
약과 병을 단박에 없애도 통발 잊지 못했으니	頓除藥病未忘筌
어찌 같으랴, 독을 바른 한 번의 북소리	何如塗毒一聲鼓
누워 듣건 걸으며 듣건 다 고요해짐만	臥聽行聞盡悄然

욕계에서 선禪을 행함은 지견知見의 힘이니	在欲行禪知見力
티끌 속에 종일 있어도 저절로 티끌이 없네	居塵終日自無塵
마음 편안함 굳이 서울 시골 논하지 말게	安心不必論華野
눈썹을 밟으면 이곳이 진실일세	踏著眉毛是處眞

불꽃 속에 핀 연꽃 끝내 무너지지 않으니	火裏生蓮終不壞
꽃은 수미산 같고 잎은 허공 같네	花似須彌葉似空
맑은 향 삼계에 널리널리 흩뿌리니	普散淸香三界內

서풍에 쉬이 짐을 걱정하지 마시게　　　　　不憂容易落西風

용시는 중죄를 범하고도 무생을 깨달았으나　　勇施犯重悟無生
선과 악은 예로부터 서로 어긋나지 않는다네　　善惡從來勿差互
오온의 구름 열리니 달이 하늘에 가득하네　　　五陰雲開月滿天
집으로 돌아가는 길 다시 물을 필요 없어라　　不須更問還家路

일찍이 성불하여 지금도 그곳에 계시니　　　　早時成佛于今在
상호가 단엄함이 백만 가지라　　　　　　　　相好端嚴百萬般
금구로 펼치심을 만약 모르겠거든　　　　　　金口宣揚如不會
일곱 근 적삼 아래 시험 삼아 찾아보게　　　　七斤衫下試尋看

사자의 포효 소리　　　　　　　　　　　　　師子吼
서른세 사람 다 놀라 도망가네　　　　　　　　三十三人盡驚走
그림 그려진 병을 부숴 버리고 곧장 돌아오니　畫瓶打破却歸來
푸른 산 흐르는 물은 옛날 옛적 그대롤세　　　靑山流水還依舊

두려움 없는 설법이여　　　　　　　　　　　無畏說
곧장 미혹한 무리들의 못과 쐐기 빼 주네　　　直與迷徒去釘楔
개울가 시골 노인아 눈썹 비비지 마시게　　　溪邊野老勿攢眉
여름엔 이글거리는 햇살 겨울엔 흰 눈일세　　夏有炎暉冬有雪

멍청하고 고집스러움을 깊이 슬퍼하나니　　　深嗟懵懂頑皮靼
고국이 멀지 않은데 도무지 가려고 하질 않네　故國非遙不肯過
뿌리 끊어진 부평초와 그대로 닮았으니　　　　還似浮萍根蔕斷
아득한 생사에서 바람과 물결만 따르네　　　　悠悠生死信風波

중죄를 범하면 보리를 장애한다고만 아나　　　只知犯重障菩提
죄의 성품 물결 얼어 얼음이 생기는 것과 같아라　　　罪性如波結氷起
어리석은 사람 목말라 죽으면서도 머리 숙이지 않으니　　　癡人渴死不低頭
어찌 알까 꽁꽁 언 얼음 전체가 다 물인걸　　　豈識凝氷全是水

여래께서 여신 비결 보지를 못하니　　　不見如來開秘訣
비결을 어떤 사람이 감히 들어 드날릴까　　　秘訣何人敢擧揚
귀 뚫은 호승은 응당 크게 웃으리니　　　穿耳胡僧應大笑
밝고 밝은 눈 위에 다시 서리를 더하네　　　明明雪上更加霜

두 비구가 음행과 살생을 범하고　　　有二比丘犯婬殺
금전의 상사들 이름에 끼기 부끄러워　　　恥列金田上士名
무섭고 두려움에 그 마음 비롯된 곳 모르다가　　　惶怖不知心所自
청정 계율 의지해 남은 생을 구하려 하누나　　　欲依淨戒救餘生

우바리 존자 반딧불로 죄의 결박 증가시켰네　　　波離螢光增罪結
경중을 비교하며 헤아려 털끝까지 분석했으니　　　較量輕重析毫釐
가련하다 감감이 마음은 비록 빠르나　　　可憐鷔鷔心雖急
발아래 고기 다니는 건 어찌하여 모르나　　　脚下魚行奈不知

유마 대사 단박에 의심을 덜어 주시니　　　維摩大士頓除疑
세 곳에 마음 없음 간략하고 가볍게 의거했다　　　三處無心略輕據
반인番人이 기린 새끼를 잡아서　　　番人捉得麒麟兒
기원祇園에 풀어 놓으니 찾을 길이 없어라　　　放入祇園無覓處

마치 밝은 태양이 눈서리 녹이는 것 같아서　　　猶如赫日消霜雪

눈과 서리 다 녹으면 푸른 봄을 보게 되리	雪霜消盡見靑春
누가 저 영운 스님 눈을 뜬 곳에서	誰向靈雲開眼處
복숭아 꽃 옛 주인을 알아차릴 수 있으랴	認得桃花舊主人

불가사의함이여! 부질없이 헤아리나	不思議　謾度量
선과 악 온 곳 없어 성품 본래 영원하다	善惡無從性本常
향엄 동자는 헛되이 입 열었으니	香嚴童子虛開口
발 들었지만 어찌 일찍이 도량인 줄 알았으랴	擧足何曾識道場

해탈의 힘이여, 높이 부는 바람 같으니	解脫力　若高風
그림자 없고 형체 없지만 닿는 곳마다 통하네	無影無形觸處通
만 리 뜬구름이 흩어져 다 사라지니	萬里浮雲消散盡
수레바퀴 하나 밝은 달은 싸늘한 허공에 떠 있네	一輪明月在寒空

오묘한 작용 항하사 같고 다함이 없으니	妙用恒沙也無極
지난날 깊은 인연 있어 잠깐 만나게 된 것이라	昔有深緣得暫逢
나부끼는 생각 탓에 참된 교화 펼치는 날 씻지 못한다면	飜想未淘眞化日
몇 번이나 유랑할까 바람에 날리는 쑥부쟁이처럼	幾迴流浪若飄蓬

네 가지로 공양하니 그 수고로움 어찌 사양할까	四事供養敢辭勞
비유하면 나귀 먹이고 또 말 먹임과 같아라	譬如餧驢及餧馬
구유에서 주워 와 발우에 가득 담으니	槽頭拾得鉢中盛
사해에 어떤 사람이 그 빚을 갚으랴	四海何人敢酬價

만 냥의 황금이라도 또한 녹일 수 있으니	萬兩黃金亦消得

이 마음에 받은 은혜 끝내 논하기 어려워라	此心荷戴卒難論
설령 보시한 보배가 모래알 수와 같더라도	直饒施寶如沙數
조계의 한 점 은혜엔 미치지 못하리	未及曹溪一點恩

뼈를 가루 내고 몸을 부셔도 족히 갚지 못하는데	粉骨碎身未足酬
하늘과 땅, 비와 이슬이라고 헛되이 말만 하네	謾說乾坤及雨露
옛날과 지금에 그 누가 은혜 갚은 사람인가	古今誰是報恩人
실오라기만큼이라도 남았으면 곧 저버리는 것	若有絲頭即辜負

한 구절 분명히 깨달으면 백억을 뛰어넘으니	一句了然超百億
만약 한 구절을 논하라면 나는 하지 못하네	若論一句我無能
이와 같이 들어서 제창해 종지를 밝히면	如斯擧唱明宗旨
비웃을 수 있으리, 서쪽에서 온 눈 푸른 스님을	笑殺西來碧眼僧

법 가운데 왕이여, 단지 이것일 뿐이니	法中王 只者是
십체十體와 삼신三身은 서로 같지 않아라	十體三身不相似
본래 있는 신령스런 광명 고금에 비치는데	自有靈光照古今
굳이 가슴 앞에 만 자는 달아 무얼 하나	何必胸前題卍字

가장 높고 수승함이여, 어떻게 펴야 할까	最高勝 若爲宣
영산과 소실에서 모두 헛되이 전하였네	靈山小室盡虛傳
말 없는 동자라야 능히 펼쳐 말하리니	無言童子能宣說
찾아오고 또 찾아와도 그대 짚신 값만 허비하리	來來棄你草鞋錢

항하사 여래께서 똑같이 함께 증득하셨으나	恒沙如來同共證
다시 전해 지닐 수 있는 각별한 법은 없어라	更無別法可傳持

바다 멀리 하늘 끝 밝은 달 처음 솟는 그곳	海天明月初生處
벼랑 끝 나무의 원숭이 울음 그치는 바로 그때	巖樹啼猿正歇時

내 이제 이 여의주를 알고 보니	我今解此如意珠
투명하게 사무친 광명 앞뒤가 없어라	瑩徹光明無背面
이제 모든 사람들 앞에 던져 두리니	如今抛在衆人前
의논하고 사량하면 도리어 보지 못하리라	擬議思量還不見

믿고 받아들이는 사람은 모두 상응하리니	信受之者皆相應
웃으며 천 봉우리로 들어가 머리 돌리지 않으리	笑入千峯不轉頭
밥 먹은 뒤엔 산에서 딴 차 두세 잔	飯後山茶三兩盞
티끌 모래 같은 부처와 조사 아득하기만 하여라	塵沙佛祖盡悠悠

분명하고 분명하게 볼지니 또 무슨 말 하리오	了了見　更何言
만물이 새로워지니, 또다시 일 년	萬物惟新又一年
가고 또 가 돌아오지 않으니 어느 곳의 나그넨지	去去未歸何處客
대나무 방 빗장 단단히 걸린 끊어진 구름 가	竹房深鎖斷雲邊

한 물건도 없어라, 텅 비어 고요하니	無一物　空寥寥
어찌 겁화劫火에 태워진 적 있으랴	豈是曾經劫火燒
월왕이 신임해 오나라 무너뜨릴 계책 맡겼지만	越王任有傾吳策
범려의 외로운 배는 부르기 쉽지 않았네	范蠡孤舟不易招

사람 또한 없고	亦無人
오직 있는 건 허공뿐 바로 옛 이웃이네	唯有虛空是舊隣
허깨비 없어지고 생김 모두 다 실체 없으니	幻滅幻生皆不有

다시 어느 곳에서 친하고 소원함 찾으랴　　　　　　更從何處覓疎親

또한 부처도 없는데　　　　　　　　　　　　　　亦無佛
옛 사람들 공연히 여룡의 굴로 내려가며　　　　　昔人空下驪龍窟
상호는 백 겁을 닦아 얻는다고 부질없이 말하네　相好徒言百刧修
붉은 화로 불꽃 속엔 물체 두기 어려워라　　　　紅爐焰裏難停物

대천 항하사 세계가 바다에 이는 물거품　　　　　大千沙界海中漚
일어나고 사라짐 자취도 없는데 주인은 누구　　　起滅無從誰是主
설봉 스님 일찍이 여러 사람 보라고 주신 것　　　雪峯曾與衆人看
만 리에 구름 없으니 태양은 중천　　　　　　　　萬里無雲日卓午

모든 성현도 번갯불 스치는 것과 같아　　　　　　一切聖賢如電拂
형상 또한 없고 이름도 또한 없으니　　　　　　　亦無形狀亦無名
하늘에 뜬 하얀 달빛 사람들 돌아간 뒤　　　　　　天空白月人歸後
몇 번이나 취모검 잡고 불평을 잠재웠나　　　　　幾握吹毛斷不平

가령 쇠바퀴를 정수리 위에서 돌린다 해도　　　　假使鐵輪頂上旋
자재하게 인연 따르며 짓는 바가 없으니　　　　　任運隨緣無所作
불길 넘치고 바람풍 휩쓸어 만물이 사라져도　　　火蕩風搖萬物空
푸른 하늘 꺾이어 떨어지는 것 못 봤네　　　　　　未見靑天解摧落

선정과 지혜 원만히 밝아 끝내 잃지 않으니　　　　定慧圓明終不失
진로 능히 대적하며 체는 스스로 영원하네　　　　能敵塵勞體自常
옛날과 지금에 다시 더하고 덜한 곳 없으니　　　　今古更無增減處
옛 사람 이를 파악해 금강金剛에 비유했네　　　　昔人聊把喩金剛

해를 차갑게 할 수 있다 해도　　　　　　　　　　日可冷
진금이 어찌 다시 광석이 되랴　　　　　　　　　眞金豈解重爲鑛
마군 장인 풀무질해도 어찌해 볼 재주 없으니　　魔工煽鞴不能施
만고에 아무리 애를 써도 마음은 밝고 밝네　　　萬古徒勞心耿耿

달을 뜨겁게 할 수 있다 해도　　　　　　　　　月可熱
이 체는 허공 같아 끊어져 없어지는 것 아니네　　此體如空非斷滅
인간의 망견이야 차고 기울어짐 있지만　　　　　人間妄見有虧盈
하늘 밖 오롯한 광명 쉬는 여가 없어라　　　　　天外孤光無閒歇

어떤 마군도 진실한 말씀 무너뜨리지 못하니　　衆魔不能壞眞說
진실한 말씀은 늘 뜰에 있는 잣나무 같아라　　　眞說長如栢在庭
눈과 서리에 지는 온갖 나무 몇 번이나 보았나　幾見雪霜凋萬木
허공에 서리고 난간 밖으로 솟아 더욱 푸르네　　盤空聳檻更靑靑

코끼리가 수레 끌고 당당하게 길을 나아가니　　象駕崢嶸漫進途
진실한 체體는 허공 같아 막힐 것 없어라　　　　眞體如空無所礙
구름 사라진 부상扶桑에 해 이미 솟았거늘　　　　雲盡扶桑日已生
횃불을 끄지 않고 그 무엇을 기다리려나　　　　爝火不停欲何待

사마귀가 수레 막는 걸 어느 누가 보았나　　　　誰見螳螂能拒轍
잠깐 사이 가루 되는데도 뜻은 오히려 모지네　　須臾粉碎意猶獰
슬프구나, 나무에 붙은 저 매미만도 못하니　　　嗟爾不及蟬依木
이슬 마시고 바람에 울며 일생을 보내네　　　　飮露嘶風過一生

큰 코끼리는 토끼 길로 다니지 않나니　　　　　大象不遊於兎徑

치우침 꾸짖고 작은 것 배척함 어찌 헛된 짓이랴	彈偏折小豈徒然
없음 가운데 있는 길로 만약 들 수 있다면	無中有路如能入
쇠빗장 건 현묘한 관문 모두 없앨 수 있으리	金鎖玄關盡葉捐

크게 깨달은 사람은 소소한 절개에 구애받지 않아	大悟不拘於小節
모습을 취해 마음 닦으면 아는 사람은 웃을 것	相取心修達者嗤
행동거지에 서씨의 자태가 없다면	擧止若無西子態
찡그려 추해지더라도 슬픔 다시 감당하리	効顰取醜更堪悲

대롱으로 본 것으로 창창한 하늘 비방치 마라	莫將管見謗蒼蒼
뚫린 구멍으로 아무리 살핀들 하늘 그리 작으랴	漏管雖窮天豈小
마음의 지혜 밝게 열려 망견이 텅 비면	心智開明妄見空
비로소 알리, 법계가 끝없는 줄	始知法界無邊表

깨닫지 못하기에 내 이제 그대에게 결단하니	末了吾今爲君決
이 뜻 분명하고 분명치만 전하기 쉽지 않아라	此意明明不易傳
누가 기꺼이 옛 바위 아래로 돌아오려나	誰肯歸來古巖下
저 창해滄海가 뽕밭으로 변할 때에 맡기리	任他滄海變桑田

후서後序

　법은 견문각지見聞覺知할 수 없지만, 견문각지가 또 법 밖에 있는 것도 아니니, 모르면 범부요 깨달으면 성인이다. 따라서 옛날 도를 얻은 사람들은 나아가지도 않고 여의지도 않으며 얽매이지도 않고 벗어나지도 않았으니, 근기에 상응하여 작용을 드러냄에 있어 때론 말을 피할 수 없었지만 그들은 자재하였으므로 곧 종일 말하더라도 말하지 않은 것이었다.

　지난날 영가永嘉께서 육조六祖를 친견하고는 석장을 떨치고 우뚝 서셨으니 눈길 부딪치는 곳에 도가 있었던 것이다. 하룻밤 잠시 머물고 이로 인해 「증도가證道歌」를 지었다. 도는 본래 증득할 것이 없는데 증득한 것을 노래로 지었으니, 비록 말이 있음을 피할 수는 없지만 끝내 허물될 것은 없는 것이다.

　곧 후세에 그 노래를 말미암아 깨달아 들어간 사람이 그 얼마인지 알 수 없으며, 따라서 주석한 사람이 그 얼마인지 또한 알 수 없다. 그러나 진실로 영가 대사의 뜻을 얻은 사람이 바로 그들이라 하기는 아마도 어려울 것이다.

　천천泉 선사께서는 그 무리에서도 빼어나신 분으로서 천경산千頃山에서 대중을 지도하는 여가에 「증도가」 구절구절 사이에 따로 송을 지으셨다. 대저 색色을 따라 공空을 말하고 정定에 나아가 혜慧를 말하며, 한 모습도 보지 않고 법계에 충만하며 한 티끌도 여의지 않고 불성을 원만히 갖추었으니, 그 문장은 상큼하고 그 뜻은 넓고 원대해 수백 년 멀리 떨어진 뒤에 영가 대사의 마음을 환히 드러내셨다.

　나는 나름대로 스님의 서여緖餘를 우연히 살펴보다가 이로 인해 밝게 열렸으므로 스님의 송을 보며 청아한 풍모를 사모하게 되었다. 그래서 나 자신을 이길 수 없어 판에 새기도록 명하고 더 널리 전하여 막힌 사람은 통하고 어두운 사람은 밝아지며, 한번 뛰어넘어 단박에 깨닫게 하기를 바라게 되었으니, 이 모든 것이 스님께서 베푸신 은혜이다.

때는 희녕熙寧 9년(1076) 7월 10일

괄창括蒼 축황祝況 후서後序를 쓰다.

後序[1]

夫法不可見聞覺知。而見聞覺知亦不。外於法迷之則凡。了之則聖。故古之得道者。非即非離。不縛不脫。應機顯用。言或不能免。而其自在。則雖終日言。而未嘗言。昔永嘉之見六祖。振錫而立。目擊而道存矣。小駐一宿。因爲之證道歌。道本無證。證之以歌。雖不免於有言。而卒無所累者也。則後世由其歌而悟入者。不知其幾何也。又從而爲之註釋者。亦不知其幾何也。然眞得永嘉之趣者。盖難其人矣。泉公禪師。潁出其類。千頃領徒之暇。於其歌句句之間。分爲之頌。大抵隨色而言空。即定而言慧。不見一相。而充滿法界。不離一塵。而圓具佛性。其詞灑落。其旨宏遠。昭昭然。發永嘉之心。於數百年曠絶之後。予竊幸叩師之緒餘。而因以開明。故覽師之頌。慕其淸風。而不能自已。命之鏤板。用廣其傳。庶使礙者。通冥者明。而一超頓以悟。乃師之賜也。

熙寧九年七月十日。括蒼。祝況。後序

---

1) ㉠ 이 후서는 『續藏經』에 수록된 것을 『韓國佛敎全書』 편집자가 보입한 것이다.(X65, 448b)

(이상 『증도가천송송證道歌泉頌』의 원문은 『한국불교전서』 편집자가 보완하여 삽입하였다.)
(以上證道歌泉頌原文編者補入)

原文 '내 일찍이 오랜 겁 동안 수행하였으니'부터 '부질없이 서로 속여 미혹케 하는 것 아니니'까지

事實 『기주』에서 말하였다.

"영가永嘉 스님 스스로 '내가 지금 법을 수용함에 있어 그 자재함을 얻은 것은 모두가 숙세에 심은 반야의 종성(般若種性) 아닌 것이 없다'라고 하였으니, 어찌 등한히 여길 일이겠는가.

일찍이 이를 두고 '불도佛道는 장구하고 원대하여 오랫동안 수고로움을 겪고 고통을 받아야만 비로소 완성할 수 있는 것인데, 지금 영가 대사는 조계曹溪에 가자마자 곧바로 반야를 깨닫고 설법하여 사람을 이롭게 할 수 있었단 말인가'라며 논란한 적이 있다. 가령 어떤 사람이 나에게 따져 묻는다면, 나는 '나는 금생 한 세상만 닦은 것이 아니고 나아가 3겁·4겁·5겁 동안만 반야를 수습한 것도 아니다'라고 하겠다. 따라서 '오랜 겁 동안 수행하였다'고 한 것이다.

이미 많은 겁 동안 닦아 익혔다면, 이것은 등한하게 그대들을 언어로써 속이거나 미혹하게 해 어지럽히는 것이 아니다. 따라서 '부질없이 서로 속여 미혹케 하는 것이 아니다'라고 한 것이다."

吾早曾經多劫修 不是等閑相誑惑

琪注。永嘉自云。我今於法受用。得其自在。莫非宿有般若種性。豈是[1]等閑之事。嘗試論之曰。佛道長遠。久受懃[2]苦。乃可得成。今永嘉纔[3]曹溪。便悟般若。便[4]能說法利人耶。假饒[5]有人。致難問我。我即報言。吾非今生一世所修。乃至非三四五劫。修習般若。故云。多劫修也。既是多劫修習。非是等閑。以言欺誑惑亂汝等。故云。非[6]是等閑相誑惑也。

---

1) ㉺ 갑본에는 '是' 다음에 '今'이 있다. 2) ㉺ '懃'이 갑본에는 '勤'으로 되어 있다.
3) ㉺ □가 갑본에는 '徃'으로 되어 있다. 4) ㉺ '便'이 갑본에는 없다. 5) ㉺ '饒'가 갑본에는 '使'로 되어 있다. 6) ㉺ '非'가 갑본에는 '不'로 되어 있다. 『證道歌』에는 '不'로 되어 있다.

原文 모래를 쪄서
事實 『수릉엄경首楞嚴經』에서 말하였다.

"모래를 쪄서 훌륭한 음식을 만들려고 한다면 미진겁微塵劫이 지난다 하더라도 뜨거운 모래라고 이름 할 뿐 밥이라고 하지 못하는 것과 같다."[1]

蒸沙

首楞嚴經云。如蒸沙石。欲成嘉饌。縱經塵劫。但名熱沙。不名爲飯。

原文 호랑이 가죽에 양의 몸
事實 양자楊子는 다음과 같은 말을 하였다.

"어떤 사람이 말하였다.

'한 사람이 자기 스스로 성姓을 공孔이라 하고 자字를 중니仲尼라 합니다. 그 문에 들어가고 마루에 올라 책상 앞에 엎드려서 그 옷 입는 솜씨를 본받는다면 중니를 배웠다고 할 수 있습니까?'

'겉의 문양을 배웠다는 것은 옳다고 하겠지만 그 본질을 배운 것은 아니다.'

'감히 본질을 묻겠습니다.'

'몸뚱이는 양이고 가죽은 호랑이일 경우 풀을 보면 기뻐하고 승냥이를 보면 두려움에 떠는데, 이것은 호랑이 가죽을 두르고 있음을 잊었기 때문이다.'"

虎皮羊質

楊子云。或曰有人焉。自姓孔而字仲尼。入其門升其堂。伏其几襲其裳。則

---

[1] 문장이 정확히 일치하지는 않는다. 『首楞嚴經』에서는 "如蒸沙石欲其成飯。經百千劫秖名熱沙。"라고 하였다. 『首楞嚴經』 권6(T19, 131c).

可謂仲尼乎。曰其文是也。其質非也。敢問質曰。羊質而虎皮。見草而悅。
見豺而戰。忘其皮之虎也。

原文 '법의 깃발을 세우니'부터 '바로 조계'까지
事實 『기주』에서 말하였다.

"모든 부처님께서 세간에 출현하시고 나아가 천하 노화상老和尙들께서 세상에 나오신 것은 모두 다 큰 법의 깃발(大法幢)을 세우고 종지를 수립한 것이다.

'부처님의 칙명 분명히 밝힌 자 바로 조계'라고 한 것을 말해 보자. 조사께서 서쪽 땅으로부터 이 땅에 이르러 육조에게까지 전해졌고, 그렇게 세워진 것이 이미 법석法席을 이루었다. 이는 모든 부처님들로부터 숙세에 은밀하게 기별을 받아 대사大事를 홍포한 것일 뿐만 아니라 우리 부처님 석가여래로부터 친히 심인心印을 전하여 조계曹溪에 이르게 된 것이다. 따라서 '부처님의 칙명 분명히 밝힌 자 바로 조계'라고 한 것이다.

'법의 깃발(法幢)'을 말해 보자. 깃발(幢)은 건립建立을 의미한다. 그러므로 법의 깃발을 건립하는 것은 실로 소소한 인연이 아님을 알아야 한다. 모든 부처님께서 세간에 출현하시어 일대사인연一大事因緣을 위하는 것도 모두 이 때문이고, 한량없는 보살이 과위果位를 품은 채 인지因地를 수행하는 것도 모두 이 때문이며, 모든 이승인二乘人이 안으로 보살행을 함장하고 있으면서 밖으로는 성문의 모습을 나타내는 것도 이 때문이고, 범왕梵王이 앞에서 인도하고 제석帝釋이 뒤에서 따르는 것도 이 때문이다. 모든 경은 다 하나의 법(一法)을 주主로 삼고 나머지 법을 반려로 삼아 서로 번갈아 가며 건립한 것이다. 따라서 다음 문장에서 서천축西天竺과 이 땅에서 건립한 법당法幢의 의미를 밝힌 것이다."

建法幢 至曹溪是

琪注。諸佛出世。以至天下老和尙出世。皆是建大法幢。竪立宗旨也。明明佛勅[1]曹溪是者。祖師從西土至此土。[2] 傳至六祖。其所建立。已成法席矣。非獨諸佛冥如宿受記別[3]而[4]弘大事。乃從我佛釋迦如來。親傳心印。至於[5]曹溪。故云。明明佛勅曹溪是也。所言法幢者。幢以建立爲義也。故知建立法幢實非小緣。諸佛出世。爲□[6]大事因緣。皆爲此也。無量菩薩。帶果行因。亦爲此也。諸二乘人。內藏菩薩行。外現是聲聞。亦爲此也。以至梵王前引帝釋後隨。亦爲此也。諸經皆以一法爲主。衆法爲伴遞相建立也。故下文明西竺此土。建立法幢之義也。[7]

1) ㉘ '勅'가 『證道歌』에는 '敕'으로 되어 있다. 다음도 이와 같다. 2) ㉘ '土'가 갑본에는 '道'로 되어 있다. 3) ㉘ '別'이 갑본에는 '莂'로 되어 있다. 4) ㉘ 갑본에는 '而' 다음에 '引'이 있다. 또 주해에는 "'引'은 '剩'인 듯하다."라고 하였다. 5) ㉘ '於'가 갑본에는 없다. 6) ㉘ □가 갑본에는 '一'로 되어 있다. 7) ㉘ '也'가 갑본에는 없다.

原文 방양牓揚

事實 『조정사원祖庭事苑』에서는 "칭양稱揚과 같다."라고 하였다.

牓揚[1]

祖庭云。猶稱揚也。

1) ㉘ '牓揚'이 『南明泉頌永嘉證道謌』에는 '榜樣'으로 되어 있다.(X65, 455a)

原文 '북상투를 한'부터 '석모席帽'까지

事實 『자곡자炙轂子』에서 말하였다.

"석모席帽는 오랑캐의 옷인데 양가죽으로 만든다. 진秦·한漢 때에는 만鞔으로 고석古席을 만들었는데 여인들이 입기도 하였다. 네 가장자리에 망사를 드리우고 구슬과 비취로 장식한 것을 위모韋帽라고 한다. 양제煬帝가 강도江都에 행차하여 자하전紫霞殿에서 여인의 자태와 용모가 보고 싶어 망사를 제거하게 하였다.……"

『신금조양집新金朝陽集』에서는 "원숭이가 석모를 두른다고 시인詩人이 되는 것은 아니다."라고 하였다.

『단궁檀弓』에서는 "노魯나라 부인들이 북상투를 하고 조문하는 것은 대이臺鮐의 패전에서 비롯되었다."라고 하면서 여기에 대해 풀이하기를 "대이에서 패전했을 때 집집마다 상중이라 북상투를 하고 서로 조문하였으니, 족대(머리싸개)를 제거하고 대충 머리를 묶어 올리는 것이다."라고 하였다.

『유편類篇』에서 "사纚는 검은 포를 머리에 두르는 것이다. 계紒는 길吉과 예詣의 반절이며, 머리를 묶는 것이다."라고 하였다.

髽角 至席帽

炙轂子曰。席帽羌服。以羊皮爲之。秦漢鞦以古席。女人亦服之。四緣垂網子。飾以珠翠。謂之羃帽。煬帝幸江都。御紫霞殿。欲見女人姿容。令去網子云云。新金朝陽集。獼猴帶席帽。不是作詩人。檀弓云。魯夫人之髽爲吊也。自敗於臺鮐始也。注敗臺鮐時。家家有喪髽而相吊。去纚而紒髽。類篇曰。纚謂以緇布韜紒。紒吉詣切束髮也。

原文 팔이 여덟인 나타

事實 비사문천왕毗沙門天王의 셋째 아들이다.

원오圓悟 스님이 말하였다.

"임제臨濟의 정법안장正法眼藏은 삼두육비三頭六臂[2]를 뛰어넘으니 분노한 나타那吒처럼 달려들어 금종金鍾을 때려 부수고 맘대로 가지고 놀며 신통

---

2 삼두육비三頭六臂 : 얼굴이 셋이고 팔이 여덟이며 큰 힘을 가진 나타那吒 태자를 일컫는 말이다. 불법을 호지하며 수행자를 수호하는 선신善神으로서 손에 항상 금강장金剛杖을 들고 악인의 무리를 찾아다닌다고 한다.

으로 유희한다."³

八臂那吒

毗沙門天王第三子也。圓悟云。林濟正法眼藏。透出三頭六臂。忿恕¹⁾那吒。驀破金鍾。謾把神通遊戲。

---

1) ⓨ '恕'는 『圓悟佛果禪師語錄』에 '怒'로 되어 있다.(T47, 808a) 또한 "머리 셋에 여섯 팔로 온 천지를 놀라게 하니 분노한 나타가 제석의 종을 박살낸다.(三頭六臂驚天地。忿怒那吒撲帝鍾。)"는 구절은 선문에서 자주 인용되는 연구이다. 이로 미루어 보아 '恕'는 '怒'의 오자임이 분명하다.

原文 '제일 먼저 가섭이'부터 '서천축의 기록이라'까지

事實 『기주』에서 말하였다.

"처음에 세존께서 영산회상에서 푸른 연꽃 같은 눈을 깜박이자 가섭이 미소를 지었는데 이에 부처님께서 '나에게 있는 정법안장正法眼藏을 마하대가섭摩訶大迦葉에게 분부한다'고 하셨다. 이것이 최초의 전법傳法이다. 따라서 '처음으로 등불을 전하였다(首傳燈)'고 한 것이다.

'28대代는 서천축의 기록이다'라고 한 것을 말해 보자.

초조初祖인 가섭은 2조 아난阿難에게 전하고, 아난은 3조 상나화수商那和修에게 전하고, 상나화수는 4조 우바국다優波毱多에게 전하고, 우바국다는 5조 제다가提多迦에게 전하고, 제다가는 6조 미차가彌遮迦에게 전하고, 미차가는 7조 바수밀婆須密에게 전하고, 바수밀은 8조 불타난제佛馱難提에게 전하고, 불타난제는 9조 복타밀다伏馱密多에게 전하고, 복타밀다는 10조 협 존자脇尊者에게 전하고, 협 존자는 11조 부나야사富那夜奢에게 전하고, 부나야사는 12조 마명馬鳴에게 전하고, 마명은 13조 가비마라迦毗摩羅

---

3 『圓悟禪師語錄』의 문장과 정확히 일치하지는 않는다. 참조로 인용하면 다음과 같다. "臨濟正法眼藏。突出三頭六臂。忿怒驀撲帝鍾。謾且神通遊戲。圓悟當胸一拳。鎖斷衲僧巴鼻。"『圓悟佛果禪師語錄』 권20 「道元禪客請讚」(T47, 808a).

에게 전하고, 가비마라는 14조 용수龍樹에게 전하고, 용수는 15조 가나제
바迦那提婆에게 전하고, 가나제바는 16조 라후라다羅睺羅多에게 전하고, 라
후라다는 17조 승가난제僧伽難提에게 전하고, 승가난제는 18조 가야사다
伽耶舍多에게 전하고, 가야사다는 19조 구마라다鳩摩羅多에게 전하고, 구마
라다는 20조 사야다奢夜多에게 전하고, 사야다는 21조 바수반두婆修盤頭에
게 전하고, 바수반두는 22조 마나라摩拏羅에게 전하고, 마나라는 23조 학
륵나鶴勒那에게 전하고, 학륵나는 24조 사자師子에게 전하고, 사자는 25조
바사사다婆舍斯多에게 전하고, 바사사다는 26조 불여밀다不如蜜多에게 전
하고, 불여밀다는 27조 반야다라般若多羅에게 전하고, 반야다라는 28조 보
리달마菩提達磨에게 전하였다.
이 때문에 '28대는 서천축의 기록이다'라고 한 것이다."

第一迦葉 至西天記

琪注。始自世尊靈山會上。以靑蓮目瞬視。迦葉微笑。[1] 吾有正法眼藏。分
付摩訶大迦葉。是最初傳法。故云。首傳燈也。二十八代西天記者。初祖迦
葉傳二祖阿難。阿難傳三祖商那和修。修傳四祖優波[2]毱多。多傳五祖提
多迦。迦傳六祖彌遮迦。迦傳七祖婆須密。密傳八祖佛馱難提。提傳九祖
伏馱密多。多傳十祖脇。[3] 脇[4]傳十一祖富那夜奢。奢傳十二祖馬鳴。鳴傳
十三祖迦毗摩羅。羅傳十四祖龍樹。樹傳十五祖迦那提婆。婆傳十六祖羅
睺羅多。多傳十七祖僧伽難提。提傳十八祖伽耶舍多。多傳十九祖鳩摩羅
多。多傳二十祖奢[5]夜多。多傳二十一祖婆修盤頭。頭傳二十二祖摩拏羅。
羅傳二十三祖鶴勒那。那傳二十四祖師子。子傳二十五祖婆舍斯多。多傳
二十六祖不如蜜多。多傳二十七祖般若多羅。羅傳二十八祖菩提達磨。故
云。二十八代西天記也。

---
1) ㉧ '笑'가 갑본에는 '咲'로 되어 있다. 2) ㉧ '波'가 갑본에는 '婆'로 되어 있다. 3)
㉧ 갑본에는 '脇' 다음에 '尊者'가 있다. 4) ㉧ '脇'이 갑본에는 '者'로 되어 있다. 5)

㉑ '奢'가 갑본에는 '闍'로 되어 있다.

原文 똥 묻은 헝겊으로 옷 만들어

事實 『부법장전付法藏傳』에서 말하였다.

"가섭迦葉은 쥐가 물어뜯고 소가 씹은 똥 묻은 헝겊으로 옷을 만들어서 욕심을 적게 하고 만족할 줄 알았으며 항상 모든 사람의 아래에 거처하였다."[4]

糞掃爲衣

付法藏傳云。迦葉以鼠咬牛嚼糞掃爲衣。小欲知足。常居萬人之下。

原文 천기누설한

事實 건달바왕乾達婆王이 음악을 연주하여 여래에게 공양하였다. 이때 가섭이 자리에 앉아 있다가 징소리를 듣고는 일어나 춤을 추었다.[5]

洩天機

乾達婆王。奏樂供養如來。是時迦葉在座。聞錚起舞。

原文 '이 땅에 들어오시니'부터 '초조初祖가 되더니'까지

---

[4] 문장을 직접 인용한 것은 아니다. 『付法藏傳』에 가섭은 늘 분소의를 입고 대중의 가장 아랫자리에 앉길 청했는데 부처님께서 앉으신 자리를 나누어 나란히 앉게 했다는 이야기가 나온다. 『付法藏因緣傳』 권1(T50, 298c).

[5] 『宗鏡錄』 등의 선적에서는 긴나라가 음악을 연주하였다고 하였다. 『大樹緊那羅王所問經』에 "대수긴나라왕이 거문고를 연주하자 불퇴전의 보살을 제외한 모든 대중, 즉 가섭을 포함한 일체 성문대중이 그 음악에 동요되어 어린이이들처럼 기뻐하며 자리에서 일어나 춤을 추었다."는 내용이 나온다. 『大樹緊那羅王所問經』 권1(T15, 371a). 『景德傳燈錄』 · 『虛堂和尙語錄』 등에 "건달바왕이 음악을 연주해 여래께 공양했다."는 선사들의 말씀이 있는데, 경전을 자세히 살피지 못한 오류라 여겨진다.

事實 『기주』에서 말하였다.

"범어梵語의 보리달마菩提達摩는 중국말로 각법覺法이며, 서천축의 28조인데 이 땅에서는 초조初祖가 된다. 본래는 남천축국南天竺國 향지왕香至王의 셋째 아들이었다. 27조를 만나자 27조께서 그 밀적密迹을 알아차리고 심요心要를 발명發明하게 하고는 곧바로 수기를 주며 다음과 같이 말했다. '아직 멀리 가서는 안 된다. 우선 남천축에 머물러 있다가 내가 입멸한 후 67년을 기다렸다가 진단震旦으로 가서 불사佛事를 크게 일으키도록 하라. 그대는 가거든 남방南方에는 머물지 마라. 그들은 유위有爲의 공업功業만 좋아하고 불법의 이치(佛理)는 보지 못할 것이다. 그대는 그곳에 당도하게 되더라도 오랫동안 머물러서는 안 된다. 나의 게송을 들어라.

길을 걷고 물을 건너며 또 양羊을 만나리니
홀로 쓸쓸하게 몰래 강을 건너가라
가련하구나, 해 떨어진 뒤 두 코끼리와 말이여
두 그루 어린 계수나무 길이 창창하리라[6]

달마 대사는 본국에 있을 때 지견知見의 힘으로 견해를 달리하는 여섯 종파의 법사를 논파하여 소승을 버리고 대승으로 귀의하게 하였는데, 첫

---

[6] 『祖庭事苑』에 이에 대한 해석이 있다. 소개하면 다음과 같다. "이로써 달마 대사가 서토에서 오신 사건의 전말을 알 수 있다. 달마 대사는 처음 도착했을 때 양 무제梁武帝를 만났다. 무제의 이름은 연衍인데 '연' 자는 행行과 수水로 구성되어 있다. 따라서 '길을 걷고(行) 물(水)을 건넌다'고 한 것이다. 무제와 계합하지 못한 조사는 결국 낙양洛陽을 떠돌게 되었다. 따라서 '양羊을 만난다'고 하였으니, 양은 양陽과 발음이 비슷하다. 조사는 사람들이 그 행보를 알게 하고 싶지 않아 그 밤에 갈대를 타고 서쪽으로 넘어가셨다. 그래서 '몰래 강을 건넌다'고 한 것이다. 조사는 서쪽 천축에서 찾아와 양梁과 위魏의 두 황제를 만났으니, 이를 '해 진 뒤 두 코끼리와 말'이라 하였다. 9년 동안 소림少林에서 면벽하셨으므로 '두 그루(二株 : 임林 자를 의미) 어린 계수나무(嫩桂 : 소少 자를 의미)'라 한 것이고, '길이(久)'라는 구久 자의 발음은 구九 자와 비슷하다." 『祖庭事苑』 권8(X64, 426b).

째는 유상종有相宗이고, 둘째는 무상종無相宗이고, 셋째는 정혜종定慧宗이고, 넷째는 계행종戒行宗이고, 다섯째는 무득종無得宗이고, 여섯째는 적정종寂靜宗이다.

이들은 각각 자기의 견해에 갇혀 교화의 근원을 달리 전개하였는데, 마을에 그 명성이 쟁쟁하고 따르는 대중 또한 매우 많았다. 대사가 이에 크게 탄식하면서 말하였다.

'저 한 사람의 삿된 스승만 해도 이미 소 발자국에 고인 물에 빠져 있는데 하물며 가지를 벌리고 번성해 나누어진 여섯 종파이겠는가. 내가 제거하지 않으면, 영원히 사견에 얽매이리라. 하나하나 그 종지를 힐난해 각자 돌아갈 곳이 없음을 스스로 알게 한 후에 근본으로 돌이켜 깨달아 들어가게 하리라.'

대사는 삼장三藏을 두루 배우고 정업定業에 더욱 전념하여 모르는 것이 없었다. 대사는 남천축으로부터 배를 띄워 바다를 항해한 지 3년만인 보통普通 8년(527)⁷ 9월 21일에 광주廣州에 이르렀다. 자사刺史인 소앙蕭昂이 무제武帝에게 표문表文을 올려 초청을 받아 금릉金陵에 이르게 되었다.

무제가 질문하였다.

'짐이 즉위한 이래 지은 절과 사경한 경과 출가시킨 스님이 이루 다 기록할 수 없을 정도입니다. 어떤 공덕이 있겠습니까?'

대사가 말하였다.

'그런 건 인천의 작은 과보로서 유루有漏의 원인이 될 뿐입니다. 형체를 따르는 그림자처럼 있다고 해도 실제로 있는 것은 아닙니다.'

---

7 『傳法正宗記』에서는 달마 대사가 중국에 입국한 시기를 양 무제 보통普通 원년(520년)이라 하였고, 이어서 "혹자는 보통 8년 성미(527)라고 한다."며 『景德傳燈錄』의 설을 소개하고 있다. 달마의 행적에 있어서 출생과 입국을 비롯한 여러 사건의 시기에 대해서는 예로부터 논란이 많았다. 여러 전적의 기록이 서로 일치하지 않으며 한 전적 속에서도 전후가 상충하는 기록들이 종종 발견된다.

무제가 말하였다.

'무엇이 참된 공덕입니까?'

대사가 말하였다.

'청정한 지혜는 오묘하고 완전하며 실체가 스스로 공적한 것입니다. 이와 같은 공덕은 세제世諦로는 구할 수 없습니다.'

무제가 질문하였다.

'무엇이 성제聖諦의 제일의第一義입니까?'

대사가 말하였다.

'확연해서 성스러움도 없습니다.'

무제가 말하였다.

'짐을 마주하고 있는 사람은 누구입니까?'

대사가 말하였다.

'모르겠습니다.'

무제가 깨닫지 못하자, 대사는 임금의 근기가 최상의 도리에 계합하지 못함을 알고 그 달 19일에 몰래 강북으로 돌아가서 11월 25일에 낙양洛陽에 이르렀으니, 후위後魏 효명제孝明帝 대화大和 10년이었다.

숭산崇山의 소림사에 우거寓居하면서 면벽하고 앉아 종일토록 묵연히 말을 하지 않았으므로 사람들이 그를 헤아릴 수가 없었다.[8] 이 사람이 바로 선종의 초조이다."

入此土 至爲初祖

琪注。梵語菩提達磨。此云覺法。西竺爲二十八祖。此土爲初祖。本南天竺國香至王第三大[1]子也。遇二十七祖。祖知其密迹。發明心要乃記之曰。未

---

8 "범어의 보리달마는"부터 여기까지 이상 『琪注』의 내용은 『景德傳燈錄』에서 발췌 인용된 것이다. 『景德傳燈錄』 권3 「第二十八祖菩提達磨」(T51, 217a).

可遠遊。且止南天待吾滅後六十七載。當往震旦。大興佛事。汝至南方勿住。彼唯好有爲功業。不見佛理。汝縱到彼。亦[2)]不可久留。聽吾偈。[3)] 路行跨水復逢[4)]羊。獨自棲棲暗渡江。日下可憐[5)]雙象馬。二株嫩桂久昌昌。師在本國。以知見力破彼六宗異見法師。令其捨小歸大。一有相宗。二無相宗。三定慧宗。四戒行宗。五無得宗。六寂靜宗。各封已解。別展化源。聚落峥嶸。徒衆甚盛。大師乃喟然歎曰。彼之一師。已陷牛迹。[6)] 況復支離繁盛而分六宗。我若不除。永纏邪見一一詰[7)]其宗旨。各自知無所歸。然後返本悟入。大師學該三藏。尤專定業。非[8)]不知也。師自南天竺泛海經涉三年。時普通八年九月二十一日至廣州。刺史蕭昂表聞武帝。[9)] 詔迎[10)]至金陵。[11)] 帝問朕即位已來。造寺寫經度僧。不可勝紀有何功德。師曰此但人天小果有漏之因。如影隨形。雖有非實。帝曰如何是眞功德。師曰淨智妙圓體自空寂。如是功德。不以世求。帝問如何是聖諦第一義。師曰廓然無聖。帝曰對朕者誰。師曰不識。帝不領悟。師知機不契。是月十九日潛廻江北。十一月二十五[12)]日屆于洛陽。當後[13)]魏孝明帝大[14)]和十年。[15)] 寓止于嵩山少林。面壁而坐終日默然。人莫惻[16)]之。即禪宗初祖也。

---

1) ㉘ '大'가 갑본에는 '太'로 되어 있다. 2) ㉘ '亦'이 갑본에는 없다. 3) ㉘ 갑본에는 '偈' 다음에 '云'이 있다. 4) ㉘ '逢'이 갑본에는 '逢'으로 되어 있다. 5) ㉘ '憐'이 갑본에는 '怜'으로 되어 있다. 6) ㉘ '迹'이 갑본에는 '跡'으로 되어 있다. 7) ㉘ '詰'이 갑본에는 '說'로 되어 있다. 8) ㉘ '非'가 갑본에는 '排'로 되어 있다. 9) ㉘ 갑본에는 '帝' 다음에 '帝覽奏遣使齎'가 있다. 10) ㉘ 갑본에는 '迎' 다음에 '請十月一日'이 있다. 11) ㉘ 갑본에는 '陵' 다음에 '詔迎全金陵'이 있다. 12) ㉘ '五'가 갑본에는 '三'으로 되어 있다. ㉘『續藏經』에 수록된『彦琪和尙註』에는 '三'으로 되어 있다. 전거인 『景德傳燈錄』역시 '三'이라 하였다. 13) ㉘ '當後'가 갑본에는 '後當'으로 되어 있다. 14) ㉔ '大'가『彦琪和尙註』의 전거인『景德傳燈錄』에는 '太'로 되어 있다. 대화라는 연호는 오오에서 929년에서 934년에 사용된 것이므로 '大'는 '太'의 오자로 추측된다. 그러나 태화太和라고 하더라도 문제는 있다. 태화太和라는 연호는 북위北魏 효문제孝文帝 때 사용된 연호로서 태화 10년은 486년이 된다. 이에 대해『景德傳燈錄』간주에서는 "후위後魏 효명제孝明帝 정광正光 원년(520)이라 해야 옳다."라고 하였다. 15) ㉘ 갑본에는 '年' 다음에 '也'가 있다. 16) ㉘ '惻'이 갑본에는 '測'으로 되어 있다.

[原文] 다섯 잎 꽃
[事實] 달마 대사의 전법게傳法偈에서 말하였다.

내가 본래 이 땅으로 와
미혹의 망정妄情을 구제하였으니
꽃 한 송이에 다섯 잎사귀 열려
열매(果)를 맺고 자연스레 성숙하리라[9]

五葉花
達磨傳法偈云。吾本來玆土。傳法救迷情。一花開五葉。結果自然成。

[原文] '6대에 걸쳐 가사 전한 것은'부터 '어찌 다 셀까'까지
[事實] 『기주』에서 말하였다.

"대사께서 소실小室[10]에 거처한 지 9년이 지나도록 지음知音을 점지하지 못했다. 그때 신광神光이라는 스님이 있었는데, 폭넓게 두루 통달한 인재였다. 오랫동안 이락伊洛에 거처하면서 많은 책을 널리 보고 현묘한 이치를 훌륭하게 담론하였는데, 항상 이렇게 탄식하곤 했다.

'공자와 노자의 가르침은 예술과 풍규風規이고 『장자』와 『주역』의 글은 오묘한 이치를 극진하게 추구하지는 못하였다. 근래 달마 대사께서 소림사에 머물러 계신다고 들었다. 지인至人께서 멀지 않은 곳에 계시니 현묘한 경계에 나아가리라.'

곧 그곳으로 찾아가 아침저녁으로 모시고자 하였는데 대사는 항상 단

---

[9] 『景德傳燈錄』 권3(T51, 219c).
[10] 소실小室 : 중국 하남성 하남부 등봉현의 서북쪽에 있는 산 이름이다. 오악五岳의 하나인 숭산崇山의 동봉東峰을 대실大室이라 하고 서봉西峰을 소실산少室山 또는 소실봉少室峰이라 한다. 이곳에 소림사少林寺가 있다.

정하게 앉아 면벽한 채 듣지도 않고 가르쳐 주지도 않았다. 신광은 스스로 생각하였다.

'옛날 사람들은 도를 구하면서 뼈를 두들겨 골수를 빼내고 피를 뽑아 굶주린 자들을 구제하였다. 또한 머리카락을 펴서 진흙을 덮고, 낭떠러지에서 몸을 던져 호랑이의 밥이 되기도 하였다. 옛날에도 이와 같이 했는데 나는 또 어떤 사람이란 말인가?'

그해 12월 9일 밤에 하늘에서 큰 눈이 내렸다. 신광은 우뚝 서서 움직이지 않았는데 새벽이 되자 눈이 무릎 위까지 쌓였다. 대사가 불쌍히 여겨 질문하였다.

'그대는 오랫동안 눈 속에 서 있으면서 무엇을 구하려는 것인가?'

신광이 비탄의 눈물을 흘리며 말하였다.

'화상和尙께서 자비로 감로문甘露門을 열어 뭇 중생을 널리 제도해 주시기만을 바랍니다.'

대사가 말하였다.

'모든 부처님의 위없고 오묘한 도는 광겁曠劫토록 정근精勤하며 난행難行을 능히 행해야 하고 참지 못할 것을 참아야 한다. 어찌 소소한 덕과 소소한 지혜, 경솔한 마음과 태만한 마음으로 진승眞乘을 바라고자 하는가? 부질없는 수고로움으로 쓸데없이 고초만 겪으리라.'

신광은 달마 대사의 가르침을 듣고서 몰래 날카로운 칼을 잡고 스스로 왼팔을 끊어 달마 대사 앞에 놓았다. 대사는 법기法器임을 알고 말하였다.

'모든 부처님께서는 처음 도를 구할 때 법을 위해 몸을 잊었다. 그대가 지금 내 앞에서 팔을 자르니, 그대 또한 구할 수 있겠다.'

드디어 이름을 혜가慧可로 바꾸어 주었다.

신광이 말하였다.

'모든 부처님의 법인法印을 들을 수 있겠습니까?'

대사가 말하였다.

'모든 부처님의 법인은 사람으로부터 얻는 것이 아니다.'

신광이 말하였다.

'제 마음이 편안하지 못합니다. 스님께서 편안하게 해 주십시오.'

대사가 말하였다.

'마음을 가져오면 그대를 편안하게 해 주겠다.'

신광이 말하였다.

'마음을 찾아보았지만 끝내 찾을 수 없었습니다.'

대사가 말하였다.

'내가 이미 그대의 마음을 편안케 하였노라.'[11]

여기에서 깨달아 2조가 되었다.

'6대六代에 걸쳐 가사를 전하였다'고 한 것을 말해 보자.

2조가 초조初祖에게서 법을 얻고 나서부터 모두들 옷과 발우를 서로 전하였다. 초조는 서천축西天竺으로부터 의발을 동토東土로 전해 믿음을 표했지만, 조계 육조에 이르러 그 도가 이미 행해지자, 더 이상 의발을 전하지 않고 법만 전하였다. 달마는 혜가慧可에게 전하고, 혜가는 승찬僧璨에게 전하고, 승찬은 도신道信에게 전하고, 도신은 홍인弘忍에게 전하였고, 홍인은 혜능慧能에게 전하였으니, 혜능이 바로 조계 육조曹溪六祖이다. 이 도道가 세간에 성대하게 유행한 것을 '6대에 걸쳐 가사 전한 것은 천하에 알려진 일'이라고 하였다.

그 이후로는 도를 얻은 사람이 이루 헤아릴 수도 없었다. 그래서 '부처가 되고 조사가 된 사람이 땅에 두루 펴지고 하늘에 편재하며 선禪을 배우고 도를 배우는 사람이 삼대나 좁쌀들처럼 많았다'고 한다. 따라서 '후세 사람들 도 얻은 것 어찌 다 셀까'라고 한 것이다."

---

11 "대사께서 소실小室에"부터 여기까지 『琪注』의 내용은 『景德傳燈錄』에서 인용한 것이다. 『景德傳燈錄』 권3(T51, 219b).

六代傳衣 至何窮數

琪注。大師旣小[1]室九年。未卜知音時。有僧神光者。曠達之士也。久居伊洛。博[2]覽群書。善談玄理每嘆[3]曰。孔老之敎。禮術風規。莊[4]易之書。未盡妙理。近聞達磨大士住止少林。至人不遙。當造玄境。乃往彼晨夕叅承。師常端坐面壁莫聞誨勵。光自惟曰。昔人求道敲骨取髓。刺血濟饑[5]。布髮掩泥投崖飼虎。古尙若此。我又何人。其年十二[6]月九日夜。天大雨雪光堅立不動。遲[7]明積雪過膝。師憫而問曰。汝久立雪中。當求何事。光悲淚曰。惟願和尙。慈悲開甘露門。廣度群品。師曰諸佛無上妙道。曠劫精懃[8]。難行能行。非忍而忍。豈以小德小智輕心慢心。欲冀眞乘。徒勞懃苦。光聞師誨勵。潛取利刀。自斷左臂。置于師前。師知是法器。乃曰諸佛最初求道。爲法忘形。汝今斷臂吾前。求亦可在遂易名[9]慧可。光曰諸佛法印。可得聞乎。師曰諸佛法印。匪從人得。光曰我心未寧。乞師與安。師曰將心來。與汝安。光曰覓心了不可得。師曰我與汝安心竟。旣從此悟入即爲二祖也。所云六代傳衣者。二祖旣得法於[10]初祖。皆以衣盂相傳。初祖自西竺。傳衣東土。以表其信。至曹溪六祖。其道已行。更[11]不傳衣。唯傳法也。達磨傳可。可傳璨。璨傳信。信傳忍。忍傳能。能乃[12]曹溪六祖[13]也。其道盛行於世。謂之六代傳衣天下聞也。自後得道者。不可勝數。故云。成佛作祖者。匝地普天。學[14]禪學道者。如蔴似粟。故云。後人得道何窮數[15]。

---

1) ㉡ '小'가 갑본에는 '少'로 되어 있다. 2) ㉡ '博'이 갑본에는 '博'으로 되어 있다. 3) ㉡ '嘆'이 갑본에는 '歎'으로 되어 있다. 4) ㉡ '莊'이 갑본에는 '莊'으로 되어 있다. 5) ㉡ '饑'가 갑본에는 '飢'로 되어 있다. 6) ㉡ '二'가 갑본에는 '一'로 되어 있다. 7) ㉡ '遲'가 갑본에는 '逹'로 되어 있다. 8) ㉡ '懃'이 갑본에는 '勤'으로 되어 있다. 다음도 이와 같다. 9) ㉡ 갑본에는 '名' 다음에 '曰'이 있다. 10) ㉡ '法於'가 갑본에는 '之'로 되어 있다. 11) ㉡ '更'이 갑본에는 '便'으로 되어 있다. 12) ㉡ '乃'가 갑본에는 '卽'으로 되어 있다. 13) ㉡ 갑본에는 '祖' 다음에 '大師'가 있다. 14) ㉡ '學'이 갑본에는 '叅'으로 되어 있다. 15) ㉡ 갑본에는 '數' 다음에 '也'가 있다.

原文 와서 듣지 못했나

事實 몽산 도명蒙山道明 선사가 노 행자盧行者[12]를 뒤쫓아 대유령大庾嶺에 이르렀다. 행자는 도명 선사가 온 것을 보고 곧바로 의발衣鉢을 바위에 던져 놓고 말하였다.

"이 의발은 믿음을 표현하는 것인데 힘으로 다퉈서야 되겠는가? 그대에게 일임하니 가져가려면 가져가라."

도명 선사가 이윽고 들려 하였으나, 마치 태산처럼 꼼짝도 하지 않았다.

提不起
蒙山道明禪師。因赴盧行者。至大庾嶺。行者見師至。即擲衣鉢於石上云。此衣表信。可力爭耶。任君將去。師遂擧之。如山不動。

原文 '진실도 서지 못함이여'부터 '공하지 않음도 공한데'까지
事實 『기주』에서 말하였다.

"진실(眞)이란 세울 수 없는 것이며 허망(妄) 역시 본래 공하다. 참으로 진실과 허망은 본래 자성이 없는 것이니, 진실로 인하여 허망함이 세워지고 허망함으로 인해서 진실이 세워진다. 고덕古德은 '진실도 단독으로는 서지 못하고, 허망도 단독으로는 성립하지 못한다'[13]고 말하였다.

유有와 무無를 쌍으로 버린다는 것은 유와 무도 상대적으로 성립하는 것이므로 이제 둘 다 버리면 공하지 않음(不空) 또한 공이 된다. 따라서 '유와 무를 둘 다 버리면 공하지 않음도 공하다'라고 한 것이다.

이와 같은 몇 구절은 대사께서 이 법을 나타내기 위해 진眞과 망妄, 유有와 무無 등의 망정妄情을 쌍으로 집어낸 것이다."

---

12 노 행자盧行者 : 육조 혜능 대사를 지칭한다. 속성이 노盧씨이고, 당시 구족계를 받지 않은 신분이었기 때문에 노 행자라 하였다.
13 『首楞嚴義疏注經』권5(T39, 893a).

眞不立 至不空空

琪注。眞既不立。妄亦本空。良由眞妄本無自性。因眞立妄。因妄立眞。古德云。單眞不立。□¹⁾妄難成也。有無雙遣者。有無亦相待而立。今旣□²⁾遣不空亦空也。故云。有無雙遣不空空也。此之數句大師欲顯其法。³⁾ 雙拈眞妄有無之情爾。

---

1) ㉑ □가 갑본에는 '獨'으로 되어 있다. 2) ㉑ □가 갑본에는 '雙'으로 되어 있다.
3) ㉑ 갑본에는 '法' 다음에 '故'가 있다.

原文 흰 망아지

事實 『회남자淮南子』에서 "흰 망아지는 해 그림자다."라고 하였다.

白駒

淮南子曰。白駒日影也。

原文 '이십 공문空門'부터 '체 저절로 같아라'까지

事實 『기주』에서 말하였다.

"이십 공문은 여래께서 유有에 집착하는 스무 가지 견해를 타파한 것이니, 이로 인해 스무 가지 공空의 명칭이 있게 되었다. 따라서 『대반야경大般若經』에서는 이른바 내공內空·외공外空·내외공內外空·공공空空·대공大空·승의공勝義空·유위공有爲空·무위공無爲空·필경공畢竟空·무제공無際空·산공散空·무변이공無變異空·본성공本性空·자상공自相空·공상공共相空·일체법공一切法空·불가득공不可得空·무성공無性空·자성공自性空·무성자성공無性自性空을 말한 것이다. 비록 스무 가지 공의 명칭이 있긴 하지만, 그 체體는 바로 하나의 법이다.

지금 여기에서는 법성의 이치가 스무 가지 공과 같지 않음을 밝혔다. 따라서 '원래 집착하지 않는다'고 말하였다.

'하나의 성품 여래 체 저절로 같다'고 한 것을 말해 보자. 외도外道의 62종 이견異見을 멀리 벗어나면 곧바로 반야의 열반묘심涅槃妙心과 그윽하게 합치된다. 따라서 '체가 저절로 같다'고 하였다."

二十空門 至體自同

琪注。二十空門者。如來破二十種。執有之見。因成二十空名。故大般。若經云。所謂內空。外空。內外空。空空。大空。勝義空。有爲空。無爲空。畢□[1]空。無際空。散空。無變異空。本性空。自性[2]空。共相空。一切法空。不可得空。無性空。自性空。無性自性空。雖有二十空名。其體即一法也。今明法性之理。不同二十之空。故云。元不着[3]也。一性如來體自同者。向[4]出外道六十二種異見。即與般若涅槃妙心冥合。故云。體自同也。

---

1) ㉠ □가 갑본에는 '竟'으로 되어 있다.   2) ㉠ '性'이 갑본에는 '相'으로 되어 있다.
3) ㉠ '着'이 갑본에는 '著'으로 되어 있다.   4) ㉠ '向'이 갑본에는 '逈'으로 되어 있다.

原文 '마음은 뿌리이니'부터 '거울 위 흠집'까지
事實 『기주』에서 말하였다.

"'마음은 뿌리이다'라고 한 것을 말해 보자. 뿌리는 '주체적으로 발생시키는 것(能生)'으로 의미를 삼는다. 진실로 이 마음이 모든 선법善法과 불선법不善法을 일으킬 수 있기 때문에 뿌리라고 한 것이다.

'법은 티끌이다'라고 한 것을 말해 보자. 법은 만물의 궤칙軌則이 되어 유지시키니 마치 오묘한 약과 같다. 그렇긴 하지만 병이 치유되었을 때엔 약은 쓸모가 없다. 따라서 '법은 티끌이다'라고 하였다.

이러한 두 가지 법이 모두 장애가 되어서 사람 마음의 광명이 번뇌를 꿰뚫지 못하게 하는 것이 마치 거울 위의 흠집과 같다. 이 때문에 '근根과 진塵이 마주 보매 마음의 광명을 장애한다'14고 하였으니, 근본으로 돌아가 마음을 밝히는 것이 진실로 이와 같은 이유 때문이다."

心是根 至鏡上痕

琪注。心是根者。根以能生爲義。良由此心。能生一切善不善法。故名根也。法是塵者。法雖能軌持萬物。猶如妙藥。病若愈時,[1] 藥亦[2] 無用。故法是塵也。此之二法。皆有窒礙。使人心光。不能透漏。如鏡上之痕也。所以云云。[3] 根塵觀[4]對。翳障心光。返本明心。良由此也。

1) 㘽 '時'가 갑본에는 '則'으로 되어 있다.   2) 㘽 '亦'이 갑본에는 '必'로 되어 있다.
3) 㘽 '云'이 갑본에는 없다.   4) 㘽 '觀'가 갑본에는 '相'으로 되어 있다.

原文 '흠집과 때 다 없애면'부터 '성품이 곧 진실이니'까지

事實 『기주』에서 말하였다.

"흠집과 때가 다하게 되면 마음과 법法이 쌍으로 없어져서 자연스레 마음의 광명이 투탈透脫하여 불성을 분명하게 보게 된다.

고덕[15]은 말하였다.

> 하나의 티끌이 눈에 있으면
> 헛꽃이 세계에 가득 차듯
> 한 가지 허망이 마음에 있으면
> 항하사만큼 생멸生滅한다

> 티끌이 사라지면 헛꽃이 없어지듯
> 허망이 소멸하면 진실을 증득하니
> 병이 나으면 약을 끊고
> 얼음이 녹으면 물이 남는다

---

14 『三註般若波羅蜜多心經』(X26, 797b).
15 『宗鏡錄』역시 선덕先德의 말씀이라고만 하고 정확한 출처는 밝히지 않았다.『宗鏡錄』권1(T48, 419c).

영단靈丹 한 알이면
쇠에 떨어뜨려 금을 만들듯
지극한 이치의 한마디 말
범부를 성인으로 바꾼다

이 때문에 '성품이 곧 진실이다'라고 말한 것이다."

痕垢盡除 至性即眞
琪注。痕垢若盡。心法雙忘。[1] 自然心光透脫。明見佛性也。古德云。一翳在眼。空花遍界。一妄在心。河沙生滅。翳消花盡。妄滅證眞。病差藥除。氷消水在。靈丹一顆。點[2]鐵成金。至理一言。轉凡爲聖。故云。性即眞也。

1) ㉠ '忘'이 갑본에는 '亡'으로 되어 있다. 2) ㉠ '點'이 갑본에는 '点'으로 되어 있다.

原文 티끌 없다 해도 허락지 않았는데
事實 동산洞山 스님이 말하였다.
"설령 본래 한 물건도 없다고 말할지라도 반드시 저 의발을 얻을 수 없다."[16]

無塵未許
洞山云。直饒道本來無一物。亦未合得佗衣鉢。

原文 '슬프다, 말법이여'부터 '길들이기 어려우니'까지
事實 『기주』에서 말하였다.
"차嗟는 한탄하는 말이다. 세존께서 세간에 출현하여 대법륜大法輪을 굴

---
16 『瑞州洞山良价禪師語錄』(T47, 524b).

려 유정有情들에게 이익을 주셨는데, 정법正法의 기간이 천 년이고 상법像法의 기간이 천 년이고 말법末法의 기간이 만 년이다. 대사께서 세간에 출현한 시기는 바로 상법의 기간에 해당한다. 그런데도 일찍이 이와 같이 탄식하였으니 지금은 어떤지 알 만하다. 이 때문에 '슬프다, 말법이여', '악한 시대로다', '중생들이 박복하여 길들이기 어렵다'고 한 것이다.

그러므로 알아야 한다. 말세에는 도를 홍포해도 대지大旨를 밝히지 못해 각기 자신의 문정門庭만 고수하면서 서로서로 견고하게 집착하니, 모두 법에 집착하는 병(法病)이다. 다음 문장에서 알 수 있다."

嗟末法 至難調制

琪注。嗟即嘆詞¹⁾也。世尊出世。轉大法輪。利益有情。正法一千年像法一千年。末法一萬年。大師出世正當像。法早嗟嘆²⁾如此。即今則可知矣。故云。嗟末法。惡時世。衆生薄福難調制也。故知³⁾末世弘道。不明大旨。各守門庭。互相堅執。盡爲法病。故下文可見。⁴⁾

1) ㉮ '嘆詞'가 갑본에는 '歎辭'로 되어 있다. 2) ㉮ '嘆'이 갑본에는 '歎'으로 되어 있다. 3) ㉮ '故知'가 갑본에는 없다. 4) ㉮ 갑본에는 '見' 다음에 '也'가 있다.

原文 공연히 세 가지 수레 세우니

事實 『법화경』 「비유품譬喩品」에서 말하였다.

"이때 장자가 다음과 같이 생각하였다.

'이 집이 이미 큰 불에 불타고 있으니 나와 모든 아들이 제때에 나오지 못한다면 반드시 불에 타 죽을 것이다. 나는 지금 방편方便을 시설해서 모든 아들들이 이 위험을 면하게 해야겠다.'

예전에 여러 아들이 제각기 마음에 좋아하는 갖가지 장난감과 기이한 물건들이 있어 마음으로 즐거워하고 집착했던 것을 아버지는 알고 있었기에 이렇게 말했다.

'너희에게 줄 장난감은 매우 얻기 어려운 것들이다. 갖지 않는다면 반드시 후회할 것이다. 이런 갖가지 양 수레와 사슴 수레와 소 수레가 문밖에 있으니 가지고 놀도록 허락한다. 너희들은 이 불난 집에서 빨리 나오너라. 너희들이 원하는 대로 무엇이든 주겠다.'"[17]

空立二[1]車
法華譬喩品云。爾時長者。即作是念。此舍已爲大火所燒。我及諸子若不時出。必爲所焚。我今當設方便。今諸子等。得免斯害。父知諸子先心。各有所好。種種珍玩。奇異之物。情必樂着。而告之言。汝等所可玩好。希有難得。汝若不取後必憂悔。如此種種羊車鹿車牛車。今在門外。可以遊戲。汝等於此火宅。宜速出來。隨意所欲。皆當與汝。

1) ㉭ '二'는 '三'의 오기이다.

原文 불난 집 밖
事實 『사행론四行論』에서 말하였다.
"삼계가 안전하지 못한 것이 비유하면 마치 불난 집(火宅)과 같다."

火宅外
四行論云。三界不安。猶如火宅

原文 네거리
事實 『화엄론華嚴論』에서 말하였다.

크고 넓은 보배 수레 네거리에 있으니

---
17 『妙法蓮華經』 권2 「譬喩品」(T9, 12c).

문수보살 인도하고 보현보살 부축하네
살지고 씩씩한 흰 소 힘이 아주 세서
한 생각에 두루 노닐며 굽히고 폄 없다네

이와 같은 보배 수레에 들어갈 줄 모르고
그저 고초 겪으며 문 앞에만 서 있네
자신이 항상 그 가운데 있음 깨닫지 못하고
위의 단계 버리고 항상 난 미치지 못한다 하네[18]

四衢

華嚴論云。廣大寶乘住四衢。文殊引導普賢扶。肥壯白牛甚多力。一念遍遊無卷舒。如是寶乘不能入。但要懃苦門前立。不覺自身常在中。遣上恒言我不及。

[原文] 삼재三災
[事實] 대삼재는 수재水災·화재火災·풍재風災이고, 소삼재는 전쟁·기근·질병이다.

三災
大三災者。水火風。小三災者。乃刁[1)]兵飢饉疾疫等是也。
1) ㉠ '刁'는 '刀'의 오기가 아닐까 생각된다.

[原文] 음흉하고

---
[18] 『新華嚴經論』 권24(T36, 887b).

事實 『시경詩經』에서 "험피사알險詖私謁의 마음이 없다."[19]라고 하였다. 풀이하여 말한다. 불평不平한 마음을 험險이라 하고, 충성스럽지 못한 것을 피詖라 하고, 공적인 것을 등지는 것을 사私라 하고, 구해서 청하는 것을 알謁이라 한다.

險詖
詩云。無險詖私謁之心。解曰不平曰險。不忠曰詖。背公曰私。求請曰謁。

原文 '성인과 멀어져'부터 '원한과 해침 많아라'까지
事實 『기주』에서 말하였다.

"성인으로부터 아득히 멀어져 삿된 견해가 더욱 깊어지니, 정법正法 가운데서 도리어 원한과 해침을 일으킨다. 이 때문에 달마 대사는 서쪽에서 와서 이가 부러지고 독약을 마시게 되었던 것이다. 성사聖師도 오히려 그랬는데 하물며 인사人師겠는가. 모든 성인이 세간에 출현해 다들 자비를 일으키고 운용해 중생을 제접하며 이롭게 하지 않음이 없지만 마군은 강하고 법은 약해 성인의 은덕을 알지 못한다. 그럼에도 불구하고 지금은 천하가 태평한 지 오래고 나라의 황제와 대신이 부처님의 부촉을 받아 삼보를 널리 수호해 제방의 법석法席이 흥성하고 있다. 출가한 사람들은 마땅히 불법은 만나기 어렵다는 마음을 일으켜 선지식을 참방하고 생사를 결택해야만 한다. 그리하여 번뇌에서 벗어남을 추구하고 네 가지 은혜(四恩)에 보답해야 마땅하다.

그러나 그중에는 비록 불법을 배우기는 하지만 교외별전敎外別傳의 이치를 모르는 사람이 있고, 몸이 귀한 지위에 있어서 숙세에 닦은 것을 잊어버리고 그것이 도리어 불법에 장애가 되는 사람도 있으며, 비록 불법을

---
19 『詩經』「周南」〈卷耳〉.

전수해서 지니고 있다 하더라도 각각 종파가 같지 않다고 하여 서로 공격하는 사람도 있다. 그런 자들은 모두 불법 문중에서 마군의 짓을 하는 것이니 다들 통달한 사람은 아니다. 만약 본분本分에 합당한 사람이라면 반드시 이와 같이 하지 않을 것이다.

따라서 규봉圭峯 스님이 말하였다.[20]

'모든 종문宗門에 다들 통달한 사람들이 있다지만, 각기 자기가 익힌 것에만 안주하여 통하는 것은 적고 막히는 것은 많다. 자기가 받아들인 것으로 창문을 삼아 제각기 열어 두고선 경론을 무기로 삼아 서로를 공격하니, 정情은 함시函矢[21]에 따라 달라지고 법法은 인아人我를 쫓으면서 높고 낮아져 시비가 분분해 분명히 가릴 수 없는 지경에 이르게 되었다.'[22]

이 때문에 '마군은 강하고 법은 약해 원한과 해침이 많다'고 한 것이다."

去聖遠兮 至多怨害

琪注。去聖遙遠。邪見轉深。於正法中。返生怨害。是以達磨西來。擊齒服毒。聖師尚爾。豈況人師耶。諸聖[1]出世。莫不興慈運悲。接物利生。魔強法弱。而於聖心。不知恩德。況今天下。昇平日久。國皇[2]大臣。受佛付屬[3]弘護三寶。諸方法席興盛。出家之士。當起難遇之心。爰尋知識。決擇生死。

---

20 본문의 글은 규봉 선사의 저술인 『禪源諸詮集都序』 서문(敍)에서 인용된 것이다. 이 서문은 배휴裵休가 지은 것으로서 규봉 선사의 말씀이라 한 것은 오류이다.
21 함시函矢 : 『都序』 서문의 간주에 설명이 있다. "『周禮』에서 함인函人은 갑옷을 만드는 사람이라 하였다. 맹자께서는 '화살을 만드는 사람(矢人)이 어찌 갑옷을 만드는 사람(函人)보다 어질지 않겠냐만 갑옷을 만드는 사람은 사람이 죽으면 어쩌나 염려하고 화살을 만드는 사람은 사람을 죽이지 못하면 어쩌나 염려한다'고 말씀하셨으니, 대체로 익힌 기술이 그렇게 만든 것이다. 요즘 학인들도 종파의 무리만 따라 피차 서로를 틀렸다고 할 뿐이다." 『景德傳燈錄』 권13(T51, 307b).
22 이 부분에 해당하는 『事實』의 문장은 『禪源諸詮集都序』(T48, 398b)보다는 『景德傳燈錄』 권13(T51, 307a)에 수록된 배휴의 서문과 더욱 가깝다.

以求出□.⁴⁾ 報答四恩。即其冝矣。然而其中。有雖學佛法。不知有教外別傳者有.⁵⁾ 身居貴位。忘宿世所修。而於佛法。爲其障礙者有.⁶⁾ 雖傳持佛法。各以宗派不同。互相攻擊者.⁷⁾ 此皆爲法門魔事。盡非通人。若是本分當人。必不如是。故圭峯云。諸宗門下。皆有達人。然各安所習。通小⁸⁾局多。以承稟爲戶牖。各自開張。以經論爲干戈。互相攻擊。情存函矢而遷變。法逐人我以高低。致使是非分⁹⁾挐。莫之辯¹⁰⁾栉。故云。魔强法弱多怨害也。

1) ㉑ '聖'이 갑본에는 '佛'로 되어 있다. 2) ㉑ '皇'이 갑본에는 '王'으로 되어 있다. 3) ㉑ '屬'이 갑본에는 '囑'으로 되어 있다. 4) ㉑ □가 갑본에는 '離'로 되어 있다. 5) ㉑ 갑본에는 '有' 앞에 '亦有之也'가 있다. 6) ㉑ 갑본에는 '有' 앞에 '必有之也'가 있다. 7) ㉑ 갑본에는 '者' 다음에 '亦有之也'가 있다. 8) ㉑ '小'가 갑본에는 '少'로 되어 있다. 9) ㉑ '分'이 갑본에는 '紛'으로 되어 있다. 10) ㉑ '辯'이 갑본에는 '辨'으로 되어 있다.

原文 '여래께서 설함을 듣고'부터 '기왓장 부수듯'까지

事實 『기주』에서 말하였다.

"여래께서는 오직 일대사인연으로 세간에 출현하셨지만 세간에 있는 마왕은 부처님과 동시에 살면서도 원돈법문圓頓法門이 있음을 믿지 않고, 부처님의 말씀을 들으면 모두 다 비방하고 헐뜯으며 기와를 부수듯 소멸하고 제거하지 못함을 한탄하였다.

세상 사람들 중에도 대승大乘의 근성이 없는 사람들이 있어 또한 깨달아 들어가는 법을 믿지 않는다. 몸은 석가 문중에 출가했지만 오히려 제 스스로 불신하기 때문에 이와 같은 사람이 있는 것이다.

고덕²³이 말하였다.

'눈에 티끌이 들어간 사람 앞에서 허공에는 헛꽃이 없다고 말하지 말며, 미치광이 병에 걸린 사람 앞에서 면전에 귀신이 없다고 말하지 마라. 부질없이 말만 쓸모없게 되고 불신만 받는다. 곧장 눈이 깨끗해지고 마음

---

23 영명 연수永明延壽 선사를 말한다.

이 평안해지면 저절로 알게 될 것이다.'[24]"

聞說如來 至令瓦碎

琪注。如來唯一大事因緣。出現於世。世有魔王。雖與佛同時。而不信有圓頓法門。聞佛所說。悉皆毀謗。恨不滅除令[1]瓦碎也。世人有無大乘根性者。亦不信有悟入法門。而於釋門。身雖出家。尙自不信。故有之也。古德云。不可向瞖目人前。說空中無花。不可向狂病人前。說面前無鬼。空廢語言。應不信受。直須目淨心安。當自知矣。

1) ㉮ 갑본에는 '令' 다음에 '如'가 있다.

原文 삼과 신이라

事實 양자楊子가 "나는 삼參과 신辰이 나란히 있는 것을 보지 못하였다."라고 하였다. '주'에 이르기를, "삼은 호성虎星이고, 신은 용성龍星인데, 함께 나타나지 않는다."라고 하였다.

參辰

楊子曰。吾未覩參辰之相比也。注云。參虎星辰龍星。未嘗俱現。

原文 '짓는 것이 마음에 있고 ~ 재앙이'부터 '다시 남의 탓 하지 마라'까지

事實 『기주』에서 말하였다.

"세상 사람들이 짓는 한량없고 가없는 업은 모두 허망한 마음에서 지어진 것이다. 따라서 '짓는 것은 마음에 있다(作在心)'고 한 것이다. 그래서 감

---

24 『宗鏡錄』에서 인용하였는데 문장이 정확히 일치하지는 않는다. 참고로 『宗鏡錄』의 문장을 소개하면 다음과 같다. "又如向瞖眼人。說空中無華。對狂病人。說目前無鬼。徒費言語。終不信受。直待目淨心安。自然無見。" 『宗鏡錄』 권64(T48, 779c).

득感得한 한량없는 고苦의 과보로 지옥·축생·아귀와 여러 가지 몸을 받고 여러 가지 괴로움을 받는 것이다.

고덕은 '가죽 안장 짊어지고 쇠로 된 재갈을 무는 건 누가 초래한 것인가? 다만 옛날에 마음을 잘못 썼기 때문일 뿐이다'라고 말하였다. 따라서 '재앙이 몸에 있다(殃在身)'고 한 것이다.

이것은 모두 스스로 짓고 스스로 받는 것이지 다른 사람 때문이 아니다. 그러므로 '절대 원망하거나 다시 남의 탓 하지 마라'라고 한 것이다.

세간의 고통은 일세一世에 그치지만 지옥의 고통은 다함이 없다. 검수劍樹와 도산刀山 등 갖가지 지옥은 말로 설명할 수도 없으며, 이 세계에서 과보를 받는 것이 끝나면 세계가 무너질 때 다시 다른 세계의 지옥으로 옮겨 가 죄에 따른 과보의 몸을 받고, 또 나귀나 말 등의 축생으로 태어난다. 이것은 모두 다른 사람 때문이 아니라 오직 스스로 짓고 스스로 받는 것일 따름이다."

作在心殃 至更尤人

琪注。世人所造無量無邊之業。皆妄心所作。故云。作在心也。所感無量苦果。地獄畜生餓鬼種種。形受種種等[1)]苦。古德云。負鞍嚼鐵爲誰來。昔時祇爲行心錯。故云。殃在身也。皆是自作自受。非佗人所致。故云。不須寃訴更尤人也。世間之苦。乃止一世。地獄之苦。無有窮盡。釼[2)]樹刀山。種種不可說若[3)]此方受盡。世界壞時。更移佗方地獄。受罪報身。[4)] 更生畜生驢馬。皆非別人。唯自作自受也。

---

1) ㉚ '等'이 갑본에는 없다. 2) ㉚ '釼'이 갑본에는 '劍'으로 되어 있다. 3) ㉚ '若'이 갑본에는 '苦'로 되어 있다. 4) ㉚ '身'이 갑본에는 '盡'으로 되어 있다.

原文 '금 탄환'부터 '나는 참새'까지
事實 『장자莊子』에서 말하였다.

"어떤 사람이 있는데 수후隋侯의 구슬[25]로 탄환을 만들어 천 길 거리에 있는 참새를 쏜다면 세상 사람들이 반드시 비웃을 것이다. 왜냐하면 사용하는 것은 귀중한데 구하는 것은 가볍기 때문이다.……"[26]

金彈 至飛雀
莊子云。有人於此。以隋候[1)]之珠彈千仞之雀。世必笑之。何也。所用者重而所求者輕云云。

1) 옝 '候'는 '侯'의 오기이다.

原文 '초래하지 않고 싶어라'부터 '바른 법륜'까지
事實 『기주』에서 말하였다.

"법을 비방하는 죄는 소소한 허물이 아니니, 반야를 훼손한 죄업으로 모두 지옥에 떨어진다. 또한 가벼이 헤아릴 수 있는 것이 아니며, 그 지옥은 모두 무간지옥無間地獄으로서 곧 죄보가 극심하고 무거운 이들이 가는 지옥이며 그곳에서 보내야 할 긴 시간은 모두 겁劫의 수로 논해야만 한다. 법을 비방한 과보는 한두 가지가 아니니, 장경藏經에 낱낱이 기록되어 있는 것처럼 혹은 머리 아홉 달린 거북이가 되기도 하고 혹은 문둥병 등에 걸리기도 한다.

진실로 시방의 모든 부처님께서는 세간에 출현하셔서 다들 일승一乘의 묘법妙法을 찬탄하셨고, 시방의 모든 부처님께서 이 법을 증득함으로 말미암아 무상정등보리無上正等菩提를 이루셨으니, 지금 도리어 반대로 비방한다면 그 죄가 마땅하리라. 따라서 '여래의 바른 법륜을 비방하지 말라'고 하였다."

---

25 수후隋侯의 구슬 : 복수濮水에서 나는 구슬을 뱀이 물어다 은혜를 갚았다는 고사가 있다. 그 구슬을 수나라 제후가 얻었다 하여 수후의 구슬이라 한다.
26 『莊子』「讓王」.

欲得不招 至正法輪

琪注。謗法之罪。非少[1]過也。毁般若罪業。皆落地獄。亦非輕計地獄。皆無間地獄。即極重獄也。時數久遠。皆論劫數。謗法之[2]報。非一具如藏經所載。或爲九頭龜。或患白癩疾等。良由十方諸佛出世。悉皆讚歎一乘妙法。十方諸佛由證法。故得成無上正等菩提。今却返謗其罪宜矣。故云。莫謗如來正法輪也。

1) ㉮ '少'가 갑본에는 '小'로 되어 있다. 2) ㉮ '之'가 갑본에는 없다.

原文 '전단나무 숲이여'부터 '사자가 머무네'까지

事實 『기주』에서 말하였다.

"'전단나무 숲'은 일진의 오묘한 경계(一眞妙境)를 비유한 것이다.

'잡스런 나무가 없다'는 것은 소소한 근기나 방편 지위 등의 잡스러움이 없다는 것이다.

'울창하고 빽빽한 삼림 깊숙한 곳'을 말해 보자. '울밀鬱密'은 무성하게 번성하는 모습이고 '삼침森沉'은 그윽하고 깊숙한 모습이다.

'사자가 머문다'는 것은 법성의 경계를 비유한 것이니, 오직 대승 보살만이 머무는 곳으로서 인천人天의 소소한 근기들은 알 수가 없다. 따라서 위없는 반야는 오직 상근기의 뛰어난 인재만 제접하므로 중근기와 하근기는 끝내 깨달아 들어가기 어렵다는 것을 알 수 있다. 이 때문에 '전단나무 숲에는 잡스런 나무가 없고, 울창하고 빽빽한 삼림 깊숙한 곳에 사자가 머문다'고 한 것이다."

栴檀林 至師子住

琪注。栴檀林喩一眞妙境。無雜樹者。無小機權位之雜也。鬱密森[1]沉者。鬱密即繁茂之貌也。森沉[2]即幽邃之貌也。師子住者。以喩法性之境。唯大乘菩薩所住。人天小機即不能知。故知無上般若。唯接上根上士。中下之機。

卒難悟入。故云。栴檀林無雜樹。鬱密森沉師子住也。

1) ㉠ '森'이 『續藏經』에 수록된 『琪注』에는 '深'으로 되어 있다. 『舒州梵天琪和尙註證道歌』(X63, 275c). 2) ㉯ '沉'이 갑본에는 없다.

原文 '경계 고요한 숲 사이'부터 '모두 멀리 달아나니'까지

事實 『기주』에서 말하였다.

"무위無爲의 대도大道는 오직 대승 보살만이 밟을 수 있고, 모든 소승인과 권도의 지위(權位)에 있는 수행인은 발을 디딜 수 없다. 사자는 대승 보살을 비유한 것이고, '뛰는 짐승과 나는 새'는 인천人天과 이승二乘의 소소한 근기를 비유한 것이다. 이 때문에 법화회상法華會上에서 5천의 비구가 자리에서 물러나며 이 일을 감당하지 못했던 것이니, 일진의 오묘한 경계는 오직 상근기의 인재만 노닐 수 있고 중·하의 부류는 끝내 모색할 수 없다. 따라서 '경계 고요한 숲 사이를 홀로 자유롭게 노니나니', '뛰는 짐승 나는 새가 모두 멀리 달아난다'고 한 것이다."

境靜林間[1] **至皆遠去。**

琪注。無爲大道。唯大乘菩薩履踐。諸小乘人。與諸權位行人。不能措足。師子喩大乘菩薩也。走獸飛禽喩人天二乘小機也。是以法華五千退席。不任此事。一眞妙境。唯上士所遊。中下之流。卒難摸揉。[2] 故云。境靜林間[3] 獨自遊。走獸飛禽皆遠去也。

1) ㉠ '間'이 『續藏經』에 수록된 『琪注』에는 '閒'으로 되어 있다. 『舒州梵天琪和尙註證道歌』(X63, 275c). 2) ㉯ '揉'이 갑본에는 '索'으로 되어 있다. 3) ㉯ '間'이 갑본에는 '閒'으로 되어 있다.

原文 '사자의 새끼여'부터 '크게 포효하니'까지

事實 『기주』에서 말하였다.

"사자 새끼라고 말한 것은 보살이 처음 발심하였을 때 곧바로 등정각

等正覺을 이루는 것을 비유한 것이다. 보살은 성문과 연각 등 모든 소승의 근기를 뛰어넘기 때문에 '무리가 그 뒤를 따른다'고 하였다.

'세 살'은 견성한 사람이 세 가지 법을 원만하게 닦는 것을 나타낸 것이다.

지자智者[27] 스님은 '공空은 일체법을 없애는 것이고, 가假는 일체법을 세우는 것이며, 중中은 일체법을 묘하게 하는 것이다'[28]라고 하였다. 공은 고정된 공이 아니니 공처空處의 당체當體가 바로 중中이고 바로 가假며, 가는 고정된 가가 아니니 가처假處의 당체가 바로 공이고 바로 중이며, 중은 고정된 중이 아니니 중처中處의 당체가 바로 공이고 바로 가이다. 이와 같은 세 가지 법은 종으로 있는 것도 아니고 횡으로 있는 것도 아니며 나란히 있는 것도 아니고 따로 있는 것도 아니니, 한 가지이면서 항상 셋이고 세 가지이면서 항상 하나이다.

그래서 '삼제三諦와 삼관三觀은 셋이면서 셋이 아니니, 셋이면서 하나이고 하나이면서 셋이므로 기탁할 곳이 없다. 삼제와 삼관은 이름(名)은 다르지만 체體는 같은 것이다. 따라서 주관(能)과 객관(所)은 둘이면서 둘이 아니다'[29]라고 한 것이다.

깨달아 들어간 인재는 세 가지 법을 원만하게 증득하므로 설하는 법문法門이 모두 중도의 실상에 걸맞게 된다. 그러므로 '세 살이면 곧 크게 포효할 수 있다'고 한 것이다."

---

27 지자智者 : 지자대사智者大師는 진왕으로부터 받은 법호이고, 별호로 천태대사天台大師라고도 한다. 자는 덕안德安, 법명은 지의智顗(538~597), 시호는 법공보각존자法空寶覺尊者와 영혜대사靈慧大師이다. 천태종의 개조開祖로서 혜사慧思의 심관心觀을 전수받고 교와 선을 아우르는 큰 교화를 펼쳤다.

28 천태 대사의 저술 중 인용과 일치하는 문구는 찾을 수 없었다. 천태 대사 저술인『修習止觀坐禪法要』에 부록으로 수록된 형계荊谿 존자의『始終心要』에 비슷한 문구가 있는데 참고로 소개하면 다음과 같다. "夫三諦者。天然之性德也。中諦者。統一切法。眞諦者。泯一切法。俗諦者。立一切法。擧一即三。非前後也。"『修習止觀坐禪法要』(T46, 473b).

29『止觀大意』(T46, 460a).

師子兒 至哮吼

琪注。所言師子兒者。喩菩薩初發心時。卽便成等正覺也。超過聲聞緣覺諸小乘衆。故云。衆隨後也。三歲卽表見性之人。圓修三法也。智者云。空也者。泯一切法也。假也者。立一切法也。中也者。妙一切法也。空不定空空處當體。卽空[1]卽假。假不定假假處當體。卽空卽中。中不定中中處當體。卽空卽假。此之三法不縱不橫。不並不別。一處常三三處常一。所以云。三諦三觀三非三。三一。一三。無所寄。諦觀名別體復同。是故能所二非二[2]也。悟入之士。圓證三法。所說法門。皆中道實相。故云。三歲便能大哮吼也。

---
1) ㉑ '空'은 '中'인 듯하다 일심삼관一心三觀을 밝히려는 문맥의 의도로 보아 '卽中卽假'라야 합당하다.   2) ㉑ '二'가 갑본에는 '一'로 되어 있다.

[原文] '만약 여우가'부터 '헛되이 입만 여니'까지

[事實] 『기주』에서 말하였다.

"여우는 범부와 이승二乘을 비유한 것이고, 사자는 대승 보살을 비유한 것이다. 보살 근기의 사람은 법성을 심오하게 깨달아 처음 발심할 때부터 곧바로 정각正覺을 이루므로 설하는 법문이 모두 본성에 걸맞게 된다. 그러나 이승이나 범부, 모든 권도權道의 지위에 있는 사람들과 불성을 분명하게 볼 수 없는 자들이 설하는 법문은 구경실상究竟實相의 이치를 밝히지 못한다. 비유하면 마치 백 년 묵은 요괴妖怪가 헛되이 입을 여는 것과 같아 끝내 이로울 것이 없다. 그 때문에 이와 같이 말한 것이다."

若是野犴 至虛開口

琪注。野犴[1]喩凡夫二乘也。師子喩大乘菩薩也。菩薩之人。深悟法性。從初發心。便成正覺。所說法門。悉皆稱性也。二乘凡夫。諸權位人。不能明見佛性之者所說。不明究竟實相之理。猶如百年[2]妖怪虛開口。終無所益[3]故云。[4]

---
1) ㉑ '犴'이 갑본에는 '干'으로 되어 있다.   2) ㉑ '年'이 갑본에는 '千'으로 되어 있다.

3) ㉡ 갑본에는 '益' 다음에 '也'가 있다.   4) ㉡ 갑본에는 '云' 다음에 '百千妖怪虛開口'가 있다.

原文 여우는 호랑이 위세 빌려

事實 『사기史記』에서 말하였다.

"초楚나라 선왕宣王이 소혜휼昭奚恤을 재상으로 삼자 모든 제후가 두려워하였다.

왕이 여러 신하에게 물었다.

'내 듣자 하니, 북방에서 소혜휼을 두려워한다는데 어찌된 일인가?'

강을江乙이 대답하였다.

'신臣은 이런 이야기를 들은 적이 있습니다. 호랑이가 모든 짐승을 잡아먹으려고 하다가 여우를 만났는데, 여우가 이렇게 말했답니다.

〈그대는 감히 나를 잡아먹을 수 없다. 천제天帝께서 나를 백수百獸의 대장으로 삼았으니 그대가 나를 잡아먹는다면, 이는 천제의 명령을 어기는 것이다. 그대가 믿지 못하겠다면 내가 앞에서 갈 테니 그대가 내 뒤를 따르면서 모든 짐승들이 나를 보고도 도망가지 않는지 보도록 하라.〉

호랑이가 그렇게 하겠다고 하고, 여우의 뒤를 따라가자, 모든 짐승이 보고 다들 달아났는데, 호랑이는 자기를 두려워해 도망가는 줄은 모르고 여우를 두려워하는 것으로 여겼다고 합니다.'"

狐假虎威

史記云。楚宣王。以昭奚恤爲相諸候畏之。王問群臣曰。吾聞北方畏昭奚恤如何。江乙對曰。臣聞虎求百獸而食之得狐。狐曰子無噉我。天帝令我長百獸。子食我。是逆天帝之命。子若不信。我當先行子隨我後。觀諸百獸。見我能無走乎。虎以爲然。隨狐而行。百獸見之皆走。虎不知畏己而走。以爲畏狐也。

原文 비람 동산 나무
事實 『처태경處胎經』에서 말하였다.

"세존께서 처음 모태에서 나올 때, 비람毗藍 동산에 있는 무우수無憂樹 아래에서 두루 일곱 걸음을 걷고 눈으로 사방을 둘러보며, 한 손으로는 하늘을 가리키고 한 손으로는 땅을 가리키면서 '하늘 위와 하늘 아래에서 나만이 홀로 존귀하다'고 하셨다."

毗藍園樹

處胎經云。世尊初出胎時。於毗藍園裏。無憂樹下。周行七步。目顧四方。一手指天一手指地云。天上天下唯我獨尊。

原文 '원돈圓頓의 가르침이여'부터 '곧장 따져 보라'까지
事實 『기주』에서 말하였다.

"원圓은 원만하다는 뜻이고, 돈頓은 점차가 아니라는 뜻이고, 교敎는 본받는다는 뜻이다. 성인께서 하근기의 말을 구비하는 것은 말로 이치를 표현해 중생을 교화하려는 뜻이다. 원돈교는 점차漸次를 빌리지 않고 부처님의 경계로 뛰어넘어 들어가는 것이다. '전傳'에서는 '비유하면 마치 태자가 왕의 덕을 갖추고 있는 것과 같고, 가릉빈가의 울음이 모든 새의 울음소리를 뛰어넘는 것과 같다'[30]고 하였다.

'물인정勿人情'을 말해 보자. '물勿'은 '중衆' 자의 뜻과 같다. 어떤 중생이든 의심이 나서 결택하지 못하겠거든 곧바로 분명하게 밝혀야만 한다. 이것은 세간의 학문이 아니라 나고 죽는 큰일을 위한 것이니, 실로 용이한 것이 아니다. 따라서 다음 문장에서 그 인과因果를 밝혔다."

---

[30] 『宗鏡錄』 권9(T48, 463b).

圓頓教 至直須爭

琪注。圓謂圓滿。頓非漸次也。教者効也。聖人備下之[1]言。詮理化物爲義也。圓頓之敎。不假漸次超入佛境。傳曰譬如大[2]子。具王儀[3]之德。迦凌[4]超衆鳥之音也。勿人情者。勿猶衆也。一切衆生。若有疑情。不決直須朗了。此非世間之學。爲生死事大。實非容易。故下文朗其因果也。

1) ㉮ '之'가 갑본에는 '文'으로 되어 있다. 2) ㉮ '大'가 갑본에는 '太'로 되어 있다.
3) ㉮ '儀'가 갑본에는 '義'로 되어 있다. 4) ㉮ '凌'이 갑본에는 '陵'으로 되어 있다.

原文 남양 국로南陽國老
事實 충 국사忠國師에게 숙종 황제가 물었다.
"어떤 것이 십신十身을 조어調御하는 것입니까?"
스님이 말하였다.
"단월檀越께서 비로자나의 정수리를 밟고 가는 것입니다."
황제가 말하였다.
"과인은 모르겠습니다."
스님이 말하였다
"자기의 청정법신淸淨法身을 오인하지 마십시오."[31]

南陽國老

忠國師因肅宗。帝問如何是十身調御。師云檀越踏毗盧頂上行。帝云寡人不會。師云莫認自己淸淨法身。

---

31 『事實』의 인용은 『碧巖錄』 제99칙(T48, 222)의 문장과 일치한다. 그러나 『景德傳燈錄』과 『五燈會元』 등에는 위의 문답이 다르게 기록되어 있다. "무엇이 십신을 조어하는 것입니까?"라는 숙종 황제의 질문에 혜충 국사가 자리에서 내려와 우뚝 섰다고 한다. 또 "무엇이 무쟁삼매無諍三昧입니까?"라는 질문에 혜충 국사는 "단월께서 비로자나의 정수리를 밟고 가는 것입니다."라고 대답하였고, 왕이 "무슨 뜻입니까?"라고 묻자 "자기의 청정법신을 오인하지 마십시오."라고 말했다고 한다. 『景德傳燈錄』 권5(T51, 244c).

原文 '산승이 그러는 것이 아니니'부터 '단상의 구덩이'까지

事實 『기주』에서 말하였다.

"이것은 영가永嘉 스님이 스스로 말한 것이다. 즉 '어찌 이 산승이 인아人我의 마음을 치달려서 드러내는 것이겠는가. 미래세에 모든 중생이 법문 중에서 발심하여 수행하다가 잘못 마음을 써서 단견斷見과 상견常見 두 가지 견해에 떨어질까 몹시 염려된다'는 것이다.

이 두 가지 견해는 사람을 빠뜨릴 수 있기 때문에 구덩이라고 한 것이니, 마치 세상의 구덩이나 참호와 같다. 서천축의 96종 외도가 모두 이 두 가지 견해에서 벗어나지 않는다. 그러므로 『법화경』에서는 '있다(有)고 하고 없다(無)고 하는 등 이것을 의지한 여러 견해가 모두 갖추면 62가지나 된다'고 하였으니, 바로 이와 같은 의미이다."

不是山僧 至斷常坑

琪注。此是永嘉自謂也。豈是山僧馳逞人我之心。切恐未來之際。一切衆生。於法門中。發心修行。錯悞用心。墮落斷常二見。此之二見能陷人故。名之爲坑。如世坑塹也。西天[1] 九十六種外道。不出此見。故法華經云。若有若無等。依止此諸見。具足六十二。即其義也。

1) ㉢ 갑본에는 '天' 다음에 '有'가 있다.

原文 계주髻珠에 흠 없는 줄

事實 『법화경』「안락품安樂品」에서 말하였다.

"문수사리야, 저 전륜성왕이 큰 공을 세우는 여러 병사들의 무리를 보면, 마음으로 매우 기뻐하며 오랫동안 육계 가운데 지니고 있으면서 함부로 사람들에게 주지 않던 이 믿기 어려운 구슬을 그때서야 주는 것과 같다.

여래도 이와 마찬가지여서 삼계三界에서 대법왕大法王이 되어 법으로

일체중생을 교화하다가 현성賢聖의 군대가 오음마五陰魔·번뇌마煩惱魔·사마死魔와 싸워 큰 공훈功勳을 세우며 삼독을 소멸시켜 삼계를 벗어나고 마군의 그물을 찢어 버리는 것을 보면, 이때 여래 역시 크게 기뻐한다. 그래서 중생들을 일체지一切智에 도달하게 할 수 있지만, 모든 세간이 원망이 많아 믿음을 일으키기 어려워 이전에는 설하지 않던 이 『법화경』을 지금에야 설하는 것이다."³²

髻珠無纇

法華經安樂品云。文殊師利。如轉輪王。見諸兵衆。有大功者。心甚歡喜。以此難信之珠。久在髻中。不妄與人而今與之。如來亦復如是。於三界中。爲大法王。以法敎化一切衆生。見賢聖軍。與五陰魔煩惱魔死魔共戰。有大功勳。滅三毒出三界。破魔網。爾時如來亦大歡喜。此法華經。能令衆生至一切智。一切世間。多怨難信。先所未說而今說之。

[原文] '그름과 그르지 않음이여'부터 '천 리나'까지
[事實] 『기주』에서 말하였다.

"'그름과 그르지 않음', '옳음과 옳지 않음이여'라고 한 것은 시비의 모습이 분명하니 착란해선 안 됨을 밝힌 것이다. 비非가 어찌 비가 아니겠는가. 비는 진비眞非이다. 시是가 어찌 시가 아니겠는가. 시는 진시眞是이다. 곧 시비에 주체가 없긴 하지만 불성을 흐리멍덩한 눈으로 바라보거나 진여眞如를 가두어서 통제해서는 안 된다.

'털끝만 한 차이에 천 리나 어긋난다'고 한 것을 말해 보자. 털 중에서 긴 것을 호毫라고 한다. 10리釐가 1호毫가 된다. 호리만큼의 간격이라도 있다면 천리만리나 어긋나게 된다. 이 때문에 다음에 나오는 문장에서 시

---

32 『妙法蓮華經』 권5 「安樂行品」(T9, 39a).

비의 모습을 심도 있게 밝혔다."

非不非 至千里

琪注。非不非是不是者。乃酬是非之相。分明不可錯亂也。非豈不非。[1] 非乃眞非也。是豈不是。是乃眞是也。雖則是非無主。不可瞞盰佛性。籠統眞如也。差之毫釐[2]失之[3]千里者。毛中長者曰毫釐者。十釐爲一毫。若差之毫釐之間。則失之千里萬里。故下文深明是非之相也。

1) ㉓ '非'가 갑본에는 '是'로 되어 있다. 2) ㉓ '釐'가 갑본에는 '氂'로 되어 있다. 3) ㉓ '之'가 갑본에는 없다.

原文 가운데 나무
事實 현사玄沙 스님이 말하였다.
"마치 어떤 사람이 한 뙈기의 밭을 팔면서 '사방 경계까지 땅은 모두 네 것이지만 중심에 있는 나무는 여전히 내 것이다'라고 하는 것과 같다."[33]

中心樹子

玄沙云。如人賣一。片田地。四至界畔。摠屬汝了也。中心樹子。猶屬我在。

原文 '옳은 것은 용녀가'부터 '산 채로 떨어진 것이니'까지
事實 『기주』에서 말하였다.
"용녀龍女와 선성善星의 이야기는 옳고 그른 모습을 분명히 밝힌 것이다.
옛날 영산회상에서 한 용녀가 부처님께 보배 구슬을 바쳤다. 세존께서 이것을 받고 설법하시자 무생인無生忍을 깨달았고, 곧바로 남방의 무구세계無垢世界로 가서 보련화寶蓮花에 앉아 등정각等正覺을 이루었으며 명호를

---

[33] 『福州玄沙宗一大師廣錄』 중(X73, 14c).

화선여래花鮮如來라 하였다.[34]

'그른 것은 선성이 산 채로 지옥에 떨어진 것이다'라고 한 것을 말해 보자. 옛날에 비구가 있었는데 이름이 선성이었다. 그는 『십팔향상타경十八香象駝經』[35]을 염송할 수 있었지만, 몸이 살아 있는 채로 지옥에 빠졌다.[36] 이것은 불성을 보지 못하고 설법하는 것이 도리어 훼방하는 것이 됨을 말한 것이다. 그러므로 이와 같이 경책한 것이다."

是則龍女 至生陷墜

琪注。龍女善星者。鬪顯是非之相也。昔日靈山會上。有一龍女獻佛寶珠。世尊受之。而爲說法。悟無生忍。卽往南方無垢世界。坐寶蓮花。[1] 成等正覺。號花鮮如來也。非則善星生陷墜者。昔有比丘。名曰善星。念得十八香象駝經。生身活陷地獄。謂不見佛性。說法返成謗讟。[2] 故則有所警策也。

1) ㉾ '花'가 갑본에는 '華'로 되어 있다. 2) ㉾ '讟'이 갑본에는 '瀆'으로 되어 있다.

[原文] '나는 어려서부터'부터 '경론을 찾으니'까지
[事實] 『기주』에서 말하였다.

"지금 여기에서는 무상無相의 공功을 밝히기 위해서 유상有相의 이치를 먼저 밝혔다. 대사는 어린 시절 여러 강사講肆를 편력하며 천태 지자天台

---

34 이상 용녀이야기는 『妙法蓮華經』 권4 「提婆達多品」(T9, 35c)에 나온다.
35 『십팔향상타경十八香象駝經』: 『十八香象駝經』이라는 경명은 없다. 『涅槃經』에서는 선성 비구가 십이부경十二部經을 외우고 사선四禪을 성취했던 자라고 하였다. 『涅槃經』에서는 선성 비구가 상당한 학식을 소유했던 인물로 묘사되어 있다. 따라서 많은 수의 경을 기억하고 설법할 수 있었다는 의미가 아닐까 추측된다. 또한 『涅槃經』에 등장하는 선성 비구는 니건자와 바라문들에게 상당한 호감을 가지고 대하고 부처님을 공개적으로 비방하고 다니는데, 이런 일련의 사건들은 『阿含經』에 등장하는 선숙 비구善宿比丘의 이야기와 상당한 유사점이 있다. 선숙 비구는 출가 이전에 이미 상당한 명망을 갖춘 바라문이었다. 따라서 혹시 바라문교의 성전인 18대경十八大經을 의미하는 것은 아닐까 추측되기도 한다. 4베다·6론·8론을 합쳐 18대경이라 한다.
36 이상 선성 비구 이야기는 『大般涅槃經』 권33 「迦葉菩薩品」(T47, 560b)에 나온다.

智者의 교관敎觀을 듣고 집성하였으며, 경론을 깊이 연구하며 학문을 축적하고 널리 물었다.

선덕先德이 '오하五夏 이전에는 율부律部를 정미하게 연구하고 다음에는 경론의 이치를 밝히며, 그런 뒤에 선지식을 참방해 생사를 결택決擇하는 것이 도에 깨달아 들어가는 순서이다'라고 하였는데, 숙세에 수승한 원력을 세운 사람이 아니면 이것을 온전하게 할 수 있는 사람이 드물다. 이전의 모든 성인 치고 이렇게 하지 않은 분은 없었다. 달마 조사께서도 삼장을 모두 배우고 정업定業에 더욱 전념했다는 것은 모르는 사실이 아니다. 후대의 학인들이 여기에 미치지 못하면서 도리어 비방하고 있으니 매우 잘못된 것이다.

비유하면 통발과 올가미로 물고기와 토끼를 잡는 것과 같으니, 이미 물고기와 토끼를 잡았으면 통발과 올가미는 잊어버려야 한다. 다음 문장에서 알 수 있다."

吾早年來 至尋經論

琪注。今欲明無相之功。先明有相之理。大師小[1]時。歷諸講肆。聽集天台智者敎觀。深於經論。積學博問也。先德云。五夏已前。精研律部。次[2]明論經[3]然後。叅尋知識決擇。死生[4]乃入道之[5]叙也。非宿有乘種願力。罕能全此。從上諸聖莫不皆然。達摩[6]祖師。學該三藏尤專定業。非不知也。後之學者不能及此。返爲謗說。深不可也。譬如筌箄[7]在[8]獲魚兔。旣得[9]魚兔。筌箄可忘。下文可見也。

---

1) ㉝ '小'가 갑본에는 '少'로 되어 있다.　2) ㉝ '次'가 갑본에는 '大'로 되어 있다.　3) ㉝ '論經'이 갑본에는 '經論'으로 되어 있다.　4) ㉝ '死生'이 갑본에는 '生死'로 되어 있다.　5) ㉝ '之'가 갑본에는 없다.　6) ㉝ '摩'가 갑본에는 '磨'로 되어 있다.　7) ㉝ '箄'가 갑본에는 '蹄'로 되어 있다. 다음도 이와 같다.　8) ㉝ '在'가 갑본에는 '有'로 되어 있다.　9) ㉝ '得'이 갑본에는 '獲'으로 되어 있다.

原文 '명칭과 모양을 분별하며'부터 '자신만 피곤할 뿐'까지

事實 『기주』에서 말하였다.

"경론을 배우는 것에 어찌 잘못이 있겠는가. 우리 부처님 여래께서 금구金口로 설하신 말씀을 한량없는 나라에서 명자名字조차 듣지 못하고 있는데 하물며 어떻게 직접 볼 수 있겠는가. 따라서 가르침이 사람을 미혹시키는 것이 아니라, 사람이 스스로 가르침에 미혹당하는 것임을 알아야 한다.

고덕古德이 말하였다.

'경전을 볼 때는 반드시 경을 보는 안목(看經眼)을 갖춰야 한다. 눈이 밝지 못하면 도리어 명상名相에 현혹되어 심지心地는 궁구하지 않고 한결같이 많이 듣기만 할 뿐이다.'

이 때문에 말하였다.

아무리 많이 배워도 탐욕 이룰 뿐이네
누가 고개 돌려 자신의 부끄러움 알까
비틀거리며 억울하게도 타향의 나그네 노릇 하며
본분의 가풍은 감당치 못하는구나

비유하면 마치 바다에 들어가 모래의 숫자를 세는 것과 같아서 부질없이 자신만 피곤하게 할 뿐이다."

分別名相 至徒自困

琪注。經論之學。豈有過失。乃我佛如來。金口所說。於無量國中乃至名字。不可得聞。何況得見。故知敎不迷人。人自迷敎也。古德云。看經須具看經眼。眼若不明。返爲名相所眩。不窮心地。一向多聞。所以云。縱多學也成貪。那箇回頭解自慙。踉蹡枉[1]作佗鄉客。本分門風不荷擔。譬若入海算沙。

徒自困爾。

1) ㉄ '枉'이 갑본에는 '抂'으로 되어 있다.

原文 앞도 뒤도 삼삼三三

事實 『염송拈頌』에서 말하였다.

"문수文殊가 무착無着에게 물었다.

'요사이 어디에서 떠나왔느냐?'

무착이 말하였다.

'남방南方에서 왔습니다.'

문수가 물었다.

'그곳의 불법은 어떻게 유지되고 있느냐?'

무착이 답하였다.

'말법의 비구들이어서 계율을 받들어 지키는 이가 적습니다.'

문수가 물었다.

'대중은 얼마나 되느냐?'

무착이 답하였다.

'혹은 300명도 되고 혹은 500명도 됩니다.'

무착이 물었다.

'이곳의 불법은 어떻게 유지되고 있습니까?'

문수가 답하였다.

'범부와 성인이 함께 거처하고 용과 뱀이 뒤섞여 있느니라.'

무착이 물었다.

'대중은 얼마나 됩니까?'

문수가 답하였다.

'앞도 삼삼이고 뒤도 삼삼이니라.'"

前後三三

拈頌。文殊問無着。近離甚處。着云南方。文殊云。佛法如何住持。着云末法比丘。小奉戒律。文殊云多小衆。着云或三百或五百。着問此間如何住持。文殊云凡聖同居。龍虵混雜。着云多小衆。殊云前三三後三三。

原文 '도리어 여래에게 당했으니'부터 '무슨 이익 있으랴'까지
事實 『기주』에서 말하였다.
 "여래께서는 다문지사多聞之士를 꾸짖었으니, 이들이 비록 많이 듣긴 했지만 수승하지 못했기 때문이다. '경'에서 '마치 어떤 사람이 다른 이의 보배를 세는 것과 같아서 자기에게는 반 푼어치의 이익도 없다'[37]고 말씀하셨다. 이미 자신의 보배가 아니라면 종일 세어 그 수량을 안다 한들 자신이 수용할 수 없는데 자기에게 무슨 이익이 있겠는가. 따라서 '비유하자면 아침나절이 다하도록 약을 설명한다 해도 병만 깊어져 자신만 피곤한 것인데, 어떤 이들은 긴 세월 갈 길을 물으며 반걸음도 움직이지 않는다. 물고기를 잡으면 통발은 잊어버리는 그런 인재는 만나기가 어렵고, 손가락에 집착해서 달로 여기는 그런 무리는 실로 많이 있다'고 한 것이 그 의미다."

却被如來 至有何益

琪注。如來訶責多聞之士。雖則多聞。不獲修證。經云如人數佗寶。自無半錢分也。旣非己寶。數至終日。雖知數量。不得受用。於己有何益也。所以云。譬如終朝說藥。而自困於沉痾。有若長年問程。而不動於[1]跬步。得魚忘筌者。罕遇其士。執指爲月者。實繁有徒。卽其義也。

---

37 문수사리文殊師利보살의 질문에 답한 법수法首보살의 게송에서 인용하였다. 『大方廣佛華嚴經』 권13 「菩薩問明品」(T10, 68a).

1) ㉯ '於'가 갑본에는 없다.

原文 옷 속에 값을 매길 수 없는 구슬
事實 『법화경』에서 말하였다.

    비유하면 마치 빈궁한 사람이
    친한 벗의 집에 이르렀는데
    그 집은 아주 큰 부자여서
    온갖 반찬 골고루 대접하고서
    값을 매길 수 없는 보배 구슬
    내의內衣 속에 넣어 주고는
    묵묵히 말도 없이 떠나갔건만
    이때 잠이 들어 알지 못했네
    그 사람 잠에서 깨어난 뒤
    떠돌며 다시 다른 나라로 갔고
    옷과 음식 구걸해 스스로 연명하니
    삶을 유지하기 참으로 힘겨워라
    조그마한 편리만 얻어도 만족하고
    더 좋은 것은 바라지도 않았으니
    알지 못했네, 내의 깊숙한 곳
    값을 매길 수 없는 보배 구슬 있다는 걸[38]

---

[38] 아약교진여阿若憍陳如 등이 읊은 게송에서 인용하였다. 『妙法蓮華經』 권4 「五百弟子受記品」(T9, 29a).

衣珠無價

法華經云。譬如貧窮人。往至親友家。其家甚大富。具設諸餚饍。以無價寶珠。繫着內衣裏。默與而捨去。時臥不覺知。是人旣已起。遊行詣佗國。求衣食自濟。資生甚艱難。得小便爲足。更不願好者。不覺內衣裏。有無價寶珠。

原文 '무시이래로 비틀거리며'부터 '풍진 나그네'까지
事實 『기주』에서 말하였다.

"'종래從來'라고 한 것은 시작 없는 이래를 말한다. '층등蹭蹬'은 걸음이 나아가지 못하는 모양이다. '허행虛行'은 땅도 없이 허공을 걷는 것이다.

시작 없는 때로부터 오늘에 이르기까지 생사의 험난한 길을 지나며 부질없이 자신만 피곤하게 하고 열반의 길은 일찍이 밟아본 적이 없기 때문에 '쓸데없이 다녔음을 깨달았다'고 한 것이다.

'여러 해 억울하게도 풍진 나그네 노릇 하였다'라고 한 것을 말해 보자. 비유하면 마치 세상 사람이 남북으로 천리만리 표표히 떠돌다 보면 고향과 점점 멀어져 억울하게도 풍진의 나그네가 되는 것과 같다.

고덕古德은 '문 앞의 끝없는 길, 집에 당도할 사람 그 뉘런고'라고 하였다."

從來蹭蹬 至風塵客

琪注。從來者。從無始來也。蹭蹬者。行不進之貌也。虛行者。未有地頭而虛行也。從無始已來以至今日。經生死嶮道。徒自困疲。於涅槃路上。未曾踏[1]實故曰[2]覺虛行也。多年枉作風塵客者。[3] 譬如世人。飄蓬南北千里萬里。[4] 家鄉轉遠。枉作風塵之客也。古德云。門前無限路。誰是到家人。

---
1) ㉲ '踏'이 갑본에는 '蹈'로 되어 있다. 2) ㉲ '曰'이 갑본에는 '云'으로 되어 있다.
3) ㉲ '者'가 갑본에는 없다. 4) ㉲ '萬里'가 갑본에는 없다.

原文 떠나던 날의 삼베옷

事實 맹호연孟浩然의 시에서 읊었다.

자애로운 어머니 손에 바늘 들고서
길 떠날 아들 몸에 입힐 옷을 만드시네
출발에 임하여 촘촘히 꿰매는 것은
혹여 더디 올까 염려해서라오

去日衣衫
孟浩然詩云。慈母手中線。遊子身上衣。臨行密密縫。擬恐遲遲歸。

原文 '종성種性이 삿됨이여'부터 '원돈의 법제'까지

事實 『기주』에서 말하였다.

"삼보에 귀의하지 않는 사람에게 하는 말이다. 서천축의 96종 외도는 삿된 스승을 의지해 온갖 삿된 견해를 일으킨다. 이 때문에 '잘못된 앎이여'라고 한 것이다.

여래의 심지법문心地法門을 통달하지 못했기 때문에 무량겁 동안 한량없는 생사를 받음을 알 수 있으니, 이것은 모두 삿된 스승의 설법을 의지하고 원돈圓頓 대승 보살이 설하는 것을 만나지 못했기 때문이다.

'논論'[39]에서는 말하였다.

차라리 지옥의 고통 받을지언정
부처님의 명호 들으며

---

[39] 『華嚴經合論』을 말한다. 그러나 이 구절은 『華嚴經合論』에서도 『華嚴經』의 게송을 소개한 것이므로 정확히 말하자면 『華嚴經』이라고 해야 한다.

한량없는 즐거움 받지 않으리
부처님의 명호 듣지 않고
지난 한량없는 겁 동안
고통 받으며 생사에 유전한 것은
부처님의 명호를 듣지 못한 탓이네[40]

부처님의 명호를 듣지 못한 사람은 모두 삿된 스승을 만났기 때문이다."

種性邪 至圓頓制

琪注。謂不歸依三寶之人。西竺九十六種外道。依附邪師。生諸邪見。故云。錯知解也。不達如來心地法門。故知於無量劫。受無量生死。皆因邪師說法也。不遇圓頓大乘菩薩所說。故論云。寧受地獄苦。得聞諸佛名。不受無量樂。而不聞佛名。以經於往昔。無量劫受苦。流轉生死中。不聞佛名故。不聞佛名者。皆遇邪師故也。

原文 섭공葉公이 그림을 좋아한 게
事實 『사기史記』에서 말하였다.

"섭공에서 '섭葉'은 봉해진 땅이며, 공의 이름은 자고子高이다. 그 성품이 용을 좋아하여 문과 전각과 당우堂宇에 모두 용의 초상을 그려 놓았다. 이에 천룡天龍이 소문을 듣고 내려와 창문으로 엿보며 꼬리를 방안으로 들이밀었는데 섭공이 이것을 보고 깜짝 놀라 달아나다 정신을 잃었다."

저 섭공은 진짜 용을 좋아한 것이 아니라 용과 비슷한 것을 좋아한 것이다.

---

40 진실혜眞實慧보살이 읊은 게송이다. 『大方廣佛華嚴經』 권16 「須彌頂上偈讚品」(T10, 83a).

葉公好畫

史記云。葉公者。葉所封之地。公名子高。其性好龍。門閣堂宇。悉畫龍像。於是天龍。聞而下來。窺頭於牖。施尾於屋。葉公見而驚。走失其魂魄。夫葉公。非好眞龍。好似龍也。

原文 '이승二乘은 정진해도'부터 '지혜가 없으니'까지
事實 『기주』에서 말하였다.

"이승의 근기인 사람은 정진하고 수행하여 삼계의 견혹見惑과 사혹思惑을 끊으며 천상과 인간세계를 일곱 차례 왕복하는데, 편력하는 수행법문修行法門이 정진이 아닌 것은 아니지만 적멸寂滅의 술을 마시고 열반의 침상에 누워 있는 것이다. 대비심을 일으키고 이타행利他行을 닦아 중생을 제접하여 이익을 주지는 않으므로 이것은 도심道心이 없는 것이다.

'외도는 총명하나 지혜가 없다'고 한 것을 말해 보자. 서천축의 외도들 중에는 지극히 총명한 인재들이 있어 4위타圍陀(베다)의 전적을 외울 수 있지만 불성을 밝히지는 못하였다. 이 때문에 한산寒山은 노래하였다.

> 세간에 많이 안다는 이들
> 어리석게도 문장 사용함을 배우며
> 찾아올 과보는 근심하지 않고
> 나쁜 원인 지을 줄만 아네
> 부처님 보고도 예배할 줄 모르고
> 스님을 만나면 화만 더 내니
> 오역五逆과 십악十惡을 짓는 무리라
> 삼독三毒으로 이웃 삼으니
> 죽으면 지옥으로 들어가
> 벗어날 기약이 없으리라

고금의 총명한 인재들 중에도 세상의 지혜에 부림을 당해 반야를 믿지 않는 사람들이 또한 있다. 고덕은 말하였다.

이백李白과 이사李斯가 문장은 빼어나지만
두 사람 모두 공왕空王의 설법 만나지 못했네
부질없이 총명심을 자부한 것 얼마인가?
생사의 근원은 꿰뚫지 못하였도다

선대先代 성인께서 자비를 드리운 것이 이와 같은데도 어찌하여 이런 경지가 있음을 알지 못하는가."

二乘精進 至無智慧

琪注。二乘之人。精進修行。斷三界見思。七返人天。所歷修行法門。非不精進也。飮寂滅酒。卧涅槃床。不起大悲心。修利佗行。接物利生。是無道心也。外道聰䎹無智慧者。西竺外道。極有聰明之士。念得四圍陁典籍。不明佛性。故寒山云。世有多解人。愚癡學用文。不憂當來果。唯知造惡因。見佛不解禮。見僧倍生嗔。五逆十惡輩。三毒以爲隣。死去入地獄。未有出頭晨。[1] 今古聰明之士。爲世智所使。不信般若。亦有之也。[2] 古德云。李白李斯文占[3]絶。二人不遇空王說。[4] 幾多空負聰明心。到底死生[5]打不徹。先聖垂慈如此。豈不知有耶。

---
1) ㉨ '晨'이 갑본에는 '辰'으로 되어 있다. 2) ㉨ '也'가 갑본에는 없다. 3) ㉨ '占'이 갑본에는 '學'으로 되어 있다. 4) ㉨ '說'이 갑본에는 '記'로 되어 있다. 5) ㉨ '死生'이 갑본에는 '生死'로 되어 있다.

原文 양주楊朱
事實 『조정사원』에서 말하였다.

"양주가 갈림길에서 울며 넋두리하였다. '남으로 가야 옳을까, 북으로 가야 옳을까.'"[41]

楊朱
祖庭云。楊朱泣歧路曰。謂其可以南可以北。

原文 '또한 어리석으니'부터 '실재가 있다 알음알이 내니'까지
事實 『기주』에서 말하였다.

"어른이 지혜가 없는 것은 '우愚'라 하고 어린아이가 지혜가 없는 것은 '해駭'라고 한다.

'빈주먹 손가락에서 실재가 있다 알음알이 낸다'고 한 것을 말해 보자. 어리석은 사람과 어린아이는 텅 빈 주먹인데도 허망하게 실제로 무언가 있다고 여긴다. 마치 누런 잎을 돈으로 알아 진실한 것으로 여기는 것과 같다. 여래대사如來大師께서 설하신 일대장교一大藏敎의 문장은 모두 대비심으로 무위의 오묘한 지혜를 인연에 따라 가르치고 베푸신 것이다. 어떤 경우에는 유법有法을 설하고 어떤 경우에는 공법空法을 설하였으며, 혹은 돈점頓漸을 설하기도 하고 혹은 편원偏圓을 설하기도 하며 혹은 일정하지 않은 법을 설하기도 하셨으니, 여러 가지 명상名相을 중생들은 각각 부류에 따라 이해한다. 모든 소승의 근기는 말을 따라 자기 스스로 집착을 일으켜 불성을 보지 못하는데, 비유하면 마치 빈주먹 속에 무언가 실제로 있다는 견해를 일으키는 것과 같다. 다음 문장에서 거듭 비유로 나타내었다."

---

41 『祖庭事苑』 권5(X64, 384c).

亦愚癡 至生實解

琪注。大人無智曰愚。少[1]兒無知[2]曰駭。[3] 空拳指上生實解者。愚人少兒。於空拳指上。妄爲實有。如以黃葉爲錢以爲眞實。如來大師說一大藏教文。盡以大悲心。於無作妙智。隨緣敎化。[4] 或說有法。或說空法。或說頓漸。或說偏圓。或說不定。以種種名相。隨類[5]而各得解也。諸小根器。隨語自生執着。[6] 不見佛性。猶如空拳指上生實解也。下文重與喩出。

---

1) ㉑ '少'가 갑본에는 '小'로 되어 있다. 다음도 이와 같다. 2) ㉑ '知'가 갑본에는 '智'로 되어 있다. 3) ㉑ '駭'가 갑본에는 '欸'로 되어 있다. 4) ㉑ '敎化'가 갑본에는 '放光'으로 되어 있다. 5) ㉑ '類'가 갑본에는 '緣'으로 되어 있다. 6) ㉑ '着'이 갑본에는 '著'으로 되어 있다.

原文 모래 가져다 성벽 쌓는 것 배우니

事實 『소아론小兒論』에서 말하였다.

"공자가 길을 갈 때였다. 어린아이들이 모래를 가지고 성벽을 만들어 놓고 말하였다. '수레가 성을 피해야겠습니까, 성이 수레를 피해야겠습니까?' 그러자 공자가 미소 짓고 수레를 돌려 길을 갔다."

沙土學圍城

小兒論云。孔子行時。兒輩以沙作圍城曰。車避城耶。城避車耶。孔子笑而廻事而行。

原文 '손가락 집착해 달로 여겨부터 '헛되이 눈 비벼 괴이한 짓 하고서'까지

事實 『기주』에서 말하였다.

"만약 손가락을 미혹하여 달로 여기면 달을 미혹한 것일 뿐만 아니라 손가락도 미혹한 것이니, 손가락을 달로 안 것이기 때문이다. '경'에서 '수다라修多羅의 가르침은 마치 달을 가리키는 손가락과 같은 것이니, 만약

달을 보면 달을 가리킨 것은 필경 달이 아님을 알아야 한다'[42]고 하였다. 그러므로 도를 배우는 사람도 이와 마찬가지이니, 수다라의 가르침을 불성으로 여긴다면 이것은 불성을 미혹한 것일 뿐만 아니라 가르침도 미혹한 것이니 교를 불성이라 여기기 때문이다. 곧 이것이 공행功行을 잘못 시행하는 것이다.

그러므로 중·하의 근성인 자들에게 대승반야大乘般若의 종성이 없다면 불지견佛知見에 깨달아 들어갈 수 없음을 알 수 있다. 여기서 병이 되는 것은 근根·경境·식識의 십팔계법十八界法에 있다. 따라서 '근경의 법 중에 헛되이 눈 비벼 괴이한 짓 한다'고 말한 것이다."

執指爲月 至虛捏怪
琪注。若迷指爲月。非獨迷月。亦乃迷指。以認指爲月故也。經云修多羅敎。如標[1]月指。若復見月了知所標。畢竟非月。是故學道之人。亦復如是。若以敎爲佛性。非獨迷其佛性。亦乃迷敎。以敎爲佛性。故則是枉施其功行也。是知中下根性。若無大乘般若之種性。不能入佛知見。其所爲患者。在於根境識[2]十八界法。故云。根境法中虛捏怪也。

---
1) ㉯ '標'가 갑본에는 '標'로 되어 있다. 다음도 이와 같다. 2) ㉯ 갑본에는 '識' 다음에 '三'이 있다.

原文 '한 법도 보지 않음이'부터 '판자쪼가리'까지
事實 『기주』에서 말하였다.

"이 한 구절은 영가 대사永嘉大師가 힘을 다해 이끌어서 문전에 당도케 하였으나, 다만 발을 들어 들어가지는 못한 것이다.

옛날에 한 숙덕宿德이 『법화경』을 보다가 '모든 법은 본래부터 항상 스

---
[42] 『大方廣圓覺修多羅了義經』(T17, 917b).

스로 적멸한 모습이다'라고 한 대목에 이르러 스스로 희열을 느끼고는 항상 뜻을 두어 온몸으로 궁구하였다. 가건 서건 앉건 눕건 말하건 침묵하건 일을 하건 거동하건 시설하건 숟가락을 들고 젓가락을 놓는 데 이르기까지 온몸으로 궁구하지 않음이 없었지만 도무지 얻는 것이 없었다. 중춘仲春의 달에 이르렀는데 하루는 홀연히 누각에서 한가로이 앉아 있다가 나무에 있던 꾀꼬리 울음소리를 듣고는 별안간 깨우쳐 들어갔다. 그리고는 전에 있었던 인연을 살펴보고 앞의 구절을 이어 게송을 읊었다.

    모든 법은 본래부터
    항상 스스로 적멸한 모습이라
    봄날 따스하니 백화가 붉게 피고
    자고새 버들가지에서 지저귀누나

이 일로 고금 존숙尊宿들의 설화를 살펴보고는 그 뜻을 훤히 깨쳐 스승에게 인가印可를 구하고는 모든 곳에 응용하는 데 걸림이 없었다. 이것이 이른바 '바야흐로 이름을 관자재라 한다네'라는 것이다."

不見一法 至觀自在
琪注。此一句。乃永嘉大師。[1] 盡力拽到門前。祇欠擡足入來也。昔有宿德。因看法華經。至諸法從本來。常自寂滅相。自喜之。常留意體究以至行住坐臥。語默做作。[2] 擧動施爲。拈匙放筯。無不體究。□[3]無所得。至仲春之月。忽一日凭欄閑坐。聞□□[4]鶯聲。瞥然悟入。省前因緣。續前頌云。諸法從本來。常自寂滅相。春暖百花紅。鷓鴣[5]啼柳上。以此[6]觀今□□□[7]說話。洞曉其旨。求師印可。□□[8]應□[9]無有罣礙。所謂方得名爲觀自在也。

1) ㉯ '大師'가 갑본에는 없다. 2) ㉯ '做作'이 갑본에는 '作做'로 되어 있다. 3) ㉯ □가 갑본에는 '都'로 되어 있다. 4) ㉯ □□가 갑본에는 '樹上'으로 되어 있다. 5)

㉔ '鵰鵠'가 갑본에는 '黃鶯'으로 되어 있다. 6) ㉔ '此'가 갑본에는 '是'로 되어 있다.
7) ㉔ □□□가 갑본에는 '古尊宿'으로 되어 있다. 8) ㉔ □□가 갑본에는 '凡所'로
되어 있다. 9) ㉔ □가 갑본에는 '用'으로 되어 있다.

原文 '깨달으면 업장業障이'부터 '묵은 빚을 갚아야만 하니'까지

事實 『기주』에서 말하였다.

"죄와 복의 성품이 공하다는 것을 깨쳐서 통달하면 걸림이 없게 된다. 만약 사람이 보리심을 일으켜 근원으로 돌아가면 시방세계가 모두 소멸된다. 하물며 죄와 복의 모습이겠는가. 이 때문에 승조僧肇 법사는 노래하였다.

　　오음五陰의 몸뚱이 실재한 것 아니고
　　사대四大가 본래 공한 것이라
　　머리를 하얀 칼날로 내리치더라도
　　봄바람 가르는 것과 꼭 같아라[43]

그렇다면 업장業障은 본래 공한 것이다. 만약 깨닫지 못해 법을 집착하며 잊어버리지 못한다면 인과의 법은 몸과 그림자의 경우와 같을 것이니, 백천 겁의 세월이 흐른다 해도 지은 업은 없어지지 않아 인연이 맞닥뜨릴 때 과보를 스스로 돌려받는다. 따라서 '깨닫지 못하면 묵은 빚을 갚아야만 한다'고 한 것이다."

---

[43] 진왕秦王의 난을 만나 형장으로 끌려가며 지은 게송이라 한다. 『景德傳燈錄』에 수록된 게송과 약간의 차이가 있다. 참고로 소개하면 다음과 같다. "四大元無主 五陰本來空 將頭臨白刃 猶似斬春風"『景德傳燈錄』 권27(X51, 435a).

了卽業障 至還宿債

琪注。了達罪福性空。無有罣礙。若人發心歸源。十方世界悉皆消殞。況罪福之相耶。所以肇師云。五陰身非有。四大本來空。將頭臨白刃。一似斬□[1)]風。卽業障本來空也。若不了悟。執法不忘。[2)]因果之[3)]法。如形與影。假使百千劫。所作業不忘。因緣會遇時。果報還自受。故云。未了應[4)]須還[5)]宿債也。

---

1) ㉠ □가 갑본에는 '舂'으로 되어 있다. 2) ㉠ '忘'이 갑본에는 '志'로 되어 있다. 또 주해에는 "'志'는 '忘'인 듯하다."라고 하였다. 3) ㉠ '之'가 갑본에는 없다. 4) ㉠ '應'이 갑본에는 '還'으로 되어 있다. 5) ㉠ '還'이 갑본에는 '償'으로 되어 있다.

原文 쇠 송곳과 겉보리

事實 『인과경因果經』[44]에서 말하였다.

"세존께서 수행 인지因地에 계실 때 바늘로 이(虱)를 찌르고 나쁜 음식을 사람에게 먹게 한 적이 있다. 이와 같은 인연 때문에 성도한 다음에 이런 두 가지 어려운 일을 불러들인 것이다."[45]

金鏘馬麥

因果經云。世尊因時。以針刺虱以惡食飼人。以是因緣成道後。致此二難事也。

原文 '굶주리다 임금의 수라상 받고도'부터 '어찌 차도 있으랴'까지

---

44 『인과경因果經』: 『過去現在因果經』의 약명이다.
45 『因果經』에는 인용된 내용이 기술되어 있지 않다. 참고로 『佛說興起行經』에 부처님께서 현세에 겪은 여러 사건들의 과거 인연이 잘 소개되어 있다. 기근을 겪으며 겉보리를 드셔야 했던 일의 숙연은 『佛說興起行經』 제9 「佛說食馬麥宿緣經」에 수록되어 있고, 두통의 숙연은 『佛說興起行經』 제3 「佛說頭痛宿緣經」에 수록되어 있다. 그러나 『佛說興起行經』에서는 두통의 숙연을 전생에 물고기를 뭍에 던져두고 머리를 때렸던 과보라고 하였다.(T04, 172a)

事實 『기주』에서 말하였다.

"49년 동안 방편문方便門을 열어 진실상眞實相을 보여 주고, 여러 가지 법문을 설하여 대자대비한 원력願力으로 중생을 제접하여 인도하였는데 중생 스스로 깨달아 들어가지 못하는 것이다. 비유하면 마치 세상의 굶주린 사람이 임금의 수라상이 사방 1장丈에 이르도록 차려져 있어, 물에서 나오는 것과 육지에서 나오는 재료로 만든 음식을 모두 갖추고 여러 가지 아름다운 맛이 있는 것을 보고도 공포를 느끼고 두려워하는 마음을 일으켜서 감히 먹지 못하는 것과 같다.

또 마치 오랫동안 병들어 있던 사람이 홀연히 노의盧醫와 편작扁鵲 같은 의왕醫王을 만나고도 끝내 의혹을 일으켜 머뭇거리면서 묘약을 먹지 않는 것과 같으니, 그렇다면 병이 나을 수 없다는 것을 알 수 있다."

飢逢王饍 至爭得瘥

琪注。四十九年。開方便門。示眞實相。所說種種法門。大悲願力。接引衆生。衆生自是不能悟入。譬如世間飢餓之人。遇王者之饍¹⁾食前方丈。水陸畢備。種種美味見之。即生怖畏之心。而不敢食。又如久病之人。忽見盧醫扁²⁾鵲醫王。必生疑惑。猶豫而於妙藥。不能服食。則知病不可瘥也。³⁾

1) ㉿ '饍'이 갑본에는 '膳'으로 되어 있다. 2) ㉿ '扁'이 갑본에는 '鶣'으로 되어 있다.
3) ㉿ '也'가 갑본에는 없다.

原文 독을 바른 북

事實 『니원경泥洹經』에서 말하였다.

"부처님께서 가섭에게 말씀하셨다. 비유하건대 마치 훌륭한 의사가 모든 악을 섞어서 북에 발랐는데 어떤 중생이 전투를 하다가 상처를 입을 경우 그 북소리를 들으면 일체중생이 모두 치유되는 것과 같다. 그러나 명命이 다한 사람과 마땅히 죽어야 할 사람은 제외되느니라. 이 마하연법

摩訶衍法의 북소리도 이와 마찬가지여서 일체중생이 그 북소리를 들으면 음婬·노怒·치癡의 화살을 즐거워하지 않으며, 보리심菩提心을 아직 일으키지 않은 자와 사타법四墮法[46]과 무간죄無間罪를 범한 사람도 모두 치유가 되는데 오직 일천제一闡提의 무리들은 제외된다."[47]

塗毒皷

泥桓經云。佛告迦葉。譬如良醫。合和諸藥。以塗其皷。若有衆生。鬪戰被瘡。聞彼皷聲。一切悉愈。唯除命盡及應死者。此摩訶衍法皷音聲。亦復如是。一切衆生。聞其音聲。婬怒癡箭不樂。菩提未發意者。犯四墮法及無間罪。一切除愈。唯除一闡提輩。

原文 '욕계에서 선禪을 행함은'부터 '끝내 무너지지 않으니'까지

事實 『기주』에서 말하였다.

"욕계欲界에 있으면서 참선을 청정하게 수행하는 사람은 반야지견般若知見의 힘이 있기 때문이다.

어떤 스님이 고덕古德[48]에게 질문하였다.

---

46 사타법四墮法 : 타墮는 바일제波逸提의 한역으로, 참회하거나 범계에 관련된 재물을 내어 놓음으로써 소멸될 수 있는 가벼운 죄를 의미한다. 만일 규정에 따라 참회하지 않으면 지옥에 떨어진다 하여 타墮라 한다. 타, 즉 바일제는 니살기바일제尼薩耆波逸提와 발일제의 2종으로 분류하며, 앞의 것을 사타捨墮, 뒤의 것을 단제單提 또는 단타單墮라 번역한다. 사타에는 30계戒가 있으므로 삼십사타, 단타에는 90계가 있으므로 구십단타라 한다. 여기에서 '4'라는 숫자를 명기한 것으로 보아 바일제로 보기는 어렵고, 혹시 사바라이四波羅夷를 지칭하려는 의도가 아닌가 추측된다. 사바라이는 살생殺生·투도偸盜·음행婬行·망어妄語의 네 가지를 범하는 것을 말한다. 교단에서는 이를 가장 극악한 중죄로 여겨 승려로서의 자격을 박탈하고 추방한다.

47 『大般泥洹經』 권6 「問菩薩品」(T12, 893b).

48 회양懷讓 선사의 법을 이은 신주信州 아호 대의鵝湖大義(746~818) 선사를 말한다. 인용한 문답은 『傳燈錄』에 수록되어 있는데 정확히 일치하지는 않는다. 참고로 소개하면 다음과 같다. "又問。欲界無禪禪居色界。此土憑何而立禪。師云。法師只知欲界無禪。不知禪界無欲。"『景德傳燈錄』 권7(T51, 252c).

'욕계에는 선禪이 없는데 대덕大德께서는 왜 선정이 있다고 말씀하십니까?'

고덕이 말하였다.

'사리闍梨께서는 욕계에 선禪이 없다는 것만 알고 선계禪界에 의욕이 없다는 것은 모르는군요.'

삼계를 알고 싶은가? 모두 일심一心을 인유해 존재하는 것이다.

'경經'에서는 '삼독三毒을 소멸시키고 삼계를 벗어나며 마군의 그물을 찢는다'⁴⁹고 하였다. 지금 여기에서 '지견의 힘(知見力)'이라 말하였는데 마음이 밝아지면 불성佛性을 보아 일체처가 모두 불사가 되니, 욕계까지 말해 뭣하겠는가. 따라서 '지견의 힘'이라고 말한 것이다."

在欲行禪 至終不壞

琪注. 欲界而行禪那淸淨者. 以其有般若知見之力也. 僧問古德. 欲界無禪. 大德云何言有禪定. 古德云. 闍梨祇如¹⁾欲界無禪. 自不知禪界無□.²⁾ 欲知三界. 皆因一心所有. 經云滅三毒. □³⁾三界. □⁴⁾魔網也. 今文言知見力者. 心旣明見佛性. 卽一切處. □□⁵⁾佛事⁶⁾何言至欲界. 故云. 知見力□.⁷⁾

1) ㉾ '如'는 『傳燈錄』에 의하면 '知'의 오기인 듯하다. 2) ㉾ □가 갑본에는 '欲'으로 되어 있다. 3) ㉾ □가 갑본에는 '出'로 되어 있다. 4) ㉾ □가 갑본에는 '破'로 되어 있다. 5) ㉾ □□가 갑본에는 '皆爲'로 되어 있다. 6) ㉾ 갑본에는 '事' 다음에 '也'가 있다. 7) ㉾ □가 갑본에는 '也'로 되어 있다.

原文 서울과 시골

事實 『전등록』에서 "하나의 진실한 이치는 서울과 시골의 차이가 없다."⁵⁰라고 하였다.

---

49 『妙法蓮華經』 권5 「安樂行品」(T9, 39a).
50 임양산林陽山 서봉원瑞峯院 지단志端 선사에게 어떤 스님이 질문한 것이다. 어떤 스님이 물었다. "무엇이 인가의 연기가 아득히 끊어진 곳의 불법입니까?" 선사가 대답했다.

고덕이 노래하였다.

> 고행하는 고승 방을 나서지 않고
> 회랑回廊을 가려 줄 소나무 대나무도 없네
> 수행은 바위 계곡에서만 하는 것 아니니
> 허망한 마음 소멸하면 불길 절로 청량해지네

華野

傳燈錄云。一眞之理。華野不殊□□□。¹⁾ 苦行高僧不出房。更無松竹蔭迴□。²⁾ 修□□³⁾必居巖谷。滅盡心頭火自凉。

1) ㉔ □□□가 『高麗大藏經』 영인본에는 '古德云'으로 되어 있다. 2) ㉔ □가 『高麗大藏經』 영인본에는 '廊'으로 되어 있다. 3) ㉔ □□가 『高麗大藏經』 영인본에는 '行不'로 되어 있다.

原文 '용시는 중죄를 범하고도'부터 '지금도 그곳에 계시니'까지
事實 『기주』에서 말하였다.

"과거 아주 오랜 옛날에 한 비구가 있었으니, 이름은 용시勇施였다. 홀연히 여래께서 제정하신 금계禁戒에서 사중근본죄四重根本罪[51]를 범하고서는 스스로 청정해지고 싶어 즉시 삼의三衣를 석장에 걸어 놓고 큰 소리로 부르짖었다.

'저는 중죄를 범했습니다. 누가 저를 참회시켜 주겠습니까?'

"높은 산 깎아지른 봉우리는 푸르고 향기롭다." 스님이 말했다. "그렇다면 곧 일진의 이치는 서울과 시골이 다르지 않겠습니다." 선사께서 말씀하셨다. "그런 도리가 아니다." 『景德傳燈錄』 권22(T51, 381b).

51 사중근본죄四重根本罪 : 사바라이죄四波羅夷罪를 말한다. 그 죄가 중하고, 또한 범할 경우 근본을 끊어 버리게 되는 네 가지 죄라는 의미이다. 사바라이는 살생·투도·음행·망어인데 용시 비구는 이중 살생계와 음계를 범하였다.

이와 같이 부르짖다가 한 정사精舍에 이르러 존자를 만나게 되었는데 그의 이름은 비국다라鼻鞠多羅였다. 존자는 죄의 자성自性을 추구해 보아도 끝내 찾을 수 없음을 말해 주었다. 용시 비구는 활연히 크게 깨쳐 십호十號를 구족하고 동방 세계로 가 등정각等正覺을 이루고 명호를 보월여래寶月如來라 하였으며, 지금도 그곳에 계신다.[52]

이 때문에 '일찍이 성불하여 지금도 그곳에 계신다'고 말한 것이다."

□□□[1]重至于今在
琪注。過去久遠。有一比丘。名勇施。忽於如來禁□。□[2]所□□[3]四[4]重根本之罪。欲自淸淨。即將三□。□[5]在錫上。高聲唱言。我犯重罪。誰爲我懺。如□□[6]言。至一精舍。遇一尊者。名曰鼻□[7]多羅。云推罪性了不可得。勇施比丘。豁然大悟。十號具足。即往東方世界。成等正覺。號曰寶月如來。已[8]□[9]于今。故曰。早時成佛于今在也。

1) ㉮ □□□는 '勇施犯'인 듯하다. 2) ㉮ □ □가 갑본에는 '戒 有'로 되어 있다. 3) ㉮ □□가 갑본에는 '闕犯'으로 되어 있다. 4) ㉮ 갑본에는 '四' 앞에 '旣犯'이 있다. 5) ㉮ □ □가 갑본에는 '衣 掛'로 되어 있다. 6) ㉮ □□가 갑본에는 '是唱'으로 되어 있다. 7) ㉮ □가 갑본에는 '鞠'으로 되어 있다. ㉯『淨業障經』에는 '揉'로 되어 있다. 8) ㉮ '已'가 갑본에는 없다. 9) ㉮ □가 갑본에는 '至'로 되어 있다.

原文 '사자의 포효 소리'부터 '고집스러움을'까지
事實 『기주』에서 말하였다.

"모든 부처님께서 원돈圓頓의 대승을 설법하실 때 자유자재하고 두려움이 없는 것은 비유하면 마치 사자가 포효할 때 두려움이 없고 자유자재한 것과 같다. 따라서 '두려움 없는 설법이여'라고 하였다.

'심차深嗟'는 깊이 한탄하는 말이고, '몽동懜憧'은 총명하지도 지혜롭지

---

52 이상 용시勇施 비구 이야기는『淨業障經』에 자세히 수록되어 있다.『佛說淨業障經』(T 24, 1098b).

도 못한 것이다. '완피달頑皮靼'은 소의 목에 있는 매우 거칠고 두꺼운 가죽이다. 이것은 소승小乘의 우둔한 근기가 대승법大乘法을 듣고도 깨닫지 못하는 것을 비유한 것이다. 그 때문에 한탄하고 상심하는 말을 일으킨 것이다."

師子吼 至頑皮靼

琪注。諸佛說法。圓頓大乘。自在無畏。猶如師子吼時。無畏自在也。故云。無畏說也。深嗟者。深嘆¹⁾之辭也。懞²⁾憧³⁾者。非聰慧也。頑皮靼者。即牛領極麤厚皮。⁴⁾此喻小乘鈍根。聞於大法不能悟。故發其嘆傷之辭也。⁵⁾

1) ㉾ '嘆'이 갑본에는 '歎'으로 되어 있다. 다음도 이와 같다. 2) ㉾ '懞'이 『證道歌』에는 '懵'으로 되어 있다. 3) ㉾ '憧'이 갑본에는 '憧'으로 되어 있다. 4) ㉾ 갑본에는 '皮' 다음에 '也'가 있다. 5) ㉾ '也'가 갑본에는 없다.

[原文] 그림 그려진 병
[事實] 『출요경出耀經』에서 말하였다.

"남편이 그림이 그려진 좋은 병 속에 똥을 가득 담고는 그 입구를 튼튼하게 막고 향기로운 꽃가루를 바른 다음에 아내에게 말하였다.

'당신이 나를 매우 사랑하니 이 병을 나의 몸처럼 잡고서 놀아야 될 것이오.'

아내는 그 말을 따라 병을 잡고 놀면서 버리거나 떠나려고 생각지 않았다. 남편은 부인이 그 병에 애착하는 것을 보고는 곧바로 쳐서 깨트리자 냄새나는 더러운 것들이 넘쳐흐르고 벌레들이 기어 나왔다. 잠시 후 부인에게 말하였다.

'당신은 지금도 이 병을 가지고 놀 수 있겠소?'

아내가 대답하였다.

'저는 죽을 때까지 끝내 이 병 가까이에는 가지도 않을 것입니다.'

남편이 말하였다.

'당신은 이 일만을 보았을 뿐이오. 당신은 내 몸뚱이가 이 병보다 더 심하다는 것을 보아야 하오. 머리부터 발끝까지 분별하고 사유하면 서른여섯 가지 물질이 있을 뿐이니, 무엇을 탐낼 것이 있겠소?'"[53]

畫瓶

出耀經云。夫主彩畫好瓶。盛滿糞穢。牢蓋其口。香花芬薰。告其婦曰。汝甚愛我。可把弄此瓶。猶如我身。其婦隨語。把瓶翫弄。意不捨離。夫主見婦愛着此瓶。即便打破。臭穢流溢。蟲蛆現出。須臾語婦曰。汝今故能把此瓶耶。答我取死。終不能近此破瓶。夫告曰。汝見此事耳。汝觀我身。劇於此瓶從頭至足。分別思惟。三十六物有何貪也。

原文 못과 쐐기 빼 주네
事實 장로長蘆 스님이 말하였다.

"눈 속의 못을 뽑고 뒤통수에서 쐐기를 뽑아 내면 성인의 깨달음(聖解)도 모두 없어지고 범부의 마음도 단박에 끊어진다. 해마다 봄이 오면 온갖 꽃 붉게 피고, 여름에는 시원한 바람 불고 겨울에는 눈이 내린다."

去釘楔

長蘆云。眼裏抽釘。腦後拔楔。聖解都忘。凡心頓絶。年年春至百花紅。夏有涼風冬有雪。

原文 '중죄를 범하면 아나'부터 '여신 비결'까지
事實 『기주』에서 말하였다.

---

53 『出曜經』 권17 「惟念品」(T44, 699b).

"앞에서 거론한 네 가지 중죄를 범하면 위없는 열반묘심涅槃妙心을 장애하는 것만 알고 죄의 성품이 공한 것을 깨달을 수 없기 때문이다. 그러므로 생사의 세계에서 벗어나지 못하는 것은 모두가 음행과 살생이 근본이되어 끝없이 빠져서 침몰하기 때문이다. 만약 대승의 종성을 갖춘 사람이라면, 비록 앞에서 거론한 것과 같은 경계를 만나더라도 보리심을 일으켜서 허망함을 돌이켜 진실로 돌아가 곧 도에 들어갈 수 있다.

가령 선재 동자가 바수밀녀婆須密女를 참방하였을 때 그녀는 선재에게 이렇게 말하였다.

'나는 보살의 해탈을 얻었으니, 이름이 탐욕의 경계를 떠남(離貪欲際)이며, 세상의 즐거움을 따라 그 몸을 나타냅니다. 만약 어떤 중생이 나를 보거나 잠깐 나와 말을 하거나 잠깐 나의 손만 잡아도 탐욕을 떠나서 모든 불국토의 삼매에 들어갈 수 있습니다.'[54]

또 선재 동자가 무염족왕無厭足王을 참방해서 만났는데 한량없는 사나운 군졸들이 무기를 가지고 중생이 각각 왕법王法을 범하면, 때로는 그 머리를 자르고 때로는 그 손을 잘랐다. 선재가 이 광경을 보고 말하였다.

'어떻게 여기에서 법을 구하고자 하겠습니까?'

왕이 선재 동자에게 말하였다.

'나는 보살의 여환삼매如幻三昧를 얻었다. 내 마음은 차라리 미래에 쉼없는 고뇌를 받을지언정 끝내 한 마리 모기와 한 마리 개미에게조차 고통을 주려는 생각을 한 적이 한 번도 없다. 하물며 인간에 대해서이겠는가?'[55]

따라서 만일 이와 같은 종성을 갖춘 사람이라면 앞의 경계를 만나더라

---

[54] 이상 바수밀녀를 만난 이야기는 『大方廣佛華嚴經』 권68 「入法界品」(T10, 365c)에 수록되어 있다.
[55] 이상 무염족왕을 만난 이야기는 『華嚴經』 권66 「入法界品」(T10, 355a)에 수록되어 있다.

도 곧바로 근본으로 돌아갈 수 있다. 지금 이 이승과 모든 소승의 근기는 모든 율의사법律儀事法을 지키고 범하는 것에 막혀서 죄와 복의 자성이 공함을 보지 못하고 불성을 분명하게 보지도 못한다. 이것은 여래께서 열어놓으신 비결을 보지 못하는 것이다.

이 때문에 다음 문장에서 음행과 살생의 모습을 특별히 열거하여 앞의 일을 밝힌 것이다."

祇知犯重 至開秘訣

琪注。祇知犯前四種重罪。障於無上涅槃妙心。不能了罪性空故[1]也。然則生死界中。不能出離者。以皆因婬殺。以爲根本。沉淪無極。若有大乘種性。雖遇前境。發菩提心。返妄歸眞。即能入道。如善財叅見婆須密[2]女。告善財言。我得菩薩解脫。名離貪欲際。隨其世樂而現其身。若有衆生。暫見於我。暫與我語。暫執我手。則離貪欲。得遍往一切佛刹三昧。又如善財叅見無猒足王。無量猛卒執持。[3] 衆生各犯王法。[4] 或斬其頭。或斷其手。善財見已。而作是言。云何於此而欲求法耶。王告善財。我得菩薩如幻三昧。如我心者。寧於未來。[5] 無聞[6]苦惱。[7] 終不一念與一蚊一蟻[8]而作苦事。況復人耶。故知若有種性。所遇前境。即能返本。今此二乘。與諸小機。滯於持犯。諸律儀事法。[9] 乃不見罪福性空。明見佛性。是不見如來。開秘訣也。故下文特舉婬殺[10]之相以明前事。

---

1) ㉠ '故'가 갑본에는 없다. 2) ㉠ '密'이 갑본에는 '蜜'로 되어 있다. 3) ㉠ 갑본에는 '持' 다음에 '器仗無量'이 있다. 4) ㉠ '王法'이 갑본에는 '法王'으로 되어 있다. 또 주해에는 "'王'이 '者'인 듯하다."라고 하였다. 5) ㉠ 갑본에는 '來' 다음에 '受'가 있다. 6) ㉠ '聞'이 갑본에는 '間'으로 되어 있다. 7) ㉢ '無聞苦惱'가 『續藏經』에 수록된 『琪注』에는 '受無間苦惱'로 되어 있고, 『華嚴經』에는 '受無間苦'로 되어 있다. 이에 의거해 '受' 자를 보입하고 '聞'을 '間'으로 수정하여 번역하였다. 8) ㉠ '蟻'가 갑본에는 '螻'로 되어 있다. 9) ㉠ 갑본에는 '法' 앞에 '專於事'가 있다. 10) ㉠ '殺'이 갑본에는 '敎'로 되어 있다. 또 주해에는 "'敎'가 '殺'인 듯하다."라고 하였다.

原文 '두 비구가'부터 '죄의 결박 증가시켰네'까지

事實 『기주』에서 말하였다.

"음행과 살생을 범하는 것은 모두 근본 중죄에 해당된다. 반딧불은 소승이니, 비유하면 마치 반딧불이 어둠을 깨뜨릴 수 없는 것과 같다.

옛날에 두 비구가 있었는데, 산중에 암자를 짓고 수행하면서 청정한 계율을 굳게 지키며 범함이 없었다. 어느 날 한 비구는 외출하고 한 비구만 암자에 남아 선정禪定을 닦다가 홀연히 앉은 채 졸다가 잠에 빠졌는데, 나무꾼 여자 때문에 몰래 청정한 계율을 범하였다. 이 일로 마음이 꺼림칙했고 암자에 함께 사는 스님이 돌아오자 그에게 앞서 있었던 일을 모두 말하였다.

그 스님이 노하여 뒤쫓자 나무꾼 여자는 놀라고 두려워하다가 그만 깊은 구덩이에 떨어져 죽었다. 그래서 비구의 번뇌는 더욱더 증가하였다. 한 사람은 무심하게 음행을 범하였고, 한 사람은 무심하게 살생을 범하였으니, 이 두 비구는 모두 무심하게 계를 범한 것이다. 두 사람은 함께 대덕 우바리優波離 존자의 처소로 찾아가 참회할 법을 가르쳐 달라고 청하였다. 존자는 소승법小乘法으로 죄를 얽어매었으니, 이 두 비구는 마음속 의심이 해결되지 않고 의혹만 더욱 일으키게 되었다. 그들은 곧장 유마 거사의 처소로 찾아가 참회하고 앞에서 일어났던 일을 진술하였다.

유마 거사는 꾸짖어 말하였다.

'근기를 잘 살펴보고 설법하지 못하는구나. 이 두 비구는 오랫동안 대승법大乘法을 닦았으니 어찌 큰 바다를 소 발자국에 고인 물과 비교할 수 있으리오. 우바리는 소승이니 비유하면 마치 반딧불이 어둠을 깨뜨릴 수 없는 것과 같다.'

이 때문에 '우바리 존자 반딧불로 죄의 결박 증가시켰다'고 한 것이다."

有二比丘 至增罪結

琪注。犯婬殺者。皆根本重罪也。螢光者。小乘猶如螢光。不能破暗也。昔有二比丘。山中結庵[1]修行。堅持淨戒。無有闕犯。一日一比丘出。一比丘在庵中禪定。忽坐睡因而睡著。爲一樵女。偸犯淨戒。乃因[2]心不悅。至同庵僧歸。具說上事。其僧怒即捉趂樵女。驚怕墮入深坑而死。比丘轉加煩惱。一人無心犯婬。一人無心犯殺。此二比丘。皆無心犯也。共往大德優波離尊者處。求□[3]懺悔。尊者以小乘結罪。時二比丘。心疑未[4]決。轉生疑惑。即往維摩居士處。懺悔因陳上事。維摩呵云。不善觀機說法。此二比丘。久修大乘。何得將大海。比於牛跡。波離小乘。猶如螢火。[5]不能破暗。故云。波離螢光增罪結也。[6]

1) ㉓ '庵'이 갑본에는 '菴'으로 되어 있다. 다음도 이와 같다. 2) ㉓ '因'이 갑본에는 '內'로 되어 있다. 3) ㉓ □가 갑본에는 '乞'로 되어 있다. 4) ㉓ '未'가 갑본에는 '不'로 되어 있다. 5) ㉓ 갑본에는 '火' 다음에 '光'이 있다. 6) ㉓ '也'가 갑본에는 없다.

原文 금전金田

事實 『조정사원』에서 말하였다.

"황금택黃金宅은 승가람僧伽藍의 총칭이다. 『현우경賢愚經』에 다음과 같은 이야기가 나온다.

수달 장자須達長者가 동산을 사서 정사精舍를 짓고자 하였는데 기타 태자祇陀太子가 말하였다.

'황금을 땅에 깔아 빈틈이 없게 한다면 바로 그대에게 동산을 주리라.'

수달 장자가 말하였다.

'알겠습니다. 삼가 그 값대로 따르겠습니다.'

태자가 말하였다.

'내가 농담한 것뿐이오.'

수달 장자가 말하였다.

'태자는 허망한 말을 해서는 안 됩니다.'

그리고는 곧바로 사람을 시켜서 코끼리 등에 금을 실어 가져오게 하자 80경頃의 땅이 잠깐 사이에 채워지면서 약간의 땅만 남게 되었다.

수달 장자는 생각하였다.

'어느 창고의 금이면 많지도 적지도 않게 적당할까? 가져와서 마저 채워야겠다.'

기타 태자가 물었다.

'귀한 것을 두는 것이 싫으신가?'

대답했다.

'아닙니다. 저는 어느 창고의 금이면 충분할지, 가져와서 채워야겠다고 생각했습니다.'

기타 태자는 속으로 '이 사람이 보배도 가볍게 여기게 만든 걸 보면 부처님이란 분은 대덕大德임이 분명하다'라고 생각하고는 이내 가져온 금만 땅에 가지런히 깔게 하고 더 이상 금을 내오지 못하게 하였다. 그리고는 '동산의 땅은 그대의 것이지만 수목樹木은 나의 것인데 내가 스스로 부처님께 올리겠으니, 함께 정사를 세웁시다'라고 말하였다."[56]

金田

祖庭云。黃金宅。僧伽藍之摠稱也。賢愚經云。須達長者。欲買園造精舍。祇陀大子言。若能以黃金布地令間無空者。便當相與。須達言。諾謹隨其價。大子言。我戱語爾。須達言。大子不應妄語。便使人象負金。出八十頃中。須臾欲滿。殘餘小地。須達思惟。何藏金足。不多不小。當取滿之。祇陀問言。嫌貴置之。答言不也。自念金藏何者可足。當得補滿。祇陁念言。佛必大德。乃使斯人輕寶。乃爾敎齊且土。勿更出金。園地屬卿。樹木屬我。

---

[56] 『祖庭事苑』 권3(X64, 358a).

我自上佛。共立精舍。

原文 '유마 대사'부터 '눈서리 녹이는 것'까지
事實 『기주』에서 말하였다.

"우바리 존자는 오로지 소승법으로만 죄를 참회하려 하였기 때문에 참회할 수가 없었다. 지금 유마 대사는 이치로써 자성이 공한 무상법문無相法門을 설하여 죄의 자성을 추궁하였으나 끝내 죄의 자성을 찾을 수 없었다. 이것은 안에 있는 것도 아니고 밖에 있는 것도 아니고 안과 밖의 중간에 있는 것도 아니었으며, 전제前際(과거)로 가버린 것도 아니고 후제後際(미래)에서 오는 것도 아니고 중제中際(현재)에 머무는 것도 아니어서 삼제三際에서 추구해 보아도 끝내 얻을 수 없는 것이다. 이때 두 비구는 홀연히 깨달아 죄의 자성이 공적空寂함을 요달하고 마음이 시원해져 무생인無生忍에 머물게 되었다.

'경'에서는 말하였다.

> 만약 참회하고자 한다면
> 단정하게 앉아 실상實相을 염하라
> 모든 죄는 서리나 이슬과 같아
> 지혜의 태양이 녹여 버릴 수 있다[57]

이 때문에 '마치 밝은 태양이 눈서리를 녹이는 것 같다'고 한 것이다."

維摩大士 至消霜雪
琪注。優波離尊者。專以小乘事法。懺罪。不可懺也。今維摩大士。而以理

---

[57] 『佛說觀普賢菩薩行法經』(T9, 393b).

說性空無相法門。窮罪性。了不可得。不在內。不在外。不在中間內外。前際不去後際不來中際不住。三際推求。了不可得。時二比丘。忽然頓悟。了罪性空寂。心得決然。住無生忍。經云若欲懺海者。端坐念[1]實相。衆罪如霜露。慧日能消除。故云。猶如赫日消[2]霜雪也。

1) ㉑ '念'이 갑본에는 '思'로 되어 있다.　2) ㉑ '消'가 갑본에는 '銷'로 되어 있다.

原文 기원祇園

事實 『조정사원』에서 말하였다.

"기祇는 중국말로 승씨勝氏이다. 범어 승가람마僧伽藍摩는 중국말로 중원衆園이며, 사찰의 통칭이다. 기타 태자의 동산에 부처님의 정사를 지었기 때문에 이로 인해 이런 이름이 붙여졌다."[58]

祇園

祖庭云。此[1]言勝氏。梵云僧伽藍摩。此言衆園。寺之通稱。由祇陀大子園。造佛精舍。因以爲名。

1) ㉺『祖庭事苑』에는 '此' 앞에 '祇'가 있다.

原文 영운靈雲 스님 눈을 뜬 곳

事實 영운 화상이 복숭아꽃을 보고 도를 깨닫고는 즉시 게송으로 노래하였다.

　　삼십 년 동안 칼 찾던 나그네
　　몇 번이나 낙엽 지고 새싹 돋음 보았던가
　　한번 복숭아꽃 본 이후로는

---

58 『祖庭事苑』 권4(X64, 372c).

이제 다시 의심치 않는다네

靈雲開眼處
靈雲和尙。見桃花悟道。乃頌曰。三十年來尋釼客。幾廻落葉又抽枝。自從一見桃花後。直至如今更不疑。

原文 '불가사의함이여'부터 '다함이 없으니'까지
事實 『기주』에서 말하였다.
"'불가사의하다'는 것을 말해 보자. 마음으로 생각할 수 없고 입으로도 논의할 수 없으니, 입으로 말하고자 하나 말을 잃어버리고 마음으로 생각하고자 하나 생각을 잊어버린다. '경'에서는 말하였다.

세간을 가득 채운
사리불 같은 이들이
모두 함께 생각하고 헤아린다 해도
부처님의 지혜는 측량할 수 없다네[59]

여기에 이르러 마음을 깨쳐야만 비로소 밝게 해탈하여 일승一乘의 원돈법문圓頓法門을 밝혔다고 할 것이다. 이 법을 증득하고 나면 오묘한 작용이 항하사처럼 많아 역시 다함이 없다. 이 때문에 '오묘한 작용 항하사 같고 다함이 없다'고 한 것이다."

不思議 至也無極
琪注。不思議者。不可以心思。不可以口議。口欲談而辭喪。心欲思而慮忘。

---

[59] 『妙法蓮華經』 권1 「序品」(T9, 5c).

經云. 假使滿世間. 皆¹⁾如舍利弗. 盡思共度量. 不能惻²⁾佛智. 到此須有悟心. 方明解脫一乘圓頓法門也. 旣證此法. 卽妙用恒沙之數亦無盡也. 故云. 妙用恒沙也無極也.

1) ㉠ '皆'가 갑본에는 없다. 2) ㉠ '惻'이 갑본에는 '測'으로 되어 있다.

原文 향엄 동자 ['향엄香嚴'은 '광엄 동자光嚴童子'라고 해야 한다.]

事實 『유마경』에서 말하였다.

"광엄光嚴 동자가 부처님께 말씀드렸다.

'생각해 보니 제가 옛날 비야리성毗耶離城에서 나올 때 유마힐이 막 성으로 들어왔는데, 제가 예를 올리고 물었습니다.

〈거사께서는 어디에서 오십니까?〉

유마 거사가 답하였습니다.

〈저는 도량道場에서 오는 길입니다.〉

제가 물었습니다.

〈도량은 어느 곳입니까?〉

유마 거사는 이렇게 답하였습니다.

〈직심直心이 도량이니, 헛됨도 거짓도 없기 때문입니다. 나아가 선남자여, 보살이 만약 바라밀을 행하여 중생을 교화하고자 한다면 모든 소작所作에 있어서 발을 들건 발을 내리건 모두 도량 가운데에서 오는 것이고 불법佛法에 머무는 것임을 알아야 합니다.〉"⁶⁰

香嚴童子【香嚴當作光嚴童子】

維摩經云. 光嚴童子白佛言. 憶念我昔. 出毗耶離城時. 維摩詰方入城. 我

---

60 『維摩經』에서 유마 거사의 대답 중 간 부분을 생략하고 인용하였다. 『維摩詰所說經』「菩薩品」(T14, 542c).

即爲作禮而問言。居士從何所來。答我言吾從道場來。我問道場者何所是。答曰直心是道場。無虛假故。乃至善男子菩薩。若應諸波羅密。敎化衆生。諸有所作。擧足下足。當知皆從道場中來。住於佛法矣。

原文 '네 가지로 공양'부터 '또한 녹일 수 있으니'까지
事實 『기주』에서 말하였다.

"법을 통달한 사람은 인천人天이 광대하게 공양하는 것을 받아서 감당할 수 있다. 출가한 사람이 비록 몸은 출가했어도 마음이 도에 물들지 않으면 모든 경론에서 다 말하기를 '응공이 되기에 부족하다'고 하였다.

고덕古德이 '도와 덕은 닦지 않고 옷과 음식만 낭비한다'[61]고 하였으니, 바로 이를 두고 말한 것이다. '네 가지(四事)'란 첫째, 의복衣服, 둘째, 와구臥具, 셋째, 음식飮食, 넷째, 의약醫藥이다. 이 네 가지 공양에 대해서 모든 교敎에서는 '모두가 모름지기 뉘우치고 부끄러워하는 마음을 일으켜야만 감히 수용할 수 있다'고 하였다.

지금 이런 도인이라면 어찌 네 가지 공양에 그칠 뿐이겠는가. 만 냥의 황금이라 할지라도 녹일 수 있다."

四事供養 至亦消得
琪注。達法之人。堪受人天廣大供養也。出家之士。身雖出家。心不染道。於諸經論。盡言[1]全闕應供。古德云。道德不修。衣食斯費。即其謂也。所言四事者。一衣服。二臥具。三飮食。四醫藥也。此之四事。於諸敎中。皆須起慚愧之心。[2] 堪受用之。今[3]道人。豈止四事而已。假使萬兩黃金。亦可□□□。[4]

1) ㉠ '言'이 갑본에는 '說'로 되어 있다. 2) ㉠ 갑본에는 '心' 다음에 '也'가 있다. 3) ㉠ 갑본에는 '今' 다음에 '此'가 있다. 4) ㉠ □□□가 갑본에는 '消得也'로 되어 있다.

---

61 영가 대사의 말씀이다. 『禪宗永嘉集』「戒憍奢意」(T48, 338b).

原文 나귀 먹이고 또 말 먹임과

事實 『지도론智度論』에서 말하였다.

"보살이 반야바라밀을 행하면 지혜가 밝고 날카로워져서 보시하는 것을 분별할 수가 있다.

대비심으로 물건을 보시하는 것은 비록 같지만 복덕의 많고 적음은 마음에 따라서 우열이 생긴다. 예를 들어 보자. 사리불이 한 발우의 밥을 부처님께 올렸는데 부처님께서 곧 다시 개에게 주고는 사리불에게 물었다.

'그대가 밥을 나에게 주고 나는 밥을 개에게 주었는데 누가 얻는 복이 더 많겠느냐?'

사리불이 말하였다.

'제가 부처님의 뜻을 이해하기로는 부처님께서 개에게 보시한 공덕이 더 많습니다.'

부처님이 제일이라지만 개에게 보시하는 것만 못하다.[62] 이 때문에 복의 크기는 마음에 따르는 것이고, 외부의 복전에 있는 것이 아님을 알 수 있다. 가령 사리불의 천만억 배가 된다 해도 부처님의 마음에는 미치지 못한다. 무엇 때문인가? 마음은 내부의 주인(內主)이고, 밭은 바깥 일(外事)이기 때문이다."[63]

『향산어록香山語錄』에서는 말하였다.

"어떤 행자[64]가 스님에게 밥을 공양하자 스님이 말하였다.

---

62 "부처님이 제일이라지만 개에게 보시하는 것만 못하다."에 해당하는 『事實』의 원문은 "佛曰第一不如狗"이다. 이에 해당하는 『大智度論』의 문장은 다음과 같다. "舍利弗者。於一切人中智慧最上。而佛福田最爲第一。不如佛施狗惡田得福極多。" 따라서 문장을 『大智度論』에 의거해 "佛曰(福田)第一。不如(佛施惡田)狗。"로 보완하고 번역하면 다음과 같다. "부처님을 (복전 중에) 제일이라 하지만 (부처님이 나쁜 복전인) 개에게 보시하는 것만 못하느니라."

63 문장이 정확히 일치하진 않는다. 내용을 요약 발췌하여 인용하였다. 『大智度論釋』 권32 「初品」〈四緣義〉 (T25, 301a).

64 『五燈會元』・『嘉泰普燈錄』 등 많은 선적에서 단하 자순丹霞子淳 선사의 법을 이은 지주

'행자께서는 접대하시는 일이 쉽지 않겠습니다.'

행자가 말하였다.

'어려울 게 뭐 있겠습니까. 나귀나 말을 먹이는 것과 같은데.'"

餧驢餧馬

智度論云。菩薩行般若波羅密。智慧明利能分別。施以大悲心。施物雖同。福德多小。隨心優劣。如舍利弗。以一鉢飯上佛。佛卽迴施狗而問舍利弗。汝以飯施我。我以飯施狗。誰得福多。舍利弗言。如我解佛義。佛施狗福多。佛曰第一不如施狗。以是故知大福。從心不在曰[1])也。如舍利弗。千萬億倍。不及佛心。所以者何。心爲內主。田是外事故。香山語錄云。有行者飯僧。僧云行者接待不易。行云有什麼不易。譬如餧驢餧馬。

1) ㉯ '曰'은 '田'인 듯하다.

原文 발우에 가득 담으니

事實 불혜佛慧 화상이 거량하셨다.

"어떤 스님이 발우를 들고 세속 선비의 집에 이르자 선비가 '어떤 물건이 필요하십니까?'라고 물었다. 스님이 '어떤 것이라도 관계없습니다'라고 하자, 선비는 발우를 가져가더니 풀을 가득 담아 스님에게 주었다."

(불혜) 스님이 대신 대답하였다.

"하나를 버리면 만 배를 얻으니 안락하고 수명이 늘어납니다."

鉢中盛

佛慧擧。僧持鉢到俗士家。士云要箇甚物。僧云不揀是事得。士卽將鉢盂。盛草與僧。師代云。捨一得萬倍。安樂壽命長。

池州 감지 행자甘贄行者의 말씀으로 기록하고 있다. 『五燈會元』 권4(X80, 98a).

原文 뼈를 가루 내고 몸을 부셔도

事實 『기주』에서 말하였다.

"'뼈를 가루 내고(粉骨)'를 말해 보자. 상제常啼보살이 향성香城에서 반야를 배울 때였다. 이미 법을 얻고 나서 자기 스스로 세존께 공양할 물건이 없음을 한탄하고 있었는데 홀연히 성의 부호인 장자를 만났다. 그는 편안치 못해 사람의 골수를 약에 섞어 먹으려고 하였다. 그러자 즉시 뼈를 두드려 깨어 골수를 꺼내서 장자에게 팔고, 거기서 얻은 자금으로 여러 가지 꽃과 향을 사서 부처님께 공양을 올렸으니 그 지극한 정성을 가히 알 수 있으리라.

'몸을 부셔도(碎身)'를 말해 보자. 이것은 석가모니 부처님께서 수행 인지因地에서 온몸을 버리고 반 구半句의 게송을 구한 것이다.

'내가 과거를 기억해 보니 바라문이 되어 설산雪山에서 보살행을 닦은 때가 있었는데, 부처님도 세간에 출현하시지 않고 경법經法도 없었다. 이때 하늘의 제석帝釋이 두려워할 만한 모습을 나타내서 직접 시험해 보려고 나찰의 모습을 하고 눈앞에 나타나 즉시 반 구절의 게송을 설하였다.

제행諸行이 무상無常하니
이것이 생멸법이다.

보살이 이 게송을 듣고 마음에 환희심을 일으켜 곧바로 앉은 자리에서 일어나 사방을 둘러보니 고요해서 아무것도 보이지 않고 오직 나찰만 보였다. 그래서 곧바로 물었다.

〈성자께서는 어디에서 이 반 구의 게송을 얻으셨습니까? 이 반 구의 게송은 바로 삼세의 모든 부처님께서 도를 증득한 법입니다.〉

나찰이 답하였다.

〈내가 음식을 먹지 못한 것이 칠 일이나 되어 마음같이 말이 나오질 않

습니다.〉

이때 보살이 다시 말하였다.

〈성자께서 만약 저를 위해 이 게송을 모두 말씀해 주신다면, 저는 평생 동안 당신의 제자가 되겠습니다.〉

나찰이 대답하였다.

〈배가 고파서 정말 말을 할 수가 없습니다.〉

보살이 다시 말하였다.

〈성자께서 드시는 것은 어떤 것입니까?〉

〈내가 먹는 것은 오직 온기가 있는 고기이고, 내가 마시는 것은 오직 신선한 피뿐입니다.〉

보살이 또 말하였다.

〈성자께서 저를 위해 이 뛰어난 게송을 설해 주시면 제가 온몸을 바쳐 성자께 공양을 올리겠습니다.〉

이때 나찰이 즉시 게송을 읊었다.

생멸이 소멸하면
적멸함이 즐거움이 되느니라.

보살이 듣고 나서 곧바로 도수道樹와 석벽石壁에 이 게송을 모두 적어 놓고 곧 높은 나무에 올라가 몸을 던져 아래로 떨어졌다. 떨어지다가 아직 땅에 닿지 않았을 때 나찰이 다시 제석帝釋의 모습을 나타내어 공중에서 받아 평지에 내려놓고는 참회하면서 보살을 찬탄하였다. 이와 같은 인연으로 12겁劫을 뛰어넘어 미륵 부처님 앞에서 무상도無上道를 성취하였다.[65]

---

65 게송 반 구절을 위해 나찰에게 몸을 던진 이야기는 『大般涅槃經』 권14 「聖行品」(T12,

따라서 '한 구절 분명히 깨달으면 백억을 뛰어넘는다'고 하였다."

粉骨碎身

琪注。粉骨者。如常啼菩薩。於香城。學般若時也。旣得法已。自恨無物供養世尊。忽遇城中豪富。長者不安。欲人骨髓合藥。卽時敲[1]出髓。賣與長者。所得資金。盡[2]其所有。買種種花香。供養於佛。其至[3]誠則可知矣。碎身者。如釋迦因中。捨全身求半偈也。我尋[4]過去。作波[5]羅門。在雪山中。修菩薩行。無佛出世。亦無經法。時天帝釋。現可怖相而親試驗之。爲羅刹形。而現於前。卽說半偈。諸行無常。是生滅法。菩薩聞偈。心生歡喜。卽從座起。顧視四方。寂無所見。唯見羅刹。卽問聖者。從何得是半偈。此半偈者。乃是三世諸佛證道之法。羅刹答言。[6]我不食來已經七日。心謬言爾。時菩薩復語聖者。若爲我足此偈者。我當終身。爲汝弟子。羅刹答言。飢逼實不能說。菩薩復語聖者。所食何物。我所食者。唯食暖肉。[7]我所飮者。唯飮新血。菩薩又語聖者。若能爲我。說是勝偈。我當捨全[8]身。供養聖者。是時羅刹。卽說偈言。生滅滅已。寂滅爲樂。菩薩聞已。卽於道樹石壁。書此偈竟。便上高樹。投身而下。下未至地。羅刹復帝釋形。於空接住。致於平地。懺悔[9]讚歎。以是因緣。超十二劫。在彌勒前。成無上道。故云。一句了然超百億也。

---

1) ㉮ 갑본에는 '敲' 다음에 '骨'이 있다. 2) ㉮ '盡'이 갑본에는 없다. 3) ㉮ '至'가 갑본에는 '志'로 되어 있다. 4) ㉮ '尋'이 갑본에는 '念'으로 되어 있다. 5) ㉮ '波'가 갑본에는 '婆'로 되어 있다. 6) ㉮ '言'이 갑본에는 '云'으로 되어 있다. 7) ㉮ '肉'이 갑본에는 '內'로 되어 있다. 8) ㉮ '全'이 갑본에는 없다. 9) ㉮ '懺悔'가 갑본에는 '慚愧'로 되어 있다.

原文 '법 가운데 왕이여'부터 '똑같이 함께 증득하셨으나'까지

405a)에 수록되어 있다. 그러나 인용문은 『涅槃經』에서 직접 인용한 것이 아니라 경의 내용을 요약 발췌한 『法苑珠林』 권17(T53, 413a)에서 인용한 것이다.

事實 『기주』에서 말하였다.

"왕 중에서도 법왕法王의 지위는 모든 왕보다 위에 있기 때문에 '법 가운데 왕'이라고 하였다. 높이 삼계를 뛰어넘어 일정한 방위가 없는 대방大方에서 홀로 거닐기 때문에 '가장 높고 수승하다(最高勝)'고 한 것이다. 나아가 과거·미래·현재의 한량없는 부처님께서 모두 이 법을 증득하셨고, 천하의 노숙老宿이 모두 이 법을 증득하였으니 한량없는 법취法聚와 모든 의리의 문(義門)이 여기에서 벗어나지 않는다.

'경'에서 '오직 부처님과 부처님들만이 이것을 알 수 있다'[66]고 하였는데, 여기에서 '오직 부처님과'라고 한 것은 석가화주釋迦化主이고 '부처님들'이라 한 것은 시방의 모든 부처님들이다. 그러므로 '한 부처님과 두 부처님과 셋·넷·다섯 부처님뿐만 아니라 시방의 모든 부처님께서 함께 이 법을 증득하셨다'고 한 것이다. 이 때문에 '시방의 여래께서 똑같이 함께 증득하셨다'고 하였다."

法中王 至同共證

琪注。王中法王。位過百王之上。故云。法中王也。高超三界。獨步大方。故云。最高勝也。乃至過云[1]未來現在無量諸佛。盡證此也。天下老宿。盡證此也。無量法聚一切義門。不出於此。經云唯佛與佛。乃能知之。唯佛者。唯釋迦化主也。與佛者。與十方諸佛也。故云非唯[2]一佛二佛三四五佛。乃至十方諸佛。同證此法。故云。十方如來同共證也。

1) ㉤ '云'이 갑본에는 '去'로 되어 있다. 2) ㉤ '非唯'가 갑본에는 '唯不'로 되어 있다.

原文 '내 이제 이것 알고 보니'부터 '모두 상응하리니'까지
事實 『기주』에서 말하였다.

---

66 『過去現在因果經』·『大方廣十輪經』·『佛說大乘智印經』 등에 수록되어 있다.

"오직 이 심법心法만이 세간의 여의보주如意寶珠처럼 모든 공용功用을 갖추어서 그 작용이 다함이 없다.

사조四祖[67] 스님이 우두 융牛頭融[68] 선사에게 말하였다.

'백 가지 천 가지 법문法門이 모두 마음으로 돌아가고 항하사처럼 많은 공덕이 모두 마음의 근원에 있으니, 마음은 모든 정문定門과 모든 혜문慧門과 모든 행문行門을 갖추고 있어서 신통과 오묘한 작용이 모두 그대의 마음에 있느니라. 번뇌와 업장은 본래 공적空寂하며 모든 과보는 본래 꿈 같고 허깨비 같은 것이어서 벗어날 만한 삼계도 없고 추구할 만한 보리도 없다. 사람과 사람 아닌 것은 성상性相이 평등하며 대도大道는 텅 비어 사려가 끊어진 것이다. 이와 같은 법을 그대가 지금 이미 얻어서 조금도 모자람이 없으니, 부처님과 더불어 차이가 없으며 여기서 더 특별한 법도 없느니라.

그저 마음에 맡겨 자유자재하면서 관행觀行도 일으키지 말고 마음을 멈추지도 말며, 탐심과 진심瞋心을 일으키지도 말고 근심스러운 생각을 품지도 마라.

탕탕하게 걸림 없이 임의대로 종횡무진하면서 어떤 선법善法도 짓지 말고 어떤 악법惡法도 짓지 마라. 걷고 머물며 앉고 누움에 눈에 부딪치고 만나는 인연이 모두 부처님의 미묘한 작용이니라.'[69]

이 때문에 '믿고 받아들이는 사람은 모두가 상응한다'고 한 것이다."

---

67 사조四祖 : 법명은 도신道信(580~651)이며, 시호는 대의선사大醫禪師이다. 중국 선종 제3조 승찬僧璨 선사의 법을 이어 선종 제4조가 되었고, 여산廬山 대림사大林寺와 기주蘄州 파두산破頭山에서 크게 교화하였다.

68 우두 융牛頭融 : 법명은 법융法融(594~657)이며 우두牛頭는 주석했던 산 이름이다. 643년(정관 17) 우두산牛頭山 유서사幽棲寺 북쪽 바위 아래 선실에서 좌선을 하다가 도신道信 대사를 만나 심요心要를 깨쳤다. 사조에서 법융으로 이어지는 법계를 우두종牛頭宗 또는 우두선牛頭禪이라 한다.

69 『景德傳燈錄』 권4(T51, 226c).

我今解此 至皆相應

琪注。唯此心法。如世間如意寶殊。具諸功用。無有窮盡也。四祖謂牛頭融禪師云。百千法[1]門同歸方寸。河沙功德。摠在心源。一切定門。一切慧門。一切行門。悉皆具足。神通妙用。並在你心。煩惱業障。本來空寂。一切果報。本來自有。[2]無三界可出。無菩提可求。人與非人。性相平等。大道虛曠絕思絕慮。如是之法。你今已得。更無欠少。與佛無殊。更無別法。但任心自在。莫作觀行。亦莫停心。莫起貪嗔。[3]莫懷愁慮。蕩蕩無礙。任意縱橫。不作諸善。不作諸惡。行住坐臥。觸目遇緣。皆是佛之妙用。故云。信受之者。皆相應也。

1) ㉠ '法'이 갑본에는 '妙'로 되어 있다. 2) ㉠ '本來自有'가 갑본에는 '皆如夢幻'으로 되어 있다. ㉡『續藏經』에 수록된 『琪注』에는 '皆如夢幻'으로 되어 있다. 또한『景德傳燈錄』에 수록된 도신 선사의 법문에도 '皆如夢幻'으로 되어 있다. 3) ㉠ '嗔'이 갑본에는 '慎'으로 되어 있다.

原文 '분명하고 분명하게 볼지니'부터 '또한 부처도 없는데'까지
事實 『기주』에서 말하였다.

"진여법계 안에는 중생과 부처의 거짓 명칭이 없고 평등성平等性 가운데는 나와 남의 형상이 없다. 그렇다면 중생도 없고 사람도 없고 부처도 없다.

이 때문에『반야경般若經』에서는 말하였다.

'선현善現아, 공공空空이 청정하기 때문에 색色이 청정하고, 색이 청정하므로 일체지지一切智智가 청정한 것이다. 무엇 때문인가? 공공이 청정한 것과 색이 청정한 것과 일체지지가 청정한 것은 다른 것도 아니고, 둘로 나누어지는 것도 아니고, 구별되는 것도 아니고, 단절되는 것도 아니기 때문이다'[70]

---

[70]『大般若波羅蜜多經』권209「難信解品」(T6, 44c).

따라서 '분명하고 분명하게 볼지니', '한 물건도 없고', '사람 또한 없고', '또한 부처도 없는데'라고 한 것이다."

了了見 至亦無佛

琪注。眞如界內。無生佛之假名。平等性中。無自佗之形相。即無物無人無佛也。故般若經云。善現空空淸淨故。色淸淨。色淸淨故。一切智智[1]淸淨。何以故。若空空淸淨。若色淸淨。若一切智智淸淨。無二無二分。無別無斷故。故云。了了見。無一物。亦無人。亦無佛也。

1) ㉺ '智'가 갑본에는 없다. 다음도 이와 같다.

[原文] 월왕이 신의해 오나라 무너뜨릴 계책 맡겼지만
[事實] 『사기史記』에서 말하였다.[71]

"범려范蠡는 남양南陽 사람이다. 월나라 왕 구천勾踐을 섬겼는데 몸을 고통스럽게 하고 죽을힘을 다하며 구천과 깊이 모의한 지 20여 년 만에 마침내 오나라를 멸망시켜 회계會稽의 치욕을 갚았고, 북쪽으로 진군하여 회수淮水를 건너 제齊나라와 진晉나라에 임하여 중국을 호령하고 주周나라 왕실을 존중하였다.

구천이 패권을 잡자 범려는 상장군上將軍으로 칭해져 본국으로 돌아왔다. 범려는 큰 명성(大名) 아래에서는 오래 있기 힘들다고 여겼고, 또 구천의 사람됨이 환란은 함께할 수 있지만, 안락함에 함께 거처하기는 어렵다고 여겼다. 이에 구천에게 편지를 써서 사직하면서 말하였다.

'신이 들으니, 군주가 근심하는 것은 신하의 치욕이고 군주가 치욕을 당하면 신하는 죽어야 한다고 하였습니다. 옛날에 군왕께서 회계에서 욕을 당하였는데도 죽지 않았던 것은 바로 이 일을 위해서였습니다. 이제

---

71 『史記』 권41 「越王句踐世家」.

치욕을 이미 씻어 냈으니, 신은 청하건대 회계에서 받아야 했던 벌을 따르고자 합니다.'

구천이 말하였다.

'나는 장차 그대와 더불어 나라를 나누어 소유할 것이다. 그렇게 하지 않으면 그대를 벌하리라.'

범려는 '군주께서는 영令을 행하고 신은 제 뜻을 행합니다' 하고는, 배를 타고 바다로 나가 끝내 돌아오지 않았다. 그러자 구천은 회계산會稽山에 표시를 해서 범려의 봉읍俸邑으로 삼았다. 범려는 바다에 배를 띄우고 제나라를 벗어나 성명을 바꾸어 스스로 시이자피鴟夷子皮라고 하였다."

越王任有頓吳策

史記云。范蠡。南陽人也。事越王勾踐。旣苦身戮力。與勾踐深謀二十餘年。竟滅吳。報會稽之恥。北度兵於淮。以臨齊晉號令中國。以尊周室。勾踐以霸。而范蠡稱上將軍反國。范蠡以謂大名之下。難以久居。且勾踐爲人可與同患。難以處安。爲書辭勾踐曰。臣聞主憂臣辱。主辱臣死。昔者君王。辱於會稽。所以不死爲此事也。今旣以雪恥。臣請從會稽之誅。勾踐曰。孤將與子分國。而有之不然。將加誅子。范蠡曰。君行令臣行意。乃乘舟浮海以行。終不返於是。勾踐表會稽山。以爲范蠡俸邑。范蠡浮海出齊。變姓名。自謂鴟夷子皮。

原文 여룡의 굴

事實 설두雪竇 스님이 말하였다.

일면불·월면불이여
오제·삼황은 어떤 물건인가?
이십 년 동안 모진 괴로움 맛보면서

그대를 위해 몇 번이나 창룡굴로 내려갔던가?[72]

또 고덕이 "명월주明月珠를 찾고 싶으면 반드시 창룡굴로 내려가야 한다."라고 하였다.

驪龍窟

雪竇云。日面佛月面佛。五帝三皇是何物。二十年來曾苦辛。爲君幾下蒼龍窟。又古云。欲探明月珠。須下蒼龍窟

原文 '대천 항하사 세계'부터 '번갯불 스치는 것과 같아'까지
事實 『기주』에서 말하였다.

"삼천대천세계가 각성覺性 가운데 있으니, 비유하면 마치 물에 떠 있는 하나의 물거품과 같을 뿐이다. 어찌 삼천대천 항하사 세계가 물에 떠 있는 하나의 물거품인 것에 그치겠는가. 시방 허공 모두가 각성 가운데 있으니, 마치 물에 떠 있는 하나의 거품과 같을 뿐이다.

관음보살이 증득한 원통법문圓通法門에서 말한 것과 같다.

> 미망迷妄으로 인해 허공이 있고
> 그 허공에 의지해 세계를 건립하니
> 생각이 맑은 것은 국토가 되고
> 지각知覺은 중생이 된다
> 허공은 대각大覺에서 생겨나니
> 바다에서 물거품 하나 생기는 것과 같다[73]

---

[72] 『碧巖錄』 제3칙(T48, 142c).
[73] 『首楞嚴經』 권6(T19, 129c).

따라서 '대천 항하사 세계가 바다에 이는 물거품'이라고 한 것이다.

'모든 성현도 번갯불 스치는 것과 같다'고 한 것을 말해 보자. 비유하면 마치 번갯불이나 부싯돌의 불이 별안간에 종적이 없어져 끝내 찾을 수가 없는 것과 같다.

따라서 『반야경』에서는 말하였다.

'내공內空이 청정하기 때문에 색계色界와 안식계眼識界와 안촉眼觸과 안촉이 연緣이 되어 발생되는 모든 수受가 청정하다. 색계 내지 안촉이 연이 되어서 발생되는 모든 수가 청정하기 때문에 일체지지一切智智가 청정하다'[74]

이 때문에 '모든 성현도 번갯불 스치는 것과 같다'고 한 것이다."

大千沙界 至如電拂

琪注。三千大千世界。在覺性之中。猶如水上一漚爾。豈止大千沙界。爲水上一漚。盡十方虛空。[1] 在覺性之中。猶如水上一漚爾。如觀音菩薩所證圓通云。迷妄有虛空。依空立世界。想澄成國土。知覺[2]乃衆生。空生大覺中。如海一漚發。故云。大千沙界海中漚也。一切聖賢如電拂者。猶如電光石火。瞥爾無蹤。卒難摸搩。[3] 故般若經云。內空淸淨故。色界眼識界及[4]眼觸。眼觸爲緣。所生諸受淸淨。色界乃至眼觸爲緣。所生諸受淸淨故。一切智智淸淨。故云。一切聖賢如電拂也。

1) ㉠ '虛空'이 갑본에는 '世界'로 되어 있다. 2) ㉠ '覺'이 갑본에는 '見'으로 되어 있다. 3) ㉠ '搩'이 갑본에는 '索'으로 되어 있다. 4) ㉠ '及'이 갑본에는 없다.

原文 '가령 쇠바퀴를'부터 '끝내 잃지 않으니'까지

事實 『기주』에서 말하였다.

---

[74] 『大般若波羅蜜多經』 권208 「難信解品」(T6, 37b).

"'가령 쇠바퀴를 정수리 위에서 돌린다 해도'라고 한 것을 말해 보자.

'전傳'에서는 말하였다.

'28주住의 보살이 수행하여 힘이 있었는데, 한 마왕이 보살에게 말하였다.

〈그대는 마땅히 지위地位에서 물러나라. 그대가 만약 물러나지 않는다면, 내가 뜨거운 쇠바퀴를 날려 그대의 정수리 위에서 돌게 해 그대의 형체를 미세한 먼지처럼 부수어 버리겠다.〉

보살은 정혜定慧가 완전하게 밝아 불가사의한 힘이 있었기 때문에 수행의 지위를 잃지 않았다. 그러자 이때 모든 마군의 무리가 도리어 퇴실하고 보살의 정혜는 더욱 밝아졌다.'

이 때문에 '선정과 지혜 원만히 밝아 끝내 잃지 않는다'고 한 것이다."

假使鐵輪 至終不失

琪注。假使鐵輪頂上旋者。傳曰二十八住菩薩。所修行力。有一魔王。謂菩薩言。汝當退位。汝若不退。我當飛熱鐵輪。旋汝頂上碎汝形體。猶如微塵。爾時菩薩。以定慧圓明。不思議力故。不失其位。時諸魔衆。返自退失。菩薩定慧。而愈增明。故曰。定慧圓明終不失矣。[1]

---

1) ㉮ '矣'가 갑본에는 '也'로 되어 있다.

原文 '해를 차갑게 할 수 있다 해도'부터 '진실한 말씀 무너뜨리지'까지

事實 『기주』에서 말하였다.

"해의 자성은 본래 뜨겁다. 어떻게 차갑다고 말할 수 있겠는가? 달의 자성은 본래 차갑다. 어떻게 뜨겁다고 말할 수 있겠는가? 모든 마군은 진실한 설법을 파괴할 수 없다는 것을 분명히 알 수 있다. 여래의 설법은 마군의 궁전을 진동시켜 삿된 무리를 귀의하게 하는데, 어찌 성인의 말씀을

무너뜨릴 수 있겠는가?

'해를 차갑게 할 수 있고 달을 뜨겁게 할 수 있다'고 말한 것은 다음과 같은 경우이다.

『대반열반경大般涅槃經』에서는 말하였다.

'그때 아누루타阿㝹婁駄가 세존께 말씀드리기를 〈달을 뜨겁게 할 수 있고 해를 차갑게 할 수 있을지언정 부처님께서 설한 사제四諦 법문을 달라지게 할 수는 없습니다〉라고 하였다.'[75]

지금 여기에서 영가 스님이 이것을 인용하여 어떤 마군도 반야의 진실한 설법을 파괴할 수 없다는 것을 밝혔다."

日可冷 至壞眞說

琪注。日性本熱。寧可說冷。月性本冷。寧可說熱。固知衆魔不能[1]壞[2]眞說也。如來說法。魔宮振動。邪黨[3]歸依。豈能毁壞聖言耶。所云[4]日可[5]冷月可熱者。大涅槃[6]經云。時阿㝹婁駄。白世尊言。月可熱日可冷。佛說四諦。不可令異。今永嘉用此。以明衆魔。不能毁壞。般若眞說也。[7]

1) ⓚ '能'이 갑본에는 '可'로 되어 있다. 2) ⓚ 갑본에는 '壞' 다음에 '其'가 있다. 3) ⓚ '儻'이 갑본에는 '黨'으로 되어 있다. 4) ⓚ '云'이 갑본에는 '言'으로 되어 있다. 5) ⓚ 갑본에는 '可' 다음에 '令'이 있다. 다음도 이와 같다. 6) ⓚ '槃'이 갑본에는 '柈'으로 되어 있다. 7) ⓚ '也'가 갑본에는 없다.

原文 차고 기울어짐 있지만

事實 『경률이상經律異相』에서 말하였다.

"달의 성곽城廓의 폭과 너비는 1,960리이고 그 높이 역시 마찬가지이다. 엄연히 방정方正한데 멀리서 보기 때문에 원형이다. 2분分은 천은天銀이고 1분은 유리瑠璃인데, 안과 밖이 맑게 사무쳐 광명이 멀리까지 비추며 5풍

---

75 『大般涅槃經』 권18 「梵行品」(T12, 472c).

風에 의해 유지된다. 월왕月王은 사방 20리가 되는 칠보궁전에 앉아 있는데, 한량없는 천신天神이 밝은 빛을 내고 기악을 연주하며 앞뒤에서 따른다. 정원과 연못 등의 장식들은 도리천忉利天과 같다.

기울고 참이 있는데, 달이 기우는 것은 한쪽 모서리가 밤에 움직이면서 조금씩 옆으로 숨기 때문에 떨어져 나가 줄어든 것처럼 보이는 것이다. 또 월성月城의 주변에 천신들이 있는데 그 색이 바로 청색이고 의복도 청색이다. 그들이 있는 쪽은 푸른 빛이 비추기 때문에 떨어져 나가 줄어든 것처럼 보이게 된다. 달이 차는 것은 달이 조금씩 돌아 바른 방향을 향하고, 또 청색의 천인들이 15일이면 월성月城으로 옮겨 들어가 월왕과 만나기 때문이다.『장아함경長阿含經』에 나온다."[76]

有盈虧

經律異相云。月城廓。廣長一千九百六十里。其高亦然。儼然方正。遠見故圓。二分天銀。一分瑠璃。內外淸徹。光明遠照。爲五風所持。月王坐方二十里。七寶宮殿。無量天神。光明伎樂。前後導從。園池等玩。如忉利天。有虧滿缺者。一角行夜。稍稍隱側。故見缺減。又月城邊有天。其色正靑。衣服亦靑。所在之面。靑光照城。故缺減也滿者。月行稍轉向正。又靑色天十五日轉入月城。與三[1)]適會。出長阿含經。

1) 匣 '三'은 '王'의 오기인 듯하다. 『經律異相』에는 '王'으로 되어 있다.

原文 '코끼리가 수레 끌고 당당하게'부터 '수레 막는 것'까지

事實 『기주』에서 말하였다.

"보살이 크게 유통시키는 대승 법문에 모든 마군은 장애가 될 수 없다. 비유하면 마치 코끼리가 수레를 끌고 당당하게 나아가는 것과 같으니, 어

---
76 『經律異相』 권1(T53, 6b).

찌 사마귀와 같은 조그만 벌레가 수레가 가는 길을 막을 수 있겠는가?

옛날 제齊나라의 장공莊公이 사냥을 나갔는데 사마귀가 다리를 들고 그 수레바퀴를 막으려 하자, 마부에게 물었다.

'이것은 무슨 벌레인가?'

대답하였다.

'이것은 사마귀입니다.'

장공이 말하였다.

'저 벌레는 지극히 미미한 힘으로 큰 수레에 항거하고 있으니 자기의 힘을 헤아리지 못하는구나.'

지금 영가 스님이 세연世緣을 약간 섭렵하여 출세간의 성법聖法을 증명함으로써 다른 사람들이 쉽게 깨달을 수 있게 하였으니, 이제는 불법이 항하사 세계에 흐르고 가르침이 용궁에 가득 차게 되었다. 이때 여러 소승의 성인과 모든 마군들이 어떻게 장애가 될 수 있겠는가? 이 때문에 '사마귀가 수레 막는 걸 어느 누가 보았는가'라고 한 것이다."

象駕崢嶸 至能拒轍。

琪注。菩薩所弘通大乘法門。衆魔不能爲其障礙。譬若象駕崢嶸而進。豈螳螂[1]小蟲而可拒其車轍耶。昔齊莊[2]公出獵。有螳螂[3]擧足。將搏其輪。問其御者曰。此何蟲也。對曰此是螳螂也。[4] 莊公曰。而以至微之力。而拒大車。不量其力也。今永嘉略涉世緣。以證出世聖法。使令[5]易曉。而今法流沙界。教滿龍宮。時諸小聖魔衆。豈能爲障爲礙。故曰。誰見螳螂能拒轍也。

---
1) ㉮ '螂'이 갑본에는 '蜋'으로 되어 있다. 다음도 이와 같다. 2) ㉮ '莊'이 갑본에는 '庄'으로 되어 있다. 다음도 이와 같다. 3) ㉮ '螳螂'이 갑본에는 '螳蜋'으로 되어 있다. 다음도 이와 같다. 4) ㉮ 갑본에는 '也' 앞에 '虫'이 있다. 5) ㉮ '令'이 갑본에는 없다.

原文 횃불을 끄지 않고

事實 『장자』에서 말하였다.

"해와 달이 나왔는데 횃불을 끄지 않고 있으니, 빛을 내는 데 있어서 또한 어렵지 않겠습니까?"[77]

爝火不停

莊子云。日月出矣。爝火不息。其於光也。不亦難乎。

原文 '큰 코끼리는 다니지 않고'부터 '소소한 절개에'까지
事實 『기주』에서 말하였다.

"대승보살이 지나가는 경계와 공덕은 매우 뛰어나니, 인천人天이 알 수 있고 이승二乘이 섭렵할 수 있는 것이 아니다. 그 법문의 우열이 같지 않음을 쉽게 밝히려고, 곧 세간의 코끼리와 토끼로서 큰 코끼리가 노니는 곳은 오직 큰 길만이 수용할 수 있으며 작은 토끼가 다니는 미미한 길로는 갈 수 없음을 비유하였다. 이 때문에 '큰 코끼리는 토끼 길로 다니지 않는다'고 한 것이다.

'크게 깨달은 사람은 소소한 절개에 구애받지 않는다'고 한 것을 말해 보자. 견성한 사람은 사상事相으로 검거할 수 없고, 계율을 지키고 범하는 것으로 구속할 수도 없으니 그 작용은 측량하기 어렵다. 고高 사미沙彌[78]가 계를 받지 않고, 약산藥山 스님이 경을 보지 않은 것 등과 같은 경우이다. 이 때문에 '크게 깨달은 사람 소소한 절개에 구애받지 않는다'고 말한 것이다."

---

77 『莊子』「逍遙遊」.
78 고高 사미沙彌 : 약산 유엄藥山惟儼 선사의 제자로 자세한 행장은 알려져 있지 않다. 약산 스님을 떠난 뒤 초암草庵에 머물며 노상을 왕래하는 사람들을 접대하며 살았다고 한다.

大象不遊 至於小節

琪注。大乘菩薩。所歷境界。功德殊勝。非人天所知。二乘所涉法門優劣不同。欲其易明。卽以世閒象兔。爲喩大象所遊。唯大路可容非小兔微逕可往。故云。大象不遊於兔逕也。大悟不拘於小節者。見性之人。不可以事相檢擧。不可以持犯戒律所拘。其作用難以惻[1)]度。如高沙彌不受戒。藥山不看經等。故云。大悟不拘於小節也。

1) ㉿ '惻'이 갑본에는 '測'으로 되어 있다.

原文 치우침 꾸짖고 작은 것 배척함

事實 『유마경』에서 말하였다.

"치우침을 꾸짖고 작은 것을 배척하며 큰 것을 찬탄하고 원만함을 기린다."[79]

彈偏折小

維摩經云。彈偏折小。歎大褒圓。

原文 찡그림을 흉내 내다

事實 『장자』「천운편天運篇」에서 말하였다.

"사회師會가 안연顏淵에게 말하기를 '서시西施가 가슴이 아파서 얼굴을 찡그리고 다녔는데 그 마을에 사는 못생긴 부인이 이것을 보고 아름답다 여겨 그녀 역시 가슴을 움켜쥐고서 찡그리며 마을을 돌아다녔네. 그 마을

---

79 『維摩經』에서 직접 인용한 구절이 아니라, 『維摩經』의 특성을 표현하는 말이다. 『天台四敎儀』・『佛祖統紀』・『釋氏稽古略』 등에서 아함을 설한 뒤 『淨名經』 등의 방등부를 설하여 소승의 편벽된 집착과 견해를 타파하였다고 기술하고 있다. 『天台四敎儀』(146, 774c). 『事實』에서 '維摩經云'이라 하여 『維摩經』에 수록된 말씀처럼 기술한 것은 오류이다.

에 살던 부자들은 그걸 보고는 문을 굳게 닫고 나오지 않았으며, 가난한 사람들은 그걸 보고 처자를 인솔해 마을을 떠났다네'라고 하였다."

効顰
莊子天運篇云。師會謂顏淵曰。西施病心而顰其里。其里之醜婦。見而美之。歸亦捧心而顰其里。其里之富人見之。堅閉門而不出。貧人見之。挈妻子而去之矣。

原文 '대롱으로 본 것으로 ~하지 마라'부터 '그대에게 결단하니'까지
事實 『기주』에서 말하였다.

"위없는 반야는 오직 상근기만을 제접하는 것이니, 중근기와 하근기의 사람은 끝내 명심하여 모색하기가 어렵다. 이 때문에 넓고 넓은 삼계와 망망한 육도六道에서 모두 부질없이 허랑방탕하게 태어나고 죽는 것이다.
'경'에서 말하였다.

'비유하면 마치 백천 마리의 모기와 등에를 한 그릇에 넣어 두면 시끄럽고 어지럽게 울면서 배를 두드리고 미친 듯이 떠들며 태허공이 넓고 넓다는 것을 알지 못하는 것과 같다.'[80]

이것으로써 모든 소승의 근기는 보리심을 일으켜 대승의 경계에 깨달아 들어갈 수 없다는 것을 밝혔다. 이제 여기에서 영가 대사는 남몰래 세상 사람들의 믿음이 미치지 못해 경솔하게 비방을 일으킬까 봐 염려하였다. 그것은 비유하면 어리석은 사람이 대롱을 잡고 하늘을 보면서 미세한 자기 소견으로 하늘의 가없음을 비방하는 것과 같으니, 과연 누구의 허물이겠는가?

'깨닫지 못하기에 내 이제 그대에게 결단하니'라고 한 것을 말해 보자.

---

[80] 『楞嚴經』에서 인용하였는데 문장이 일치하지는 않는다. 『楞嚴經』 권5(T19, 127c).

이 한 구절은 일대장교一大藏敎로도 온전히 풀이할 수 없는 것이고 6대의 조사들조차 찬탄할 만한 것이다. 이를 통해 옛날부터 모든 성인들이 방편문方便門을 열어 후진後進을 이끌면서 한 가닥 길을 열어 놓아 풍규風規를 약간 노출시켰다는 것을 알 수 있으니, 최후의 한마디를 잘못 거론하지 마라."

莫將管見 至爲君決。

琪注。無上般若。唯接上根上器。中下之機。卒難銘摸。[1] 是以三界浩浩。六道茫茫。盡是空生浪死。經云。譬如百千蚊蝱。在一器中。啾啾亂鳴。鼓腹狂閙。不知大[2]虛之曠達。以明諸小根器。不能發菩提之心。入大乘境界。今永嘉竊恐世人信之不及。謾生誹謗。猶如愚人。握管窺天。以已見之細微。謗蒼天之無際。是誰之過歟。末了吾今爲君決者。此之一句。一大藏教。詮注[3]不起。六代祖師。讚歎有分。是知從上諸聖開方便門。提携後進放一線道。略露風規。末後一言。莫教錯擧。

1) ㉯ '摸'가 갑본에는 '模'로 되어 있다. 2) ㉯ '大'가 갑본에는 '太'로 되어 있다. 3) ㉯ '注'가 갑본에는 '提'로 되어 있다.

原文 창해가 뽕밭으로 변할

事實 갈홍『신선전神仙傳』에서 마고麻姑가 왕방평王方平에게 말하였다.

"제가 선생님을 모신 이래로 동해가 세 번 뽕나무밭이 되는 것을 보았습니다. 지난번에 봉래산에 가 보았더니 물이 얕아져서 옛날에 비해 반으로 줄었습니다. 어쩌면 장차 육지가 될 수도 있겠습니까?"

왕방평이 말하였다.

"동해에서 다시 먼지가 날리게 될 것이다."

海變桑田

葛洪神仙傳。麻姑謂王方平曰。自接侍已來。見東海三爲桑田。向到蓬萊。水乃淺於往者。略半也。豈復將爲陵陸乎。方平乃曰。東海行復揚塵耳。

후서後序

原文 스님의 서여緒餘

事實 『장자』「양왕편讓王篇」에서 "도道의 진실로써 몸을 다스리고 그 남은 부스러기(緒餘)로 국가를 다스리며, 그 쓰레기로 천하를 다스린다."라고 하였다. 풀이하면 큰 실마리(大緒)는 실(綫)이니, 나머지를 말한다.

後序

師之緒餘

莊子讓王篇曰。道之眞以理身。其緒餘以爲國家。其土苴以治天下。解大緒者綫也。謂殘餘也。

남명천화상송증도가사실 제3권
南明泉和尙頌證道歌事實卷第三

발문

나는 평소에 내전(內典)을 신봉하였는데 『남명천화상송증도가(南明泉和尙頌證道歌)』이 한 부에 더욱더 마음을 기울였다. 그러나 사건(事)과 관련된 근거(根蔕)에 있어서는 의심이 없을 수 없었다.

정미세(丁未歲)를 넘기고 금성(金城)에 출진하였는데, 이때 참선하는 벗들을 모아 놓고 서룡(瑞龍)의 선로(禪老)이신 연 공(連公)께 법을 주관하고 하나하나 지적하여 표시하도록 청하여, 몽고의 침입을 물리치고자 하였다.

이에 연 공께 지남(指南)을 받은 초본(草本)을 얻어서 상자 속에 간직하고 보배롭게 여기면서 판에 새겨 학자들에게 베풀고자 하였으나 우물쭈물하다가 뜻을 이루지 못하였는데, 무신세(戊申歲)에 변한도(卞韓道)를 순찰하고 대장분사(大藏分司)를 겸임하게 되어 개인적으로 다행이라 생각하며 기뻐하였다.

그러나 초본은 잘못된 것도 있고 소략하여 곧바로 판각에 착수할 수 없었다. 그래서 간사비구(幹事比丘)인 천단 비(天旦俾) 선백에게 부탁하여 상인(上人)에게 올려 교정을 받고, 글씨 잘 쓰는 이를 모집해 쓰며, 훌륭한 각수(刻手)를 골라 새기도록 하였다.

바라옵건대, 우리 진양공(晉陽公)은 그 수명이 우뚝 솟은 산악처럼 더해지고 복은 깊고 깊은 바다처럼 쌓이게 하소서. 변방의 오랑캐들이 사라지고 하늘에선 불길한 혜성이 사라지며, 절기가 화순하고 해마다 풍년 들어 조사의 법등이 무궁토록 빛을 발하게 하소서.

9월 상순에 경상 진안동도晋安東道 안찰부사按察副使 도관랑중都官郎中 전광재全光宰가 기록한다.

予素信內典。而南明泉和尙頌證道歌一部。尤所留心。然涉事有根蔕。不能無疑。越丁未歲。出鎭金城。裒集禪侶。請瑞龍禪老連公。主法點示。以攘蒙冠。因得草本。指南於連公。藏篋寶之。庶欲鏤板。施於學者。因循未遂。歲戊申按行卞韓道。兼任大藏分司。私心喜幸。然草本訛略。未即下刀。因囑幹事比丘天且俾禪伯。學上人儺校。募工筆而書之。簡善手而鐫之所冀。我晋陽公。壽增岳峙。福畜淵深。塞消狼犬。天掃攙槍。時和歲稔。使祖燈永耀於無窮耳。九月上旬。慶尙晋安東道按察副使都官郎中。全光宰誌。

찾아보기

가나제바迦那提婆 / 314
가릉선음迦陵仙音 / 272
가비마라迦毗摩羅 / 313
가시伽尸 / 110
가야사다伽耶舍多 / 314
각범覺範 / 130
『간정록刊正錄』 / 43
건추犍槌 / 244
겁파劫波 / 205
견문각지見聞覺知 / 306
『경률이상經律異相』 / 207, 395
경을 보는 안목(看經眼) / 350
경청鏡淸 / 57
계빈국罽賓國 / 189
계행종戒行宗 / 317
고석가古釋迦여래 / 258
공공空空 / 389
『광아廣雅』 / 243
광엄光嚴 / 380
구마라다鳩摩羅多 / 314
구지 스님의 손가락 하나(俱胝一指) / 275
국사의 물그릇(國師水椀) / 274
권위보살權位菩薩 / 81
귀종歸宗 / 140
금강무金剛門 / 25
『금강반야경소金剛般若經疏』 / 208
금색 두타金色頭陀 / 23
『기주기注』 / 45

기타 태자祇陀太子 / 375

나산羅山 / 233
나찬懶瓚 / 118
낙차落車 / 89
낙처落處 / 259
남전南泉 / 101
노숙老宿 / 387
노 행자盧行者 / 183
『누탄경樓炭經』 / 205
니건자 / 241

다문지사多聞之士 / 352
『단경壇經』 / 231
『단궁檀弓』 / 312
단멸공斷滅空 / 229
단월檀越 / 344
대승종성大乘種性 / 113
대원각大圓覺 / 29
대혜大慧 / 63
대환희원大歡喜園 / 207
덕산德山 / 140
덕운德雲 / 115
도신道信 / 322

도오 스님의 신을 즐겁게 함(道吾樂神) / 275
도잠陶潛 / 199
동사東寺 / 58
동산洞山 / 203
동산 스님의 오위(洞山五位) / 274
두 개의 고(兩鈷) / 220

문명국(文物國) / 143
『문선文選』 / 243, 253
문수文殊 / 38
물인정勿人情 / 343
미륵내원彌勒內院 / 261
미차가彌遮迦 / 313

ㄹ

라후라다羅睺羅多 / 314

ㅁ

마갈타 / 38
마나라摩拏羅 / 314
마니주摩尼珠 / 30
마명馬鳴 / 313
만회萬回 / 45
말산 니末山尼 / 250
맹호연孟浩然 / 355
명월주明月珠 / 392
몽동懞憧 / 369
몽산 도명蒙山道明 / 183
묘봉妙峰 / 33, 115
무득종無得宗 / 317
무상법문無相法門 / 84
무상종無相宗 / 317
무우수無憂樹 / 343
무착無着 / 351
무탐無貪 / 105
『무행경無行經』 / 132

ㅂ

바사사다婆舍斯多 / 314
바수밀婆須密 / 313
바수밀녀婆須密女 / 372
바수반두婆修盤頭 / 314
『반랑시潘閬詩』 / 257
반야다라般若多羅 / 314
발제跋提 / 150
백장百丈 / 84
백장 스님의 자리를 걷음(百丈捲席) / 275
범려范蠡 / 390
법당法幢 / 310
법등法燈 / 66
법안 스님의 소리와 빛깔을 꿰뚫음(法眼透聲色) / 275
법천法泉 / 40
법통法通 / 139
벽안碧眼 / 218
변정천遍淨天 / 179
〈보경삼매가寶鏡三昧歌〉 / 234
보공寶公 / 45
보광여래普光如來 / 190
보리다라菩提多羅 / 247
보리달마菩提達磨 / 77, 314
『보림전寶林傳』 / 53

『보성경寶星經』 / 240
보월여래寶月如來 / 369
복타밀다伏馱密多 / 313
본분납승本分納僧 / 77
본원本源 / 140
『본행경本行經』 / 262
부나야사富那夜奢 / 313
부 대사傅大士 / 46, 276
『부법장전付法藏傳』 / 50, 315
부사의不思議 / 37
부사의해탈묘문不思議解脫妙門 / 135
부용 영훈芙蓉靈訓 / 278
분양 스님의 사자(汾陽師子) / 275
불석拂石 / 154
불안佛眼 / 59
불여밀다不如蜜多 / 314
불이문不二門 / 31
『불장경佛藏經』 / 262
『불정경佛頂經』 / 92
불타난제佛馱難提 / 313
불혜 선사佛慧禪師 / 40
비국다라鼻鞠多羅 / 369
비람毗藍 동산 / 343
비바시毘婆尸여래 / 258
비수구非數句 / 259
비야리성毗耶離城 / 34, 123

사갈라 용왕沙竭羅龍王 / 124
『사교의四敎儀』 / 175
사마四魔 / 61
사사무애事事無礙 / 246

사상四相 / 206
사야다奢夜多 / 314
사자師子 / 314
사조四祖 / 55
사중근본죄四重根本罪 / 368
사지四智 / 125
『사행론四行論』 / 330
삼관三觀 / 340
삼성三聖 / 58
삼제三諦 / 340
상나화수商那和修 / 313
상상기上上機 / 29
『상서尙書』 / 70
〈서리장黍離章〉 / 91
석가화주釋迦化主 / 387
석공石鞏 스님의 화살을 당김(石鞏架箭) / 274
석두石頭 / 260
석제환인釋提桓因 / 207
선월禪月 / 258
선재善財 / 46
설두雪竇 / 83, 200, 391
설봉 스님의 공 굴림(雪峯輥毬) / 274
설통說通 / 140
『성도기成道記』 / 173
성태聖胎 / 54
소 국사韶國師 / 81
『소아론小兒論』 / 360
송옥宋玉 대인大人의 부賦 / 280
쇠로 된 소(鐵牛) / 127
수구數句 / 259
수달 장자須達長者 / 375
수산 스님의 신부(首山新婦) / 275
수 산주修山主 / 56

수壽 선사 / 249
승두타嵩頭陁 / 46
스무 가지 공空 / 325
습득拾得 / 45
승가난제僧伽難提 / 314
승가람僧伽藍 / 375
승가람마僧伽藍摩 / 378
승낙국勝樂國 / 115
승선 천인勝善天人 / 247
승찬僧燦 / 322
시기尸棄여래 / 258
『식심명息心銘』 / 199
신광神光 / 320
『신금조양집新金朝陽集』 / 312
신통대광명장삼매정수神通大光明藏三昧正受 / 272
심지법문心地法門 / 52
심차深嗟 / 369
십사十使 / 61
『십팔향상타경十八香象駝經』 / 348

ㅇ

아나율阿那律 / 105
아나율타阿那律陀 / 105
아난阿難 / 313
아누루타阿㝹婁馱 / 395
아비阿鼻 / 71
안탕鴈蕩 / 127
약산藥山 / 260
『양섭론梁攝論』 / 197
언기彦琪 / 215
엄실掩室 / 143

여의주如意珠 / 213
여환삼매如幻三昧 / 372
연 공連公 / 405
연등불然燈佛 / 151
연등然燈여래 / 258
영가 진각永嘉眞覺 / 41
영벽囹辟 / 155
영산의 방양榜樣 / 283
영어囹圄 / 207
영운靈雲 / 57
영운 스님의 복숭아꽃을 봄(靈雲見桃花) / 274
오력五力 / 31
『오문선경五門禪經』 / 139
오분법신五分法身 / 62
오쇠五衰 / 206
오형五形 / 207
완피달頑皮粗 / 370
왕 노사王老師 / 101
용수龍樹 / 314
용시勇施 / 368
용아 둔龍牙遁 / 203
우두牛頭 / 55
우두 융牛頭融 / 388
우바국다優婆毱多 / 241, 313
운거 순雲居瞬 / 40
운문雲門 / 139, 244
운문 스님의 삼구(雲門三句) / 274
『원각경圓覺經』 / 95
원교圓敎 / 140
원명圓明 / 144
원오圓悟 / 312
원통圓通 / 46
원통법문圓通法門 / 392

원효元曉 / 208
위산 스님의 수고우(潙山水牯) / 275
위음왕불威音王佛 / 46
유마維摩 / 38
유마힐維摩詰 / 31, 123
유상종有相宗 / 317
유식선唯識禪 / 77
『유편類篇』 / 312
육도六度 / 80
62종 이견異見 / 326
육조六祖 / 41
율의사법律儀事法 / 373
응량기應量器 / 219
의리의 문(義門) / 387
의봉儀鳳 / 53
의통義通 / 140
이문화李文和 / 107
『인과경因果經』 / 364
인과선因果禪 / 77
인지因地 / 310
일대사인연一大事因緣 / 113, 310
일대장교一大藏敎 / 401
일자법문一字法門 / 51
일체지一切智 / 389
임제臨濟 / 140

『자설字說』 / 244
자심삼매慈心三昧 / 136
자조 총慈照聰 / 107
장로長蘆 / 126
장륙금신丈六金身 / 82

장자莊子 / 116
재전여래장在纏如來藏 / 100
적정종寂靜宗 / 317
적취암 스님 / 78
『전등록』 / 247
전륜성왕轉輪聖王 / 176
점교漸敎 / 140
점차漸次 / 246
정광불錠光佛 / 179
『정명경淨名經』 / 44
정반왕淨飯王 / 247
정혜종定慧宗 / 317
제다가提多迦 / 313
조계曹溪 / 41
조계曹溪 문밖 / 23
조과鳥窠 / 27
조과 도림鳥窠道林 / 85
『조정사원祖庭事苑』 / 51, 183, 311
종통宗通 / 139
『증도각證道閣』 / 127
지자智者 / 340
진락원盡樂園 / 207
진사겁塵沙劫 / 30
진승眞乘 / 30

『처태경處胎經』 / 343
천단 비天旦佛 / 405
천연외도天然外道 / 46
천의天衣 / 272
천진불天眞佛 / 24
천태 지자天台智者 / 41

찾아보기 • 411

천태 풍간天台豊干 / 247
천황 스님의 호병(天皇餬餠) / 274
철위산鐵圍山 / 179
청량淸凉 / 115
청량월淸凉月 / 253
청정각성淸淨覺性 / 60
청정각지淸淨覺地 / 208
추삽원帚澀園 / 207
출전여래장出纏如來藏 / 100
충 국사忠國師 / 186, 234, 344
취모검 / 303
치우蚩尤 / 222
칠불七佛 / 143

탁 트인 허공(豁達空) / 229
탐원耽源 / 186

파경조破鏡鳥 / 214
팔열지옥八熱地獄 / 71
팔한지옥八寒地獄 / 71
팔해탈八解脫 / 125
포대 화상 / 261
풍혈風穴 / 72

학륵나鶴勒那 / 314
학수鶴樹 / 150
한산寒山 / 45
『한산시寒山詩』 / 102, 128
한산자寒山子 / 248
『향산어록香山語錄』 / 382
향상香象 / 149
향엄香嚴 / 29, 98
향엄 지한香嚴智閑 / 73
향지왕香至王 / 247
험피사알險詖私謁 / 332
현사玄沙 / 150
현사 사비玄沙師備 / 181
현사 종일玄沙宗一 / 278
『현우경賢愚經』 / 375
협 존자脇尊者 / 313
혜가慧可 / 322
호명 대사護明大士 / 247
호신부자護身符子 / 151
홍인弘忍 / 322
『화엄론華嚴論』 / 330
황금성黃金城 / 178
황금택黃金宅 / 375
회통會通 / 85

한글본 한국불교전서

조 · 선 · 출 · 간 · 본

조선 1 작법귀감
백파 긍선 | 김두재 옮김 | 신국판 | 336쪽 | 18,000원

조선 2 정토보서
백암 성총 | 김종진 옮김 | 4X6판 | 224쪽 | 12,000원

조선 3 백암정토찬
백암 성총 | 김종진 옮김 | 4X6판 | 156쪽 | 9,000원

조선 4 일본표해록
풍계 현정 | 김상현 옮김 | 4X6판 | 180쪽 | 10,000원

조선 5 기암집
기암 법견 | 이상현 옮김 | 신국판 | 320쪽 | 18,000원

조선 6 운봉선사심성론
운봉 대지 | 이종수 옮김 | 4X6판 | 200쪽 | 12,000원

조선 7 추파집 · 추파수간
추파 홍유 | 하혜정 옮김 | 신국판 | 340쪽 | 20,000원

조선 8 침굉집
침굉 현변 | 이상현 옮김 | 신국판 | 300쪽 | 17,000원

조선 9 염불보권문
명연 | 정우영 · 김종진 옮김 | 신국판 | 224쪽 | 13,000원

조선 10 천지명양수륙재의범음산보집
해동사문 지환 | 김두재 옮김 | 신국판 | 636쪽 | 28,000원

조선 11 삼봉집
화악 지탁 | 김재희 옮김 | 신국판 | 260쪽 | 15,000원

조선 12 선문수경
백파 긍선 | 신규탁 옮김 | 신국판 | 180쪽 | 12,000원

조선 13 선문사변만어
초의 의순 | 김영욱 옮김 | 4X6판 | 192쪽 | 11,000원

조선 14 부휴당대사집
부휴 선수 | 이상현 옮김 | 신국판 | 376쪽 | 22,000원

조선 15 무경집
무경 자수 | 김재희 옮김 | 신국판 | 516쪽 | 26,000원

조선 16 무경실중어록
무경 자수 | 성재헌 옮김 | 신국판 | 340쪽 | 20,000원

조선 17 불조진심선격초
무경 자수 | 성재헌 옮김 | 신국판 | 168쪽 | 11,000원

조선 18 선학입문
김대현 | 성재헌 옮김 | 신국판 | 240쪽 | 14,000원

조선 19 사명당대사집
사명 유정 | 이상현 옮김 | 신국판 | 508쪽 | 26,000원

조선 20 송운대사분충서난록
신유한 엮음 | 이상현 옮김 | 신국판 | 324쪽 | 20,000원

조선 21 의룡집
의룡 체훈 | 김석군 옮김 | 신국판 | 296쪽 | 17,000원

조선 22 응운공여대사유망록
응운 공여 | 이대형 옮김 | 신국판 | 350쪽 | 20,000원

조선 23 사경지험기
백암 성총 | 성재헌 옮김 | 신국판 | 248쪽 | 15,000원

조선 24 무용당유고
무용 수연 | 이상현 옮김 | 신국판 | 292쪽 | 17,000원

조선 25 설담집
설담 자우 | 윤찬호 옮김 | 신국판 | 200쪽 | 13,000원

조선 26 동사열전
범해 각안 | 김두재 옮김 | 신국판 | 652쪽 | 30,000원

조선 27 청허당집
청허 휴정 | 이상현 옮김 | 신국판 | 964쪽 | 47,000원

조선 28 대각등계집
백곡 처능 | 임재완 옮김 | 신국판 | 408쪽 | 23,000원

조선 29 반야바라밀다심경략소연주기회편
석실 명안 엮음 | 강찬국 옮김 | 신국판 | 296쪽 | 17,000원

| 조선 30 | 허정집
허정 법종 | 성재헌 옮김 | 신국판 | 488쪽 | 25,000원

| 조선 31 | 호은집
호은 유기 | 김종진 옮김 | 신국판 | 264쪽 | 16,000원

| 조선 32 | 월성집
월성 비은 | 이대형 옮김 | 4X6판 | 172쪽 | 11,000원

| 조선 33 | 아암유집
아암 혜장 | 김두재 옮김 | 신국판 | 208쪽 | 13,000원

| 조선 34 | 경허집
경허 성우 | 이상하 옮김 | 신국판 | 572쪽 | 28,000원

| 조선 35 | 송계대선사문집 · 상월대사시집
송계 나식·상월 새봉 | 김종진·박재금 옮김 | 신국판 | 440쪽 | 24,000원

| 조선 36 | 선문오종강요 · 환성시집
환성 지안 | 성재헌 옮김 | 신국판 | 296쪽 | 17,000원

| 조선 37 | 역산집
영허 선영 | 공근식 옮김 | 신국판 | 368쪽 | 22,000원

| 조선 38 | 함허당득통화상어록
득통 기화 | 박해당 옮김 | 신국판 | 300쪽 | 18,000원

| 조선 39 | 가산고
월하 계오 | 성재헌 옮김 | 신국판 | 446쪽 | 22,000원

신·라·출·간·본

| 신라 1 | 인왕경소
원측 | 백진순 옮김 | 신국판 | 800쪽 | 35,000원

| 신라 2 | 범망경술기
승장 | 한명숙 옮김 | 신국판 | 620쪽 | 28,000원

| 신라 3 | 대승기신론내의약탐기
태현 | 박인석 옮김 | 신국판 | 248쪽 | 15,000원

| 신라 4 | 해심밀경소 제1 서품
원측 | 백진순 옮김 | 신국판 | 448쪽 | 24,000원

| 신라 5 | 해심밀경소 제2 승의제상품
원측 | 백진순 옮김 | 신국판 | 508쪽 | 26,000원

| 신라 6 | 해심밀경소 제3 심의식상품 제4 일체법상품
원측 | 백진순 옮김 | 신국판 | 332쪽 | 20,000원

| 신라 12 | 무량수경연의술문찬
경흥 | 한명숙 옮김 | 신국판 | 800쪽 | 35,000원

| 신라 13 | 범망경보살계본사기 상권
원효 | 한명숙 옮김 | 신국판 | 272쪽 | 17,000원

| 신라 14 | 화엄일승성불묘의
견등 | 김천학 옮김 | 신국판 | 264쪽 | 15,000원

| 신라 15 | 범망경고적기
태현 | 한명숙 옮김 | 신국판 | 612쪽 | 28,000원

| 신라 17 | 대승기신론소기회본
원효 | 은정희 옮김 | 신국판 | 536쪽 | 27,000원

| 신라 18 | 미륵상생경종요 외
원효 | 성재헌 외 옮김 | 신국판 | 420쪽 | 22,000원

| 신라 19 | 대혜도경종요 외
원효 | 성재헌 외 옮김 | 신국판 | 256쪽 | 15,000원

| 신라 20 | 열반종요
원효 | 이평래 옮김 | 신국판 | 272쪽 | 16,000원

고·려·출·간·본

| 고려 1 | 일승법계도원통기
균여 | 최연식 옮김 | 신국판 | 216쪽 | 12,000원

| 고려 2 | 원감국사집
충지 | 이상현 옮김 | 신국판 | 480쪽 | 25,000원

| 고려 3 | 자비도량참법집해
조구 | 성재헌 옮김 | 신국판 | 696쪽 | 30,000원

| 고려 4 | 천태사교의
제관 | 최기표 옮김 | 4X6판 | 168쪽 | 10,000원

고려 5 대각국사집
의천 | 이상현 옮김 | 신국판 | 752쪽 | 32,000원

고려 6 법계도기총수록
저자 미상 | 해주 옮김 | 신국판 | 628쪽 | 30,000원

고려 7 보제존자삼종가
고봉 법장 | 하혜정 옮김 | 4X6판 | 216쪽 | 12,000원

고려 8 석가여래행적송·천태말학운묵화상경책
운묵 무기 | 김성옥·박인석 옮김 | 신국판 | 424쪽 | 24,000원

고려 9 법화영험전
요원 | 오지연 옮김 | 신국판 | 264쪽 | 17,000원

※ 한글본 한국불교전서는 계속 출간됩니다.

이 책은 당唐의 영가 현각永嘉玄覺(665~713) 대사가 지은 『증도가證道歌』를 송宋의 남명 법천南明法泉 화상이 한 구절씩 발췌해 총 320수로 다시 노래한 『영가대사증도가남명천선사계송永嘉大師證道歌南明泉禪師繼頌』을 고려의 서룡瑞龍 연련 선사가 해설한 것이다.

서룡 연련 선사에 대해서는 책의 말미에 첨부된 전광재全光宰의 발문 외에 달리 행적을 추적할 만한 자료가 없다. 발문에 따르면 전광재가 1247년에 몽고의 침입을 물리치고자 금성金城에 출진했다가 선려禪侶를 모으고 서룡의 선로禪老인 연 공連公에게 자세한 강설을 부탁했다고 한다. '금성'은 현재의 강원도 금화군金化郡 금성면金城面, '서룡'은 사명寺名, '연련'은 법명의 뒷글자로 추측된다.

옮긴이 성재헌

동국대학교 불교학과를 졸업하고 해군 군종법사를 역임하였으며, 동국역경원에서 근무하였다. 현재 한국불교전서 번역위원으로 활동하고 있다. 조계종 간행 『부처님의 생애』, 『청소년불교입문』의 집필위원으로 참여하였고, 저서로 『커피와 달마』, 『붓다를 만난 사람들』, 『육바라밀』이, 역서로 『자비도량참법집해慈悲道場懺法集解』, 『불조진심선격초佛祖眞心禪格抄』, 『선학입문禪學入門』 등이 있다.

교감 및 증의
한상길(동국대학교 불교학술원 조교수)